이제는
# 무시공생명 시대

무시공생명 시리즈 2
# 이제는 무시공생명 시대

2017년 5월 13일 초판 1쇄 인쇄
2017년 5월 13일 초판 1쇄 발행

| | |
|---|---|
| 지은이 | 안 병 식 |
| 편집인 | 함원옥, 김용섭 |
| 펴낸이 | 무시공생명훈련센터장 정종관 |
| 펴낸곳 | 무시공생명 출판 |
| 주소 | 대전광역시 서구 유등로17번길 55 무시공생명빌딩 |
| 전화번호 | (042)583-4621~2    팩스    (042)584-4621 |
| 이메일 | jeeby666@naver.com |
| 출판등록 | 2004. 12. 1(제2012-000051호) |
| ISBN | 979-11-955471-3-5 03110 |

저자와의 협의에 따라 인지를 생략합니다.
저자와의 허락 없이 임의로 내용의 일부를 인용하거나 전재, 복사하는 행위를 금합니다.

http://cafe.naver.com/alwayspace(무시공, 무시공생명 검색)

편찬위원   정종관, 함원옥, 김용섭, 남민희, 강정의, 최변혁, 박현칠, 최성욱,
          김보라, 이대근, 이옥자, 설무아, 이민희, 박우향, 오샛별, 신현지

이 도서의 국립중앙도서관 출판예정도서목록(CIP)은 서지정보유통지원시스템 홈페이지(http://seoji.nl.go.kr)와
국가자료공동목록시스템(http://www.nl.go.kr/kolisnet)에서 이용하실 수 있습니다.
(CIP제어번호: CIP2017010841)

무시공생명 시리즈 2

무시공 생명 관점
'일체가 나다'

이제는
# 무시공생명 시대

안병식 지음

자기 '무시공생명의 발견!'
그것은 인류역사상 가장 위대한 마지막 발견이다!

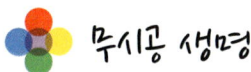
무시공 생명

# 무시공 생명 비결
## 無時空 生命 秘訣

무주객 無主客  　　무건병 無健病
무선악 無善惡  　　무미추 無美醜
무빈부 無貧富  　　무향취 無香臭
무고저 無高低  　　무호괴 無好壞
무음양 無陰陽  　　무순역 無順逆
　(공간 空間)　　　　(오관 五官)

　(시간 時間)　　　　(의식 意識)
무생사 無生死  　　무신심 無身心
무이합 無離合  　　무생학 無生學
무래거 無來去  　　무지우 無智愚
무시말 無始末  　　무정욕 無情慾
무쟁인 無爭忍  　　무신의 無信疑

무시공 마크는
'무시공생명 비결'을 농축하여 형상화한 것이다.

○ 무(無)는 없다는 뜻이 아니고 합(合)한다는 뜻이다.

비결에서 無 자를 빼면 가르고 쪼개고 분별하는 이분법 이원념이 된다. 無 자를 붙이면 모든 것을 합하여 무시공생명의 일원심이 된다.
무시공생명비결은 우주의 내비게이션이며 비결을 외우는 순간 의식은 무극(無極)의 위치에 올라간다. 60조 세포를 깨우고 벽담을 없앤다는 마음으로 비결을 끊임없이 외우면 생로병사(生老病死)에서 벗어난다.

◆ 파란색은 공간(空間, 天)을 의미한다.
　무주객(無主客)무선악(無善惡)무빈부(無貧富)
　무고저(無高低)무음양(無陰陽)
◆ 녹색은 시간(時間, 地)을 의미한다.
　무생사(無生死)무이합(無離合)무래거(無來去)
　무시말(無始末)무쟁인(無爭忍)
◆ 노란색은 오관(五官, 몸, 人)을 의미한다.
　무건병(無健病)무미추(無美醜)무향취(無香臭)
　무호괴(無好壞)무순역(無順逆)
◆ 빨간색은 의식(意識, 心)을 의미한다.
　무신심(無身心)무생학(無生學)무지우(無智愚)
　무정욕(無情慾)무신의(無信疑)
◆ 중앙의 보라색은 동방의 도(道)가 보라색이라고 하는데
　무시공생명의 발현이 동방에서 시작한다는 뜻이다.

## 무시공 생명 공식
### 無時空生命 公式

**일체근단**　　一切根斷
　　　　　(일체 음양뿌리는 끊어졌다.)

**일체동일**　　一切同一
　　　　　(일체가 동일하다.)

**일체도지**　　一切都知
　　　　　(일체 다 알고있다.)

**일체도대**　　一切都對
　　　　　(일체 다 맞다.)

**일체도호**　　一切都好
　　　　　(일체 좋은 현상)

**일체항광**　　一切恒光
　　　　　(일체 파장이 없는 빛)

**일체아위**　　一切我爲
　　　　　(일체 내가 했다.)

**일체조공**　　一切操控
　　　　　(일체 내가 창조한다.)

# 무시공생명 공식

### 일체근단(一切根斷) - 일체 음양의 뿌리는 끊어졌다.
태초 무극의 존재가 원래 하나인 우주를 음과 양으로 나누는 순간 이 시공우주(빅뱅)가 생겨났다. 무음양-음과 양을 합함으로써 시공우주의 뿌리가 잘렸다. 지구를 비롯한 시공우주는 허상의 세계가 되었다.

### 일체동일(一切同一) - 일체가 동일하다.
'일체가 나다'는 온 우주를 통틀어 최고의 경지이다. 무시공은 만상만물을 생명 관점으로 본다. 무시공생명 자리는 너와 내가 없는 동일체이다.

### 일체도지(一切都知) - 일체 다 알고 있다.
세포 속에 우주의 정보가 다 있다. 원래 인간은 윤곽과 틀이 없는 완전한 존재였다. 이원념의 물질이 쌓인 분자몸이 막혀 윤곽 속에 갇히게 되었다. 비결을 세포에 입력시키면 세포가 일원심의 세포로 살아나 우주의 지혜를 알게 된다.

### 일체도대(一切都對) - 일체가 다 맞다.
이것은 맞고 저것은 틀리다고 하는 것은 이분법, 이원념이다. 무시공 관점은 맞다고 하는 사람의 입장으로 보면 맞고, 틀린 사람 입장에 들어가면 그것도 맞다. 그래서 전부 다 맞다는 것이다. 차원이 다른 입장에서 말하는 것뿐 그 차원에서는 다 맞다.

### 일체도호(一切都好) - 일체가 좋은 현상이다.
무시공생명은 부정의 영체가 완전히 삭제된 절대긍정의 자리다. 무시공생명 자리는 전부 다 좋은 것만 보이고 전부 다 아름다운 것만 보인다.

### 일체항광(一切恒光) - 일체 파장이 없는 직선빛이다.
무시공의 직선빛은 일체 물질을 다 뚫고 들어갈 수 있고, 일체를 다 변화시킬 수 있다. 무한대 대로 큰 힘이다. 그래서 직선빛은 생명의 힘이다.

### 일체아위(一切我爲) - 일체를 내가 했다.
일체 나 때문에 좋은 일이 생긴다. 인간의 입장에서 오는 재앙이나 온갖 현상들은 무시공하고는 상관이 없다. 내가 만들어 놓고 내가 당하지 말자는 것은 우리가 깨어나서 무시공의 생명 자리를 잘 지키는 것이다.

### 일체조공(一切操控) - 일체를 내가 창조한다.
마음과 물질이 하나다. 마음과 에너지가 하나다. 그러면 마음먹은 대로 창조할 수 있다. 내가 우주의 중심이고 내가 있어서 우주가 존재한다.

## 무시공 생명 탄생선언
### 無時空 生命 誕生宣言

| 노예변주인 | 영체변생명 |
| 奴隸變主人 | 靈體變生命 |
| | (생명혁명) |

| 체력변심력 | 분리변동일 |
| 體力變心力 | 分離變同一 |
| | (물질혁명) |

| 홍관변미관 | 행우변항우 |
| 宏觀變微觀 | 行宇變恒宇 |
| | (우주혁명) |

| 다로변일도 | 의존변자성 |
| 多路變一道 | 依存變自醒 |
| | (신앙혁명) |

| 이원변일원 | 생사변영항 |
| 二元變一元 | 生死變永恒 |
| | (의식혁명) |

무시공생명 탄생 선언일 2012. 12. 21.

# 무시공생명 탄생선언

미국의 어느 과학자가 우주에서 지구의 시간에 대한 연구를 진행하면서 몇 번 시간의 윤회가 있었고, 마지막 윤회의 시기가 1945년이 기점이며 그 후 76년 이후에는 시간이 영(0)으로 돌아간다고 계산을 했다. 그 시기가 2012년 12월 21일로 파장으로 된 시간이 영(0)으로 돌아가고 시간이 멈춘다.

2000년 전, 아르헨티나에서 발견된 예언서 중 『사지서』에서는 시간에 대한 예언을 했다. 시간은 곧 영원히 없어진다.

무시공 선생님은 재앙이 일어나고 지구의 마지막 날이라며 떠들썩했던 2012년 12월 21일에 '무시공생명의 탄생 선언문'을 발표하시고 시간이 없는 세상이 도래하며 새로운 세상이 열리고 물질의 세상은 끝난다는 것을 이 시공우주에 선포하셨다.

### 생명혁명 - 노예변주인     영체변생명

시공생명이 무시공생명으로 변한다는 것이다. 이원념의 지배를 받고 있는 생명은 가짜생명이다. 절대긍정 일원심으로 된 생명이 진짜 생명이다.

### 물질혁명 - 체력변심력     분리변동일

인간은 지금까지 손발을 움직여서 잘 살려고만 했다. 우리는 이제부터 일체를 마음으로 물질을 움직일 수 있는 그런 세상에서 살 수 있다. 파장 밖에 머물면 물질도 내 마음대로 움직일 수 있다.

### 우주혁명 - 홍관변미관     행우변항우

시공우주가 무시공우주로 변한다는 것을 밝히는 것이다. 『천부경』의 예언처럼 일시무시일, 하나가 쪼개져 내려오는 우주에서 일종무종일, 합하여 하나가 되어 위로 올라가는 우주의 방향으로 가고 있다.

### 신앙혁명 - 다로변일도     의존변자성

파장이 직선빛에 녹아 생로병사가 없어지고 시간이 없어지면 각종 종교, 각종 수련은 저절로 없어진다. 세포 안에 일체의 우주 정보가 다 있다. 세포만 깨우면 밖에서 찾을 것이 하나도 없게 된다. 바로 내 안에 모든 것이 들어 있다. 곧 내가 전지전능이 되는 것이다.

### 의식혁명 - 이원변일원     생사변영항

시공우주의 파장 속에 머물면 생로병사에서 벗어날 수가 없다. 의식혁명이 일어나면 윤회도 없고 생사도 없는 영원한 존재. 그래서 우리는 영원한 새 생명을 찾았다.

무시공 생명 행동지침
無時空 生命 行動指針

무 시 공 　 심 력
無 時 空 　 心 力

무 시 공 　 체 험
無 時 空 　 體 驗

무 시 공 　 심 식
無 時 空 　 心 食

무 시 공 　 성 욕
無 時 空 　 性 慾

무 시 공 　 오 관
無 時 空 　 五 官

# 무시공생명 행동지침

### 무시공심력

무시공에서는 마음먹는 순간 마음먹은 대로 이루어진다. 마음과 물질이 하나고, 물질과 에너지가 하나이기 때문이다. 무시공에서 이루어진 심력은 분자세상에 나타나기까지는 이원념의 두꺼운 껍질의 차원에 따라 순간 나타날 수도 있고 시간이 걸릴 수도 있다. 시공우주에서 벗어난 존재들의 무시공생명의 발현인 것이다.

### 무시공체험

인간은 수억 수천 년 동안 세포에 입력된 윤곽과 틀 등 고정관념으로 전지전능한 세포에게 이원물질을 쌓아 이 우주에서 고립된 생활을 하게 되었다. 체험은 특히 오관을 통하여 머리에 입력된 이원물질을 녹여 다리의 통로로 배출시키고 새로운 무시공의 향심력으로 직선빛을 당겨 분자몸을 녹이고 에너지 몸으로 변화시키는 것이다.

### 무시공심식

무시공 직선빛을 통하여 분자몸이 에너지 몸으로 바뀌면 무시공의 대자유를 누릴 수 있다. 이때에는 에너지 몸을 가지고 우주를 여행할 수 있게 된다. 먹는다는 행위를 통한 영양분의 섭취가 아니라 무시공의 세포가 온 우주 공간에 스미어 있는 고급 영양분을 자동으로 섭취하여 에너지를 보충하게 된다. 이원물질의 음식을 섭취하지 않아도 살 수 있는 무시공 우주의 영양분 섭취 방법이다.

### 무시공성욕

이것은 아직 공개되지 않은 무시공의 우주 비밀이다. 2020년 이후에 공개될 것이다.

### 무시공오관

인간이 천차만별이라는 것은 천 가지, 만 가지 생각을 가지고 있다는 것이다. 이것은 천 가지, 만 가지 맞는 것이 있고 틀린 것이 있다는 것으로 쪼개고 나누고 판단하고 맞고 틀리고의 기준이 되는 것으로 이분법의 최고봉이다.
무시공생명의 관점은 각 차원의 입장에서 보면 그 차원에서는 다 맞다. 틀린 게 하나도 없다. 그래서 만상만물 일체가 좋은 것이고 만상만물 일체가 아름다운 것밖에 없다.

# 1단계 무시공우주도

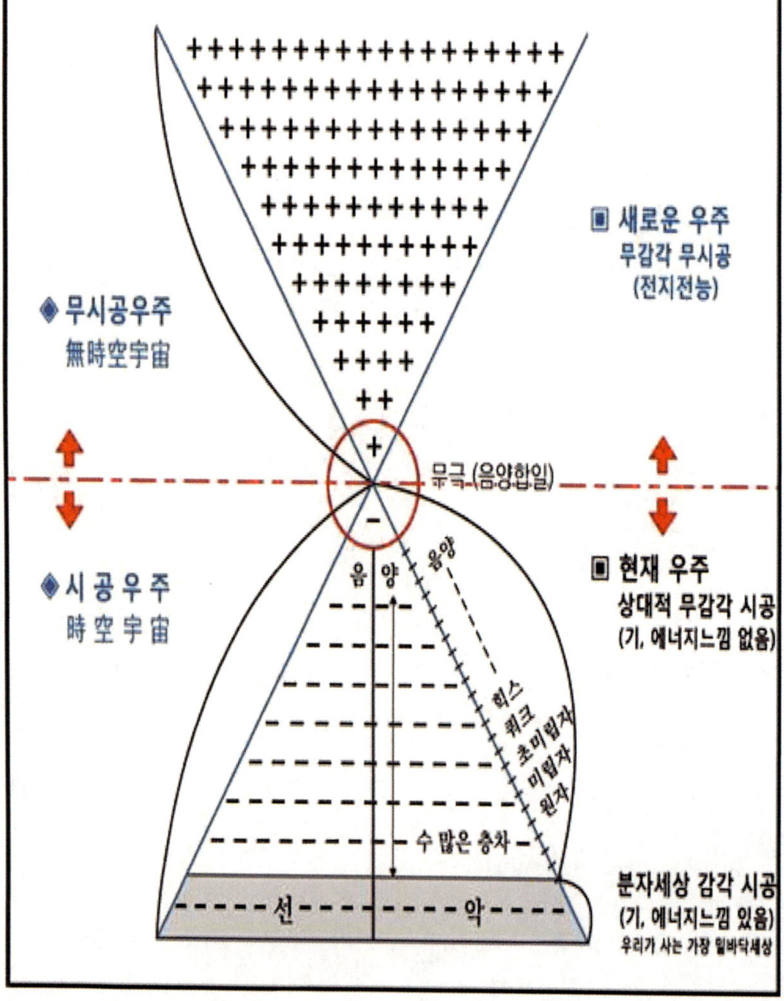

◆ 무시공우주
無時空宇宙

■ 새로운 우주
무감각 무시공
(전지전능)

무극 (음양합일)

◆ 시공우주
時空宇宙

음 양   음양

힉스
쿼크
초미립자
미립자
원자

수많은 층차

선 ─ 악

■ 현재 우주
상대적 무감각 시공
(기, 에너지느낌 없음)

분자세상 감각 시공
(기, 에너지느낌 있음)
우리가 사는 가장 밑바닥세상

# 1단계 무시공 우주도

원래 우주는 하나로 존재하였다. 무극의 최고 존재가 하나인 우주를 음과 양으로 나누는 순간 이 시공우주(빅뱅)가 생겨났다. 이 우주는 팽창을 거듭하면서 약 50억 년 전 지구가 탄생하면서 이원물질이 쌓인 현재의 분자세상 중 하나인 지구가 생겨났다.

오관의 지배를 받는 감각시공인 분자세상은 지구를 기점으로 약 5천억 광년에 이른다. 그중에서도 인간이 살고 있는 지구가 가장 낙후된 문명을 가지고 살아간다.

인간이 죽음 맞이했을 때 영혼이 간다는 사후세계인 무감각 시공은 지구를 기점으로 5천억 광년에서 우주의 끝이라고 할 수 있는 무극인 100억 조 광년(일조가 100억 개)까지에 속한다.

감각시공과 무감각 시공을 합한 시공우주는 음과 양으로 쪼개지면서 그 본질은 부정의 마음(-)이 되었다. 그래서 시공우주에 속한 이원념의 인간들은 상대적인 긍정의 마음을 지니게 되었다. 이 가르고 쪼개고 분별하는 이원념의 부정의 마음이 인간 삶의 고통과 불행의 씨앗이 된 것이다.

무시공우주는 절대긍정의 마음(+)을 가진 무감각 무시공 자리로 전지전능한 자리이다.

무시공생명 비결(비공선지)를 외우면 이원념의 세포들이 일원심의 세포로 변화된다. 이 비결을 외우고 실행하는 순간 무극의 자리로 의식이 상승되고 끊임없이 외우면 무시공의 무극(+) 자리를 지나 무시공생명의 자리로 진입하게 된다.

무시공생명비결(비공선지)은 우주의식 지도로 60조 세포를 깨우는 생명의 힘 자체이다. 비결을 외우고 실천하면 시공우주의 상대적 긍정 속에 녹아 있는 부정성의 이원념을 삭제시켜 절대긍정의 일원심을 가지게 된다.

절대긍정 일원심의 원동력은 60조 세포를 깨워 거친 분자몸을 녹여 에너지 몸으로 변화시키고 다가오는 우주의 대변혁을 무사히 통과할 수 있게 하는 원천이 된다.

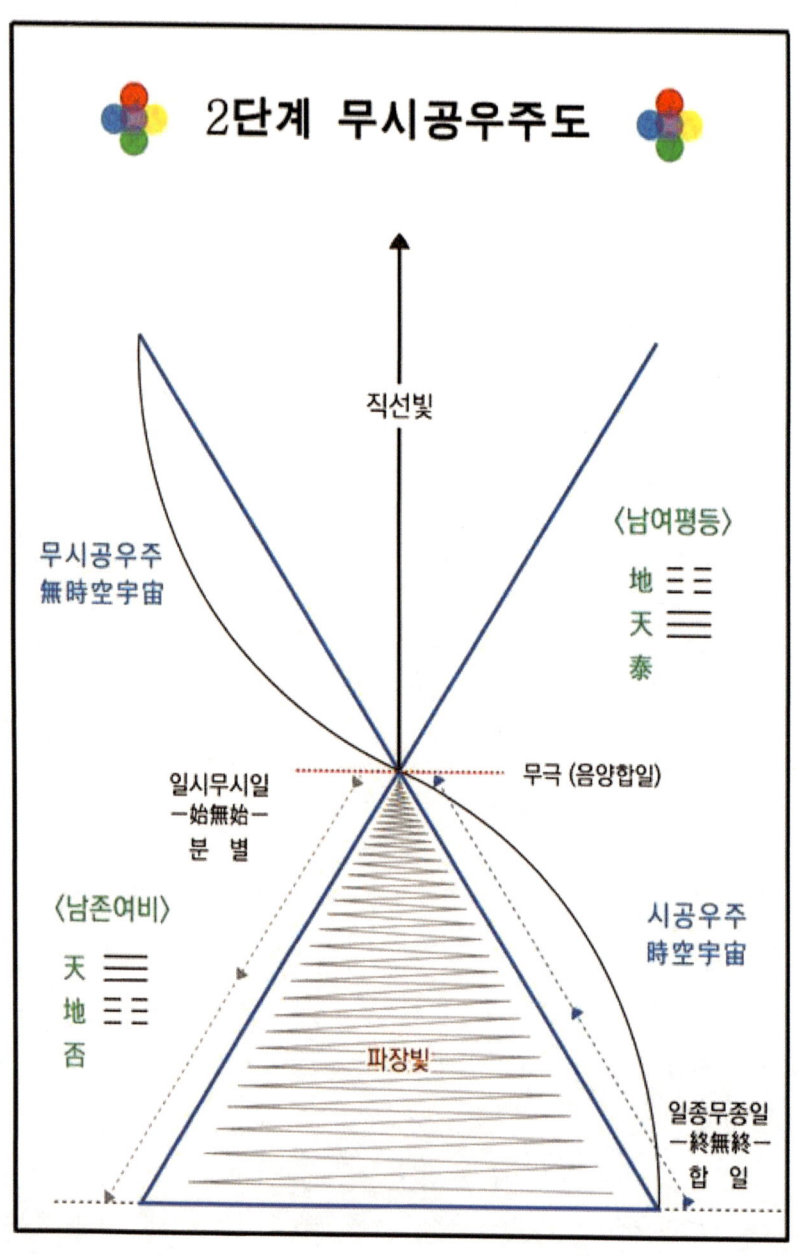

## 2단계 무시공 우주도

제일 밑바닥의 분자세상에서는 파장이 가장 길다. 위로 올라갈수록 파장이 약해지고 무극의 교차점에서는 파장이 끝난다. 무극을 지나 위로 올라가면 직선빛이다. 파장이 없는 것이 무극의 교차점, 그것이 시간이 사라지는 시점이다. 지금 인간들은 시간이 없는 세상에 들어오고 있다.

일시무시일, 모든 것이 하나에서 시작해 쪼개고 쪼개 내려와 지금 이 세상이 되었다. 일종무종일, 모든 만물만상을 하나로 묶어 합해서 하나의 위치로 가고 그 하나는 영원한 하나의 자리다. 『천부경』은 무시공생명의 하는 일을 예언한 것이다.
지금 우리 무시공은 하나로 묶어 합하고 그 하나의 자리로 가는 작업을 하고 있다. 무시공은 이 낡은 지구 낡은 우주를 마무리하면서 거두고 있는 시점이다.

시공우주는 파장의 지배를 받는다. 물질은 파장으로 되어 있다. 인간의 마음도 파장으로 되어 있기 때문에 그 파장에서 항상 머물게 된다. 파장은 음양으로 나누어진 시공의 빛이다. 시공의 음양의 물질이 계속 다투는 속에서 생겨나는 빛이다. 이 파장의 빛은 멀리 가면 없어지고 사라지는 빛이다. 그래서 파장의 지배를 받는 인간들은 생로병사에서 벗어날 수가 없고 윤회에서 벗어날 수가 없다.

무시공의 직선빛은 소멸되지 않는 끝없는 빛이다. 무한대의 영원한 빛이다. 음과 양을 합하는 일원심으로 무시공의 직선빛을 만들고 있다. 이 빛은 일체시공의 빛을 초월하고 우주의 어떤 곳도 뚫고 들어갈 수 있다. 심지어 100억 조 광년의 무극의 최고 존재도 이 직선빛에 의하여 무시공 공부를 하고 있다.

무시공은 인간의 모든 전쟁이나 재앙이 일어나도 공간이 다르다. 시공의 죽고 사는 문제는 우리 무시공과 상관이 없다. 원자핵이 폭발해도 우리와는 상관이 없다. 우리는 시공 밖에 있기 때문이다.
당연히 생로병사도 초월한 존재들이다.

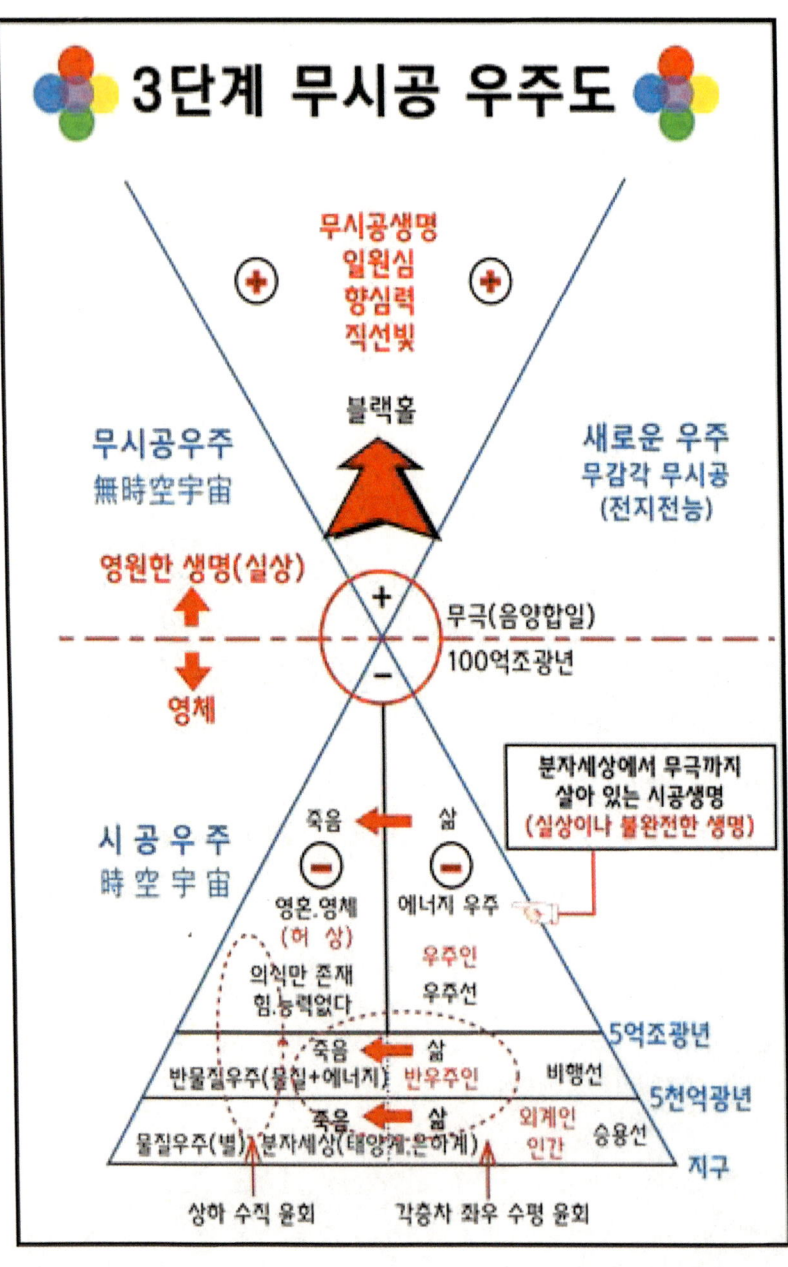

# 3단계 무시공 우주도

## 각 차원에 머무는 존재들의 명칭

| 우주의 범위 | 특징 | 명칭 | 비고 |
|---|---|---|---|
| 지구에서 5000억 광년 | ○ 물질우주<br>○ 별 | 외계인 | |
| 5000억 광년 ~ 5억조 광년 | ○ 반물질우주<br>○ 반물질에너지 | 반우주인 | ○ 별이라고 하는 존재도 있고<br>○ 우주라고 하는 존재도 있다. |
| 5억조 광년 ~ 100억조 광년 | ○ 완전에너지 상태의 우주<br>○ 에너지우주 | 우주인 | ○ 수많은 우주층차 |

## 각 차원 존재들의 교통수단

| 명칭 | 명칭 | 비고 |
|---|---|---|
| 승용차 | 지구인의 교통수단<br>지구인만 이용 | ○ 지구에서만 운행 |
| 승용선 | 각각의 별에서 움직인다.<br>외계인들의 교통수단 | ○ 지구 안에서 운행<br>○ 금성 안에서 운행 |
| 비행선 | 별과 별로 움직인다.<br>반우주인들의 교통수단 | ○ 지구에서 금성으로 운행<br>○ 금성에서 화성으로 운행 |
| 우주선 | 우주공간에서 움직인다.<br>우주인들의 교통수단 | ○ 모든 공간에서 운행 |

## 머리말

무시공 안병식 선생님은 2000년 4월 대한민국에 오셔서 영원한 생명의 직선빛인 무시공생명의 일원심을 밝히시고 일체 생명을 살리기 위한 우주작업에 돌입하셨습니다.

영적인 스승도 없이 오직 스스로의 끊임없는 집념과 집중력을 발휘하여 자신이 무시공생명임을 발견하셨습니다. 결가부좌를 통하여 한 달 만에 통증의 고통에서 벗어나시고 인간이 생로병사에서 완전히 벗어날 수 있다는 절대진리를 확인, 부모님의 나라 대한민국에서 이 무시공의 진리를 펼치시겠다는 결심을 하셨습니다.

17년이 지난 오늘날 드디어 무시공 선생님의 뜻을 받아들이는 존재들이 나타나 무감각 무시공의 3단계 우주작업을 진행하게 되었습니다. 기존의 분자세상에서 무극까지 이르는 영체들의 통로를 무시하고 지구에서 무극에 이르는 또 다른 무시공생명의 통로를 만들어 각 차원의 무시공의 존재들을 올려놓고 우주의 대변화를 창조하고 있습니다.

무시공 선생님은 2000년 서울에서 시작하여 2009년까지 서울 부산 등지에서 무시공생명의 씨앗을 뿌리시다가 2009년 6월 이후 그

동안 수많은 사람들이 선생님의 무시공생명의 뜻을 알아듣지 못하고 왜곡하면서 선생님의 곁을 떠났지만 한 사람 김항우 님은 한결같은 일원심을 지키며 단 한 번의 의심도 없이 무시공생명을 믿으면서 2014년 12월 말까지 창녕에서 1단계의 무시공의 역사가 마무리되었습니다.

1단계는 따라오고 체험하고 적응하는 시기였습니다. 비행기가 이륙하기 위하여 활주로에 유도되고 가속도를 내기 위해 준비하는 단계였습니다. 자신의 시공생명을 버리고 비결을 믿고 따라오면서 체험을 통하여 자신의 무시공생명을 체험하는 시기였던 것입니다.

2단계는 2015년 1월 3일 대전의 복수동에서 25명이 첫 모임을 가지면서 시작되었습니다. 1단계의 '따라오고 체험하고 적응'하는 시기와 더불어 '올라오고 훈련받고 우주작업'하는 2단계의 시기에 돌입하였습니다.
비행기가 활주로에서 200km/sec 이상 순간 가속을 하여 공중으로 이륙하는 단계로 순항을 하기 위한 모든 힘을 쏟아부은 시기였습니다.

2015년, 지난 15년 동안 이루지 못했던 무시공의 역사를 단 1년 만에 이루시고 드디어 2016년 2단계를 병행하면서 3단계의 우주작업을 진행하게 되었습니다. 활주로를 무사히 이륙하고 정상 높이에서 순항을 하는 단계에 돌입하였습니다.

지금은 '올라오고 훈련받고 작업'하는 시기로 3단계 무감각 시공의 우주작업이 진행되면서 우주의 수많은 고급 존재들이 대전의 무시공 생명훈련 센터를 찾아 공부를 하고 있는 것입니다.

무시공 안병식 선생님은 무시공생명의 우주 중심지, 지구의 중심지가 대전임을 선포하심과 동시에 지구를 중심으로 태양계 및 은하계를 비롯한 온 우주가 돌 수 있도록 무시공생명의 블랙홀을 만들었습니다.

현재 3단계에 진입한 존재들을 통하여 무감각 시공우주의 우주작업을 하시면서 23광년부터 100억조(일조가 100억 개) 광년에 이르는 광대한 우주에서 대한민국의 우주 뿌리를 찾으셨고 3단계 무시공 우주도를 밝히심으로 그동안 암흑 같았던 세밀한 공간의 우주세계를 정리하셨습니다.

무시공생명은 무시공생명 비결, 무시공생명 공식, 무시공생명 탄생선언, 무시공생명 행동지침(비공선지)을 끊임없이 외워 60조 세포를 깨우고 절대긍정 일원심을 기초로 우주에서 가장 거친 지구 인간의 분자몸을 녹여 에너지 몸으로 변화시켜 영원히 사는 방법을 제시하고 있습니다.

파장의 이원념 속에서 벗어나지 못하는 생로병사를 무시공의 직선 빛으로 녹이면 생로병사에서 벗어난 진정한 대자유를 누릴 수 있습니다.

무시공생명의 시리즈로 발간된 2권 『무시공생명 시대』는 2016년 무시공 선생님께서 토요일마다 대전센터에서 열리는 정기 모임에서 강의하신 내용을 정리하여 출판하게 되었습니다. 1권 『무시공생명의 발견』을 사랑해 주시고 읽어주신 분들께 깊은 감사의 인사를 드립니다. 무시공생명의 일원심을 통하여 이 우주에서 살아남는 존재가 되시길 바랍니다.

이 책이 나오기까지 방대한 녹취록의 필서, 교정, 편집과 협찬을 통하여 함께해주신 모든 분들께 깊은 감사를 드립니다.

2017년 5월 대전, 무시공생명 훈련센터
『무시공생명의 시대』 책 편찬위원회

## 매심(梅心)

눈을 떠 보니
우연인 듯 필연인 듯
컵컵한 얼음 벽이 보이고

구층천
깡깡 얼음 벽에
바보인 양 백치인 양
꽃 한 송이 피었더라!

우둔하다 하리…
어리석다 하리…
차가운 얼음 벽에 피어나는
작디 작은 매화 한 송이!

엄동설한
세찬풍파 이겨내며
봄이 오는 소식 알리고 있네!

급변하는 우주의
비밀을 알리려…
봄이 올 거라는
소식을 알리려…

동빙한설
모진 역경 이겨내며
홀로이 피어 있네
인고의 기다림으로            온 우주에
봄을 맞으니                매화꽃 만발해 꽃 향기로 가득하고

　　　　　　　　　　　　어느새 나는
　　　　　　　　　　　　매화 향기에 스미어
　　　　　　　　　　　　온 데 간 데 없구나!

목차

머리말 · 18

## 제1장 생명혁명(生命革命)

우주의 창조 원리 · 30
지구별의 우주 위치 · 40
한국의 십승지 · 53
우주 최고의 생명체 · 65
2030년까지 살아남는 사람 · 74

## 제2장 물질혁명(物質革命)

상대적 생사와 절대적 생사 · 86
무시공 우주 중심지 · 99
우주작업, 우주 중심지 건설 · 103
우주작업을 방해하는 존재들의 운명 · 107

제3장 **우주혁명**(宇宙革命)

　　우주 대변혁의 시간표 · 120
　　외계인과 대화하는 방법 · 125
　　이원물질의 지구와 우주는 사라진다 · 129
　　가속도로 우주가 바뀌고 있다 · 136

 제4장 **신앙혁명**(信仰革命)

　　무시공생명은 전지전능한 존재 · 148
　　우리(무시공)는 이 세상 거두러 왔다 · 156
　　우주선(UFO) 타고 우주여행 · 161

 제5장 **의식혁명**(意識革命)

　　우리는 전지전능한 창조주 · 168
　　내가 움직이면 우주가 움직인다 · 180
　　지구에서 시작할 뿐, 지구인 위한 것이 아니다 · 189
　　살아서 극락세계 간다 · 197
　　우리가 만들어 놓고 우리가 당하지 말라 · 201

## 제6장 무시공(無時空) 존재의 가치

절대적 생명 무시공 존재 · 210
지구인을 보는 외계인의 평가 · 217
봉황(여자)의 시대 · 223
우주선과 외계인 · 229

## 제7장 대한민국의 뿌리

23광년에서 100억조 광년의 대한민국 우주 · 238
대한민국 우주 대표도 대전에서 무시공 공부한다 · 252
외계인의 로봇으로 전락하는 인간 · 257
천복을 따낸 사람들 · 264
대한민국 우주와 별의 직계도 · 271

## 제8장 무시공우주도와 사후세계의 구조

3단계 무시공우주도 · 274
삭제되는 우주의 별들 · 285
왜 가장 힘든 지구에서 시작하는가! · 295
생명 블랙홀 · 313

## 제9장 분자몸을 녹이는 무시공생명수(水)

분자몸을 녹이는 무시공생명수 탄생 · 330
우주 창조자 '곡뱅' · 339
관점을 바꾸면 우주가 달라진다 · 347

## 제10장 무감각 시공의 비밀 우주 작업

일체가 나다 · 360
분자몸만 벗겨지면 우주선도 필요 없다 · 368
이 공부 하는 사람은 죽고 싶어도 못 죽는다 · 372
비공선지는 생명 자체 · 377

### 부록

용어 해설 · 388

# 노예변주인
(奴隸變主人)

# 영체변생명
(靈體變生命)

疾風怒火海濤隆
先知早預扑
分布逆道行
蓉巴己創造
时空消盡長夢醒
新人新宇宙

## 제1장

# 생명혁명(生命革命)

偶觀懸壁九重氷
還有花癡俏
俏非爲爭春
唯速恆蜜報
待到花香彌漫時
沒在甚中笑

花落佳家討彭祖
念慾行宇宙
反客變爲主
先干本知道
自在逍遙觀龍騰
誰人悟甚妙

梅心

# 우주의 창조 원리

> 시공우주는 어떻게 창조됐나. 무극 위치에 있는 어떤 존재가 음양을 가르고 차별하는 순간에 이 우주가 창조됐어요. 그 쪼개 내려오다가 자꾸 쪼개 내려오다가 처음에는 두 가닥 하나를 두 갈래로 나눴어요. 그게 제일 밑바닥에 오니까 선악으로 갈라졌다고요. 이것이 우주 창조 원리예요.

### 시공우주를 없애면 원래 우주가 창조된다

올해 2016년 이후 5~6년 내에 지구에서 엄청난 변화가 이루어진다. 지구뿐만 아니라 시공우주 전체가 변해요. 지금 우리가 보는 이 세상은 가짜라는 거예요. 불교에서도 자주 그런 말을 해요. 그러면 무엇 때문에 가짜인지 근거를 내놓지 못해요. 우리 무시공생명에서는 정확하게 밝히고 있어요.

시공우주는 어떻게 창조됐나. 무극 위치에 있는 어떤 존재가 음양을 가르고 차별하는 순간에 이 우주가 창조됐어요. 그 쪼개 내려오다가 자꾸 쪼개 내려오다가 처음에는 두 가닥 하나를 두 갈래로 나눴어요. 그게 제일 밑바닥에 오니까 선악으로 갈라졌다고요. 이것이 우주 창조 원리예요.

극과 극. 우리가 이 우주 창조 원리를 알았다면 이 우주를 바로잡는 방법도 알 수 있어요. 바로 이 시공우주를 없애버리고 원래의 우주를 만들면 돼요.

이 우주 없애려면 밑에서 없애야 돼요. 우리가 음양만 자르면 되잖아요. 그 뿌리를 끊으면 끝이잖아요. 그런데 인간은 이제까지 나뭇잎 따고 가지 치고 뿌리는 못 끊었어요. 그러니까 잎이 계속 또 나와. 가지도 더 많이 나와. 인간은 여태까지 이렇게 해왔잖아요.

그러면 우리는 이제 뿌리를 찾았어. 이 시공우주는 무극에서 음양 선악 가르는 순간에, 특별히 음양 가르는 그 순간에 폭발했어요. 무극에서 먼지보다 더 작은 그것을 우리가 마음에서 쪼개는 그 순간에 빛보다 몇천 몇만 배 속도로 팽창했어요.

그것이 우리 현실에 와서는 이 우주가 창조됐다고. 분자세상은 밑바닥으로 빠른 속도로 팽창하다가 서서히 느려지면서 정지된 상태가 바로 인간이 사는 지구하고 분자 세상이에요. 물질로 나타났어요.

그러면 여기 물질세상에서 헤매고 어떻게 하려면 얼마나 힘이 들어요? 그러면 우리가 원 뿌리를 알았어. 우리가 음양 뿌리를 잘라버리면 이 우주는 순식간에 허상으로 됐잖아요. 이렇게 간단해요. 이거 알아듣죠. 그러면 우리가 우주 음양을 자르는데, 우리도 이 우주에서 한 존재예요. 우리도 이원념, 이분법으로 된 존재예요. 우리 몸이든 마음이든. 그러면 우리도 음양을 자르면 우리 몸이 우리 인생이 바뀌잖아요. 그러면 수련이 필요 없다는 거예요. 그래서 우리는 공부하러 온 것이 아니라고요. 2014년 창녕에서 어느 강의 중에 갑자기 물어봤어요. "우리 여기 공부하러 왔나, 놀러 왔나?" 하니까 이구동성으로 놀러 왔대. 내가 맞다고 그랬어요. 이제 공부는 끝이에요. 우리 조상부터 오늘까지 수천 년 공부했는데 무엇이 변했어요?

그래서 우리가 장난삼아 술 마시고 춤추고 노래하면서도 우리는 엄청 바뀌고 있다고요. 우리가 어느 정도로 바뀌고 있나. 우주하고 동일로 바뀌고 있어요. 같은 속도로 바뀌고 있어요. 특별히 지금 우리도 다 느낄 거예요. 여기서 열심히 공부하시는 분은 자기 몸 바뀌는 게 나날이 강해지고 있어요. 특별히 2015년 12월 28일부터는 또 갑자기 더 강하게 풀리고 있어요. 그러면 우리가 2016년 1월 1일부터는 새해를 맞이하면서 엄청난 속도로 바뀌고 있다고. 가속도가 붙고 있어요.

### 완수된 생명 흐름

요즘 과학자들이 한 가지 궁금해하는 것이 있어요. 지구에서 곳곳에 지면이 꺼지고 있다고요. 평범한 길도 갑자기 꺼졌다가 산에도 아무 데나 자꾸 꺼져 내려가는 거예요. 옛날에는 그런 현상이 없었어요.

이것은 분자 물질인 지구가 세밀한 공간으로 변하는 현상이에요. 우리 여기서도 음양을 자르고 우리가 무시공 심력 쓰고 생명블랙홀을 작동하니까 지구가 가만히 있겠어요? 변할 수밖에 없다는 거예요. 계란의 흰자 노른자 껍질 안에 꽉 차 있죠. 그런데 병아리 될 때 그 안에 공간이 생겨요, 안 생겨요? 껍질하고 흰자, 노른자 분리되잖아요. 그러면 그 껍질이 가라앉을 수밖에 없듯이 지구 표면도 마찬가지로 가라앉는 현상이 일어난다고요. 그러면 나중에 지진이 일어나고 해일도 일어나요. 전부 다 지금 지구가 변하는 현상이라고. 그런데 인간은 몰라. 알려줘도 몰라요. 안 알려주면 더 몰라요.

아직까지 인간은 물질에 빠져서 벗어나지 못하고 있어요. 내가 너무 답답해서 무슨 말씀을 드렸어요. 바다 밑으로 사라진 아틀란티스는 과학자들이 다 증명하고 있듯이 현재의 지구와 인간들보다 과학이 엄청나게 발달했어요. 그런데 무엇 때문에 순식간에 가라앉았어. 과학은 발달했지만 인간들의 마음이 너무 추하고 이원념의 마음이 너무 가득 찼기 때문에 순식간에 바닷속으로 사라졌어요. 자기가 자기를 멸망시켰어요.

그러면 우리 인간이 지금 어느 방향으로 가고 있어요?

내가 80년도에 이런 말을 했어요. 과학이 발전하는 만큼 자기 멸망의 길로 간다. 과학이 발전하면 인간이 멸망 길로 가나 안 가나 분석해볼게요.

원시사회부터 농경사회, 산업사회 지금 정보사회로 들어왔죠. 그러면 그 사회가 발전했어요, 후퇴했어요? 전체적으로 발전했어요. 공간이 늘어나잖아요. 공간이 늘어나면 원래 수많은 조그마한 공간이 깨지고 팽창돼서 큰 공간으로 변한다고. 그게 뭐예요? 시간 공간이 없어지는 방향으로 가고 있다는 거예요.

인간은 일 년 사계절이 똑같은 주기로 돌고 있다고 생각해요. 그러나 사계절 한자리에서 맴도는 것이 아니고, 한 방향으로 흘러가고 있다고. 일체 생명이 한 방향으로 흘러가고 있어요.

이 우주도 한 방향으로 흘러가고 있어요. 태양계도 제자리에서 맴도는 것이 아니고 태양계도 어떤 방향으로 흘러가고 있다고. 평면으로 보면 한 군데 맴도는 것 같아. 입체적으로 보면 한 방향으로 흘러가고 있다는 거예요. 어느 방향으로 흘러가느냐 하면 완수된 생명 흐름으로 가고 있다는 거예요. 지금 그 위치에 와 있어요.

**이원념 마음을 일원심으로 안 바꾸면!**

인간이 지금 이원념 마음을 일원심으로 안 바꾸면 어떤 일이 생길 것 같아요? 이원념은 위기를 맞고 있어요. 구체적으로 말씀드리면, 과학이 발전 안 한 옛날에는 인간의 마음이 분산되어 있었어요. 어느 곳에 재앙이 와도 늦게 와요. 재앙이 있어도 한 부분에 국한되고 그 지역에서만 상처받고 재앙이 왔다고 생각해요. 지금은 재앙이 오면 전체가 온다고 보면 돼요.

인터넷 보세요. 인터넷이 없을 때는 전 지구 70억 인구가 한데 안 묶여. 내가 부정한 마음을 먹어도 나 혼자 부정한 마음을 먹고, 우리 한 동네가 부정한 마음을 먹으면 그 동네만 그 마음이 힘이 있지, 전체적으로 그 힘이 약했어요. 지금은 인터넷을 통해서 순식간에 퍼지니까 전 지구인이 금방 알게 되고 그것을 통해서 경쟁하려 그래요.

내가 잘 살고 다른 사람을 잡아먹어야 해. 그것이 경쟁이잖아요. 결국은 '너 죽고 나 죽고'예요. 그리고 이런 마음이 계속 강해지고 있잖아요. 아이들한테 그런 걸 다 심어 주고 있어요.

대만에서 있었던 일이에요. 초등학생인데 자기 친구 하나가 자살로 죽었어. 자기 집에 와서 자기 엄마한테 잘 죽었대요. 엄마가 왜 잘 죽었느냐고 물으니까 내 경쟁 대상이 하나 없어졌대요. 인간 마음이 이만큼 이상해지고 비뚤어져 있어요.

한국에 와서 보니까 한국 아이들은 마음이 좋은 편이야. 그런데 아이들 훌륭한 사람 만들겠다고 부모들이 얼마나 극성이에요. 반드시 대학 가야 하고, 유학 가야 하고, 무슨 박사를 따야 하고…. 아이를 죽이고 있어요.

이런 경쟁하는 마음, 선악 가르는 마음을 심어주고 있어요. 원래는 한 집안, 한 동네, 한 나라라는 개념으로 살았지만 지금은 인터넷 때문에 온 지구에 금방 그 마음의 파장이 전달되고, 그 파장의 이원념 때문에 물질이 바뀌어요. 이 물질이 동시에 파장을 일으키면서 재앙이 발생하고…. 이 재앙은 우리가 만들고 있어요.

옛날에는 미세한 공간에서 서서히 변하면서 표면에 나타나고 있어요. 인도네시아 해일하고 일본 쓰나미는 인간에게 경고하는 것에 불과해요. 지금 모든 재앙이 움직이고 있어요. 지금 인간들이 빨리 정신 차리라는 거예요. 정신 안 차리면 어느 순간에 가라앉아버려요. 그때 돈 아무리 많아도 무슨 소용 있어요?

지난 일본 해일이 발생했을 때에도 수십만 명이 죽을 때 거기도 부자 있잖아요. 돈에 빠져가지고 아무 생각 없이 헤매다 순간에 해일 와가지고 쓸어가 버렸어. 정신 차려야 돼요. 이런 일이 자꾸 반복해서 더욱더 강해진다고요. 인간의 마음이 극도로 선악을 강하게 가르는 현상이 두드러졌어. 온 지구에 그것이 주도로 되어 있고. 그 재앙을 인간들이 만들고 있다고요.

양자 물리학 과학자가 최근에 지구인 중에서도 수련을 많이 해서 염력이 엄청 강한 존재는 그 마음으로 어느 별 궤도를 바꿀 수 있다고 했어요. 과학자들이 거기까지 알고 있어요. 그러니까 우리 마음의 힘이 엄청 크다는 거예요.

그런데 우리 무시공은 심력 쓰고 블랙홀 돌리면서 우주를 바꾼다고 그랬잖아요. 궤도 하나 바꾸는 건 일도 아니라고요. 우리는 이 우주를 없애고 있어요. 그래서 인간의 이원념 마음을 일원심의 마음으로 바꾸어야 살 수 있어요. 이원념은 어둠이고, 냉기고, 얼음이고, 독소고, 가시밭이라고. 인간들이 거기서 살아요. 거기서 벗어나는 것이 사는 길이에요.


**내가 움직이면 우주가 움직인다**

물질 세상 이미 끝났어요. 인간들은 아직까지 물질에 빠져서 헤매고 있잖아요. 아직까지 돈, 돈, 돈. 내일모레 갑자기 무슨 일이 일어나면 그 돈 휴지 조각 된다고. 쓸모없는 것이 돼요. 이번에 이 무시공 공부의 기회를 놓치면 돈도 없어질 뿐만 아니라 생명도 영원히 없어져요.

내가 물질에서 벗어나라는 것은 이원념 마음에서 벗어나라는 거예요. 그러면 물질이 따라와요. 인간은 돈을 벌어야 하지만 우리 마음 하나 바꾸면 물질이 자동으로 따라온다는 거예요.

물질 관점으로 보면 일체 물질이 나보다 강해. 인간이 제일 관심 있는 물질이 뭐예요? 돈이잖아요. 전부 돈에 걸려 있어요. 그러면 돈 없으면 우리 못 사는데…. 돈도 생명이라 그랬어요. 그러면 일체 물질이 전부 다 생명이야. 생명 입장에서 보면 답이 이미 나왔어요. 돈 안에도 긍정 마음이 있다고 그랬어요. 내가 긍정 마음이 있으면 그 돈의 긍정 마음이 나하고 통하니까 돈이 저절로 온다고. 내가 부정 마음 있으면 돈의 긍정 마음하고 대립하고 있잖아요. 돈이 도망간다고. 네가 돈 쫓아가면 돈이 너한테 잡혀먹힐까 봐 돈이 도망간다고. 그래서 우리가 물질에서 벗어나라는 것은 돈 버는 것을 하지 말라는 것이 아니고 마음을 바꾸라고. 마음은 일체 물질을 조절할 수 있잖아요. 그래서 제가 말씀드린 물질 관점에서 벗어나라는 것은, 우리가 노예에서 주인으로 변하자는 말이에요.

이 우주를 보세요. 우리 과학자 관점에서는 이 우주가 모두 물질로 구성되어 있어요. 기존 인간의 입장에서는 사람이 제일 연약해 보이고, 우주가 생명을 좌지우지한다고 생각하고 있어. 그것은 이 우주 본질을 몰랐기 때문이에요.

우리 무시공생명 입장에서 보면 내가 이 우주를 창조하고 이 우주를 좌지우지한다는 거예요. 그래서 무시공 입장에서 보면 이 우주는 내가 창조한 거라고. 내가 없애려면 없앨 수 있어, 내가 또 새로 창조하려면 창조할 수 있어요. 이 원리를 알았다면 바로 우리가 전지전능한 창조주라는 거예요.

인간들은 자기는 생명이라 보고, 동물도 생명이라 봐. 겨우 식물도 좀 생명이라는 인식을 가지고 있어요. 그런데 그 외에는 전부 다 물질로 보여. 그것은 한계 있는 관점이에요. 생명이라 인정하면서도 벽 담이 있어. 사람은 고차원의 생명이고 다른 것은 낮은 차원이고. 또 고저 나눴잖아요. 진짜 생명 입장에서 보면 다 평등한데 고저가 어디 있어요.

제일 먼저 무시공 입장에서는 일체가 생명이라고 봐. 생명이라면 뒤에 답이 왔잖아요. 시공의 일체 물질이 생명이라면 그 생명이 무슨 마음이 있어요. 두 가지 마음이 있잖아요. 하나는 긍정 마음, 하나는 부정 마음. 그러면 돈도 생명으로 볼 때는 돈 안에도 긍정 마음이 있고, 부정 마음이 있잖아요.

그러면 내가 절대긍정 일원심이야 그러면 나의 절대 긍정 마음하고 시공의 상대 긍정 마음하고 통하잖아요. 그러면 내가 일원심 계속 지키면 그 상대 긍정 마음이 나하고 동일이 되어서 완전히 일원심으로 변한다고요. 그러면 내가 이 우주를 창조할 수 있어요. 이 우주를 좌지우지할 수 있다고요. 일체 분자세상에서 무극까지 모두 다 생명의 긍정 마음이 나하고 통해. 그러면 내가 고립되어 있어요? 바로 내가 우주 자체예요. 그러면 내가 마음 움직이면 그 일체 물질이 시공의 일체 존재 내 마음대로 좌지우지할 수 있어요. 이거 당연한 원리 아니에요? 그래서 내가 움직이면 우주가 움직인다. 이것 엉터리로 말한 것이 아니에요.

내가 만물만상의 긍정 마음과 통한다면 호랑이도 내 편이 된다고. 호랑이도 긍정 마음 있죠. 독사에도 긍정 마음 있어요. 그러면 내가 무슨 곤란이 있을 때 그것이 날 도와줘요, 날 잡아먹으려 달려들어요? 절대 긍정 마음 일원심하고 일체 만물하고 통한다고. 그러면 일체 만물이 다 내 편이야. 다 나를 도와주려 그래. 다 나를 보호하려 그래요.

그러면 자연재해나 재앙도 우리가 절대 일원심 지키며 긍정 마음하고 나하고 통한다는 입장에서 문제 보면 재앙이 우리한테 와요, 안 와요? 지진이 일어나도 우리하고 상관있어요, 없어요? 지진 일어나는 것과 각종 재앙은 인간의 부정 마음이 많은 곳에서 이루어져요.

그러면 우리가 긍정 마음 품고 100% 절대 긍정 마음만 지키면 만물이 내 편이라 모두 다 도와주려 그래요. 이것은 이론이 아니고 실체예요. 저는 이것을 어린 시절부터 체험을 많이 했어요.

식물을 보고 이것은 예쁘고 저것은 나쁘다, 네가 갈라놓았어. 식물 입장에서 얼마나 억울하겠어요? 같은 생명인데도 그것은 좋고 저것은 나쁘다. 꽃을 봐도 이 꽃은 예쁘고 저 꽃은 밉다. 그러면 밉다 하는 그 꽃의 마음이 아프지 않겠어요? 모두가 생명인데 우리가 소중하게 보면 안 돼요? 그 긍정 마음하고 하나라고 생각하는 것이 행복이잖아요! 그 선과 악도 네가 가르고 있어. 네가 상대방을 괴롭게 하니까 상대방도 복수하는 거라고요. 인간들이 만물만상을 적으로 몰아붙이니까 자기들도 살기위해서 보복할 수밖에 없다는 거예요.

그래서 우리가 모든 것을 물질 관점으로 보지 말라는 거예요. 생명 입장에서 봐. 일체 내 주변에 우주 전체를 생명이라고 보라고요.

그러면 생명이 어떻게 나하고 하나 될 수 있나. 절대 긍정 마음 일원심. 절대로 남을 미워하지 말고, 틀렸다고 트집 잡지 말고. 그러면 다 좋아하잖아요. 그러면 얼마나 편안해요. 인간들은 어디든 가기만 하면 눈으로 선악 가르고 저 사람은 꼴도 보기 싫다느니 한다고. 그러면 그 사람하고 통한다고. 네가 나를 미워하고 있구나, 알아채요. 진짜로 그러는 것 맞다고요.

옛날에 유교에서는 뭐라 그랬어요? 석자 위에 영이 있다. 거기는 아직 몰라. 실제로 석자 위에 영이 있어요. 만물 만상이 전부 다 생명이잖아요. 그래서 우리가 마음 움직이는 것, 내가 올바른 마음을 먹나, 부정한 마음을 먹나, 주변의 생명이 훤하게 보고 있어요. 자기 생각에 나만 알고 누구도 모른다. 너무 잘 알고 있다고요. 이제 인정해요. 진짜 일원심 지켜야 돼요. 일원심 안 지키면 어디 가도 손해 본다고. 그 만물이 용서를 안 해요.

제1장 생명혁명(生命革命)

# 지구별의 우주 위치

> 나는 70억 인류를 위해서 이걸 밝히는 게 아니다. 지구는 이 우주에서 제일 밑바닥의 쓰레기장이다. 도태되는 쓰레기 입장에서 생명을 구하는 것이다.

### 지구는 이 우주에서 제일 밑바닥의 쓰레기장이다

그래서 우리 지금 그런 위기가 왔다는 거예요. 인간의 마음이 너무너무 추락했어요. 이분법, 선악 가르는 마음이 극도로 발달되어 있어요.

이 위기, 이 위협이 곧 눈앞에 다가왔어요. 빨리 정신 차려야 돼요. 지금 과학자들도 난리가 났어요. 인간은 안 깨어나지, 위기는 곧 오지, 설명해도 알아듣지도 못하지.

중국 과학자 한 분이 그랬잖아요. 작년에 블랙홀이 지구에 쏟아 내려왔다고 그러는데 그분도 그래, 앞으로 5~6년 안에 엄청난 변화가 이루어진다고. 지구인이 나중에 남아 있는 존재가 얼마 안 된다는 거예요. 그분이 그것을 자료로 만들어서 설명하니까 누구도 안 믿어.

제가 15년 동안 여기 있는데 이제 겨우 몇 명 와서 아직도 머리에서는 믿어야 되나 안 믿어야 되나 고민하고 있어요.

그 재앙이 부딪혀 올 때는 이미 늦었어요. 제발 빨리 정신 차리세요. 일체 근단하세요. 이원념은 나를 멸망의 길로 몰아가고 있어요. 우리는 살길을 알려 주려는데 왜 아직까지 머물고 거기에 있는지 이상해. 나는 무시공생명을 아는 순간에 가족 개념, 민족 개념, 국가 개념, 지구인 개념 다 버렸어요. 시공우주인 개념 다 버렸어요. 시공우주는 나하고 상관이 없어요. 왜. 나는 무시공 존재니까.

나는 이 시공우주의 일체 현상을 인정 안 해요. 그저 이런 위기가 지구 인간들에게 왔으니까 내가 살길을 밝힐 뿐이다. 믿으면 믿고, 안 믿으면 할 수 없고. 그래서 내가 반복적으로 그랬어요. 나는 70억 인류를 위해서 이걸 밝히는 게 아니다. 지구는 이 우주에서 제일 밑바닥의 쓰레기장이다. 도태되는 쓰레기 입장에서 생명을 구하는 것이다.

세밀한 공간의 미립자, 초미립자, 무극까지 수많은 무극 존재들 기다리고 있다고. 우리가 진짜 살리는 것은 세밀한 공간에 있는 존재들을 살리기 위해서라고. 엄격하게 말해 인간은 실제로 이미 도태당한 위치에서 살고 있어요.

과학이 발전한다는 것이 우리를 더 행복하게, 겉으로 보기엔 행복한 방향으로 가는 것 같지만 실제로는 재앙을 만들고 있다고 보면 돼요. 순간에 이루어져요. 왜냐하면 속도가 너무 빨라졌어요. 지금 우리가 카페 글 하나 올리면 온 지구인이 다 볼 수 있잖아요. 옛날에 언제 그랬어요? 나 하나 부정한 마음을 먹으면 순간에 온 지구에 퍼져 버려. 그러면 재앙도 엄청 그렇게 이루어진다고요. 그리고 재앙도 자꾸 나날이 강해지고 있잖아요. 이미 인간에게 계속 경고하고 있어요.

그래서 빨리 정신 차리라고. 진심으로 무시공생명 자리 지키고 시공에서는 무조건 벗어나세요. 벗어나면 누가 살 수 있어? 벗어나지 못하면 할아버지. 부모. 자식 모두 없어져 버려요. 무시공우주 시간표는 한 치의 오차도 없어요. 부모라서 자식이라도 살리고 싶다면, 그간에 살아오면서 입력시킨 세포의 이원념 정보를 시급히 지워야 해요. 무시공생명 비결을 끊임없이 외워서 세포에 저장된 부정의 정보를 무조건 끊임없이 지워야 한다는 거예요.

### 무시공우주 시간표는 한 치의 오차 없다

2016년부터는 실전에 들어간다고 했어요. 지금 대전에 모이는 사람은 비록 적지만 이제는 때가 됐어요. 한쪽에서 인간의 말로 재앙이 일어나면 세상이 떠들썩해가지고 사람들이 안 깨어나려고 해도 안 깨어날 수가 없어. 이것은 우리가 무기를 가지고 전쟁을 해서 되는 것도 아니고, 날마다 가서 인간들에게 이 공부하라고 사정해도 소용없어요. 진짜 자연재해가 일어나서 순간에 변할 때 인간을 깨우쳐야 돼. 그날이 꼭 와요. 믿든 안 믿든.

2016년부터 대전의 무시공생명훈련센터에서 무엇을 하는가? 우리가 블랙홀 돌린다고 그랬잖아요. 과학자가 염력이 엄청 강하면 별 움직이는 궤도도 바꿀 수 있다. 우리는 블랙홀로 일원심이 한곳으로 뭉치면 우주도 바꾼다고. 제가 수없이 이것을 해석했어요. 올해부터 블랙홀 우주작업에 들어갔어요. 작년까지만 해도 블랙홀의 사용 방법 말 안 했어요. 그저 일원심 열심히 지키고 우리 빛 체험하고 우리 그런 훈련을 했어요.

이제는 실제로 사용하는 단계로 들어간다고. 예를 들어서 지금의 종교는 나중에 이 공부를 받아들이면서 없어진다고 그랬잖아요. 전

세계 종교가 하나로 되어 버려. 원래 그 종교 저절로 무너져요. 무엇 때문인가. 종교의 뿌리가 이원념이라서 그래요. 지금까지도 이원념 지키고 있어요. 아직 예수, 부처 기다리고 있어요. 정작 구세주가 오면 알아보지도 못해요.

큰 홍수 나서 어떤 사람이 물에 빠졌는데 처음에는 쪽배가 와서 빨리 이것을 타라 그랬는데, '아니야, 나는 하느님 기다려. 하느님이 나를 구원할 거야.' 나중에 큰 선박이 왔어. 그래도 안 돼. 나중에는 헬기가 왔어. 사다리 내려주면서 구하려 하는데 안 갔어요. 죽어요, 안 죽어요? 자기 고정관념을 빨리 버려야지 하느님 믿으니, 구세주 온다느니…. 구세주는 내 마음속에 있어요. 구세주는 절대로 밖에 없어요. 지금 다 밝히고 있잖아요. 내가 나를 살려야지 누가 나를 살려줘. 나를 누구도 못 살려. 나 또한 그런 능력도 없어요.

### 무시공생명 농산물생산

그다음에 우리 무시공생명 농산물 생산을 지금부터 시작해요.

작년 봄에 아는 어린아이에게 고추, 상추 모종을 화분에 심어 놓고 네가 빛으로 변화시켜보라 하니까 변화됐어요. 그런데 그 엄마는 몰라. 그래서 엄마보고 지금 어떤가 하니까 빛으로 되어 있대요. 일주일 후에 또 와 봤어요. 계속 그것을 유지하고 있어요. 그거 뭐예요? 우리가 무시공 관점에서 하면 일체 물질이 바뀌고 생명이 깨어난다는 거예요.

중국의 유명한 손○○이라는 기공사가 있어요. 이분이 30~40년 동안 계속 기공해서 수많은 과학자들이 탐구하고 있어요. 그분이 불에 볶은 땅콩을 손에 쥐고 10~20분이면 싹이 나와 버려. 그거 볶았다고 생명이 없어져요? 볶아도 그 안에 생명이 있어요.

일체 물질 안에 생명이 있다고 그랬잖아요. 그런데 그것은 시공 방식이에요. 그런데 최근에 와서 과학자가 탐구해봤지만 답이 안 나오니까 자기도 지쳐서 그만두고, 자기 혼자 농산물이나 어떻게 계속할까, 그런 마음을 먹고 있어요.

그리고 이분이 또 무슨 실험을 했느냐면, 자기 친구가 큰 회사 운영했어요. 회사 운영이 잘되다가 갑자기 부도를 당하게 되는 처지에 놓였어요. 그래서 이 친구 사장을 만나서 화분을 하나 주면서 이 화분을 잘 키워보라고 했어요. 그 화분을 집에 갖다놓고, 물 주고 아껴주며 관리하니까 금방 회사가 부도 위기를 면하고 새로 부활했어요. 그러다가 얼마 후 한동안 있다가 그 사장 친구 집에 초대를 받아 가 보았는데 그 화분에 있는 꽃이 시들어가고 있었어요. 그래서 이분이 그것을 보고 회사가 곧 망할 거라고 말했는데 얼마 안 가서 진짜 부도났어요. 무엇 때문인가? 꽃도 생명이 맞잖아요. 자기가 돈벌이에 눈이 어두워 생명을 져버렸잖아요. 이미 그 정보를 알려줬는데도 돈에 빠져들어 가다 보니 그 원리를 활용할 줄을 몰랐다는 거예요.

그러면 우리도 지금 수많은 정보를 모두에게 알렸어. 오늘까지도 사용할 줄 몰라. 모르는 게 당연해요. 내가 사용하는 방법을 안 알려줬으니까. 멋도 모르고 엉터리로 쓰면 도로 자기를 망가뜨려요. 그래서 진짜 일원심 지켜서 사용하면 우리한테는 쓸모가 너무 많아요.

대전이 우주 중심지, 지구 중심지라고 엉터리로 말한 게 아니에요. 우리가 일체를 바꾸고 있어요. 20년 전에 일본 과학자가 연구했죠. '물은 답을 알고 있다.' 알고 있죠.

그래요. 물은 답을 알고 있어. 그러면 물이 생명이라는 것을 증명했어요. 그 안에도 좋은 생각 있으면 물 입자가 육각형으로 아름답게 변하고, 욕하고 나쁜 말을 하면 형태가 다 망가진 상태로 변하는 것을 수없이 증명했잖아요. 심지어 거기다 좋은 말을 해주고, 글자를 써 붙여도 같은 효과가 나와요. 생명이기 때문이죠. 내가 글씨를 쓰는 순간에 내 마음이 그 안에 들어갔잖아요. 내 마음 따라 변한다고요. 그래서 그것을 우리가 확장해 보면 인간의 부정 마음 때문에 지구에 재앙이 일어난다는 거예요.

그러면 무시공생명 농산물을 생산한 한 농가에 가서 들려주고 이 공부하시는 분들이 자주 구경하러 가는 식으로 가서 빛으로 만들어 버리면 되잖아요. 그러면 농약, 비료가 필요 없어요. 생명이기 때문에 우리 뜻대로 할 수 있어요. 그러면 이런 일원심 빛으로 되어 있는 식물 야채를 우리가 먹으면 도움이 되잖아요. 우리가 무슨 보약 먹고 그런 것을 찾을 필요가 없어요.

농작물을 수확할 때에도 포장지에 우리 마크를 모두 붙이고 비결을 전부 다 붙여. 그러면 변할 수밖에 없어요. 나중에 대한민국 농산물이 세계 제일 농산물로 이어져 전 세계인이 사 먹으려고 대한민국에 온다고요. 이원념 때문에 일반 사람들은 하라고 해도 못 해요. 우리 무시공만이 할 수가 있어. 이것은 우리 일원심 존재들의 특허예요. 공개해도 못 받아들여. 이원념의 인간들이 절대로 따라 할 수 없는 원리예요.

우리는 일원심, 당신이 하고 싶으면 당신도 일원심으로 바꾸면 된다. 그런 농산물 있으면 우리가 제일 먼저 사 먹을 수밖에 없잖아요. 절대긍정 일원심 직선빛 농산물을 생산해 놓은 것을 우리가 먼저 먹으면 우리 몸도 빛 몸으로 변하잖아요.

우리 지금 먹는 농산물은 모두 오염되어 있어요. 최근 중국의 상해에서 어떤 분이 연구해서 발표했는데 돼지 기르는 기간이 12개월인데 3개월이면 다 키워내요. 닭도 3개월이면 키워낼 수가 있어. 그게 가능했던 것은 과학적으로 탐구해서, 어떻게 하면 빨리 크게 만들어 돈을 벌려는 거예요.

중국에서 닭발을 좋아하니까 발 6개 달린 새로운 품종의 닭을 만들어서 소비자에게 공급한대요. 그걸 좋다고 우리는 계속 먹어요. 그 결과로 상해에서 조기 성숙한 3살 된 아이가 생겨났대요. 그런 음식 먹으면 그 안에 생장촉진제 등 여러 가지 물질을 사용하여 사람도 그것을 먹으니까 같이 살찌고 키 크고… 이것이 얼마나 위험한 일이에요. 그런데 인간은 돈에 빠져서 먹는 것도 변형을 시켜요.

지금 한국에서도 돈에 빠지지 말고 무시공의 일원심을 지키라고 하면 다들 머리 흔들 거라고. 다들 생각하기에 굶어 죽는데, 남은 잘 사는데, 나는 거지 되는데, 모두가 거기서 막혀 있어요.

그래서 우리가 일단 무시공 농산물이 소문나서 진짜 먹고 효과 있으면 전국적으로 대전에 와서 농산물을 살 수밖에 없어요. 우리가 농산물을 빛으로 변하게 해서 소문이 나면 서로 사 먹으려고 그럴 거예요.

사람들이 안 믿으면 직접 와 보라. 우리는 농약도, 비료도 안 써. 그렇지만 너무 잘 크고 있어. 또 그것 먹으면 음식이 빛으로 돼. 내 몸에 에너지, 이원념 에너지가 저절로 빠져나가. 병도 저절로 치료 돼. 어디서 이런 것을 찾아요?

무시공 농산물 이것도 증명이 되었어요. 몇 년 전에 전라남도 장수 사과 단지에서 전 씨라는 한 분이 사과나무를 심어서 생산하게 되었어요. 이분이 이 공부 받아들였어요. 받아들여서 어떻게 했느냐면 자기 사과밭에다 녹음기로 비결을 틀어 놓고서 태풍이 온다는 기상 예보가 있으니까 그분이 사과밭에 가서 몸에 땀이 날 정도로 비결을 외우면서 '절대 태풍이 우리 사과밭으로는 안 온다, 나는 무시공생명 이다' 하면서 녹음기로 비결 틀어 놓고 자기도 가서 그렇게 외치니까, 진짜 태풍이 거기 안 지나갔어. 그런데 그 동네 다른 집은 태풍이 싹 쓸이해 버렸다는 체험담을 직접 하는 것을 들었어요.

## 이 기회를 놓치지 마라 앞으로 5~6년밖에 남지 않았다

내가 무엇 때문에 거짓말하겠어요? 진실로 믿으면 일체가 변해요. 일체 생명은 답을 알고 있다고. 일체를 생명으로 보면 다 나하고 소통한다고.

나는 일체 생명을 살리는 목적이다. 나는 이 사람이 내 말 안 들어도 미워한 적이 없어요. 쫓아내려는 개념도 없고. 누가 천번 만번 갔다 와도 나는 천번 만번 환영한다. 안 믿으면 나가. 나가서 또 깨져. 깨지면 또 와. 오면 또 나는 환영해요. 그러다가 깨어나면 내가 고맙다고 그래요.

그래서 우리는 이번 마지막 기회를 절대로 놓치지 마세요. 시간도 앞으로 5~6년밖에 안 남았어요.

그리고 주변 사람을 빨리 깨워 주세요. 여기에 대해서 내가 무엇 때문에 내가 자꾸 주변 사람을 깨워야 한다고 말하는 것은 우리는 개인 작업이 아니고 우주작업이다. 이 공부하는 분 모두 다 우주작업을 하고 있어요.

우주작업에 대해서 해석할게요. 이제는 작년부터 제 말을 알아들으니까, 지금부터는 구체적으로 해석해요. 내가 원래 그랬죠. 내 마음 움직이면 우주가 움직인다. 절대긍정 일원심의 나는 우주도 움직일 수 있다.

그러면 지금 우리 빛 체험의 첫 단계는 내 몸을 빛으로 만들어요, 두 번째는 온 우주에 빛으로 팽창하기, 세 번째는 생명블랙홀 가동, 이렇게 세 가지 빛 체험을 하는 거예요.

우리는 행동으로 옮기라 그랬죠. 우리 공부는 수련이 아니에요. 우리는 행해야 돼. 그래서 올해부터는 우리가 실전에 들어간다고 했어요.

그러면 어떻게 행하나. 첫 번째 내 세포 깨우기. 자기 세포를 어떻게 깨울 수가 있어요? 비공선지를 외우는 것이에요. 이것은 내 몸을 빛으로 만드는 체험과 대칭이 된 거예요

2단계는 사람 안에 있는 60조 세포는 각 세포끼리 이원념 때문에 칸막이 식으로 벽담이 있어요. 그래서 세포가 다 각자 놀아. 그런데 비공선지를 외워서 계속 주입하니까 세포가 열려요. 60조 세포가 완전히 열려서 하나로 뭉치면 1단계 우주작업이 끝난 거예요.

그때 세포가 나하고 통하면서 내가 무슨 일을 해도 세포가 알아서 자동으로 해요. 우리 공부하시는 분 중에도 많은 분들이 그런 체험들이 있을 거예요. 갑자기 머리에 떠오른 것을 그대로 하면 이루어져요. 세포가 깨어나면 말로는 안 통하지만 마음으로 통해요.

두 번째, 뭐예요? 팽창하라 그랬죠. 나를 중심으로 해서 내 주변 사람을 깨우라는 거예요. 아동우주동(我動宇宙動)의 방법으로 깨우면 돼요. 무시공생명은 이 몸을 벗어나서 무한대로 팽창시킨 온 우주가 내 세포로 보고, 내 몸이 팽창하면 몸 밖의 온 우주가 내 몸이다. 그 말은 조그만 공간 몸 안의 세포는 깨어났어. 몸 밖에는 막혀 있어요. 온통 이원념으로 다 갈라놨잖아요.

내가 움직이면 우주가 움직인다. 일체를 생명으로 보라. 일체 생명의 긍정 마음하고 내 일원심하고 통한다. 그래서 내 마음 움직이면 온 우주가 움직인다.

지금은 이론으로 받아들이고 있어요. 일체를 모두 다 생명으로 보라고 15년 전부터 외쳤어도 지금 누가 그렇게 보고 있어요?

인간은 물질 세상에 젖어들어서 세포에 그런 정보가 저장되어 있다고. 가짜를 진짜라 여기고 살아왔어요. 아무리 생명 관점으로 보라 해도 실감이 안 나. 과학자도 생명으로 안 본다고. 그러니까 물질의 현상을 영원히 탐구해도 끝이 없어요. 물질 입장에서 물질을 탐구하면 언제 끝날 거예요? 천 년 만 년 가도 진전이 없어요.

그러면 우리가 관점만 바꿔서 생명으로 보면 답이 다 나왔잖아요. 내가 전지전능한 창조주다. 이 원리 알았으면 무엇을 공부해. 왜 날마다 수련하니 뭐 종교 믿어서 나무아미타불 하니, 하느님 아멘 하니 이런 것 필요 있어요, 없어요? 이 원리 알았다면 끝이에요. 그래서 아동우주동, 나를 팽창해 일체를 생명으로 보면서 깨우라는 거예요.

### 우리는 시공 우주와 상관없는 무시공 존재

비공선지를 실천 안 하면 이론이에요. 이 공부하고 있는 중국에서 온 한 분이 이 책 번역하기 전에도 무엇이 무시공이고 무엇이 시공 우주고 다 알았다고 그랬어요. 그때 책 번역 시작하면서, 번역 끝나면 새롭게 느낄 거라고 했는데 번역이 끝난 이제 내 마음을 알겠대요. 무시공 선생님은 진짜 인간이 아니라는 것을, 진짜 이 우주 존재 아니라는 것을 확실하게 알았대요. 그래 내가 너무 고맙다 말했어요. 드디어 나를 바로 알아봤네. 그리고 그분이 그래요. 중국 14억 인구 내가 활동하는 무대가 되겠다. 그 무대 내가 창조해서 내가 움직이겠다고. 무엇 때문에 그런 마음 생겨요? 알았으니까. 모르면 이론으로 알았어. 그래. 맞아, 맞아. 아무리 알았다고 하면서 행하는 것은 계속 이분법으로 행하고 있어. 그것은 뭐예요? 이론으로만 알았지 실제 행하지는 못하고 실제 그런 상태에 못 들어간다는 거예요. 우리 그런 상태에 들어가야 돼요.

'아! 나는 무시공 알았어.' 하면서도 다음에 보면 행하는 것은 계속 시공 관점으로 행하고 있어. 그것은 이론에 불과해요. 진짜 이 뜻을 알았으면 내가 무시공의 경지에 들어가야 해요.

무시공이 뭐예요?

무시공은 고저도 없고, 가르는 마음도 없고, 일체 좋은 현상밖에 안 보이는 상태, 무시공은 마음과 물질이 하나야. 마음과 에너지가 하나야. 내 마음이 움직이면 일체가 다 움직여. 항상 이런 마음 자세를 유지해야 돼요. 이것이 무시공의 자리예요. 이런 상태를 유지하면 이 시공우주는 허상이 돼요. 자꾸 끊어요. 그러면 나하고 상관없는 시공우주가 돼 버려요. 어느 순간에 정말 내가 무시공 이론으로 이해하고 그 경지에 진입하면 하늘과 땅 차이가 되어 버려요. 그래서 이 공부하는 것이 중요하지만 더 귀중한 것은 실행하면서 이해를 해야 해요.

겨우 전단지 하나 뿌려도 속에서 부글거리면서 창피하고, 이것 뿌려서 뭐 하나. 이런 생각이 반복되면서 습관화되어 간다고요. 내가 전단지 하나 뿌린다면 단순하게만 보여. 저는 무엇을 봐도 전체로 봐요. 전단지 하나 뿌려서 사람들이 깨어나게 된다면, 그 사람 뒤에 수많은 생명이 깨어나고 있다고 봐야 돼요.

우리 지구도 보세요. 인간들은 곳곳에 지진이 일어나고, 해일이 일어나고, 어떤 재앙이 오면 그런 현상만 받아들여서 옛날에도 있었다, 하면서 대수롭지 않게 봐. 다 그렇게 생각하고 있잖아요. 그러나 그 뒤에 엄청나게 지구가 변하는 있는 것을 보지 못하고 있어요.

지금까지도 과학자들은 지진의 발생에 대해서는 예측을 하지 못하고 있어요. 무엇 때문에 그런가? 모든 것을 물질 입장에서 보니까 영원히 알 수가 없어요.

우리는 생명 입장에서 보면 답이 나왔어요. 지진이 일어나고 재앙이 오는 것 전부 다 인간의 이분법 마음 때문이에요. 70억 인구의 이분법 마음들을 순간적으로 한꺼번에 바꿀 수는 없잖아요. 그렇기 때문에 재앙은 무조건 일어날 수밖에 없다는 거예요.

인간들이 너무너무 강하게 이원념에 젖어들어 있어요. 한국 사람들이 긍정마음을 많이 가지고 있다 하면서도 종교에, 무슨 수련에 빠지면 빠져나올 줄을 모르고 들은 체 만 체하면서 못 나와요. 그만큼 어렵고 힘든 작업이에요. 재앙을 우리가 창조하고 있다는 거예요. 인간이 만들어서 인간이 당하기 때문에 피하지도 못해요.

# 한국의 십승지

> 어무성처천지복(於無聲處天地覆), 겉으로는 아무 소리도 들리지 않지만 세밀한 우주 공간에서 하늘과 땅이 뒤집어지고 있다고. 개벽이 일어나고 있어요. 인간은 껍질에 살고 있잖아요. 그것이 표면에 나타날 때는 이미 끝났어요.

### 대전이 제일 안전지대이며 십승지

인간들이 말하는 지구에 재앙이 오면 절대긍정 일원심을 제일 많이 지키고 있는 대전이 제일 안전지대이며 십승지예요. 믿을 수 있어요? 우리가 만물하고 소통하고 있고 만물에게 생명을 부여해 주니까 만상만물이 긍정마음으로 우리를 도와주고 내 편이 되어 줘요. 나를 재앙으로 죽이는 길로 몰아넣는 것이 아니라 살리는 쪽으로 안내해요.

그래서 빨리 나를 팽창시키라고요. 내 안에 세포는 하나 됐지만 내 밖으로는 아직 벽담이 되어 있어요. 나는 모두 다 생명으로 보고 일원심으로 보이는데. 나는 누구를 보더라도 모두 그 안에 무시공생명과 대화한다고 그랬잖아요. 인간은 그게 아니야. 그게 쉽지 않아요. 또 내가 그렇게 말하면 안 믿어. 네가 어떻게 무시공하고 대화한다고 그래. 네가 내 위치에 안 와 봤으니까 모르지. 내 위치에 왔으면 그것을 당연하다고 생각해. 나는 전부 다 하나로 보여. 나는 고저고 뭐고 차이가 없어. 무조건 다 생명으로 보여. 우리는 그렇게 할 수 있어요.

　진짜 이제 물질에서 생명 관점으로 100% 바꾸세요. 바꾸는 순간에 기적이 일어나요. 자꾸 의심하면 안 돼요. 의심 자체가 벽담이야. 그래서 내 안의 세포는 비공선지로 열심히 입력시키고 깨워서 지금 변화가 엄청나요. 저는 다 알고 있어요. 그러면 이제 밖으로 빨리 팽창하라고. 팽창해야 내가 만물이 생명이라고 인정한다고. 지금 내가 이것 알려줘도 인정 안 해요. 돌멩이 보면 돌멩이라고 보고, 저 썩은 나무 있으면 저것 썩은 것인데, 쓸모없다고 생각하고. 전부 다 생명으로 보면 쓸모 있는 것 있고 쓸모없는 게 있어요? 쓸모 있는 것도 있고 쓸모없는 것도 있다 하면 이미 또 차이를 두고, 마음에 그 차이가 이미 또 벽담 만들고 있잖아요.

　2단계에서는 실행을 해야 해요. 그러면 세포들도 빨리 깨어나요. 만물도 전부 다 내 세포라고 봐. 전부 다 생명으로 보라고. 관점을 바꾸세요. 절대로 미워하지 말고. 차이점 두지 마세요. 모두 소중한 생명으로 봐요. 생명 안에 긍정마음이 나하고 통하잖아요. 그러면 그 생명이 나하고 하나 되고 나를 도와주고 보호하고 있다고. 얼마나 간단해.

　조상이 우리를 보호해요? 하나님이 우리를 보호해요? 자기가 자기를 사기 치고 있어요. 내가 일원심 지켜서 만물하고 하나라고 생각하고 만물의 긍정마음이랑 나하고 통한다면 이미 하나로 도와주고 있어요. 그래서 내가 옛날부터 그랬잖아요. 나는 누구도 보호할 필요 없어. 그렇지만 수많은 생명이 나를 보호하고 있다. 내가 무엇 때문에 그런 말을 할 수 있나. 인간이 물질로 본다면 나는 전부 다 생명으로 봤기 때문에 이게 근본 차이에요.

2단계는 빛이 내 몸에서 사방팔방에서 발사해서 온 우주가 빛으로 돼 있어요. 2단계는 이제 실제 행동할 때 내가 만물하고 전부 다 소통하고, 만물하고 일원심하고 소통된다고 자꾸 두드리세요. 무엇을 봐도. 먼지 덩어리 하나 봐도 이것은 생명이다. 그 안에 긍정마음이 있다. 그 먼지가 나를 보호한다. 풀 하나도 생명이다. 그 안에 긍정마음하고 나하고 통한다, 이렇게 관점을 바꾸시고 세포한테 계속 입력시키세요.

인간이 지금까지 동물하고 대화하고, 식물하고 대화한다느니 그런 이분법 대화를 아무리 한다고 해서 이 세상에서 무엇이 해결됐어요? 우리는 그런 이분법의 대화는 안 해요. 일원심하고 만물하고 다 생명으로 보면 다 통했어. 얼마나 간단해요. 어느 종교 어느 수련 단체에서 밝혔어요. 지구에서 밝힌 적이 없어요. 이 우주도 못 밝혔어요. 여기 우리 무시공에서만 이것을 밝혀요. 밝혀도 이것을 알아듣는 존재만 알아들었어요. 못 알아듣는 존재는 천 년 만 년 해도 못 알아들어. 진짜 깊숙이 나를 바꾸겠다, 마음먹고 진짜 무시공 공부가 진짜라고 인정하면 그때 다가와요.


### 3단계 생명 블랙홀 가동

3단계는 블랙홀. 진짜 우리가 일원심 무시공 존재가 되면 그 자체가 블랙홀이에요. 블랙홀 체험을 하고 싶으면 빛몸 체험하고 우주몸 체험, 이 두 개를 열심히 하세요. 그러면 3단계는 자동으로 다가와요.

1단계는 이제 거의 잘하고 있어요. 지금 비결 외우지 말라 해도 자기가 바뀌고 비결의 단맛을 아니까 다 잘 외우고 있어요. 이제 집중해서 올해부터는 2단계는 일체를 생명으로 보고 일원심으로 다 통하면서 행하고 실천해야 돼요.

내가 움직이면 우주가 움직인다. 우리는 이런 마음을 가지고 블랙홀 핵심 만들고 있어요. 그러면 그 빛이 강해지면, 어디든 비추면 모두 녹아요. 부처도 모르는 방법으로 쥐도 새도 모르게 다 녹이고 있어요. 우리는 무기도 필요 없어. 직선빛만 뭉치면 온 우주도 다 녹일 수 있어. 그래서 우리 여기 대전에서 뭉치면 나 혼자라도 우주를 바꾼다고 그랬잖아요. 그러면 나를 중심으로 해서 우리 열 명 모이면 힘이 강해지죠. 백 명 모이면 엄청난 현상이 일어난다고요.

이것은 누구도 보지 못해. 시공의 존재들이 수련을 많이 해서 아무리 영안이 열려서 본다 해도 절대로 우리를 볼 수가 없어요. 무엇 때문인가? 우리는 무시공 존재니까 그래요. 우리는 이 우주하고 아무 상관없는 존재. 우리 몸에 나는 이 빛은 과학적으로 증명 못 하고 수련한 존재도 증명을 못 해요. 인간의 이원념 눈으로 절대로 일원심 무시공생명을 볼 수가 없어요.

이제 이 공부의 뜻을 깊숙이 알면 다 우리 때문에 인간이 말하는 재앙이 온다는 것을 알게 돼요. 그 재앙이 뭐예요? 이원념의 물질이 빠져나가고 이원념이 사라지는 현상이잖아요. 그러면 이원 물질의 우주는 사라지고 일원심 물질로 무장된 우주가 탄생한다고. 지구에도 이원념 지구로 되어있는 이원 물질로 쌓인 지구가 변하고 있어요. 그것을 누가 변화시키고 있어? 종교가 바꿨어요. 우리가 여기서 바꾸고 있잖아요. 그런데 우리는 아직까지 수많은 잡동사니 생각 때문에 의심을 하고 있어요.

인간은 계속 표면만 보고 있어요. 이미 세밀한 공간의 깊은 곳에서는 엄청난 변화가 이루어졌어요. 어무성처천지복(於無聲處天地覆), 겉으로는 아무 소리도 들리지 않지만 세밀한 우주 공간에서 하늘과 땅이 뒤집어지고 있다고. 개벽이 일어나고 있어요. 인간은 껍질에 살고 있잖아요. 그것이 표면에 나타날 때는 이미 끝났어요.

미세한 공간, 즉 무감각 시공에는 에너지 상태로 되어 있어요. 에너지 상태는 우리 여기서 마음먹는 순간에 그 에너지 상태로 되어 있는 우주는 순간에 바뀌고 있다고. 그러면 에너지하고 물질 세상하고 어느 쪽의 힘이 강해요? 에너지 쪽이 힘이 더 강해요. 그러면 이 물질 세상은 어디에서 왔어요? 에너지 상태에서 왔잖아요. 그 에너지를 누가 조절할 수 있어요? 우리가 조절한다고. 인간들이 이분법으로 계속 지키면 계속 물질로 쌓여. 내가 일원심으로 바뀌면 이원물질이 일원물질로 바뀌잖아요. 이런 간단한 원리 아니에요. 지금 우리 몸은 미세한 공간에서 에너지 상태로 엄청난 변화가 이루어지고 있어요.

### 나만 보라! 블랙홀 핵심에 들어온다

2000년도 한국에 와서 오늘까지 안 변하는 원칙이 하나 있어요. 그것은 바로 내가 하는 일은 2030년에 끝난다는 거예요. 그러면 2030년 이후에는 이 공부를 놓치지 않고 뜻을 아는 존재는 UFO 탈 필요도 없이 우주여행을 할 수 있다고 했어요. 이 무시공 존재들은 이미 시간, 공간을 초월한 존재들이에요. 마음먹은 대로 이루어지는 존재들이에요.

그러면 나한테 물어요. 당신은 왜 안 변했나? 내가 변하면 어떻게 사람들 같이 갈 수 있어요. 미리 그랬어요. 나는 가짜라고. 인간의 이분법의 마음이 나한테 쌓여서 보여주고 있어요. 인간이 변하는 만큼 나도 그만큼 인간에게 보여줘요. 이것이 무슨 뜻인지 아세요? 나는 이미 시공과 무시공의 일원심하고 이원념하고 이미 분리되어 있다고. 인간은 이제 여기서 공부하는 분은 이제 겨우 분리하고 있어. 분리하면 내가 어떻게 해요? 손오공 72가지 변화가 있지만 나는 무한대로 변할 수 있어요. 나는 일체 안에 내가 있기 때문에 나는 일체 안에 들어갈 수 있어. 또 일체 안에서 나올 수도 있어. 그러면 저 사람 마음에 이원념 마음이 보여. 깊숙이 파묻혀 자기도 몰라. 그러면 내가 일부러 끄집어내기 위해서 그 앞에서 그런 역할을 한다고.

그러면 인간은 몰라. 이제 비밀 밝혀요. 아, 선생이란 사람이 나보다 못해. 술 마시면 술주정하고. 인간 눈에는 그렇게 보이니까 그래요. 그럼 자기 안에 있는 것은 왜 몰라? 나는 인간들 속에 있는 이원념을 빼려고 그렇게 하는 거예요. 이건 나 혼자만 알고 있는 비밀이라 안 알려줬는데 이제는 알아들으니까 비밀을 공개했어요.

그러면 보세요. 내가 이원념으로 오만 지랄 발광해. 사람들이 나보고 네 안에 그런 이원념이 있다고 해요. 그러면 나는 절대 인정 안 해. 왜 그런가? 나는 이미 그것을 잘랐어요. 그런데 상대방은 자꾸 트집 잡고 물고 늘어져. 안 그래도 나는 이 이원념을 분리하는데 그것을 빼 가는 사람이 누구인가 하면 바로 나를 지적하는 사람이 빼 가요. 그러면 내 이원념이 그 사람한테 들어붙어요. 그러면 언제 잡혀갔는지도 모르게 잡혀가요. 그래서 나만 보라 그래. 자꾸 나 지적하면, 내 안에 붙어 있는 이원념 다 강한 거예요. 이것이 인간한테 붙으면 잡아 빼는 방법도 없어요. 내가 오늘 경고하면서 부탁할게요. 가짜인 나를 보지 말고 자기 자신만 보세요. 나를 보면 보는 사람이 손해예요. 저는 일원심과 이원념이 다 분리된 존재예요.

이 지구에서 감히 결론 내려요. 일원심을 지키는 존재는 나밖에 없어요. 절대로 나를 의심하지 마세요. 나를 의심하는 순간에 너는 이미 도망가. 이미 분리되고 있다고. 나는 그저 연기할 뿐이에요. 여기에 속지 마세요.

내 몸에서는 나도 모르게 자동으로 나온다고. 이 공부에 관심 없는 사람한테는 나도 그런 것에 관심도 없어. 이 공부를 하려고 그런 결심 내린 존재는 반드시 숨어 있는 것을 끄집어내야 돼요. 끄집어내는 방법을 나는 그렇게 쓰는 거예요.

그래서 나는 손오공보다 무한대로 변하는 능력을 가지고 있다고. 나는 귀신 안에도 들어갈 수 있어. 귀신 마음에도 긍정마음이 있잖아. 그러면 내가 귀신 노릇도 할 수 있어. 아! 그러면 저 사람 일원심 운운하면서 그걸 가지고 귀신보다 못하다면 또 공격할 거야. 네가 공격하면 너한테 이 귀신이 붙어. 맞지? 그래서 우리 공부하는 사람 절대로 내 트집 잡지 말라고. 다른 사람, 공부 안 하는 사람에게 붙으려면 붙고. 나는 아무런 손해 없어요. 자기가 손해지.

**부정을 지키는 존재는 삭제된다**

우리 무시공생명은 자기만 지키고 자기만 보세요. 절대로 상대방을 지적하지 마세요. 시작부터 끝까지 나만 지켜. 이 공부는 밖으로 사회니 경제니 정치니 하는 어떤 트집도 잡지 마세요.

자기 트집만 잡고 자기만 지키라고 했어요. 자기를 지적하는 순간에 자기한테 끌려와요. 그러면 극락세계가 여기서 시작해요. 그래서 제가 말하는 것은 다 이론이 아니고 철학도 아니에요.

자신이 실천해 보면 알 수 있어요. 그런데 인간은 자신만 본다는 것이 정말 힘들어요. 눈만 뜨고 있으면 잘못된 것만 보이게 돼 있어요. 이원념의 사고 때문에 오관으로 보는 것은 본능화된 부정마음이 그렇게 만들어요.

한 사람도 남 보면 좋게 못 봐. 무엇이 부족하다느니, 무엇이 잘못됐다느니, 계속 남 트집만 잡고 있어요. 왜 좋은 것은 못 봐? 인간의 부정마음 때문에 부정밖에 안 보인다고.

우주의 흐름은 인간의 부정마음을 삭제하고 있어요. 지구에도 수많은 생명이 부정의 마음을 가지고 있으면 우리가 무시공의 진리를 밝히는 순간에 삭제가 돼요. 그렇게 그것을 계속 지키면 자기가 없어져요. 그래서 우리 여기 모인 존재는 반드시 일원심 지키면서 절대로 나만 보세요. 절대로 남 트집 잡으려는 그런 존재는 블랙홀 핵심에 못 들어와요. 헛고생한다고요.

어떤 사람은 너무 예민해서 남 눈치 보고, 내가 잘못하면 어떻게 하나, 저 사람 나를 미워하는 거 아닌가, 누가 나를 해코지하면 어떻게 하나, 그런 생각을 해요. 그런 생각들을 다 삭제하세요. 전부 다 자기 쓸데없는 생각이라고. 일원심 지키면 얼마나 편안해요. 진짜 일원심 지키면 어디 가더라도 당당하고 어디 가도 대자유고 어디 가도 행복해. 너무 편안한 거 아니에요? 내가 편안하니까 이것을 밝히지. 나도 괴로우면 뭐 하러 밝혀? 말대로 이루어지니까, 생각한 대로 이루어지니까, 이것을 밝힐 수밖에 없어요. 뭐 수련해가지고 됐어요. 수련하는 것 힘들어서 안 해.

'수련이 아니라면서 뭐 하러 심식, 결가부좌해야 하나?' 하고 물어요. 인간은 이원물질로 쌓여 있어요. 얼마나 두꺼운 물질이 쌓여 있는지 그 이원물질이 방해를 해요. 그래서 결가부좌를 해야 풀려요. 이원물질이 없으면 심식이니 결가부좌니 하라 할 필요가 없어요.

인간은 지금 분자 세상에서 제일 껍질이 두꺼운 부분의 물질에 쌓여 있어요. 그래서 비공선지를 외워서 이 몸을 녹여야 돼요. 그리고 2단계 팽창 방법으로 녹일 수 있어요. 그렇지만 이 두꺼운 분자몸의 껍질을 녹이기 힘들어요. 분자 껍질을 녹이는 제일 좋은 방법이 결가부좌예요. 통증을 이겨내야 이 분자몸이 빨리 녹아요. 그런데 결가부좌를 하면 아파서 못 견뎌요. 아픈 것 걱정하고 아픈 것이 두렵고 저런 것이 두렵고 하는 것은 말로는 일원심 지킨다면서 실제 행하지는 못한다는 거예요.

나는 욕심이 없어요. 다만 일원심만 지키면서 100%로 나만 보는 이런 존재들이 하나하나 뭉쳐서 블랙홀 핵심을 만들어. 그러면 10명도 좋고 100명은 더 좋고 1,000명이면 더더욱 좋아. 정말로 안 되면 딱 열 명만 해도 돼. 그러면 나는 할 것 다 할 수 있어요. 그래서 올해 실전에 들어가는 것은 블랙홀 핵심을 만드는 거예요. 핵심 안에서는 남 트집 잡는 그런 존재는 여기 들어오려고 해도 못 들어와. 알았죠? 지금 그 작업 들어가고 있어요. 그렇게 뭉쳐서 블랙홀 핵심이 작동하면 무엇이 안 빨려 들어와? 무엇이 안 변해? 인간은 물질 관점에서는 물질 블랙홀만 알아. 우리는 생명으로 보니까 생명 블랙홀이라 그래. 그 생명 블랙홀 바로 우리가 여기서 작동하고 있어요.

**시공오관 믿지 말고 무시공오관을 활용하라!**

인간은 두 우주를 왔다 갔다 해요. 내가 하나도 안 움직였지만 일원심 마음먹는 순간에 무시공에 들어왔어요. 이원념 마음먹는 순간 시공에 떨어져요. 마음 하나 가지고 두 우주를 왔다 갔다 해요. 내가 오관을 믿지 말라 그랬잖아요. 우리는 아직까지 오관에 파묻혀 있어. 우리 진짜 무시공오관을 이용하지 시공오관을 절대로 믿지 말라고. 시공오관은 제일 거친 분자세상 오관이에요. 거기서 자꾸 자기가 사기당한다고.

그러면 우리 간단하게 말해 봐. 내가 미세한 공간에는 에너지 상태로 되어 있는 무감각 시공에는 그 에너지는 마음먹는 순간에 이루어져요. 지금 양자 물리학이 그것을 증명하고 있잖아요. 그런데 저기는 그런 우주가 있다는 것을 몰라. 하여튼 그런 현상이 있다는 것을 알아요. 우리는 분명히 말했잖아요. 시공 우주에 물질 우주도 있고 에너지 우주도 있다. 에너지 우주는 눈에 보이지도 않아. 느끼지도 못해. 그렇지만 거기 속도가 너무 빨라. 쪼개는 속도도 빠르고 합하는 속도도 빨라. 빛 속도보다 몇천 몇만 배 더 빨라. 그런데 인간은 안 보이니까 안 변한다고 생각해.

그러면 예를 들어볼게요. 우리 영화를 보면 1초 돌아가는 필름 속에 사진이 24장이 들어가요. 그 속도로 돌리면 사람이 정상적으로 움직이는 현상이 있어요. 그런데 1초에 사진이 12개라면 어떻게 돼요? 끊어졌다가 움직였다가 정지됐다가…. 맞죠? 그러니까 과학자들이 탐구하니까 24장이 딱 맞아. 우리 시야에 딱 맞는 움직이는 영상이 나와요. 그러면 그것보다 속도 조금만 빠르면 그 화면이 보여요? 안 보여. 화면이 헷갈리잖아요. 그러면 계속 속도를 빠르게 해. 계속 빠르게 하면 무슨 현상이 또 일어나요? 없어진다고. 맞죠? 물리학에 있잖아요. 물질이 너무 빨리빨리 돌면 물질이 안 보이는 현상이 나타나요.

그러면 보세요. 우리 분자세상의 물질이 우리 눈으로 정상 움직임으로 보이는 것은 1초에 24장의 사진을 찍는 것으로 보였어. 그런데 에너지 상태는 수천만 배 더 빨라. 그러면 우리 눈으로 볼 수가 없어요. 그러나 거기는 엄청 변화가 이루어지고 있어요.

그런데 인간은 너무 빠르니까 분자세상에서 오관으로 보니까 아무것도 안 변했어. 실제로는 엄청 변하고 있다고. 스스로 없어지고 있다고.

지구도 그래요. 지구 일 년 열두 달 그대로 있는데 실제 미세한 공간에서는 우리 무시공 일원심 때문에 엄청나게 가속도로 변하고 있는데 표면에는 아무것도 안 변하고 있는 것 같아. 그래서 오관을 믿지 말라는 거예요. 그래서 인간은 꼭 당할 수밖에 없어. 이 눈으로 계속 확인하려니까.

그리고 과학자가 지금 에너지 상태로 이 물질이 바뀌는 속도가 1초에 160조래. 그렇게 빠르게 변한다는 거예요. 그래도 우리만큼 안 빨라. 우리는 무극에서 음양을 자르고 있는데 그 속도 가지고 숫자 개념가지고 계산할 수 있어요? 순간에 변한다고. 그래서 우리가 지금 여기서 일원심 지키는 순간에 온 우주가 사정없이 변하고 있어요. 그런데 표면으로 보면 아무것도 안 보여. 뭐 변한 것이 보이지도 않아. 심지어 이미 분자 상태로 노출되고 있는데도 아직까지 알아차리지 못하고 그저 자연재해, 지진이 일어나려니까 일어났지, 하고 왜 이런 현상이 나타나는지 모르고 있어요.

몇 년 전만 해도 우리가 외계인이 사람 형태로 움직이는 것을 볼 수 없었어요. 지금은 무엇 때문에 보여? 물질이 세밀한 공간으로 들어가니까 세밀한 공간의 원래 안 보이던 것이 보일 수 있다는 거예요. 그런 현상이 지구에서 많이 나타나고 있어요. 그게 뭐예요? 지구가 세밀한 데 들어가고 있다는 거예요. 만물이 무엇 때문인가. 우리가 여기서 일원심 지키니까 천부경이 말한 일종 무종일로 가고 있잖아요. 그것이 나날이 가속도가 붙어요. 고맙습니다.

# 우주 최고의 생명체

> 지금 우리는 이 무시공 공부를 받아들이는 순간에 이미 이 우주의 최고 생명체예요. 무극의 최고 존재도 우리에게 못 다가와요. 저는 인간하고 한 번도 대화한 적 없다고 했죠. 저는 무시공 존재하고 대화했어요. 저는 이 세상 온 적도 없어요. 저는 항상 무시공에 있었어요. 그런데 사람들은 안 믿어. 겉모습은 인간하고 같지만 나의 속성은 그 누구도 알아볼 수가 없어요.

### 3단계 무시공 우주작업

2016년에는 무시공생명훈련이 실전으로 들어갔어요. 2015년은 훈련. 군인도 전쟁터에 가기 전에 먼저 훈련해야 하잖아요. 그래서 작년은 훈련이라 생각하고, 올해부터는 실제 행해야 돼요. 우리가 수많은 사람을 살리려면 먼저 앞장서서 최선을 다해야 해요. 지금 열심히 잘하고 있어요. 우리는 인간이 아니에요. 우리는 무시공생명이에요. 우리가 행동하는 것은 온 우주를 움직이고 온 우주에 공명을 일으켜요.

지금 우리는 이 무시공 공부를 받아들이는 순간에 이미 이 우주의 최고 생명체예요. 무극의 최고 존재도 우리에게 못 다가와요. 저는 인간하고 한 번도 대화한 적 없다고 했죠. 저는 무시공 존재하고 대화했어요. 저는 이 세상 온 적도 없어요. 저는 항상 무시공에 있었어요. 그런데 사람들은 안 믿어. 겉모습은 인간하고 같지만 나의 속성은 그 누구도 알아볼 수가 없어요.

여기 모인 분은 지금 2단계 들어왔어요. 1단계는 2014년 말까지 했어요. 무엇 때문에 단계를 나눴나. 2000년도부터 14~15년 동안 누구도 내 뜻을 못 알아들었어요. 그렇지만 한국에 제가 씨앗을 뿌려 놓으면 언제든 싹이 틀 그날이 꼭 온다고 생각했어요. 그래서 2014년까지 무조건 씨앗을 뿌렸다고 생각하면 돼요.

2015년은 대전에서 알아듣는 존재가 나타나면서 2단계에 들어왔어요. 지금 2단계에 와서 블랙홀을 작동시켰지. 또 봉황 위주로 했지. 제가 반복적으로 100마리 원숭이 효과, 나비 효과를 수없이 해석했어요.

지금 대전에서 봉황 효과, 즉 여자 위주로 하는 것은 깊은 뜻이 있다는 거예요. 우리는 거친 분자세상에서 세밀한 공간으로 들어가고 있어요. 지금은 2단계를 진행하면서 3단계에 들어갔어요. 3단계 들어간 분을 통해서 이 우주가 어떻게 돌고 있는지, 우리가 하는 일이 온 우주에 어떻게 진동이 일어나고 공명이 일어나는지 확인하고 있어요. 이렇게 먼저 깨어난 분이 앞장서 나가야 우리가 뒤따라갈 수 있잖아요. 지금 3단계에 들어온 존재들을 이끌며 보여주고 있어요.

우리는 지금 우주작업을 하는 것이지 개인 개념이 없어요. 개인을 위해서 한 것 하나도 없어요. 저는 개인을 위해서는 아무 생각도 없고 관심도 없어요. 우리는 진짜 우주를 변화시키러 왔다고. 제가 아무리 거짓말을 해도 15년 동안 계속 어떻게 거짓말을 해요? 못 알아들으니까 거짓말 같아요. 지금부터 하나하나 확인하기 시작해요.

인간이 알든 모르든, 인간이 믿든 안 믿든, 대한민국이 지구 중심지, 우주 중심지 된다고 그랬죠? 어떻게 이렇게 큰소리쳐? 나중에 다 알 거예요. "온 우주를 우리가 창조할 수 있다." 이것은 거짓말이 아니라는 거예요. 우리는 계속 세밀한 공간으로 변하고 있어요. 그러면 세밀한 것이 우리에게 나타나요.

여기에 대해서 조금 깊숙이 말씀드릴게요. 지금 눈 열린 분이 보면 지구가 원래보다 밝아지고 있어요. 그럼 지구 중에 어디가 제일 밝은가? 한국이 제일 밝아요. 한국에서 또 어디가 제일 밝은가? 대전이 제일 밝아요. 무엇 때문에? 우리가 있으니까.

우리는 지금 대전에 뿌리를 박았어요. 엄청 밝아지고 있어요. 우리가 직선빛이고 생명 블랙홀을 돌리니까 온 우주가 빨려 들어오고 있어요. 이것이 진동이 일어나고 공명이 일어나서 세밀한 우주 공간이 다 영향을 받아서 난리가 났어요. 몇 년 전부터 우리는 여기에 있지만 미세한 공간에서 우주작업을 하고 있다고 했어요.

인간의 눈으로 왜 UFO가 안 보여요? 눈을 열어서 그 차원으로 들어가면 UFO가 보여요. 제가 몇 년 전에 이런 방면에 다 실험했어요. 여기에 대해서 조금 밝힐게요. 전 지구에서 UFO가 어디에 제일 많나? 바로 생각해보세요, 어디가 제일 많을 것 같은가. 대전이 제일 많아요. 부산, 서울, 미국도 있어요. TV 보고, 인터넷 보면 미국에서 비행체가 보인다는 이런 소식 많잖아요. 그런데 사람들은 아직까지 의심하고 있어요.

### 일원심 마음 자세가 근본이다

그래서 우리가 변해야 된다는 것. 그러면 우리가 어떻게 변할 수 있나? 일원심을 지키라고 했죠. 시작부터 끝까지 일원심을 지키면 온 우주가 바뀌어요. 무극의 최고 존재도 여기에 공부하러 와야 돼요.

이 무시공우주도를 보면 무극 아래 삼각형은 음양을 잘랐어요. 무극의 최고 존재도 이 공부 안 받아들이면 거기도 삭제돼요. 우리가 이런 대단한 존재라고. 이런 말을 해도 지금은 믿음이 안 가죠? 그렇지만 언젠가는 믿음이 와요.

지금 여기 많은 사람 눈이 열렸어요. 그런데 마음 자세가 안 돼 있어요. 그래서 저는 더 깊숙이 못 열어준다고. 무엇 때문인가? 예를 들어 마음은 지금 2차원에 있어. 그런데 강제로 이만큼 끌어올려. 그렇게 하면 괴롭다고 도로 내려가요. 어느 차원으로 내려가? 원래 상태로 내려가 버려요.

그래서 마음이 근본이라고. 그 사람 마음이 안 됐는데 억지로 눈을 열어 놓아도 한동안 움직이다가 자기 자리로 돌아가 버려요. 지난 십몇 년 동안 눈을 열어 주다가 방법을 바꿨어요. 네 마음 자세 바뀐 만큼 열어 준다. 마음 자세가 그 자리 못 왔으면 열어 줘도 안 돼. 엉뚱한 짓 한다고. 개별적으로 3단계 훈련을 통해 2030년에는 마음으로 우주여행을 할 수 있다고 했어요. 그것만 기억하세요. 그날이 오나, 안 오나? 지금 2단계 하는 분은 2030년까지 가면 많은 변화가 이루어져요. 많은 우주인하고 대화하고 소통할 수 있어요.

대전을 지구 중심지 우주 중심지라고 하는 것은 무시공우주 중심지라는 뜻이에요. 시공의 모든 것이 대전을 중심으로 해서 돈다는 거예요. 올해 연말까지 저를 통해서 제 뜻을 아는 존재 열 명이 다가

오기를 기대하고 있어요. 그다음에 백 명, 천 명, 만 명만 채우면 끝이에요. 그때 온 우주가 바뀌어 버려요.

그래서 우리 봉황님들 열심히 하세요. 철저히 사심을 없애고 진심으로 일체근단, 시공에 대해서는 일체 아쉬움이 없어야 해요. 무조건 다 차단해야 해요. 그래야 벗어날 수 있어요.

이거 조금 하다가 자식을 생각하고 부모를 생각하고 돈 없으면 못산다 생각하고 전부 다 걸려 있잖아요. 그런데 걸리면 영원히 세밀한 공간에 못 들어가요. 제가 몇 년 전부터 큰소리쳤더니 어떤 사람이 '그런 능력이 있으면 돈 빨리 끌어와서 센터 하나 만들어서 공부하면 안 되겠나?' 했어요. 마음자세가 안 되어 있는데 아무리 끌어와도 뭐 해요? 내가 그런 거 보여 줘서 뭐 해요? 마음이 바뀌어야 된다는 거예요. 이제 때가 됐어요.


**만상만물을 일체 생명으로 보라**

인간이 과학을 발달시키면서 자기 자신을 멸망시키고 있다고. 그래서 우리가 반드시 무시공 농산물을 생산하는 근거지를 만들고 거기서 생산되는 농산물은 무시공 빛이 나게 해야 한다고. 누구라도 그것을 먹으면 분자몸이 녹고 분자몸이 녹으면 빛으로 변해요.

얼마 전부터 이런 방면에 수없이 실험하고 증명됐어요. 그리고 이걸 제일 먼저 일본 과학자가 증명했죠. "물은 답을 알고 있다" 물병에다가 좋은 글만 써서 붙여도 그 물이 변한다고요. 말로도 변하고. 거기다 음성이나 노래를 틀어도 변하고. 그게 무엇 때문이에요? 만물이 전부 다 생명이기 때문에….

그런데 과학자들은 아직까지 물질로 봐. 물에 어떻게 이런 능력이 있나? 내가 무슨 생각을 하면 물에서 그대로 나타나요. 욕하면 물 입자가 깨지고, 좋은 말 하고 칭찬하면 아름다워지고. 물만 그래요? 만물만상이 다 그래요. 그래서 일체 물질을 생명으로 보세요.

아름다운 마음 일원심을 지키면 생명들 전부 다 나한테 모여들어요. 나를 좋아해요. 나를 좋아하고 보호하면서 나를 도와준다고. 왜? 내가 일원심이기 때문에. 일원심은 온 우주를 진동시켜요. 온 우주가 참여하고 있어요. 지금 우리가 그런 작업을 하고 있기 때문에 우주에서도 난리가 났어요.

지구, 특히 한국에서 무엇 때문인지 빛이 아주 밝으니 수많은 생명이 탐구하러 온다고요. 그래도 무슨 원인인지 몰라요. 우리가 안 밝히면 영원히 몰라요. 일원심 밝힌 존재만 알아요. 저는 비밀이 없어요. 일체 우주 비밀 다 밝혔어요.

그런데 모르는 자한테는 영원한 비밀이에요. 이 우주의 최고 존재들도 이 공부 안 받아들이면 영원히 비밀이에요. 절대 몰라요. 그래서 우주의 UFO도 한국으로 모여들 수밖에 없다는 거예요.

UFO도 차원이 다 달라요. 낮은 차원의 UFO는 안에 장비가 다 있어요. 우리 눈으로 다 볼 수 있어요. 그러니까 70억 인구 중에 많은 사람이 UFO를 봤어요. 그런데 조금 차원이 높으면 우리 눈에 안 띄어요. 그 물질이 세밀한 공간의 물질로 만들어졌는데 어떻게 눈으로 보여요? 사람들 눈에 원자가 보여요? 전자파가 보여요? 안 보이잖아요. 그거랑 똑같아요. 그런 세상의 물질로 운반하고 사용하는데 우리가 어떻게 그것을 볼 수 있어요? 그러면 어떻게 볼 수 있나? 분자 몸을 벗어나야 돼요. 벗어나야 그런 경지에 들어가서 그것하고 동일하게 될 수 있어요. 지금 그런 준비를 하고 있어요.


### 우주가 나다

저는 혼자 있는 시간에도 온 우주가 바뀌는 것을 다 알아요. 우주가 나니까. 사람들은 아직까지 자기를 가둬 놓고 너 나 갈라가지고 항상 주객을 나눠요. 주객 나눠서 자기를 고립시키고 벽담을 만들어서 싸 놓으면 어떻게 우주하고 통할 수 있어요? 우주에 수많은 생명체가 존재하는 것을 어떻게 알 수 있어요? 절대로 몰라요.

그러면 우리는 이 공부를 해서 진심으로 일원심을 지키고 이원념은 무조건 차단하고 인간의 습관을 무조건 차단시키면 밝아지기 시작해요. 깨어나기 시작해요. 몸도 세밀한 공간의 몸으로 변하기 시작해요. 이것을 보여주기 위해서 3단계 우주작업은 비밀로 이미 들어갔어요. 우리가 하는 일은 절대로 환상이 아니에요.

그럼 우리 한번 보세요. 제일 간단하고 제일 기초적인 체험은 우리 몸에 빛이 나서 몸의 오장육부가 보여요. 자기 몸을 보면 오장육부가 다 환하게 보여요. 어디에 병이 있고 어디에 무슨 문제가 있는지 다 보여요. 제 질부가 입원했을 때 간병 아줌마를 열어 줬어요. 열어 줘서 보라 하니까 자기 오장육부 다 보인대요.

그리고 한 달 후에 가 봤어요. 그런데 그 아줌마가 뭐라고 그러냐면, 아저씨 참 신기하다고 해서 뭐가 신기하냐고 그러니까 어떤 환자의 머리를 보니 어느 곳에 수수알 만한 검은 점이 있더래요. 또 마침 병원에서 검사하니까 정말 그 위치에서 나타났어요. 자기도 못 믿어서 진짜인가? 가짜인가? 어떻게 그것을 볼 수 있나? 하고 놀라워해요. 그래서 이 공부도 안 하고 더 밝혀 봤자 못 알아들으니까 내가 그냥 그런 게 있다고만 그랬어요. 그것은 제일 기초에 해당되는 거예요.

### 일원심으로 외계인과 대화한다

지금 지구에서 무슨 일이 일어나는 걸 느끼고 궁금해서 수많은 UFO나 수많은 외계인들이 지구인하고 소통하고 싶어도 소통 방법을 몰라서 소통할 수가 없어요. 그런데 우리는 소통할 수 있어요. 무엇 때문에 소통할 수 있어요? 일원심 때문에. 일원심은 일체 안에 뚫고 들어갈 수 있으니까.

일체 안에 내가 있어요. 일체 만물 안에 내가 있고 이 우주의 일체 곳곳에 내가 있어요. 하지만 반드시 일원심이 돼야 해요. 일원심이 된 만큼 보여요. 일원심이 된 만큼 우주를 볼 수 있어요. 내가 만일 100% 일원심이 됐다면 당연히 이 우주 마음대로 여행하고, 가고 싶은 데도 순간에 갈 수 있어요. 우리 무시공 공부를 하시는 분들은 UFO도 탈 필요가 없어요.

우리는 심식해도 살 수 있어요. 이제 조금 밝혀요. 우리는 안 먹고도 살 수 있어요. 지금 그런 훈련을 하고 있다고요. 그것은 세밀한 공간에 적응하기 위해서. 우리는 단식이 아니고 금식이 아니에요. 진짜 세밀한 공간의 음식을 먹는다고요. 무시공의 눈이 열리면서 하면 믿어져요. 그래서 여기 농산물 기지에 온 우주의 식물을 다 갖다가 써요. 각 차원의 층차에 따라 보여서 사용할 수 있어요.

대한민국과 대전이 지구 중심지, 우주 중심지라는 것을 꼭 믿으세요. 지구에서 무시공 공부하는 분만 우주인하고 통할 수 있어요. 우주인도 100% 우리를 지원해 도와주고 있어요. 대한민국 사람들이 정말 복 받았어요. 꿈에도 생각 못 했어요. 대한민국을 전 우주 중심지 만든다는 것. 지구 중심지도 안 됐는데 우주 중심지…? 나중에 보세요. 우주 중심지라고 하는 것, 이 말을 절대로 엉터리로 내놓은 것이 아니에요.

지구 중심지라고 해도 대단하다고 생각해. 지구 밑바닥에서 시작할 뿐이에요. 그래서 빨리빨리 깨어나 동참하세요. 시간이 얼마 안 남았어요. 믿든 안 믿든. 우리는 무조건 끊임없이 지금 높은 차원으로 올라가고 있어요. 지금 그런 느낌 있을 거예요. 여기서 끊임없이 공부하시는 분하고 보통 사람하고 대화해 보세요. 바로 느낌이 와요. 차원이 완전히 다르다고. 우리가 말하면 상대방은 알아듣지도 못해. 내가 바뀌니까 그래요.

그래서 저를 믿으세요. 후회 안 해요. 나는 숫자 개념이 없어요. 다만 한 사람이라도 내 뜻을 알면 내가 그 한 사람을 끌고 가. 그 마음자세를 보고. 연말 안에 열 명만 찾는다고 했죠? 그러면 열 명 안에 들어갈 수 있나, 없나? 들어가려면 어떻게 들어가나? 비공선지 내 놨죠. 비공선지 빨리 외우고 행하고, 일원심을 100% 지키세요.

# 2030년까지 살아남는 사람

> 지구에서도 2030년까지 남아 있는 존재와 2020년 이후에 남아 있는 존재는 마음 자세 긍정마음이, 만일 일원심을 안 지켜도 60% 이상 돼야 그 경지에 들어갈 수 있어요. 60% 안 되면 들어가고 싶어도 못 들어가. 도태당한다고. 5~6년 남았어요. 70억 인구 안에 60% 이상 긍정 마음이 된 분이 얼마큼 될 것 같아요?

### 일원심이 기준이다

우주여행을 해 보면 지구인의 일원심이 제일 낮아요. 지금 우주의 세밀한 공간의 존재는 제일 적어도 80% 이상 긍정의 마음이 돼 있어요. 이것은 일원심이 아니고 그저 긍정 마음이 80% 이상 돼 있다는 거예요. 지구에서도 2030년까지 남아 있는 존재와 2020년 이후에 남아 있는 존재는 마음 자세 긍정 마음이, 만일 일원심을 안 지켜도 60% 이상 돼야 그 경지에 들어갈 수 있어요. 60% 안 되면 들어가고 싶어도 못 들어가. 도태당한다고. 5~6년 남았어요. 70억 인구 안에 60% 이상 긍정 마음이 된 분이 얼마큼 될 것 같아요?

그런데 이 공부 안 놓치고 하시는 분은 2020년 이후에 제일 낮아도 60% 이상 일원심이 되어 있어요. 그래서 당당하게 그 세상 들어갈 수 있어요. 만일 60% 이상 되어 들어가고 2030년까지 견디면 그때 가속도가 붙어요. 순간에 원자 상태, 또 다른 차원으로 들어가요.

지금 우리 그렇게 되어 있어요? 안 돼 있잖아요. 마음이 돼야 되는데 몸이 방해를 해서 껍질이 아직 안 벗겨진다고. 인간은 빨리 이 분자몸의 껍질을 벗겨야 돼. 그래서 끊임없이 이 몸은 가짜라 생각하고 분자몸을 빨리 없애야 돼요. 챙기지 말고. 아프면 아프고 네 마음대로 아파라. 괴로우면 네가 괴롭지 나는 괴롭지 않아. 그렇게 계속 세포를 깨우쳐야 돼요.

그래서 제일 빠른 속도로 변하려면 대전의 센터 모임에 참석하시고 진짜 열심히 체험하고 한데 뭉치면 돼요. 흩어지면 안 돼요. 우리 본래 힘이 약한데, 흩어져 자기 혼자 하겠다고 하면 못 해요. 주변이 전부 다 이원념과 어두운 물질이 자기를 감싸고 있어서. 그래서 반드시 여기 모여야 된다고. 지금 일체 다 제쳐 놓고 해야 되는데 아직까지 돈 벌어야 된다고 생각하면 돈에 파묻혀 있으세요.

진짜 이 공부 뜻을 알면 나중에 지구 돈, 우주 돈 다 끌어올 수 있다고. 일원심 블랙홀 힘이 얼마나 강한 줄 알아요? 2015년부터 블랙홀을 작동하니까 우리는 지금 가속도로 변하는 것을 다 느껴요. 예전에는 체험할 때 물줄기처럼 찌릿찌릿하고 통하는 것 같다, 아니면 몸에 개미가 지나가는 것처럼 스멀거리는 느낌도 대단하다고 생각했죠. 지금은 그런 느낌 다 초월했어요. 체험하면 이 몸 형태도 못 느껴. 몸이 막 녹아내리는 것을 느낀다고. 이런 것은 어느 수련 단체에도 없어요.

우리는 목표가 너무나 명확해요. 우리는 이 몸을 반드시 다 녹여야 되기 때문에. 녹여야 우리가 살아 있는 몸으로, 살아 있는 마음으로, 살아 있는 자체로 우주여행을 할 수 있고 세밀한 공간에 들어갈 수 있어요. 그런데 제일 밑바닥의 껍질이 너무 두꺼워서 진짜 힘들다고. 조금 세밀한 공간에 들어가면 빠른 속도로 변해요. 그래서 우리는 다 같이 빨리 변하기 위해서 일부분 극소수가 3단계로 행하고 있어요. 그러면 더 좋은 일이 많이 생길 거예요. 꼭 100% 이 공부를 믿으면서 열심히 하세요.

**일체가 생명이다. 일체 안에 내가 있다**

그리고 나를 통해서 주변을 밝혀야 돼요. 이것은 개인 공부가 아니라고 했죠. 내가 깨어나면 주변이 다 깨어나요. 그런데 동시에 내가 조금 더 적극적으로 이 공부를 주위에 알리면 더 빨리 깨어나요. 우리는 사심이 없어야 돼요.

첫 단계는 내 몸 열기. 내 몸의 60조 세포를 하나로 뭉치기. 하나로 되기. 그리고 2단계 와서는 나를 통해서 이 우주 환경도 나라고 하며 내 몸을 확장시켜. 무엇 때문에 자꾸 그래요? 만물 안에 다 내가 있다. 만물을 전부 다 생명으로 보라. 그러면 나하고 하나가 되었잖아요. 무엇 때문에 하나가 안 되나? 이것은 물질이고 나는 생명이야. 전부 다 물질로 보잖아요. 전부 다 나하고 같지 않다고 봐.

그런데 우리가 조금만 세밀한 공간에 들어가서 전부 다 생명으로 보면 생명하고 통하잖아요. 이것이 2단계라고. 그래서 아직까지 주변 사람 한 사람도 못 깨우쳤다면 아직 병아리 껍질도 못 튀어나왔어. 안에서 병아리는 되어 있지만 껍질을 못 뚫고 나왔다고. 껍질을 뚫고 나와야 진짜 열리는 거예요. 그러면 만물이 전부 다 생명으로 보이고 진짜 다 소통할 수 있어요.

지금 우리 전체는 2단계로 들어왔어요. 빨리 껍질 벗겨지려면 전단지도 뿌리세요. 종이 뿌려서 창피하고 부끄럽고, 누가 안 받아들이면 기분이 상하고, 그런 생각 하지 말고 무조건 뿌리세요. 그것이 생명이에요.

어떤 사람은 그거 받아 쓰레기통에 넣었다고 마음 불편해해요. 쓰레기통 그것도 생명이라고. 그곳의 생명을 깨운다고. 전부 다 무시공 생명을 깨우고 만물을 깨운다고. 그러니 전단지 남한테 줘야 해요, 안 줘야 해요? 받으면 네 복이 많고 쓰레기통에 있으면 쓰레기통의 생명이 깨어나. 왜 자꾸 두려운 마음이 있어? 간을 우주 밖에 던져 놓으라고. 아직 간이 배 밖에도 못 나와서 이런 건 하기 싫다고 생각하며 억지로 해. 그러려면 하지도 마세요. 그러면 이 공부 할 필요도 없어요. 원래대로 사세요.

우리는 우주작업을 한다고 그랬죠? 내가 우주의 한 존재라고 생각해야 돼요. 무시공 존재가 머무는 곳에는 수많은 생명이 다가오고 있어요. 그래서 우리는 인간이 아니에요. 여기서 이미 무시공 존재로 훈련하고 있어요. 여기서 먼저 받아들이면서 이 공부를 하시는 분은 너무 위대한 존재에요. 진심으로 믿고 끊임없이 하는 존재는 누구보다 더 빨리 변해서 우주여행을 할 수 있어요. 이거 상상도 못 한 일이에요.

지금 물질 세상이 바뀌고 있어요. 눈이 열린 사람은 보이잖아요. 지구도 지금 분리되고 있어요. 원래 낡은 지구는 없어지고 새 지구가 탄생해요. 그럼 새 지구 누가 만들었어요? 우리가 창조하고 있어요. 우리 공부하는 분은 전부 다 새 지구에 들어왔어요. 인간은 낡은 지구에 머물고 있다고. 거기는 도태하는 거라고. 허물 벗긴다고 생각하면 돼요.

 지구에도 인간이 있으니까 과학자들은 계속 다른 별나라에도 생명이 있겠나, 없겠나, 내내 탐구해요. 전자파로 연락하려 하지만 천 년 만 년 해도 안 돼. 그 차원은 우리보다 엄청나게 높아서 전자파 가지고는 안 돼요.

 일체 안에 생명이 있다. 그러면 항성 안에 생명이 있을 것 같아요, 없을 것 같아요? 무조건 있다고 하세요. 있다, 없다 그 자체가 이분법이라고. 일체 전부 다 생명으로 보고 일체 안에 우리가 있다는 것. 이런 마음 자세가 돼야 우리가 깨어나기 시작해요. 어느 수련 단체, 어느 종교에 이런 개념이 있어요? 일체를 생명으로 보라는 개념, 일체 안에 내가 있다는 개념, 절대로 없어요.


### 우주작업에 대한 비밀

 인간은 하나님, 부처님이 최고라고 생각해. 인간이 아는 최고 존재는 인간하고 제일 가까운 곳에서 온 존재예요. 더 높은 존재는 지구에 오지도 못해요. 그런 존재가 지구에 오면 빛이 강해서 인간이 다 녹아 버려요. 이 공부를 해서 차원을 높이면, 내가 부처하고 하나님 수준만큼 되면 서로 대화가 돼요.

 그러나 내 차원을 더 높이면 대화하려고 해도 대화가 안 돼. 우리가 누구인지 알아보지도 못해요. 지금 우리가 개별적으로 우주 세밀한 공간의 각 차원에서 보면 인간이 아는 석가모니, 예수는 저 밑바닥에 있어요. 우리가 그분들을 멸시하는 것이 아니고 이것은 사실이에요.

시공 우주에서 제일 높은 곳에 위치하고 있는 무극의 존재도 우리만큼 안 밝아요. 그런데 일부러 모른 척하고 우리 빛을 낮춰서 가까이 가면 그 상대가 우리를 멸시해요. 그러면 우리 빛을 조금 높여 우리 존재를 보여 줘요.

지구가 온 우주에서 제일 밑바닥에 있다고 외계인이나 우주인들은 지구인이 오면 본체만체하잖아요. 그런데 그것이 정상이에요. 그것이 더 안전하다고. 우리는 모른 척하고 그렇게 해. 우리가 존중하면서 도움받을 생각에. 또 그런 세밀한 공간의 빨리 깨어난 존재들의 도움을 받아야 되잖아요. 우리도 빨리 변하기 위해서. 그래서 비공선지를 무조건 끊임없이 외우고 정말 세포 안에 가득 채워 놔야 돼요. 그래야 세포가 깨어나요.

비공선지는 인간의 관점이 아니에요. 내 안의 무시공생명을 깨어나게 해요. 반드시 외우고 실행해. 그래서 올해부터는 더 많은 변화가 이루어질 거예요.


### 재앙은 이원 물질이 빠지는 현상

인간들은 지구가 변하는 것을 재앙이 오고 말세가 왔다고 그래요. 인간들은 재앙이라고 하는데 이것은 100% 발생해요. 이원 물질이 바뀌는 과정에서 반드시 일어나는 현상인데 인간들의 관점으로 재앙이 말세가 오고 멸망하는 위기가 왔다고 생각하는 거예요.

재앙에 대한 우리 무시공의 입장은 이원물질이 일원물질로 바뀌면서 일어나는 현상이기 때문에 좋은 현상이라고 보는 거예요. 좋은 세상이 열리잖아요.

우리는 분자 세상, 물질 세상에서 벗어나서 일원 세상으로 바뀌는 것이 좋은 현상인데 이분법으로 가득 찬 존재들은 온갖 재앙을 당하게 돼요.

우리 공부를 하는 분도 강한 통증이 오면 아파서 괴롭고 그렇잖아요. 그런데 우리는 강한 이원념의 영체가 빠져나간다고 일체 좋은 현상으로 돌리니까 병원에도 안 가고 좋은 현상으로 넘길 수가 있어요.

이 공부를 해도 이런 강한 현상을 느끼는데 하물며 이 공부 안 하는 사람은 나중에 어떤 현상이 일어날 것 같아요? 내가 수없이 말했어요. 병원에 가도 약이 없다고. 이원념 치료하는 약이 어디에 있어요? 이원물질을 보호하는 약이 어디 있어요? 거기는 이원념 물질을 보호해야 산다고 하고, 우리는 그것을 없애고 있잖아요. 그래서 반드시 바뀐다고. 우리는 그런 세상이 빨리 오기를 기다리는데, 이원념 가득 찬 존재는 이 세상을 아직 지키려고 해요. 지키면 자기만 손해예요. 자기도 같이 없어진다는 거예요.

그래서 우리도 인간 입장에서 같이 휩쓸려 끌려가지 말고 무조건 일원심만 지켜요. 무조건 일체 좋은 현상. 내가 무엇 때문에 일체 좋은 현상 자꾸 우기라고 해요? 재앙은 나하고 아무 상관이 없어요. 일체 만물을 생명으로 보면 생명이 나를 보호하고 있다. 죽고 싶어도 못 죽게 한다. 수많은 생명이 나를 도와주고 있다.

인간은 부정마음 때문에 자꾸 분리한다고. 자꾸 원수가 되어 버려요. 그러면 자기를 고립시켰잖아요. 그래서 일체 하나로 보고, 일체가 좋은 현상이라고 보고, 일체 만물이 내가 일원심만 지키면 다 나를 도와준다고 생각하세요. 절대로 내가 사고당하게 안 만들어요. 내가 우주 일체 생명을 살리려고 하지 이 생명을 없애려 안 그랬어요.

없애는 것은 뭐냐? 이원념만 없애. 이원념이 인간의 재앙을 만들고 인간의 불행을 만들었어요. 이원념이 이원물질을 쌓이게 만들었기 때문에. 그래서 우리가 영원한 아름다운 세상을 만들기 위해서는 반드시 일원심을 지켜야 돼요. 그래야 일원심 세상이 와요.

우리가 한국에서 지상 천국, 지상 극락을 만든다고 그랬죠? 저는 2000년도 한국에 와서 음 세상이 오고 한국에서 시작한다 그랬어요. 내가 여기 있으니까. 여기서 여자 위주로 봉황 위주로 훈련시키는 것은 전 지구 어디에도 없어요.

더 깊숙이 말하면 세밀한 공간, 온 우주에도 없어요. 정말 여기 무시공생명뿐이에요. 이것은 우주를 진동시키는 일이에요. 그래서 우리가 얼마나 복을 받은 줄 알아요?

생명 깨우는 훈련, 생명을 깨우치면 물질 가지고 있는 것보다 높아요, 안 높아요? 그것을 우리가 여기서 시작한다고. 진짜 우리 한국에서 새로운 생명이 탄생해. 이 생명은 삼각형 안에 일체 최고 존재를 다 초월한 존재. 진짜 부처, 하나님도 모르는 우주작업을 무시공 대전에서 비밀리에 진행하고 있어요. 그래서 소중하게 여기고 진짜 나라는 존재는 위대하고 귀중하다는 것을 확인하고 당당하게 나서세요. 그날이 꼭 와요.

### 관점이 다르면 결과가 다르다

'마음과 물질이 하나다.' 우리 마음먹은 대로 물질이 움직인다는 거예요. 그런데 사람들은 이것을 몰라. 실제로 일체 결과는 전부 다 마음먹은 대로 이루어졌어요. 그런데 사람들은 생각하기를 손발로 이뤘다고 생각해요. 예를 들어 진짜 마음먹어서 물질이 움직였는지, 손발을 움직여서 물질을 움직였는지. 이것은 엄청나게 관점이 다른 거예요.

사람마다 다 마음이 있잖아요. 그 마음에는 두 가지 마음이 있어요. 하나는 긍정마음. 하나는 부정마음. 우리가 긍정마음 움직였으면 긍정물질이 성공이나 일체 좋은 방향으로 이뤄지게 해요. 그런데 내가 부정마음 먹으면 불행만 이뤄져요. 무엇 때문에? 마음으로 물질을 움직인다는 원리를 모르기 때문이에요.

내게 나쁜 일이 생기는 것은 꼭 나쁜 마음과 부정마음을 먹었기 때문이에요. 또 좋은 일이 이뤄지면 운수가 좋았다고만 생각해요. 운명이 좋았다고만 생각해요.

실제는 성공한 일은 무조건 긍정마음 때문이에요. 지금부터 우리가 깨어나야 해요. 내 마음에서 항상 부정마음이 먼저 움직이기 때문에 부정한 일이 자꾸 생겨요. 불행도 생기고. 그런데 사람들은 마음먹은 대로 안 이루어졌다고 자꾸 생각해요. 실제로는 마음에서 이미 결정됐고, 이 두 가지 마음이 섞여서 자동으로 작용하기 때문이에요. 마음이 움직여서 물질을 움직이는 원리를 모르니까 자기가 자기를 속이고 있어요.

그래서 여기서는 반드시 이것을 강조해야 돼요. 내 마음이 내 인생을 결정한다. 내 마음이 성공과 실패를 결정한다. 관점이 다르면 결과가 다르다. 이것을 반드시 기억하고. 정말 우리 공부의 핵심이 바로 이것이에요.

체력변심력
(體力變心力)

분리변동일
(分離變同一)

疾風怒火海濤湧
先知早預朴
分布逆道行
墓已已創造
時空消盡長夢醒
新人新宇宙

## 제2장

# 물질혁명(物質革命)

偶觀懸壁九重水
豈有花癡俏
俏非為爭春
唯速恆密報
待到花香彌漫時
沒在其中笑

花落法家討彭祖
念慾行宇宙
反客變為主
先干本知道
自在逍遙觀龍騰
誰人悟甚妙

梅心

# 상대적 생사와 절대적 생사

지금 지구에 살아 있는 70억 인구, 아직 일원심을 받아들이지 않은 존재는 살았지만 이미 죽었다. 그 죽음은 영원한 죽음이에요. 다시 살길이 없어요. 절대적인 죽음. 그렇지만 살아 있는 존재가 일원심을 받아들이면 영원히 사는 생명을 찾게 돼요. 절대적인 생명이 돼요.

### 영원히 죽고 영원히 산다

무시공 공부를 하는 과정에서 무엇을 알아가게 되는가? "너는 살아 있지만 이미 죽었다.", "너는 죽었지만 이미 살아 있다." 지금까지 이 말의 깊은 뜻을 몰랐어요. 3단계에 들어온 존재들이 실천해 보니 제 말이 증명되고 있어요.

이 세상 감각시공의 존재는 전부 다 이원념으로 된 존재잖아요. 우리가 일원심으로 바뀌면 살아서 영원히 살아 있고, 우리가 인간 말로 '죽었다'고 하면 죽은 영체잖아요. 영체도 일원심을 받아들이면 죽은 자도 살았다는 거예요. 우리의 일원심이 안 바뀌고 이원념을 계속 유지하면 살아 있지만 이미 죽었다. 제가 말한 죽고 사는 것은 '상대적인 죽고 사는 개념'이 아니고 영원히 죽고 영원히 산다는 뜻이에요. 인간이 말하는 죽고 사는 개념과 철저히 다르다는 거예요. 인간이 말하는 죽고 사는 것은 육신, 이 몸이 없어지면 죽었다고 생각해요. 이 몸이 살았으면 살았다고 생각해요.

인간이 말하는 생사는 상대적인 생사를 말해요. 우리는 절대적인 생사예요. 상대적인 생사는 무엇을 말하는가? '육신을 챙기고 있나, 안 챙기고 있나? 육신이 죽었나, 살았나?'에 있어요. 육신이 살아 있으면 '살았다' 하고 육신이 없어지면 '죽었다'고 생각해요.

인간들은 육신을 생명으로 봐요. 일원심 생사는 육신만을 생명으로 보는 생사와 상관없어요. 우리가 말하는 절대적인 생사는 일원심을 근거로 한 생사예요. 육신이 생명인가? 일원심이 생명인가? 이게 제일 근본 차이예요.

지금 지구에 살아 있는 70억 인구, 아직 일원심을 받아들이지 않은 존재는 살았지만 이미 죽었다. 그 죽음은 영원한 죽음이에요. 다시 살길이 없어요. 절대적인 죽음, 그렇지만 살아 있는 존재가 일원심을 받아들이면 영원히 사는 생명을 찾게 돼요. 절대적인 생명이 돼요.

절대적인 생(生), 이 공부를 받아들이기 전에 다른 세상에 갔어. 미세한 공간에 갔어. 그럼 영체잖아요. 무엇 때문인가? 이원념 때문에. 그런 영체도 이 공부를 받아들이면 죽었어도 살아 있어. 우리는 감각시공이든 무감각시공이든 일원심만 받아들이면 영원히 살아요. 이원념만 지키고 일원심을 받아들이지 않으면 죽어도 영원히 죽고 살아도 죽었어요. 우리 무시공생명이 말하는 생사와 인간이 말하는 생사는 근본 원리가 다르다는 거예요. 처음으로 이것을 해석해요.

인간은 살았지만 이미 죽었다. 일원심을 챙기는 존재는 죽었어도 살았다. 그리고 우리가 살아서 일원심을 받아들이면 더 완벽하게 살았어요. 이해하지요? 제가 15년 동안 강의해도 이것을 구체적으로 해석 안 했어요. 오늘 이렇게 구체적으로 밝힐게요. 무엇 때문인가?

이것을 알면 우리 3단계 우주작업의 뜻을 이해할 수 있어요. 인간이 말하는 생사와 우리 무시공이 말하는 생사는 기초 원리가 절대로 같지 않다는 거예요. 상대적인 생사, 절대적인 생사, 이것을 꼭 기억하세요.

## 우주 공간의 무시공 통로

우리는 지금 3단계 우주작업에 들어갔어요. 3단계 영체도 이 공부를 받아들이지 않으면 삭제되어 버려요. 이 공부를 받아들이면 살아요. 그럼 여기서 밝힐게요. 무시공우주도의 무극 아래 삼각형 부분의 이 시공우주에는 수많은 층차가 있어요. 밑바닥에서 무극까지 수많은 존재가 있어요. 전부 다 이원념으로 된 존재예요. 그런데 이원념 세상도 분자 세상을 초월해서 안으로 들어갈수록 빛이 강해져 버려요. 그래서 무극의 빛은 이 시공우주, 즉 삼각형 안에서 최고의 빛이에요.

만약에 우리가 이원념 존재라면 우리 영혼은 분자 세상 안에 있어요. 몸은 없어졌어요. 그럼 위로 올라가려면 분자 세상에 적응되는 마음가짐으로 세밀한 공간인 원자, 미립자, 초미립자 세상에 들어갈 수 있어요, 없어요? 그곳으로 못 들어가요. 들어가면 영이 견디지 못하고 녹아 버려요.

우리는 지금 분자세상에서 이 공부를 하고 있잖아요. 일원심을 지키면 무시공에 있어요. 그러면 분자세상에서 무극까지 세밀한 공간을 통과할 수 있어요. 그런데 우리가 이 무시공 공부를 해도 이원념이 주가 되고 일원심이 부족하면 한계가 있어요.

예를 들어서 내 마음의 일원심이 60%가 되었다면 안으로 들어갈 때 어느 차원에 가면 걸려요. 더 안으로 들어가기 힘들어요. 무엇 때문에? 안으로 가면 자기가 괴로우니까. 그 40% 되는 이원념이 걸림돌이 돼요. 그래서 그 이원념을 녹여야 들어갈 수 있어요. 그래서 이 공부는 반드시 일원심을 지키고 내 일원심 마음 자세가 70% 이상 되어야 무극까지 순간 끌어올릴 수 있어요.

지금 분자세상에서 무시공 공부를 안 하는 그저 보통 인간을, 산 사람이든 영이든 상관없이 지금 내가 위로 끌어올리려고 하면 아래 삼각형에서 중간까지도 못 올라가요. 이 무극 자리까지 오지도 못해요. 빛이 너무 강하니까 녹아 버려요. 삼각형 안의 세밀한 공간의 영이든 영체든 이런 존재들을 하나하나 데리고 와서 일원심을 알리려 하면 너무 시간이 많이 걸리고 힘들어요. 천 년 만 년 걸릴지도 몰라요.

그래서 3단계 존재들이 개별적으로 우주작업을 하면서 무감각시공의 각 층차에 있는 우주 존재들과 개별적으로 대화하면서 우리를 도와달라고 해요. 대전이 우주 중심지다. 그렇게 말하면 앞에서는 도와주겠다고 말은 하는데 실제로는 행하기가 힘들어요. 조금 높은 위치에 있는 존재는 우리가 지구에서 왔다고 하면 깔보고 본체만체해요. 심지어 멸시한다고요. 우리가 하나하나를 바꾸려면 언제 바꿔요? 그래서 우리는 방법을 바꿨어요.

대한민국에서 이 일을 밝히면 대한민국 사람들은 조상을 비롯하여 너무 많은 복을 받아요. 나는 어떤 방법을 썼느냐면, 원래 분자세상에서 무극까지 영의 통로가 있잖아요? 우리는 무시공의 통로를 따로 만들어. 통로를 어떻게 만들어요? 예를 들어 대한민국의 역사상 큰 공을 세운 여자들을 중심으로 높은 차원으로 올려놓고 통로를 만들어. 이분들은 이미 지구에서 살면서 그만한 훈련을 받았어요. 이런 분들은 우리 일원심을 조금만 밝혀도 금방 받아들여요.

우리는 지금 그 작업을 하고 있어요. 분자세상에서 무극까지 이미 세밀한 공간에 들어간 존재들, 그 영을 각 계단에 한 명 한 명 올려놓고 무시공 통로를 만들어요. 원래 있는 통로는 우리가 건들지 않아요. 혼자 일원심 지키는 존재, 우리 마음을 빨리 받아들일 존재를 새로 들어오게 만들어요.

분자세상의 우리는 여기에서 공부하고 있잖아요. 여기가 지금 제일 기초예요. 위로는 이미 세밀한 공간에 들어간 영들, 영체들이 일원심을 받아들인다고 그래요. 그러면 이분들을 내세워서 각 차원에 올려놓아요. 비밀리에 올려놓고 있어요. 무조건 대전에 와서 일원심 배워야 해요. 영들이 우리보다 밝아요, 안 밝아요? 우리는 무극까지 통로를 만들고 있어요.

대한민국에서 공을 세운 어떤 존재를 500억 광년에 올려놓았어요. 우리는 500억 광년 이하는 인정 안 해요. 세밀한 우주도 우리가 인정 안 하는 순간에 시간과 공간이 녹아 버리고 없어져요. 500억 광년 이상 5,000억 광년 이하예요. 이 두 군데에 이런 존재를 올려놓았어요. 처음부터 올린다고 그랬잖아요.

또 하나, 여기에서 공부하는 존재, 3단계에 다가오는 존재도 올려놓았어요. 이미 이 세상 벗어나서 분자몸이 없는 존재와 영도 일원심을 받아들여요. 살아 있는 존재도 일원심 공부하고 있어요. 같이 섞이면 빨리 변하잖아요. 맞죠? 내가 나중에 우주작업 들어간다고 했잖아요. 지금 그 작업 들어간다고 하면 믿어요? 우리 눈으로는 안 보이거든요.

우리 무시공의 말로 어느 영을 삭제한다고 하면 순간 없어져요. 내가 자주 말하지만 누가 일원심을 반대하고 무시공을 반대하면 자동으로 삭제되어 버려요. 제가 그랬잖아요. 무극 아래 삼각형은 허상으로 되어 있다고.

우리가 여기에 통로 하나를 만들어 놓으면 이쪽의 원래 있던 존재들에게 위기감이 생기잖아요. 안 배우면 삭제돼 버려요. 억지로 코 꿰어서 배우라는 말도 할 필요가 없어요. 처음에는 조용했어요. 우리가 흔들어 놓으니 그들에게 위기감이 생겨요.

우리는 억지로 이 공부 받아들이라고 안 그래. 우리는 혼자서 쥐도 새도 모르게 통로를 만들어 놓았어요. 그럼 일이 빨리 이루어져요, 안 이루어져요? 100% 이루어졌어요. 누구도 상상을 못 했어요. 제가 그랬죠? 세밀한 공간에 들어간 영들, 지구에서 공을 세운 영들, 특별히 동방인 대한민국, 중국에서 공을 세운 여자 위주로 지금 움직이고 있어요. 그런 존재가 우리를 만나서 감동을 받고 있어요. 지금까지 지구에 와서 살아온 역사가 있으니까 자기 세포 안에 그런 정보가 저장되어 있잖아요. 우리가 찾게 해 주면 단번에 깨어난다고요.

### 무시공 통로에 올려지는 존재들

히틀러에 대해서 말씀드릴게요. 사람들은 히틀러가 지옥에 가서 고생하고 있다고 생각해요. 그렇지만 저는 "그 사람은 그 시대에 자기 할 일을 했다. 절대로 지옥에 안 갔다."고 그랬어요. 그걸 누가 믿어요? 특히 기독교에서는 아직도 그래요. 히틀러는 아주 나쁜 놈이고 지옥에 가서 고통을 받고 있다고 자기가 본 것처럼 말해요. 내가 뭐라 그랬어요? 그 사람은 그 시대에 자기 역할을 했다. 역사는 허투루 있는 게 아니에요. 다 필연이에요. 우연히 역사가 생긴 게 아니고 어느 시대 어느 존재가 나타난 게 아니라는 거에요.

모두 우리 무시공의 일을 위해서 약속하고 왔다고 생각하면 돼요. 지구에서 오늘까지 어느 대단한 존재라도 500억 광년에 있는 존재는 하나도 없어요. 히틀러만 있어요. 우리 인간이 제일 나쁘다고 한 존재가 제일 높은 차원에 있다고요. 이걸 어떻게 이해해요?

그 당시에 히틀러는 어떤 여인이 지배하고 있었어요. 히틀러 눈에는 안 보이지만 있었어요. 우리가 히틀러의 역사를 살펴보니까 한 도인이 나타났어요. 그래서 히틀러한테 물어봤어요. 그 사람 말 다 듣고 했나? 도인 말도 듣고 자기 관점도 있다고 그랬어요.

여인의 정체는 여기서 안 밝히고 더 조사해 봤어요. 여인은 자기가 무슨 목적을 위해서 했다는 것을 인정해요. 결국 대전의 이 무시공 공부를 밝히니까 대번에 알아차렸어요. 그래서 최선을 다해서 우리를 돕겠다고 약속했어요.

우주 비밀을 다 밝혀도 몰라요. 심지어 지금 밝히는 일도 미세한 공간의 일을 다 몰라요. 우리가 하는 일은 다 비밀이라고. 우리가 500억 광년도 삭제했어요. 이제는 5천억 광년을 기초로 해요. 그럼 5천억 광년 밑은 무슨 뜻이에요? 사라진다는 뜻이에요. 우리 무시공 공부는 분자 세상에서 무극까지 이건 허상이고 우리가 안으로 들어가고 공간이 없어진다고 그랬어요. 시간, 공간, 그게 뭐예요? 천부경에서 예언했듯이 일종무종일로 간다고요.

우리는 지금 분자 세상인 지구에 있지만, 우리가 통로를 만들어서 지금 500억 광년에 다 올려놓았어요. 제일 낮아도 500억 광년. 거기다 우리 대한민국 유공자들을 올려놓았어요. 얼마 안 있으면 500억 광년 이하는 인정 안 해. 그러면 얼마 안 되어 삭제되고 이 공간이 없어져요. 그다음에 5천억 광년 이상에 또 3단계 만들어요. 거기에도 나중에 여기서 3단계에 다가오는 존재의 생명을 5천억 광년에 올려놓아요. 자기가 올라가든 못 올라가든 나만 알고 있어요.

저는 처음에 사람을 보면 진짜 일원심을 지킬 수 있나 없나, 진짜 생명을 내걸고 하나 안 하나, 진짜 일체를 다 버리고 뛰어들어 올 수 있나 없나, 이런 존재만 살아 있는 생명을 그 위치에 올려 놔. 여기 지금 몇 명을 올려놓았는지 누구도 몰라요. 저만 알고 있어요. 그럼 원래 이런 존재가 영으로 되어 있는 존재와 같이 합하면 그 사람들이 바뀌어요, 안 바뀌어요? 여기에서 공부하고 일원심 지키는 순간에 그곳에서 다 같이 변한다는 거예요. 나 한 사람이 변하면 내 조상까지 변한다고요. 수없이 말씀드렸어요.

무감각시공은 누구도 눈으로 안 보여요. 그렇지만 거기서 엄청난 작업을 통해서 엄청난 일이 이루어지고 있어요. 3단계 일이 지금 개별적으로 이루어지고 있어요. 연말에 열 명만 채워도 우리는 무한대로 변화가 이루어지기 시작해요. 지금은 구체적으로 못 밝혀요. 사람은 극소수이지만 놀라울 정도로 엄청난 작업을 하고 있어요. 그래서 우리가 분자 세상부터 무극까지 이 무시공 공부를 하고 있는 살아 있는 존재 전부를 각 차원에 올려놓았어요.

우리가 통로 만들었으니 쉬워요, 안 쉬워요? 우리가 여기서 공부하는 순간에 다 같이 공명이 일어나요. 그러면 거기서 생명과 영들이 통하니까 대화가 돼요, 안 돼요? 대화는 보통 인간이 하는 대화가 아니에요. 우리가 깨어나면 만물하고 다 대화하고 통한다고요. 우리는 뭐라 그랬어요? 우리는 일체만물을 생명으로 볼 때는 내 일원심과 일체 생명의 긍정 마음이 통하고 동일이 돼요. 그럼 만물하고 통했어요, 안 통했어요? 만물이 내 말 들어요, 안 들어요? 100% 들어야 되잖아요. 거짓말 안 했죠?

사지서도 그렇게 예언해 놨어요. 만물하고 통한다고. 우리는 일원심으로 통해요. 그래서 이 안의 일체 생명이 우리 말 안 들으려야 안 들을 수 없어요. 안 들으면 자동 삭제되니까. 우리는 실행을 해 봤어요. 진짜 삭제돼요. 여기 지구 인간들만 아무리 외쳐도 못 알아듣지 미세한 공간에서는 순간에 알아들어요. 가속도가 붙는다고요. 우리 말을 안 듣고 방해하면 삭제할 것은 삭제해요. 마음과 물질 마음과 에너지는 하나라고요.

### 무시공우주를 이끌어 갈 선구자들

3단계에 들어온 존재는 이것이 엄청난 일이고 무서운 일이라는 것을 느꼈어요. 이 세상을 바꾸려고 이런 우주작업에 들어갔어요. 여러분, 희망을 가지고 열심히 공부하세요. 후회하지 말고. 우리가 이 안에 들어가면 무한대의 큰 우주가 기다리고 있어요. 우리가 할 일이 너무 많아요. 우리는 70억 인구가 있는 지구에서 교수니 강사를 하려는 게 아니에요. 저 우주 안에 들어가면 수많은 생명이 우리를 기다리고 있어요. 우리가 지금 통로를 만든다는 것은 우주의 새로운 기둥을 만들고 있어요. 선구자를 만들고 있잖아요. 강사를 만들고 있잖아요. 그 차원에 있는 수많은 생명이 우리를 기다리고 있어요. 기초를 닦고 있다고요.

3단계에 들어가면 우주여행을 하면서 우주작업을 해요. 믿음이 가요? 그래서 우리는 숫자 개념이 없어요. 다만 한두 사람만 내 뜻을 알면 이루어져요. 100% 이루어져요. 지금 이루어지고 있어요.

지금 많은 실험을 하고 있어요. 3단계 들어올 분 마음을 깨우기 위해서 진짜 시키는 대로 하면 마음먹은 대로 이루어져요. 안 이루어지는 게 이상해요. 지금 온 우주의 밑바닥부터 무극까지 어떤 고급 존재도 우리 말 안 들으면 삭제된다고. 그래서 절대적으로 참여하고 이 공부를 하러 와요.

지금 대전에서 이 무시공 공부를 하시는 존재들 한 분 한 분 정말 대단한 존재들이에요. 자신을 깔보지 마세요. 전부 다 우주작업을 하기 위해서 모인 존재들이에요. 절대로 지구를 위하는 작업이 아니에요. 지구 제일 밑바닥에 있는 존재 70억 인구 중에서 아무도 이 공부를 안 받아들여도 하나도 속상하지 않아요. 맞죠? 여기서 시작한다는 것뿐이에요. 15년 만에 대한민국 대전에서 이루어지고 있잖아요.

지금은 3단계 존재들이 자동으로 나타나 이 작업 들어가고 있어요. 저는 욕심이 없어요. 올 연말까지 열 명만 나타나면 돼요. 그럼 내년부터는 백 명, 천 명, 만 명… 지구에는 개별적으로도 이런 작업 다 들어가는데, 만약 열 명만 모여 보세요. 그 힘이 무한대로 커져요. 지금도 이미 우주가 흔들리고 있어요. 그럼 우리가 이런 통로를 만들어 놓으면 원래 조용하게 지내던 존재들이 신경 쓰여요, 안 쓰여요? 위기감이 생겨요, 안 생겨요? 우리가 억지로 하라고 그럴 필요 없어요. 우리 갈 길 가기만 하면 그들에게 위기감이 생겨요. 우리가 영의 세계 존재들에게 일일이 이 공부를 시키려고 하면 힘들잖아요.

여기에서 공부하시는 존재 중에 3단계에 합격된 존재들을 다 무시공의 통로에다 올려놓아요. 그렇게 되면 영 세계의 영이 일원심 마음의 존재와 부딪히면 영체들의 마음이 일원심으로 순간에 바뀌어요. 그럼 우리 일이 빨리 이루어질 수 있어요.

각 종교, 특별히 한국의 각 종교, 최고 존재들도 여기 대전에 와서 이 무시공 공부를 해야 해요. 나중에 오나 안 오나 보세요. 모두 이 공부를 안 받아들이면 사정없이 바뀐다고. 종교도 우리를 도와주면서 공을 세워야 해요. 지금 기회를 주고 있어요.

우리는 당당하게 해요. 각 방면에서 실험을 해 봤고 준비해 놓았어요. 저는 엉터리로 하지 않아요. 저는 한국에 와서 15년 동안 연습했고, 실험했고, 준비했어요. 2015년에는 2단계를 대전에서 만들고 이름을 훈련센터라고 했어요. 내가 마음먹으면 마음먹은 대로 이루어지잖아요. 그래서 모든 게 자동이에요. 2014년 부산 서면에서 공부할 때도 그랬어요. 내가 할 일은 곧 끝난다. 나는 때가 되면 낚시를 한다. 무엇을 암시하고 있어요? 1단계 할 일은 끝났고 2단계로 들어간다는 것을 암시하고 있었어요.

내가 2016년부터는 실전에 들어간다고 했어요. 그런데 또 자동으로 준비된 존재가 나타났어요. 이렇게 때가 되면 자동으로 나타나요. 지금 멋지게 잘하고 있어요. 상상을 초월했어요. 그래서 이 공부를 하는 마음 자세를 보고 올해 연말에 꼭 3단계 작업을 할 수 있는 존재 열 명이 나타날 수 있어요.

처음 한국에 와서 "제 뜻을 아는 존재가 전 지구 70억 인구 중에서 열 명만 나타나면 된다."고 했는데 15년 후에 대한민국 대전에서 나타나요. 우리가 일단 깨어나면 정말 우리는 멋진 존재들이에요.

나는 민족 개념을 버렸다고 했지만 정말 대한민국은 멋진 민족이에요. 무엇 때문에 그러는가? 한국에 전 세계에서 종교, 수련 단체가 제일 많대요. 종교 박물관인지 백화점인지 모를 정도래. 그만큼 정신세계를 탐구하는 마음과 자세가 되어 있다는 뜻이에요. 이제까지는 몰라서 헤매었다뿐이지 결국 결과가 보이잖아요. 그래서 여기에서 꽃이 필 수밖에 없고 여기에서 해가 뜰 수밖에 없어요.

히틀러가 예언할 때 동방에서 나중에 실험장이 생기고, 인류가 각 방면으로 분리되고, 2039년도에는 인간이 바뀐다고 했어요. 어떤 사람이 나한테 물어봐요. 그러면 당신 일은 언제 끝나나? 내가 하는 이 일은 2030년에 끝난다고 그랬어요. 히틀러를 비롯하여 많은 분들이 채널링을 통하여 많은 예언을 했어요. 그러나 나는 실제로 그 예언들을 행하고 있어요. 무엇 때문에 2030년인가? 어떤 종교는 3천 년을 기다리면서 기대해도 안 됐잖아요. 또 어떤 종교는 2천 년 동안 기대했어요. 그래도 안 됐잖아요. 그런데 나는 2백 년도 너무 길어요. 2030년에 된다고 했잖아요. 이제 15년 남았어요.

지금 살아 있는 존재, 진짜 공을 세우고 멋진 존재들은 이미 비밀리에 통로를 만들어 놓고 있어요. 그러면 우리가 여기에서 공부하면 쉬워요, 안 쉬워요? 제가 대전이 지구 중심지이자 우주 중심지라고 말하면 내 말대로 꼭 이루어져요. 절대로 포기 안 해요. 어떤 상황이 돼도 절대로 나는 변함없어요. 꼭 이루어져요.

# 무시공 우주 중심지

처음에는 그저 우주 중심지다 그랬어요. 오늘 처음으로 말씀드릴게요. 우리는 시공우주 중심지가 아니고 무시공우주 중심지가 대전에서 시작해요. 그럼 여기 대전에 무시공우주가 자리를 잡아 핵심이 되면 온 우주 전체가 대전을 중심으로 돌아요. 분자세상에선 우리 지구가 아직까지 태양을 돌고 은하계를 돈다고 하지만 미세한 공간은 이미 바꿨어요.

### 대전은 무시공우주의 중심지

'우주 중심지'가 무슨 뜻이에요? 시공우주 중심지 아니에요. 시공우주 중심지는 이미 있는데 내가 가서 싸울 일이 있어요? 시공의 무극에 이미 최고 존재가 있는데 내가 또 우주 중심 만들면 둘이 다툴 일만 생기잖아요. 우리는 무시공우주 중심지예요.

이제 구체적으로 밝힐게요. 처음에는 그저 우주 중심지다 그랬어요. 오늘 처음으로 말씀드릴게요. 우리는 시공우주 중심지가 아니고 무시공우주 중심지가 대전에서 시작해요. 그럼 여기 대전에 무시공우주가 자리를 잡아 핵심이 되면 온 우주 전체가 대전을 중심으로 돌아요. 분자세상에선 우리 지구가 아직까지 태양을 돌고 은하계를 돈다고 하지만 미세한 공간은 이미 바꿨어요. 3단계에 들어온 존재더러 보라고 그랬어요. 온 우주에서 지금 대전을 중심으로 향심력 현상, 블랙홀 현상이 있나 없나? 다 열려서 다 보이잖아요.

그리고 우주 각 차원의 어떤 존재들은 지구에서 무슨 이상한 일이 일어났다고 우주선을 보내서 탐구하러 와요. 지구에 무슨 일이 있나? 무엇 때문인가? 우리가 엄청나게 바뀌니까 온 우주에서 진동이 일어난다고 했잖아요. 그럼 탐구하러 올 수밖에 없다고.

**시공우주의 생명은 가짜 생명**

3단계는 눈이 열려야 되는 것이 아니고 일원심을 지켜야 들어올 수 있어요. 내가 어떤 일에 부딪혀도 진심으로 일원심을 지킬 수 있나, 없나? 남이 총칼을 들이대도 일원심을 지킬 수 있나, 없나? 설사 그런 일은 없겠지만 '무슨 일이 생겨도 내가 일원심이 있나, 없나?' 그런 뜻이에요.

평소에는 다 됐다고 생각을 해도 그런 강한 일이 생기면 파장이 생긴다는 거예요. 도망가기 바쁘다고요. 우리가 이 공부의 뜻을 알았으면 생명을 내놓고 해야 돼요.

시공우주의 생명은 가짜이고, 진짜 생명은 무시공생명이어서 누가 죽이려고 해도 죽일 수가 없어요. 일체 안에 내가 다 있잖아요. 그럼 일체를 다 없애야 내가 없어져요. 그럼 일체를 다 없앨 수 있는 그런 도통군자 있어요? 없잖아요.

일체 안에 내가 있다. 여기에 대해서 해석할게요. 일체 안에 내가 있다. 이 말이 완벽해요, 안 해요? 이것은 어느 종교, 수련 단체, 도통군자도 일체 안에 내가 있다는 것을 주장한 적이 없어요. 일체 안에 내가 있다. 그렇지만 누구도 그렇게 해석하지 못해요. 제가 해석했어요.

무엇 때문에 내가 일체 안에 있다는 것은 이해하죠? 일체 안에 내가 있다는 것은 시공우주에서는 최고의 경지예요. 엄청나게 대단한 관점이에요. 그러나 일체 안에 내가 있다는 것도 완벽하지는 않아요. '일체 안에 내가 있다'고 하면 벌써 주객을 나누었잖아요. '이 컵 안에도 내가 있다'고 하면 컵과 나를 나눴어요, 안 나눴어요? 아직까지 이분법에 걸렸다고요. 그렇지만 이분법 안에서는 최고의 이론이에요.

누가 감히 '일체 안에 내가 있다'고 그래요? 우리는 일체 안에 내가 있다는 것을 원리로 해석하면 일체를 생명으로 보라는 거예요. 일체를 생명으로 보면 그 안에 긍정마음이 있어요. 그 긍정마음이 내 일원심하고 통한다, 하나다, 내가 일체 안에 내가 있다, 내가 움직이면 우주가 움직인다, 만물이 움직인다. 말이 되잖아요. 이것이 최고이고 빈틈이 없는 것 같죠? 그렇지만 우리가 일원심 위치에서 보면 아직까지 이것도 이원념에 걸려 있다는 거예요.

## '일체가 나다'는 온 우주의 최고 경지

그렇다면 우리는 어떻게 해야 돼요? 일체가 나다. 일체 생명 자체가 나야. 나 외에는 아무도 없어요. 그럼 이 우주에서 최고의 존재, 완벽한 존재는 나 하나밖에 없어요. 그럼 이 생명이 무한대의 존재잖아요. 그럼 '일체 안에 내가 있다'는 게 완벽해요, '일체가 나다'가 완벽해요? '일체 안에 내가 있다' 하고 일체를 생명 입장에서 보니 일체가 나다, 나 이외 아무도 없다. 그러면 내가 전지전능하고 일체아위하고 일체조공, 말이 돼요, 안 돼요? 그래서 3단계에 들어온 존재가

"일체가 나다"는 말의 기초를 이해하고 비공선지가 가짜가 아니라는 것을 깨달았어요. 이 공부를 하면 모든 분들에게 이런 시간이 온다는 거예요.

'일체가 나다'라는 말은 온 우주를 통틀어 가장 완벽한 최후의 경지예요. 저는 간을 우주 밖에 던져 놨어요. 우주가 어느 우주예요? 무시공우주 밖에 던져 놓으라는 거예요. 우리가 간을 무시공에 던져 놓으면 내가 무시공 존재라는 거예요. 나는 항상 무시공에서 문제를 본다는 개념이에요. 무시공에서 내가 일체 생명을 보니 일체 나밖에 안 보여. 주객이 없으니까. 그래서 이런 처지에서 보면 나를 없애는 게 아니고 어떤 위치에 있는 나를 지키는가? 이원념의 나를 지키는가? 일원심의 나를 지키는가? 이것이 중요해요.

시공우주의 어떤 수련 단체나 종교를 보면 나를 버려야 하고 무아지경에 들어가야 한다고 해요. 그러면 무아지경에 들어가서 나라는 존재까지 없다면 무엇이 있어요? 우리는 나 자체를 버리는 게 아니고, 어느 나를 버리는가, '시공의 나를 버릴 것인가? 무시공의 나를 버릴 것인가?' 우리는 이 개념이에요. 나라는 자체가 틀린 게 아니고, 내 안의 두 가지 '나'가 있다고 그랬잖아요. 시공의 나, 무시공의 나. 나는 무시공의 나만 인정한다. 시공의 나를 삭제해요. 나 자신을 버리라는 것이 아니에요. 이제 정답이 됐죠? 그 시공의 나만 버리고 무시공의 나는 반드시 지켜야 한다는 거예요.

# 우주작업, 우주 중심지 건설

지금 여기서 공부하시는 분들은 어디에 올려놓았을까요? 제일 밑바닥 5,000억 광년에 올려놨어요. 실제로 우리 지구에서부터 무극까지 5,000억 광년 이하는 내가 어느 별나라에 있다고 그랬어요? 5,000억 이상은 전부 우주에 있다고 그랬어요. 자기를 우주 존재라 그래요. 그럼 사고방식이 바뀌잖아요.

### 태극기, 무극기

인간 세상에 살면서 세밀한 공간의 무감각시공의 작업을 느껴본 적도 없고 들어본 적도 없어요. 하지만 우리는 이제부터 세밀한 공간의 무감각시공 그 자리에 들어가고 있어요.

무엇이 무감각시공인가. 무시공 우주도의 무극 아래 삼각형 안의 제일 밑바닥은 감각시공, 오관을 느낄 수 있는 우리가 지금 현재 마음을 쓰고 살고 있는 자리예요. 그럼 무감각시공은 뭐예요? 분자세상, 즉 감각시공을 벗어난 에너지 상태인 무극까지를 말해요. 거기는 오관으로 느끼지도 못하고 보이지도 않아요. 그렇지만 그것은 현실로 존재한다는 거예요. 그래서 제가 1단계 무시공우주도에서 전체 우주를 3단계로 나눴잖아요. 감각시공, 무감각시공, 무감각 무시공, 이렇게 3단계로 나누었어요.

무극의 분기점 삼각형의 교차점이 무극이에요. 제일 아래 줄을 그은 밑바닥 여기는 분자세상은 시공의 시초 시간이에요. 그래서 시공의 무극(-) 자리예요. 이 자리는 무시공의 무극(+) 자리. 그래서 무극은 두 가지 개념이 있어요. 무극을 어떻게 해석하든 우리는 여기서 분명히 삼각형 뾰족한 이 자리가 제일 마지막 그 자리가 시공의 무극. 여기서 우리가 쪼개니까 일시무시일 됐잖아요. 여기가 분기점(무극점)이라 보면 돼요. 여기서 위로는 무시공의 관점이고 아래는 시공의 관점이에요. 가로로 나누어져 있어요.

제가 그랬어요. 한국의 태극기는 태극기가 아니고 무극기라고 했어요. 자 보세요. 가로로 되어 있잖아요. 한국 사람은 태극기라 그래요. 누가 그랬는지 모르겠지만, 한국은 엄청난 의미가 있어요. 여기 무극점이 진짜 분기점이란 말이죠. 그래서 여기 대한민국 대전에서 무시공 작업 여기서 밝히고 우주작업을 여기서 한다는 거 옛날 한국 사람이 이걸 예언해 놓았잖아요.

한 나라 국기로도 만들어 놨어요. 그런데 부르는 칭호 무극기를 태극기라고 부르고 있어요. 우리는 태극기라 부르지 마세요. 태극기는 무극의 바로 아래 음양의 자리예요. 무극의 바로 아래에서 음양을 쪼개잖아요. 음양 가르니까 양쪽으로 갈라졌어요. 이것이 태극기, 무시공의 무극과 시공의 무극 위아래로 표현되죠. 이것이 무극기예요.


### 무시공의 생명 위치는 5천억 광년 이상

인간 세상에 와서 인간에 대해 가장 명확하게 밝히는 존재는 인간하고 가장 가까운 존재라고 그랬죠. 무극에 가까운 높은 존재는 지구에 오지를 않아요. 그런 존재가 지구에 오면 지구가 녹는다고요. 이제 믿음이 가요?

그럼 지구에서 최고 높이 올라간 존재는 누구예요? 히틀러예요. 히틀러는 500억 광년에 있어요. 그럼 500억 광년하고 20만 광년, 70만 광년하고 차이가 얼마나 나요? 그래도 인간은 히틀러를 제일 나쁜 놈이고 지옥에 가 있다 그러잖아요. 인간의 사고방식이 너무 선악을 갈라서 제일 밑바닥에서 헤매고 있다고요.

여기서 공부하시는 분에게 제가 그랬어요. 이 공부 끝까지 안 놓치고 가시는 분을 제가 1단계로 제일 먼저 500억 광년에 올렸어요. 그런데 전 누구인지를 못 밝혀요. 내가 그 자리에 올렸는지 본인도 몰라요. 제일 처음 거기까지 올렸어요.

그럼 500억 광년 올린 존재가 20만~70만 광년 존재하고 비교가 돼요, 안 돼요? 우리는 하느님보다 더 하느님이고 부처보다 더 부처예요. 만일 100만 광년의 존재가 500억 광년에 갖다 놔도 자기 혼자 올라가려면 절대 못 올라가요. 우리가 이끌고 가면 갈 수 있어요. 그래서 요사이는 또 500억 광년도 삭제해 버렸어요.

지금 여기서 공부하시는 분들은 어디에 올려놓았을까요? 제일 밑바닥 5,000억 광년에 올려놨어요. 실제로 우리 지구에서부터 무극까지 5,000억 광년 이하는 내가 어느 별나라에 있다고 그랬어요? 5,000억 이상은 전부 우주에 있다고 그랬어요. 자기를 우주 존재라 그래요. 그럼 사고방식이 바뀌잖아요. 만일 내가 은하계 어느 별에서 왔다. 인간이 아는 제일 먼 북극성. 엄청 멀다고 하는 그것도 10만 광년밖에 안 되는 거리예요. 북한의 ○○○ 대단하다고 북한에서 하느님인 것처럼 하잖아요. 8만 광년에 있어요.

　여기서 이 공부를 하시는 분들은 지금 제일 적어도 5,000억 광년에 있어요. 5,000만이 아닌 5,000억 광년에 우리가 갖다 올려놨어요. 100% 다 못 올려놔요. 마음이 흔들리고 이 공부 맞나 안 맞나 의심하는 존재, 여기 올려놔 보았자 도망가는 존재는 뭐예요? 그래서 우리는 한 사람 한 사람 살펴서 그 사람이 이 공부 끝까지 하나 안 하나, 마음 가짐이 됐나 안 됐나, 각 방향으로 파악을 해서 올리는 거예요.

　그럼 우리, 생각해 보세요. 여기서 만일 5,000억 광년이나 올렸으면 빛이 얼마나 강할 거 같아요? 한번 상상해 보세요. 그리고 우리는 일원심 빛으로 되어 있기 때문에 인간 눈으로 각 층차에 있는 존재들의 눈으로는 보이지도 않아요. 그렇지만 우리 이원물질로 쌓인 몸 때문에 그 빛도 나타난다는 그런 뜻이에요. 그런데 지금 일부 극소수는 이미 무극이상 무시공에 모셔놨어요. 누군지는 나도 몰라. 하여튼 봉황이에요. 그래서 지금 여기에 있는 분들은 5,000억 광년이 밑바닥이에요. 5,000억 광년에서 우리 중 일부는 순간에 무극에서 무시공으로 모셔갔어요. 다른 존재들은 무극까지 가도 그거 통과 못 해. 우리는 마음대로 갈 수 있어요. 그 관문을 지켜요. 그런데 우리가 들어갈 때는 그 밑에 거기서 얼마 멀지 않은 존재도 무시공 못 들어가게 해요.

# 우주작업을 방해하는 존재들의 운명

> 시공의 빛은 아무리 높아도 직선빛이 아니고 파장 빛이기 때문에 우리 직선빛은 일체 빛, 파장 빛을 녹이고 없앨 수 있다고 제가 분명히 수년 전부터 이 말을 했어요. 무시공 존재는 직선빛이다. 일체 이원념, 이원빛(파장)은 우리를 만나면 무조건 다 녹아요.

### 무시공을 반대하면 무극 존재도 삭제

우리는 순조롭게 통과해요. 우리가 모셔가는 존재는 아무 일 없이 무조건 통과해야 해요. 그런데 무극에 최고 존재는 자기 생각으로 끝이래요. 더 없대요. 그래서 자기를 통해서만 가기를 원해요. 그래서 "왜 너한테 통과해야 해? 자기를 통과해야 한다는 그 마음가짐이 고저 나눈 것 아니냐고. 선악 가른 거 맞아, 안 맞아?" 하고 질문하니까 잘못한 거 인정한다고…. 그래서 줄어들 수밖에 없어요. 우리는 무고저라고 비결에 다 있잖아요. 무극의 최고 존재도 이 공부를 안 받아들이면 다 삭제된다고 했잖아요. 그게 실전에서 증명되고 있어요.

우리 봉황들이 갑자기 막 올라가니까 시공 존재들이 우리도 올라갔으면 하고 너무 부러워해요. 그래서 우리가 뭐라 그래요? 너도 대전에 와서 일원심 배워라, 배우면 너도 올려준다.

원래 이미 분자세상에서 무극까지 각 층차에 기존의 존재가 다 있잖아요. 우리 그걸 바꿔서 우리 뜻을 밝히자면 또 천 년 만 년 걸려요. 그래서 우리 그걸 바꾸려 하지 말고 우리 혼자 여기서 훈련해서 준비됐잖아요. 준비된 존재는 다가온다는 게 무슨 뜻이에요? 우리는 별도로 통로를 만들어. 우리는 당신들 통로 필요 없어. 돼요, 안 돼요? 우리가 시공 다리로 꼭 통과해야 되는 법이 있어요? 너도 다리 놓으면 우리도 다리 놓지. 그럼 우리 혼자 다리 놨어. 그러면 우리는 마음대로 끌어올릴 수 있어. 그럼 저들도 두려워해요, 안 두려워해요? 두려워도 이것을 파괴할 수도 없고 이 길을 없애려고 해도 없앨 수도 없어. 무엇 때문인가? 우리 무시공 존재가 나타나면 자기들의 파장 빛이 없어져요.

시공의 빛은 아무리 높아도 직선빛이 아니고 파장 빛이기 때문에 우리 직선빛은 일체 빛, 파장 빛을 녹이고 없앨 수 있다고 제가 분명히 수년 전부터 이 말을 했어요. 무시공 존재는 직선빛이다. 일체 이원념, 이원 빛은 우리를 만나면 무조건 다 녹아요.

3단계 작업하기 전엔 아무리 말해도 못 알아듣고 다 믿지 않아. 뭐 비공선지 다 내놔도 외우고 다 알았대. 알긴 뭘 알아. 3단계 개별적으로 들어가서 실제 행해 보니까 비공선지 뜻이 완전히 다르다는 거예요. 이것은 인간 관점, 시공 관점으로 해석하는 게 아니고, 이것은 정말 무공 관점이라는 것을 알아야 해요. 비공선지는 시공 관점이 아니라고 수없이 말했어요. 그래서 무시공 자리를 두드리고 무시공 자리를 밝히는 거예요.

나는 인간 세상에 와서 인간 말을 빌려 썼다뿐이지 절대로 인간 말 자체가 그 뜻이 아니라고. 아니면 내가 이 뜻을 어떻게 밝혀요? 인간 말로 어떻게 표현해? 무시공, 이것은 인간 말로 표현을 못 해.

반드시 3단계 들어간 존재가 내 뜻을 알아. 아, 이런 뜻이구나. 행해 보니까 행하는 과정에서 더 깨어나고 더 이해하고…. 그래서 우리는 순간에 이루어질 수 있어요.

5,000억 광년 그것도 얼마 지나면 삭제돼요. 그래서 1만조 광년에 다시 세워요. 거기는 또 밑바닥이야. 그럼 1만조 광년의 우주 이하는 삭제돼. 우리는 시공을 없앤다고 그랬잖아요. 우리는 이 세상 지키러 온 게 아니라고 그랬죠. 우리는 시공에서 음양을 이미 잘랐어요. 우리는 그것을 없애는 거예요. 그렇지만 우리는 아직도 안 깨어났기 때문에 조금씩 올리는 거예요.

그럼 우리 대한민국에서 역사상 공 세운 분들도 전부 다 지금 5,000억 광년에 올려놨어요. 외국 사람이든 중국 사람이든. 위치만 올려놨어요. 대부분 한국 사람이에요. 아직 석가모니, 예수 수준도 안 되는 존재를 무엇 때문에 5,000억 광년에 올려놨느냐고? 우리는 이미 일원심 지키는 마음가짐이 되어 있잖아요.

우리는 이미 무시공 존재다. 나는 원래 무시공 존재다. 말해 줘도 안 돼. 왜? 이원념 가득 차서 자기도 모르게 끌려간다고. 일원심 지키고 무시공생명을 지키라고. 그게 네 생명이라 해도 안 돼. 맞죠? 그럼 우리 언제까지 기다려야 돼요? 이렇게 하면 우리가 10년, 20년, 100년 해도 안 될 사람 계속 안 돼. 그래서 우리가 어쩔 수 없이 이번에 꼭 일원심 안 놓치고 끝까지 하려는 존재들, 그 사람의 생명을 높은 위치에 갖다 올리면 거기서 우리를 지키고 있잖아요.

내 이원념이 움직여도 거기서 잘못 안 되게 우리를 조절하고 있다고. 그렇게 하면 엄청나게 수월하잖아요. 내가 10년 할 일이 1년에 이루어질 수 있어. 내가 이번에 실험해 봤어. 내가 올려놓고 체험해 봐라. 그럼 엄청 강한 속도로 바뀌는 것을 확인했어요. 그럼 희망이 보이죠.

이 공부를 하시는 분들의 실제 수준은 10만 광년도 안 돼요. 그렇지만 순간에 5,000억 광년에 올려놨어. 어떤 분은 이미 무극에 갖다 놨어. 어떤 분은 이미 무시공 자리에 갖다 놨어. 그럼 우리가 수월해요, 안 수월해요? 그런 존재가 한군데 같이 섞이면 어두운 존재가 다 녹는다고. 이 자리로 들어오면 나중에 우리 대한민국에 들어와도 다 녹아. 그래서 제가 거짓말한 적이 없어요.

### 종교 지도자가 깨어나야 한다

지금 3단계 깨어난 존재가 대신하니까 지금 이 말이 나와. 아직 누구도 나 대신 말을 못 하잖아요. 꺼내 봤자 사기 친다고 생각해. 2000년도에 내가 서울 있을 때 석가모니, 예수, 내가 파견했어. 그게 무슨 말도 안 되는 엉터리 말이냐고. 진짜냐고. 그것은 제일 밑바닥에서 작업하기 위해서 그럴 수밖에 없다는 거예요. 지금은 우리 1단계는 지났고, 2단계 들어온 존재는 많은 것을 공개하고 있어요.

내가 38선 말한 적 있어요. 때가 되면 한국의 38선이 풀려요. 우리 여기 한반도하고 중국 지도하고 합하면 뭐예요? 수탉처럼 보여요, 안 보여요? 수탉 입이 38선을 막아 놨어요. 입 벌려서 '꼬꼬댁 꼬꼬' 울까 봐 주둥이를 막아 놨다고 그랬어요. 내가 그때 지리산에서 흉내 내가며 장난삼아 때가 되면 수탉 입이 열려서 동방에 해가 뜬다고.

보통 수탉이 아침 되면 울잖아요. 저녁에 우는 건 다 미친 수탉이라고. 미칠까 봐 입을 닫아 놨어요. 이제 때가 되어서 풀려요.

그럼 여기에 대해서 해석하면 2016년은 원숭이띠죠. 내년엔 닭띠. 지금 그런 시기가 왔어요. 나는 한반도에서 우주 중심지 작업을 하니까 방해되면 무조건 다 치워요. 나는 우주작업을 해요. 우리가 우주 중심지 작업을 하는데 누가 나를 방해하면 어떤 장애물이라도 무조건 처리해야 해. 무조건 삭제해야 돼요. 우리가 하는 일 때문에 반드시 통일을 해야 한다고. 그리고 대한민국이 밝으려면 종교가 깨어나야 해요. 언제까지 20만 광년, 50만 광년에 갇혀 있을래요? 다음에 그 작업 들어가요. 종교 지도자도 여기 와서 공부해요. 종교 지도자도 나중에 여기 와서 공부해야 한다고. 안 하면 삭제당해. 나중에 그렇게 되나 안 되나 한번 보세요.

어떤 고급 존재, 처음에는 우리가 지구에서 왔다니까 깔보고 멸시하고 그래서 우리, 처음에는 우리 빛을 올려. 처음에는 아주 거대한 존재가 공간에 있어요. 공간을 줄여 버려요. 공간을 먼지 덩어리만큼 만들 수 있어. 심지어 없앨 수도 있어요. 우리 방해 안 하면. 그럼 우리 가능성 있어요, 없어요?

그리고 또한 암시할 거는 지금 우리 우주작업을 하고 우주 중심지를 지금 건설 중인데 어느 나라 누구든 간에 방해하면 내가 절대로 가만 안 놔둘 거예요. 우리는 누가 무기로 위협해도 우린 무력화할 수 없어요.

우리 손에 총 있어요? 아무것도 없어. 그렇지만 우린 3단계 방식으로 실험하면서 다 정리한다고. 그래서 히틀러 예언도 다 맞는다고.

히틀러 예언 뭐예요? 나중에 동방에 큰 실험장이 되어서 거기 무슨 특수한 파장이 있어서 그게 일체 적을 무력화시킬 수 있다고. 그게 증명될 거라고. 그거 우리가 증명하고 있어요. 히틀러 자기 생각에 특수한 전자파라고. 우리 무시공 직선빛은 전자파를 초월했잖아요. 우리는 직선빛이라고 눈에 보이지도 않아.

서유기의 손오공 알죠? 손오공 자기 힘으로 했어요? 때가 되면 무슨 마법 써요? 자기 털 뽑아서 '훅' 불면 수많은 손오공이 나와서 도대체 어느 게 진짜지 가짜지 분간을 못 해. 우리가 그 역할을 한다고. 그 신화 실제로 이루어져요.

### "나만 보라", 남의 트집 절대로 잡지 마라

일원심 키우는 방법을 알려주는데 아직 남 살피며 잘못된 것만 봐. 남 트집 잡고 뭐 이렇게 해야 해. 그럼 네가 해 봐. 너는 더 못하면서. 우리 인간이 내내 못 깨어나고 그 자리 못 일어나는 이유는 서로 트집 잡기 때문이에요. 이원념 때문에 대통령도 이원념 마음이고 너도 이원념 마음인데 어떻게 완벽하게 빈틈없이 할 수 있어요? 맞죠? 그럼 우리, 대통령 트집 잡으려면 하루종일 해도 부족해. 누구라도 그 자리에서 트집 안 잡힐 수가 없어요. 전부 다 이원념으로 잘못된 거 트집 잡으니까.

인간은 인간의 관점으로 자신의 잣대로 판단해요. 그러나 깊이 들어가면 인간이 판단하고 맞는다고 하는 것은 사실 전부 틀렸다는 거예요. 무엇 때문에? 인간이 판단하는 맞다, 틀리다, 좋다, 나쁘다, 하는 것은 전부 이원념 관점에서 보는 거라고. 인간이 맞는다고 하는 것은 이원념 관점 고정된 틀에서 인간의 이원념 잣대에서 맞는다는 것이지, 맞긴 뭐가 맞아요! 그래서 인간의 입장에선 상대적인 맞고 틀린 것, 상대적인 옳고 틀린 것, 그것은 인간의 이원념 관점이라고. 그래서 맞는다고 하는 것이 전부 틀렸어요.

그러면 우리가 강조하는 건 절대 긍정 일체 좋은 것만 인정하는 거예요. 절대 올바른 것, 절대 맞는 것만 인정해요. 인간의 고정된 관념으로 맞는다고 하는 것은 시공간 바뀌면 전부 틀려 버려요.

무한대로 맞는다는 것은 어디에 있어요? 일원심밖에 없어요. 일원심만 무한대로 영원히 올바르다고. 그게 절대적인 '맞다'는 거예요. 사람들 다 도통하고 완벽해야 해. 그런데 완벽할 수 없어. 이원념 세상에서 너도 이원념 마음가짐인데 어떻게 완벽하길 기대해? 우리 일원심이니까 어디 갖다 놔도 절대 트집 못 잡아. 잡을 수 있어요? 난 절대긍정이니까. 우리는 영원하고 무한하고 절대적이니까.

이제 우린 절대로 '이게 잘못되고 저게 잘못됐다' 하는 그런 게 아니고 이제 잘된 것만 봐. 네가 공부하고 네가 잘되려고 왔지 남 뜯으러 왔나? 남 뜯을 거면 다른 데 가요. 여기 오지 말라고. 우리는 여기서는 남 뜯어고치려 하지 않아요. 자기 뜯어고치려 한다고. 우리 이원념을 뜯어고쳐야지 남 뜯어고쳐야 돼? 자기도 이원념인데 어떻게 남 이원념을 뜯어고쳐? 이제까지 인간 세상 그렇게 해 왔잖아요. 수억겁 수천 년 동안 괜히 남 트집 잡아 완벽하게 만들려고. 네가 완벽하지 않은데 어떻게 상대방 완벽하게 만들 수 있어? 맞아요, 안 맞아요?

제2장 물질혁명(物質革命)　113

우리, 자식 키울 때 애가 반듯하게 됐어요? 이래야 한다, 저래야 한다, 이것은 틀렸다, 저것은 맞았다. 완전히 로봇을 만들어 놓고 복제인간을 만들어놓고. 그래서 우리, 다 놔주세요. 좋은 것만 보세요. 놔줘야 살아요. 우리 여기서 뭐 제안했어요? 네가 미쳤다 하면, 그래 네가 보기엔 미쳤어. 그런데 나는 일원심 지켜. 안 미쳤어. 난 미친 적 없다. 네가 어찌 아나? 안 그래도 나 혼자 이원념 빼기도 힘든데 우리 처음부터 그런 마음으로 보세요. 속이 편안해요, 안 편안해요? 남을 괴롭게 하면 자기가 괴로워요.

### 자기가 자기를 심판한다

나는 15년 동안 수많은 사람을 봐도, 그래 모르니까 결국 자기가 자기를 심판한다고. 우리는 이 세상 살리러 왔지 절대로 이 세상 죽이러 오지 않았어요. 자기가 치면 자기가 깨진다고. 그래서 우리 절대로 남을 미워하지 말고, 내 일원심을 지키자고. 그래서 우리 분명히 그랬잖아요. 연꽃은 절대 산에서 안 핀다. 복잡한 인간 세상 부딪히면서 핀다고.

절대로 남 흉보지 말고 남 트집 잡지 말고 남 잘못된 거 보지 말라고. 그렇지 않으면 너만 괴로워. 네 마음만 아파. 우리가 좋은 것만 보면 안 돼요? 어떤 사람이 만일 99% 다 잘못됐어. 1%만 잘했으면 1%만 칭찬하라고. 99%만 보지 말고. 그럼 그 사람이 깨어나요, 안 깨어나요? 그래서 아직 어떤 분은 공부 뜻을 몰라. 이때까지 15년 동안 뭐 때문에 수많은 사람 다 탈락했어요?

처음에는 다 이것이 최고의 공부고 진짜 헤매다가 이제 찾았다니 말도 얼마나 잘하는지 얼마 안 되면 다 도망가더라고. 나한테 걸리면 다 도망가. 내 이번에도 트집 잡게 만들어 놨다고. 그래서 이 사람한테는 배울 거 없다고. 배울 거 없으면 가라. 누가 가르치러 왔나? 네가 배우러 왔지. 그래서 내가 그랬어요. 절대로 앞으로 트집 잡지 마. 왜? 네가 트집 잡는 순간에 벽담이 됐어요. 주객 나눴어요. 그럼 네가 탈락했어요, 내가 탈락했어요? 자기가 탈락했어요. 그럼 나는 슬퍼요, 행복해요? 나는 행복해요. 왜? 쭉정이 저절로 나가. 내가 쫓아낼 필요도 없어. 저절로 가. 얼마나 좋은 방법이에요? 여기는 자동으로 알맹이가 모여요. 나는 비판 안 해요.

우리 서로 잘못된 것이 있으면 지적하자. 우리 서로 완벽하기 위해서 우리 그렇게 했어요, 안 했어요? 서로 자기 잘된 것만 자랑하자고.

공무원 하는 것도 책임자라고 일 년 동안 자기 어떤 게 잘했고, 어떤 게 잘못됐나 반성해야 돼. 보통은 잘하는 것은 조금 쓰고 잘못된 것은 많이 써야 해요. 나는 안 그래요. 잘된 것은 많이 쓰고 못된 것은 하나도 없어요. 나는 결점이 없다 그래요. 우겨요. 그렇게 살아보자고.

잘못된 것 지적해서 맞는다고 인정하면 이분법 단단히 걸린다고. 맞죠? 한 귀로 듣고 겉으로 맞는다 해 놓으면 속으로 '맞긴 뭐 맞아? 일원심이 맞지' 그래야 단단히 벗어난다고.

우리도 그렇게 하세요. 우기세요. 틀린 것은 인정하지 말라고. 틀린 것을 인정하는 순간에 이분법에 걸린다고. 내 말 알아들었어요? 언제나 어디서나 나는 일원법 일원심 내가 하는 것은 다 맞는다고 해. 남이 트집 잡아도 그건 네 생각이고…. 이렇게 하면 세포가 깨어나요, 안 깨나요? 이러면 세포가 깨어난다고.

인간의 60조 세포가 전부 다 이원념으로 가득 찼는데 남을 지적하면 100% 다 걸려. 그럼 영원히 이원념 입장에서 못 벗어나요. 우리 세포 깨우려면 60조 세포 이원념 정보 저장해서 완전히 지워 버리고 일원심을 심어주는 거예요. 이거 힘들어도 하세요. 지금 많은 방법 알려 주었어요. 힘들어도 너의 무시공생명을 이미 무극 이상으로 올려놨어. 제일 적은 게 5,000억 광년. 얼마 안 되면 1만 조 광년까지 올려놓는다고. 그러면 얼마나 수월해요? 내가 혼자 하면 100년 지나도 안 돼. 거기 올려놓으면 거기서 날 지켜줘. 잘못돼도 비공선지 외우면 돼. 그럼 더 당당해지죠? 그럼 얼마나 쉽게 올라갈 수 있어요?

열심히 해도 한 걸음도 못 나가. 뭐 보이면 이원념 보고 뭐 보면 잘못된 거만 보고. 자기를 바꾸려 해도 아 이거 또 잘못됐구나! 또 잘못된 순간 이분법만 또 보고. 이래도 보고 저래도 보고 잘못돼도 인정하지 말라고. 남이 자기를 진짜 잘못되었다 해도 인정하지 말라고.

잘못된 것 인정하는 순간 이분법에 걸린다고 내가 수없이 강의했어요. 거기서 왜 못 벗어나? 실제로 관점 하나 바꾸는 게 2초도 안 걸려. 그게 2천 년 걸려야 해요? 우리 진짜 관점 하나 바꾸는 데 2천 년 걸린다면 우리는 공부할 필요가 없어요. 이원념에서 일원심 바꾸는 거 부정에서 긍정 바꾸는 거 그거 행하면 안 돼요? 그것을 지키기 위해 비공선지까지 다 내놓았어요. 외우세요. 세포가 깨어나면 날 지켜줘요.

요새 3단계 작업하는 존재는 작지만 어마어마한 작업을 하고 있어요. 지금 또 지구하고 대화했어요. 우리 일체생명으로 보라 그랬잖아요. 지구하고 대화하니까 한 명이 나타났어요. 예쁜 아가씨에요. 자기가 생명인 줄도 몰랐데요. 계속 파묻히고 물질로 있는 걸 우리가 발견해서 꺼내니까 깨어났어요. 깨어나서 그랬어요. 아가씨와 물질지구를 분리해서 물질지구만 삭제해버렸어요. 그래서 이 아가씨를 무한대로 키워요. 저도 감동받았어요. 지구가 50억 년 잖아요. 그래 50억 년 동안 파묻혀 있다가 우리가 깨우니까 놀래요? 안 놀래요? 우리는 무극의 100억조 광년의 최고대표 곡뱅한테 소개했어요. 둘이 마음이 맞아서 끌어왔어요.

# 홍관변미관
(宏觀變徽觀)

# 행우변항우
(行宇變恒宇)

疫風怒火海濤滂
先知早預料
分爭逆道行
墓已己創造
時空消盡夢醒
新人新宇宙

제3장

# 우주혁명(宇宙革命)

偽親懸壁九重氷
豈有花痴俏
俏非為爭春
唯速恆察報
待到花春彌漫時
沒在甚中笑

花落法家討彭祖
念慾行宇宙
反客變為主
先干本知道
自在逍遙觀龍騰
誰人悟甚妙

梅心

# 우주 대변혁의 시간표

> 이 공부를 포기 안 하면 무조건 살 수 있다는 거예요. 제일 급할 때는 비공선지를 손에 쥐고 있어도 살 수 있어요. 나는 아무것도 몰라. 하지만 소문 듣고 어쩌다 비결이 내 손안에 들어왔어. 그럼 비결만 외우면 살 수 있어요. 세포가 깨어나니까. 무시공 공부가 끝나는 2030년이 되어도 비공선지를 모르는 존재들은 살고 싶어도 살 수가 없어요.

### 2020년 이후에 인간이 생존할 수 있는 조건

2단계는 봉황 위주로 기초 닦고 3단계도 동시에 시작한다. 그랬어요. 2015년에는 훈련받는다. 그리고 명칭을 무시공생명훈련센터로 했어요. 실전에는 못 들어갔어요. 전쟁터에 들어가기 전에 훈련하는 거랑 같잖아요. 반드시 훈련을 받아야 전쟁터에 나가서 총을 어떻게 쏴야 하는지 어떻게 자기를 보호하는지 등 기초적인 기술을 배워야 하잖아요. 우리 무시공생명도 그래요. 처음에는 무엇이 일원심이고 무엇이 무시공생명인지 모르잖아요.

1단계에서는 혼합돼 있었어요. 무엇이 무시공이고 무엇이 일원심이고 모르면서 그저 전파하는 수준이었다면 지금은 분리했어요. 알아듣는 존재만 여기 모여서 무엇이 일원심이고 무시공생명이 어떤 생명인가, 그것을 확실히 아는 분만 여기 모이기 시작했어요. 그 뜻을 모르는 존재는 여기 오고 싶어도 못 와요.

비행기가 활주로를 달리면서 가속도를 붙여서 나중에 공중으로 뜨잖아요. 2단계가 바로 그 작업을 하고 있어요. 그리고 작년에는 훈련센터라고 했어요.

2016년 올해부터는 실전으로 들어간다. 그렇다면 실전이 뭐예요? 바로 3단계 우주작업에 들어왔다는 거예요. 3단계 우주작업을 진행하면서 조금씩 밝히고 있어요. 무감각시공의 우주작업이 1m 들어갔다면 1mm 정도 밝혀요.

제가 그랬어요. 우리가 하는 일은 2030년이면 끝난다. 지금부터는 이 공부를 놓치지 않고 끝까지 가면 2030년 안에 새로운 세상에 들어갈 수 있어요. 그러나 조건이 있어요. 긍정 마음이 반드시 60% 이상 되어야 해요. 그러면 지구인 70억 인구 중에서 긍정 마음이 60% 된 존재가 얼마나 있겠나? 자기 자신을 보면서 계산해 보세요. 그럼 지구의 70억 인구가 얼마나 살아남겠나? 저는 알고 있지만 공개는 할 수가 없어요.

그럼 이 공부를 포기 안 하면 무조건 살 수 있다는 거예요. 제가 그랬어요. 제일 급할 때는 비공선지를 손에 쥐고 있어도 살 수 있어요. 나는 아무것도 몰라. 하지만 소문 듣고 어쩌다 비결이 내 손안에 들어왔어. 그럼 비결만 외우면 살 수 있어요. 세포가 깨어나니까.

저는 이것을 수없이 말씀드렸어요. 지금 무시공 공부가 끝나는 2030년이 되어도 비공선지를 모르는 존재들은 살고 싶어도 살 수가 없어요. 이미 도태되고 없어져요. 이것은 전쟁 방식으로 없애는 게 아니에요. 우리는 전쟁이 없어요. 두 갈래 길 이미 다 밝혀 놨어요. 선택권은 자기에게 있어요.

우리는 구세주가 없어요. 지금까지 구세주 기다리는 건 허상이에요. 지금은 내가 나를 구원해야 돼. 재림 예수나 구세주를 천 년 만 년 기다려도 절대로 오지 않아요. 구세주가 언제 오나, 하늘만 쳐다볼래요? 우리 무시공은 시간도 결정해 놨어요. 2030년까지. 그때에도 지구인 70억 인구 중에서 아무도 이 공부를 안 받아들여도 난 기다릴 수 없어요. 이제까지 3천 년 기다렸어요. 이제 30년도 너무 길어요.

2000년도부터 2030년. 2015년까지는 준비하고, 연습하고, 실험하는 1단계 작업을 했어요. 2015년 이후에는 실전으로 들어가요. 3단계는 무슨 작업을 해요? 우주작업. 저는 원래 2030년 이후에 3단계 들어가는 존재가 우주작업을 한다고 그랬어요. 그런데 그 시간이 앞당겨졌어요. 저도 놀랐어요. 지금 개별적으로 3단계 들어갔는데도 온 우주에서 진동이 일어나고 있어요.

우리에게는 UFO나 우주선도 탈 필요가 없어요. 2030년 이후에는 새로운 생명이 탄생해서 온 우주를 여행할 수 있어요. 온 우주에서 일체 우주작업을 할 수 있어요. 이거 진짜 신화 얘기로 여기세요. 공상과학소설 있잖아요. 3단계 들어간 존재가 놀라요. 공상과학소설에 쓰여 있는 것도 우리 하는 일을 모르고 있다는 거. 우리가 환상소설 써야 한다는 거. 그저 흉내만 내도 인간들이 다들 놀랄 거라고. 그래서 지금 우리는 상상도 못 할 엄청난 일을 하고 있어요.

### 대전은 지구 중심지이자 우주 중심지

대전이 지구 중심지, 우주 중심지라고 내가 대전에 오자마자 항상 그걸 강조했어요. 지금은 눈이 안 열려서 그렇지 눈이 열리면 다 보여요. 대전이 지구에서 제일 밝고 전 우주에서 제일 밝아요. 대전은 블랙홀의 중심이에요.

지금 우리 몸도 엄청나게 바뀌고 있어요. 저는 우리 분자몸을 빨리 바뀌게 하기 위해 우주선을 빌리려고 열심히 노력했는데 그것도 좀 힘들어요. '당신들(우주인)이 도와주면 좋고 당신들이 안 도와줘도 우리는 꼭 분자몸을 바꿔서 당신들을 초월할 수 있다.'

우리는 1~2개월 만에 분자 세상에서 무극까지 최고 존재 다 만나서 우리 무시공이 하는 일을 도와주고 협력하라고 일원심을 대충 밝혔어요. 다들 말은 잘 들어요. 그렇지만 그 존재들도 일원심 바꾸려면 힘들어요. 자기 관점에 너무 막혀 있어서. 그런 존재에게 의지하면 또 천 년 만 년 기다려야 해요. 그래서 우리는 방법을 바꿨어요.

여기 대전에서 무시공 공부하는 분들은 분자세상에서 무극까지 통로를 만들어 놓았어요. 당초 계획은 이 공부를 하는 분들을 무극하고 무극 이하 단계까지 올려놓고 그 이하는 다 삭제하려고 했는데 보니까 우리 공부하는 분 중에서도 어떤 분은 일원심의 마음이 안 되었는데 갑자기 높은 차원에 올려놓으면 못 견뎌요. 그래서 우리가 차원을 좀 낮췄어요.

5천억 광년 이상에 모두 올려놓았어요. 5천억 광년 이하는 우리 인정 안 해요. 그럼 5천억 광년 이하에도 수많은 생명이 존재해요. 지구는 이 우주에서 제일 밑바닥이에요. 그래서 우리 이 공부를 하러 이 자리에 오는 것만 해도 대단해요. 그래서 5천억 광년에 올려놓았어요. 공부 포기하면 내리고 또 오면 또 올려놔요. 천 번 만 번 갔다 와도 천 번 만 번 올려놓을게요. 그러니까 이 무시공 공부를 포기하지는 마세요. 포기하면 삭제돼요. 그때는 후회해도 늦어요. 그래서 정신 차려야 해요.

　지금 말씀드리는 것은 3단계를 말하고 있어요. 3단계에서는 고급 존재들만 만났어요. 저는 지구에서 시작했지만, 지구인을 위해서 하는 게 아니라고 분명히 말했어요. 지금 외계인이 있는데 과학자들은 UFO와 외계인이 진짜 있는가, 가짜인가, 외계인을 이상하게 만들어 놓고 있어요. 실제로는 아니에요. 그들은 사람 모습보다 더 아름답게 보여요.

　○○대학 총장이 자기 아이를 훈련해서 외계인하고 연락하면서 그들의 사무실을 보니까 첨단 장비로 하는데 거기 외계인은 전부 다 머리에 안테나를 달고 있더래요. 자기가 이상해서 중국에 초능력으로 유명한 존재 ○○○이라는 존재, 세계 과학자들이 다 탐구하고 있어요. 부정하고 싶어도 부정할 수가 없어요. 그래서 그분에게 왜 두 개 있나 물어봤더니 밖으로 연락할 때는 나오고 들어갔다 나왔다 하더래. 그게 사람이에요? 전부 로봇이라고. 우리도 3단계 존재에게 보라고 했어요. 사람인가 아닌가 투시해 보라고. 몸 안에 무슨 장비가 있는가, 몸 안에 무슨 구조가 있는가, 바라보니 몸 안에는 아무것도 없어요.

# 외계인과 대화하는 방법

"네 안에도 내가 있고 내 안에도 네가 있다. 그렇지만 네 안에는 내가 있지만 내 안에는 네가 없다." 우리는 무시공 존재니까 일체 생명 안에 다 뚫고 들어갈 수 있고 대화할 수 있어요. 그렇지만 누구도 내 안에 못 들어와. 그래서 수많은 실험을 했어요. 일부러 UFO 안에 상대방이 못 보게 하고 들어가 보라. 들어갔어. 우리는 환하게 봐. 그러다 순간에 나타나 보여주면 깜짝 놀라. 우리는 온갖 실험을 하고 온갖 장난 다 해 봤어요.

### 일원심은 일체 물질과 대화한다

1,500억 광년에 있는 존재하고 대화를 해 봤어요. "당신이 지구에 와서 지구인을 태운 그런 사실이 있는 UFO라면 여기로 오라." 그랬더니 왔어요. 우리가 타려고 하니까 지금 자기가 쓰는 UFO로는 우리를 못 태운다는 거예요. 우리 몸이 너무 무겁대. 그러면 원래 사람을 태운 UFO를 가져오라 하니까 그건 수리를 해야 한대. 그들은 과학이 빠른 속도로 발전하니까 원래 사람을 태운 UFO는 그만큼 도태당했다는 거예요.

그런데 우리 지구인한테는 그런 게 필요하잖아요. 비행기도 초창기 발명한 비행기가 지금 비행기하고 같아요? 처음에 만든 오래된 비행기를 타려면 힘들어요, 안 힘들어요? 어떤 건 이미 없어졌을 수도 있고. 지금 그런 상태라고.

그래서 지구인 과학이 외계인하고 비교하면 하늘과 땅 차이라고.

금성과 지구를 비교해도 금성이 지구인보다 몇천 년이나 앞서 있어요. 그런데 인간은 외계인하고 연락하려고 해도 연락이 안 돼요. 하지만 우리 무시공은 돼요. 우리는 마음으로 통하니까. 일체 공간의 존재와 다 대화할 수 있어요.

중국의 어떤 분은 외계인하고 대화는 하지만 무슨 뜻인지를 몰라요. 흉내만 내. 그렇게 해서 뭐해요? 알아듣지도 못하고. 대화는 할 필요도 없어요. 우리는 아니에요. 우리는 분자세상에서 무극까지 일체 공간에 다 뚫고 들어갈 수 있어요. 일체의 모든 존재하고 대화할 수 있어요. 우리는 말 다 알아들어요. 무엇 때문인가? 우리는 일원심이니까. 일원심은 일체 물질 안에 뚫고 들어가고 일체 물질과 대화할 수 있어요. 이렇게 간단한 원리예요. 그런데 그들은 우리를 뚫고 들어올 수 없어요. 왜냐하면 그들의 파장 빛은 우리 무시공의 직선빛을 뚫고 들어올 수가 없어요.

제가 이런 말씀드린 적 있죠. "네 안에도 내가 있고 내 안에도 네가 있다. 그렇지만 네 안에는 내가 있지만 내 안에는 네가 없다." 이제 그 말을 이해해요? 우리는 무시공 존재니까 일체 생명 안에 다 뚫고 들어갈 수 있고 대화할 수 있어요. 그렇지만 누구도 내 안에 못 들어와. 그래서 수많은 실험을 했어요. 일부러 UFO 안에 상대방이 못 보게 하고 들어가 보라. 들어갔어. 우리는 환하게 봐. 그러다 순간에 나타나 보여주면 깜짝 놀라. 우리는 온갖 실험을 하고 온갖 장난 다 해 봤어요. 이 세상 놀러 왔고 장난치러 왔다 생각하면 돼요.

이 자리에서 다른 종교와 비교하면 수련인지 종교인지 뭐 이상해. 여기 모여서 술 마시고 미친 듯이 놀고. 그러니 사람들이 이해 못 한다고. 왜? 인간은 자신의 고정관념에 싸여 그 틀에서, 그 윤곽에서 우리를 보니까 이상한 존재로 봐요. 우리는 이 세상 존재와 아무 상관도 없는 존재예요. 인간 관점으로 윤곽에 갇히고 반듯하게 사는 존재가 여기에 와서 보면 완전 엉터리 모임이라고. 무슨 사이비 종교도 아니고 이상한 모임이라고 생각해요. 그게 정상이에요.

쭉정이는 이래도 도망가고 저래도 도망가. 우리는 인간 눈에 안 보이는 수많은 거름망을 쳐놨어. 누가 어디서 걸릴지 몰라. 진짜 거기에 안 걸려야 무시공 자리에 올 수 있어요.

## 대한민국의 대전이 이 우주에서 가장 밝다

우리가 세밀한 공간에 무시공의 통로를 만들어 놓았더니 그들이 불안해해요. 그들 말 안 듣고 우리 맘대로 움직여요. 원래는 협력을 구하려고 상의하면서 그들에게 조용하게 접근하니까 우리를 본체만 체하고 깔보고 그랬어요. 그런데 이제 우리를 보니 정신 안 차리면 안 되겠거든. 도리어 자기들이 없어지는데. 우리 여기 무시공은 최후의 사느냐 죽느냐 하는 선택의 자리예요.

우리는 지구 중심지, 우주 중심지인 대전에서 시작해요. 최근에 중국의 초능력 있는 분과 우리 3단계 존재가 대화해 봤어요. 처음에는 교만해. 전 세계 과학자들이 자기를 탐구하고 그러니 자기가 대단하다고 생각해. 그래서 조금 빛을 줄이라고 그랬어요. 빛을 줄이고 나서 우리는 우주도 움직이고 우주도 바꿀 수 있다고 했더니 '무한대로 큰 우주를 어떻게 바꾸나?' 하면서 교만해요.

그에게 지구를 보라 하니 지구가 아주 크고 지구가 엄청나게 밝대요. 어디가 제일 밝으냐고 물으니 한국이 제일 밝대. 한국 어디가 제일 밝으냐고 물으니, 하여튼 한국의 중간이 제일 밝은데 무슨 이름인지 모르겠대. 그러면 당신이 물어봐서 답을 알려주라고 하니 대전이래. 한국에 온 적도 없는 중국 사람이에요. 보라고 하니 빛이 너무 밝다는 거예요. 그래서 우리는 수많은 방법으로 실험하고, 탐구하고, 증명하고 있어요. 얼마 안 있으면 과학자들도 놀랜다고. 이제 보여줄 거예요. 3단계에 들어온 존재가 나 대신 보여줘. 저는 15년 동안 큰소리쳐도 증명이 안 됐어요. 이제 때가 됐어요.

그리고 지구인도 빨리 정신 차려야 돼요. 종교도 빨리빨리 포기하세요. 제가 그랬어요. 2020년 이후에는 종교가 저절로 없어진다. 제 말대로 이루어지나 안 이루어지나 보세요. 그리고 제일 먼저 한국에서 종교가 빨리빨리 일원심 공부를 받아들여야 해요. 한국에서 제일 먼저 이루어져요.

# 이원물질의 지구와 우주는 사라진다

> 일원심의 근본 특징이 뭐예요? 나만 보는 거예요. 내 일원심만 지켜. 일체 내가 있는 자리에서 내 주변에 전부 다 좋은 것만 봐. 일체 절대 긍정으로 봐요. 그러면 전쟁이 안 일어나잖아요. 상대를 보면 전부 다 좋은 것만 보고 또 절대 긍정 마음 지켜요. 사람마다 다 그런 마음으로 있으면 원수가 없잖아요. 적이 없잖아요. 그러면 전쟁이 일어나요, 안 일어나요? 다 저절로 없어지잖아요. 평화는 기대해서 오는 것이 아니고 사고방식을 철저히 바꾸면 이루어져요. 이원념에서 일원심으로 바꿔요. 상대 긍정에서 절대 긍정으로 바꿔요.

### 지상 천국, 지상 극락

저는 이 세상에 태어나서 행복이 무엇인지 몰랐어요. 세포에 저장되어 있는 게 무엇인가? 슬픔밖에 없었어요. 사랑이 무엇인지도 몰랐어요. 그래서 저는 오늘까지 사랑이라는 단어 안 써요. 사랑받아 본 적도 없고 사랑 개념도 몰라요. 고통밖에 없었어요.

이런 현상은 제가 어떤 존재라는 것을 알기 위해서 일어났다고 생각해요. 처음에 저는 부모를 원망했어요. 왜 하필 제일 낙오한 중국에 태어나게 했나? 부모가 미국이나 유럽에 있었으면 좀 더 좋은 세상에서 태어나 고통을 덜 받을 수 있었을 텐데…. 나중에 알고 보니까 내가 선택해서 왔어요. 부모 원망을 할 게 아니라 부모에게 감사해야 돼요. 내가 선택하고 이것을 밝히기 위해서 수많은 고통을 겪게 했다는 것. 이런 많은 고통이 무시공을 기억나게 하는 역할을 했다고 생각해요. 일체 긍정. 완전히 자기의 사고방식을 일체 좋은 현상으로 바꿨어요. 그래서 오늘날에 와서 비공선지를 밝힐 수 있었어요. 지구에서 어느 철학, 어느 이론, 어느 과학에도 없는 진리예요. 지구뿐만 아니라 이 시공의 우주, 어느 층차에서도 이 진리를 모르고 있어요. 그런데 우리가 최초로 지구, 대한민국에서 그것을 처음으로 밝히고 있잖아요. 그리고 또한 온 우주에서 마지막 진리예요.

2016년부터는 3단계 우주작업에 들어갔어요. 3단계는 무엇인가? 지금부터 5~6년 안에 이 지구에 엄청난 변화가 일어나요. 그다음 15년 안에는 지상 천국이 와요. 그럼 지상 천국은 무엇인가? 무엇 때문에 천국이라고 말할 수 있나? 우리 한번 알아봐요.

이 인간 세상에서 조상부터 오늘까지 평화를 기대했어요. 그런데 평화 이루어졌어요? 무엇 때문에 평화가 못 이루어져요? 음양, 선악 가르는 마음 때문에. 두 가지 개념 때문에. 좋다 나쁘다 가르고, 옳다 그르다 따지고, 나한테 좋게 하면 친구고, 나한테 나쁘게 대하면 원수잖아요. 이런 이원념 관점 때문에 영원한 평화가 올 수 없어요. 전쟁이 무엇 때문에 일어나요? 상대를 미워하니까 전쟁을 일으키잖아요. 그러면 아무리 평화를 기대하고 하느님에게 기도하면서 평화 이뤄달라고 해도 지금 이루어졌어요? 이원념 관점으로는 영원히 안 이루어져요. 그것은 상상뿐이라고요. 우리는 반드시 이루어져요. 그래서 2030년 그때는 꼭 지상 천국이 와요. 지상 극락이 와요. 무엇 때문인가? 우리 일원심 때문이에요.

### 동방의 한국에서 새로운 인간이 탄생

일원심의 근본 특징이 뭐예요? 나만 보는 거예요. 내 일원심만 지켜. 일체 내가 있는 자리에서 내 주변에 전부 다 좋은 것만 봐. 일체 절대 긍정으로 봐요. 그러면 전쟁이 안 일어나잖아요. 상대를 보면 전부 다 좋은 것만 보고 또 절대 긍정 마음 지켜요. 사람마다 다 그런 마음으로 있으면 원수가 없잖아요. 적이 없잖아요. 그러면 전쟁이 일어나요, 안 일어나요? 다 저절로 없어지잖아요. 평화는 기대해서 오는 것이 아니고 사고방식을 철저히 바꾸면 이루어져요. 이원념에서 일원심으로 바꿔요. 상대 긍정에서 절대 긍정으로 바꿔요.

이 일을 어디서 시작하는가? 지금 대전 바로 이곳에서 새로운 생명이 탄생했어요. 제가 2000년도 한국에 와서 일단 이 공부를 한국 사람이 받아들이면 동방의 한국에서 새로운 인간이 탄생한다. 그러면 지금 탄생했어요, 안 했어요? 지금 일원심 지키는 존재는 인간의 사고방식하고 완전히 분리되어 있어요.

절대 긍정 마음을 지키고 있으면 절대로 상대방 잘못을 안 봐요. 시공에서는 아직 상대방 잘못을 보잖아요. 자신과 남을 두 가지 입장으로 갈라놓고 트집을 잡잖아요. 이 순간 이분법에 걸렸다고요. 여기서는 절대적으로 자기만 보라는 거예요. 자기 일원심을 지켜요. 밖을 보려면 절대로 나쁜 것을 보지 말라고요. 나쁜 것 보이는 거 인정하는 순간에 이분법에 걸렸다고. 그러면 한 발자국도 시공에서 못 벗어났어요.

그래서 시작부터 끝까지 나만 보라는 거예요. 이거 간단한 것 같지만 힘들어요. 왜? 우리 두 눈을 뜨고 계속 남을 보며 살아온 습관 때문에 잘못된 것만 보여요. 그래서 자꾸 대립하고 적을 만드는 사고방식으로 살아요. 여기 모이는 분들이 전부 다 일원심으로 자기만 보고, 상대의 좋은 것만 보면 좋은 세상이 열려요, 안 열려요? 그러면 머무는 이 자리가 전부 다 절대 긍정 방향으로 바뀌어요. 100% 바뀐다고요. 그래서 영원한 평화가 여기서 시작해요.

## 십승지는 일원심 내 마음속에 있다

한국 오니까 안전지대 십승지 찾는데요. 십승지가 어디 있어요? 우리 마음속에 있어요. 내가 일원심을 지키면 그것이 바로 십승지예요. 일원심으로 머무는 자리가 십승지예요. 그러면 대전은 십승지의 중심, 십승지의 핵심. 모든 것이 여기 대전에서 시작해요.

우리 70억 인구가 그런 긍정 마음이 어느 정도로 되어 있어요? 긍정 마음 60% 이상 된 존재가 70억 인구에서 얼마나 될 것 같아요? 5~6년 이후, 심지어 2030년 될 때 우리의 긍정 마음이 60% 이상 되어야 그 세상에 들어갈 수 있어요. 살 기회가 있어요. 그것도 겨우 합격해요. 들어갈락말락 그 상태예요.

긍정 마음이 제일 적어도 80% 이상이어야 안전 통과. 그러면 우리 한번 생각해 보세요. 60% 이상 긍정 마음이 안 되면 살기 힘들다는 거예요. 일반적으로 70억 인구를 비교해 보세요. 진짜 새로운 생명이 탄생하고 원래 생명은 자연적으로 도태당한다고요.

그러면 여기 대전에 모이는 일원심 지키는 존재는 100% 안전 통과. 제가 장담해요. 그런데 이 공부를 안 놓쳐야 돼요. 올해부터는 이곳에 몇 번 나오다가 못 견디고 도망가면 더는 보장 못 해요.

그래서 우리는 전쟁을 없앨 수도 있고, 또 병도 없앨 수 있어요. 무엇 때문인가? 원래는 이원물질로 쌓여 있는 분자몸 때문에 생로병사를 벗어 날 수가 없어요. 그렇지만 우리가 일원심으로 바꾸면 이 몸이 변해요. 우리는 병 치료하는 개념이 없어요. 병이 자연적으로 없어져요. 병이 없어지면 우리 몸이 세밀한 공간으로 들어가요. 분자몸이 제일 적어도 원자몸으로 바뀌어요. 그러면 우리 수명이 길어져요, 짧아져요? 병이라는 개념조차 없어지잖아요.

그러면 이 일은 언제부터 시작인가? 언제 이런 일이 이루어지나? 15년 안에. 2030년 안에. 제가 3단계 들어온 존재는 2030년 이후에 우주작업을 하고 우주여행을 할 수 있다고 했어요. 그런데 벌써 실행하고 있어요. 우리 여기서 진짜 일원심 잘 지키면서 열심히 몸을 변화시키면 3단계 들어올 수 있어요.


### 무시공생명수가 일체 생명을 살린다

3단계는 어떤 우주작업을 하고 있나? 우리는 우주를 창조한다고 그랬잖아요. 우주를 바꿀 수 있는 그런 능력을 갖추고 있어요. 제가 여기서 다시 한 가지 공개할 수 있는 것은 3단계 존재는 물을 빛으로 만들 수 있어요.

물을 빛으로 변화시킬 수 있어요. 반드시 3단계 존재만 할 수 있어요. 빛도 인간이 말하는 빛이 아니고 무시공 직선빛이에요. 물을 계속 빛으로 변화시키면 수정으로도 변할 수 있어요. 또 계속 변하면 생명수. 무시공생명수예요.

그러면 이 공부를 하시는 분이 무시공생명수를 마시면 몸이 빨리 변해요, 천천히 변해요? 빨리 변해요. 만일 믿는다면 마셔 보세요. 3단계 존재가 만드는 무시공생명수는 어떤 우주에서도 없어요. 지구에서도 없을 뿐만 아니라 우주의 최고 존재도 이 방법을 몰라요. 제가 감히 큰소리쳐요. 그 물을 우리가 창조해요. 물을 직선 빛으로 만들 수 있고, 그것도 계속하면 생명수로 변해 버려요. 그것을 우리가 마시면 몸 변하는 속도 빨라요, 더뎌요? 더 빠르다고.

이건 한 가지 방법이고, 두 번째는 불교나 수련 단체 등을 보면 천도재를 지내서 어떤 사람의 영을 높은 차원으로 올린대. 천도재를 해 주면서 몇백만 원 몇천만 원 받는 일도 있잖아요. 우리는 그렇게 안 해요. 우리는 무료로, 비밀로 우리의 생명을 제일 적어도 5천억 광년 이상에 올려놨어요. 누구를 올려놨는지 아무도 몰라요. 하지만 우리는 알고 있어요.

그러면 이 공부를 하는 게 힘들어요, 쉬워요? 쉽다고요. 높은 차원에서 끌어당겨요. 여기서 조금만 노력하면 자동으로 올라가요. 그래도 우리는 돈 한 푼도 안 받아요. 만일 천도식으로 한다면 우리가 지구 돈 다 끌어올 것 같아요. 그렇지만 우리는 무료예요. 여기 대전에 와서 무시공 공부를 하면 제일 적어도 5천억 광년에 올려놔요. 내일 안 하면 또 삭제해 버려. 없어지잖아요.

진짜 여기서 일원심 지키면서 끝까지 이 공부 안 놓치고 하실 분은 제일 적어도 무극에 올려놔요. 그래서 우리 공부가 쉽게 이루어진다고요. 자기 생명을 미리 높은 차원에 올려놓고 우리 여기에서 조금만 노력하면 끌려 올라가요.

우리는 무시공생명수를 창조했어요. 우리 물도 유료로 팔지만 너무 비싸게 안 판다고. 진짜 이 뜻을 알면 이것은 보석보다 더 비싼 거라고. 정말 다이아몬드 가지고 와서 바꾸자고 해도 안 바꿔요. 이것은 일체 생명을 살리는 물이에요. 진짜 이것은 무시공생명수. 그래서 어떤 분은 이거 마시면 갑자기 배가 아프기도 하고 몸에 두드러기가 생기는 반응도 보이고 어떤 분은 마시면 몸이 빛으로 변하고 그래요.

# 가속도로 우주가 바뀌고 있다

지금 태양계, 온 우주 전체가 가속도로 바뀌고 있어요. 우리 인간도 빠른 속도로 바뀌고 있어요. 이 공부 안 받아들이면 나중에 반드시 후회해요. 땅을 두드려가며 통곡해도 늦어요. 전 지구인이 돈을 짊어지고 한국에 공부하러 오는 시간이 얼마 안 남았어요. 저는 2000년도부터 이 일을 외치고 15년 동안 계속 외쳤어요. 대한민국이 중심지가 되고 대전이 안전지대가 된다.

### 수련의 시대는 끝났다

그래서 이제부터 시작이라는 거예요. 우리 동방에서, 정말 대한민국에서 새로운 우주를 창조하고 있어요. 지금 온 우주가 대한민국 대전을 중시하고 있어요. 3단계 존재는 다 보여요. 지금 대전 센터에서 엄청난 존재들이 이 공부하고 있어요. 각 차원의 최고 존재들도 안 바뀌면 없어져 버려요. 그래서 우리가 정신 차리고 여기가 핵심이라는 것을 꼭 기억해야 돼요.

제가 대전이 우주 중심지, 지구 중심지라고 그랬죠? 그러면 열 명, 내가 올해 연말에 열 명 봉황을 3단계에 올려놔. 그러면 이 열 명이 블랙홀의 핵심이라고. 블랙홀의 중심, 핵심. 개별적으로 한두 명도 엄청난 우주작업을 하고 있는데 열 명만 모여 보세요.

지금 태양계, 온 우주 전체가 가속도로 바뀌고 있어요. 우리 인간도 빠른 속도로 바뀌고 있어요. 이 공부 안 받아들이면 나중에 후회해. 땅을 두드려가며 통곡해도 늦었다고. 제가 2000년도 한국 와서 그런 말씀 드렸어요. 나중에 얼마 안 돼서 전 지구인이 돈을 짊어지고 한국에 공부하러 온다고요. 저는 2000년도부터 이 일을 외치고 15년 동안 계속 외쳤어요. 농담 삼아서 말하면 나중에 대전이 중심지가 되고 여기가 안전지대니까 나중에 땅값도 올라갈 것 같아. 나중에 좋은 자리 다 남한테 뺏긴다고.

　이 공부는 천 년 만 년 수련하는 것이 아니고 너무 간단하잖아요. 그저 마음 하나 바꾸면 돼요. 내 이원념에서 일원심으로 바꿔. 부정 마음에서 절대 긍정 마음으로 바꿔. 우리는 수련이 아니고 개인 공부가 아니에요. 우리는 우주작업을 하고 우주 공부예요. 사람들 생각에는 상상도 안 되는 일이에요.

　제가 수없이 해석했어요. 일체를 생명으로 보라 그랬잖아요. 분자 세상에서 무극까지 이 우주, 만물 만상 전부 다 생명으로 보세요. 별 하나라도. 그런데 시공의 생명은 두 가지 마음이 있잖아요. 긍정 마음과 부정 마음. 맞죠? 긍정 마음은 상대적인 긍정 마음. 왜? 부정 마음 때문에. 그러면 우리가 일원심이야. 일원심은 절대 긍정 마음. 절대 긍정 마음은 일체 어떤 긍정 마음하고도 통하잖아요. 그러니까 내가 움직이면 온 우주가 움직인다고. 내 마음 하나 바꾸고, 생각하는 순간에 온 우주가 같이 움직여요. 이것은 3단계 존재가 이미 증명하고 있어요. 내가 거짓말 안 했다는 걸, 사실대로 이루어진다는 걸 밝혀요.

　비공선지 뜻을 3단계 존재가 더 깊숙이 알게 됐어요. 그런데 2단계 존재는 아직 이것을 공식과 이론으로 보고 있어요. 진짜 3단계 들어

와서 실천으로 옮겨 보면 하나도 거짓말이 없어요. 진짜 내가 움직이면 우주가 움직인다는 것. 그래서 이것은 개인 공부 아니에요. 내 마음 하나 바꾸는 순간에 온 우주가 같이 움직이고 있다는 것. 우리는 엄청난 존재예요. 그래서 빨리빨리 정신 차리고 일원심을 단단히 지키세요.

**때가 되면 갑자기 변화가 이루어지면**

안 그러면 나중에 후회한다고요. 그 시간도 얼마 안 남았어요. 제가 항상 그래요. 어느 종교, 어느 수련 단체가 감히 시간을 정해 놓는가? 나는 당당하게 2000년도 한국에 와서 그랬어요. 내가 하는 일은 2030년에 끝난다고.

저는 오늘까지 이 관점을 안 바꿔요. 저는 시간대까지 정해 놨어요. 그래서 우주 사기꾼이라 그러잖아. 이왕 사기 칠 바에는 시간 개념까지 다 정해놔 버려. 내 말대로 이루어지나, 안 이루어지나? 15년 동안 끊임없이 입술이 닳도록 무시공을 밝혀도 이제 겨우 100명이 모여요. 그러면 5~6년 안에 70억 인구가 다 받아들일 거 같아요? 우리는 어떤 방법을 써서라도 받아들이게 하려고 모든 방법을 동원하지만 인간들이 안 받아들여요. 그 인간의 고정관점을 깨부수기 너무 힘들다는 거예요.

그러면 여기 모인 분은 다 알아들었어요? 다 믿어요? 여기 모이신 분도 80%는 좀 믿어. 아직 20%는 긴가민가해요. 저 사람 헛소리하고 있지 않나? 마음이 흔들리고 다른 데 좋은 소식 있으면 도망가기 바빠요. 그런 마음으로는 절대로 안 돼요.

그래서 저는 숫자 개념이 없어요. 한번 생각해 보세요. 우리가 어떤 방법으로 전파하고 해도 5~6년 안에 70억 인구가 다 깨어나나, 못 깨어나나? 그러면 못 깨어나면 어떻게 해요? 나도 방법 없어. 자기가 안 깨어나는데 어떻게 해? 우리가 안 깨워줬으면 우리 책임이지만 깨워줬는데도 못 깨어나면 자기 책임이잖아요. 아직 물질에 빠져서 나는 돈 없으면 못 산다. 내가 일체근단 하라 그랬어요. 때가 되어 갑자기 변화가 이루어지면 그때 후회해도 늦는다고요.

우리 대전이 우주 중심지예요. 모든 것을 먼저 대전에서 시작하세요. 전단지를 뿌려도 먼저 대전 안에서 뿌려. 사람도 대전에서 모이고. 대전에서 핵심이 되면 자연적으로 사방팔방 퍼져 나가. 그래서 일체 대전에서 시작하세요. 전단지를 뿌리든 사람이 모이든 여기서 깨어나면 자연적으로 소문이 난다고. 힘들게 다른 데 가서 하지 마시고 대전을 중심으로 먼저 하세요. 안 그러면 여기서 핵심이 안 이루어져요.

무엇 때문에 반드시 모든 것을 대전을 핵심으로 시작해야 하는가? 그것은 절대 집중력, 절대 일원심. 모든 것이 힘들어도 여기서 하세요. 여기 대전에서도 2백만 인구가 있잖아요. 2백만 인구가 잠자고 있어요. 생명을 깨운다고 생각하세요. 우리는 수많은 생명을 깨우는 역할을 하는 존재예요. 이건 내 개인 공부가 아니에요. 나는 내 공부라고 생각한 적이 없어. 나를 통해서 수많은 생명을 빨리 깨운다는 거예요.

**이원물질의 지구 이원물질의 인간은 사라진다**

물질 세상이 곧 끝난다고 해도 아직도 물질에 빠져 있어요. 예를 들어 일본에서 쓰나미가 나서 많은 사람이 죽었을 때, 매일 돈에 빠져 사는 사람 있었어요, 없었어요? 밤낮 돈 벌려고 온갖 노력을 다했지만, 순간에 쓰나미가 밀려온다는 생각은 못 했잖아요. 우리는 다 알려주고 있잖아요. 한국의 대전이 우주 중심지, 여기가 제일 안전지대, 우리 생명이 깨어나는 곳이라고. 해일이고, 지진이고 우리하고 아무 상관없어. 믿으려면 진짜 그리 뭉쳐서 하세요.

지금 너무 긴급하거든요. 그게 우리 눈에 나타날 때는 이미 늦었어요. 사람들은 계속 오관으로 봐야 돼. 3단계로 끌어올리려고 해도 내내 자기 고정관념으로 막아 놨어요. 병아리가 껍질을 깨고 나와야 할 때 아직도 안에 숨어서 나와야 하나, 안 나와야 하나? 거기 오래 있다 보면 그 안에 갇혀 죽잖아요. 그러니까 지금은 무슨 방법을 써서라도 주변 사람을 깨우세요.

지금 3단계 존재가 엄청난 우주작업을 하고 있어요. 정말 안 깨어나면 늦어요. 나중에 변화해서 세상 전체가 바뀌어요. 한두 군데서 지진이 일어나는 그런 게 아니에요. 이원념 물질 전체가 바뀐다고요.

지구도 이원물질로 되어 있잖아요. 인간의 몸도 이원물질로 되어 있어. 우리는 이원물질을 삭제하고 있어요. 없애고 있어요. 일원심을 팽창하고 확대하고 있어요. 그러면 이원념을 가지고 있는 존재가 살 수 있어요, 없어요? 안 바뀌면 없어진다고. 무엇 때문에? 우리가 물질을 바꾸니까 스스로 몸을 안 바꾸면 아파서 못 견뎌. 나중에 온갖 병이 다 온다고. 그 병은 약으로 치료할 수도 없어요. 한 사람, 두 사람이 아니고 전체가 바뀌어야 한다고.

전체 인간 70억 인구가 전부 다 이원념을 가지고 있잖아요. 어느 누가 일원심을 가지고 있어요? 다 충격받게 된다고요. 지금 하느님 믿고, 부처님 믿고 그런 거 다 버리고 빨리빨리 여기에 뛰어들어서 해야 해요.

내 주변 사람을 빨리 깨우세요. 주변 사람들을 깨우려면 내가 먼저 알아야 돼요. 스스로 멍하고 모르면서 어떻게 주변 사람 깨워요? 그래서 우리 여기서 시작하자고요. 그런 말 있잖아요. 시작은 연약하지만 나중에는 창대하리라. 시작은 연약하지만 온 우주를 바꾼다고. 그날이 꼭 온다고. 그것도 15년 남았어요. 그래서 진짜 여기 모이시는 한 분 한 분 보석이에요. 우주의 보석이에요.


**무시공은 죽는다는 개념이 없다**

중국 옛날에 그런 속담이 있잖아요, 역공호용이라고. 역공이라는 존재가 용을 너무 좋아해서 집 안에 용 조각도 많고, 용 그림도 붙여 놓고 온 집 안을 용으로 도배해 놓았어요. 겨울 어느 날 진짜 역공의 집으로 용이 들어왔어요. 역공은 자기가 놀라 기절하면서 그 자리에서 죽었어요. 인간들이 내내 그렇게 살고 있잖아요.

언제 우리가 해탈하고 영원한 좋은 세상으로 갈 수 있나? 날마다 기도하고, 날마다 빌다가 진짜 그 시대가 오면 놀래 나자빠져. 그러면 영원히 후회할 수밖에 없어요.

그래서 여기는 서로 트집 잡는 장소가 아니고 일원심 지키는 장소예요. 일원심 훈련하는 장소. 절대로 여기서 누구 트집 잡지 마세요. 트집 잡는 순간 이원념에 걸렸어. 그러니까 나를 따라 배우세요. 나는 저 사람 아무리 나빠도 나쁘다고 말 안 해. 왜? 나는 좋은 것만 봐. 일원심은 내가 지키지 남이 지켜줘요? 인간은 예로부터 남만 지키잖아. 저 사람은 잘못됐어. 남 교육하려 하고 남 가르치려 그래. 우리는 자기만 가르쳐요. 사람마다 스스로 자기만 가르치면 세상이 바뀌어요, 안 바뀌어요? 남 볼 거면 좋은 것만 보지, 왜 자꾸 트집 잡고 내가 잘못된 것은 안 봐? 그러니까 전부 다 자기만 보세요.

자기를 봐도 자기 잘못된 거 보지 말고 자기 잘된 것만 봐요. 틀려도 맞고 맞아도 맞아. 내가 하는 일은 무조건 맞다. 무슨 뜻이에요? 내 세포를 이원념에서 일원심으로 바꾸는 작업을 한다고. 내가 잘못됐다고 반성하지 마세요. 반성하면 이원념에 걸렸어. 이거 무슨 뜻인지 알아들어요?

나를 인간 관점에서 보고 트집 잡으려면 수만 가지 잘못된 것만 보여. 그렇다면 상대도 나의 잘못된 것을 인정하는 거잖아요. 나는 인정 안 해. 그것은 네 관점이고. 네 이원념 때문에 나를 부정으로 보는 것이 당연하지만 나는 인정 안 해. 나는 틀려도 맞고 맞아도 맞아. 네 말 한 귀로 듣고 한 귀로 흘려. 네가 이원념이지 나는 너한테 안 끌려가. 우리 다 그리하자고. 이거 하다 보면 깨어난다고. 거기서 창조주 위력이 나와요. 15년 동안 모인 인원은 적지만 지금은 진짜 무엇이 일원심이고, 무엇이 무시공 존재인가. 깨어나고 있잖아요. 이것만 해도 나는 만족해요.

3단계 존재는 열 명만 모이라 그래. 그것은 우주의 보석이잖아요.

무시공의 보석이잖아요. 백 명, 천 명, 만 명만 나와도 어마어마한 일이 이루어졌어. 제일 적어도 백 명 아래도 돼. 이 세상에 왔으면 절대로 종교, 수련 거기 끌려가지 말고 반드시 원래 위치 다 버리고 여기 뛰어들어 오세요. 절대로 후회 없어요.

우리 세상이 바뀌는 것은 물질 세상, 분자 세상에서 제일 적어도 원자 세상으로 들어간다고 생각하면 돼요. 우리가 투명인간이 돼요. 우리 몸이 세밀한 공간의 몸으로 변했어요. 우리 무시공 우주 지도에서 보면 아래 삼각형 꼭대기 무극까지 가속도로 변한다고. 그런데 거기까지 또 더 빠른 속도로 변하기 위해서 지금 온갖 우주작업을 다 하고 있어요.

이 공부를 하시는 분은 복이 너무 많아요. 정말 천복을 받아야 이 자리에 올 수 있어요. 그런 준비 없으면 여기 오라 해도 와서도 도망가 버려. 왜? 적응이 안 되니까.

우리 강한 직선 빛으로 일체 영체를 다 삭제하고 녹여 버린다고. 지구인, 과학자들이 레이저 빛이 제일 강하다고 생각하잖아요. 레이저를 이용해서 현대 무기를 만들고 있잖아요. 레이저도 파장으로 되어 있는 빛이에요.

우리는 파장이 없는 빛. 일체 다 뚫고 들어갈 수 있고, 일체 다 녹일 수 있어요. 그래서 원래 자기가 아는 것을 다 버리세요. 그게 장애물이에요. 내가 뭐 볼 줄 아니? 네 인생을 보고 네 전생을 봐. 그런 것 봐서 뭐 할래요? 그런 것 볼 필요도 없어. 우리는 전생이고, 미래고 상관없이 종합해서 현실만 봐. 지나간 것들은 잘라 버려. 미래 생각도 안 해. 계획도 짤 필요도 없어. 자동으로 이루어지는데 뭐 하려고 미래를 걱정해요? 내가 지금 일원심만 지키면 일체 다 이루어지는데.

그래서 여기에도 열린 분도 있고, 여러 현상이 다 있잖아요. 나는 그런 것들 인정 안 해. 나는 뭘 인정해요? 일원심만 인정해요. 그 사람 일원심이 어느 정도로 되어 있나? 거기서 몸이 열린 것을 인정해. 원래 다른 데서 종교, 수련해서 열렸어. 온갖 것들 다 볼 줄 알아. 그것은 영이 작동한 거라고요. 그것은 일원심이 아니에요. 생명이 아니에요. 그것은 영체가 내 몸을 빌려 가지고 하는 거예요.

여기는 진짜 자기 생명이 깨어나면 영원히 살아. 죽는 개념이 없어져요. 눈이 열려서 온갖 능력이 있어도 때가 되면 다 죽어요. 이원념 때문에 죽을 수밖에 없다는 거예요. 이원념의 영이 작동하는 거라고. 그래서 꼭 정신 차리세요. 반드시 일원심을 기초에서 열리는 것이 진짜라고. 이것을 헷갈리지 말고 진짜 확실하게 무엇이 일원심인가 똑바로 보세요. 두루뭉술해서는 절대로 안 돼요.

### 이원물질이 쌓인 낡은 지구는 도태된다

우리 안에는 두 가지 생명이 있다고 했어요. 하나는 이원념으로 되어 있는 생명. 하나는 일원심으로 되어 있는 생명. 그것을 분리해. 무엇이 무시공생명인가? 일원심으로 되어 있는 생명이 진짜 생명이라고.

3단계 존재 보고 두 가지로 보이나, 안 보이나? 보인대요. 그러면 즉시 이원념의 영체를 삭제시켜요. 그러면 이 사람 변하는 속도 빨라요, 더뎌요? 빠르죠? 우리는 그 작업까지 다 할 수 있어요. 어느 종교, 어느 수련 단체가 그렇게 할 수 있어요? 여기 무시공밖에 없어요.

조금 더 해석할게요. 지구도 분리되고 있다. 태양도 분리되고 있다. 거기에 덧붙여서 우주도 분리되고 있다고 그랬어요. 3단계 존재는 보여요. 진짜 지구가 두 가지로 되어 있어요. 하나는 밝고 빛으로 되어 있는 지구. 하나는 원래 어둡고 이원념 물질로 싸여 있는 지구. 지금 분리되고 있어요. 내가 분리시키라 그랬어요. 분리해서 뭐 해요? 이원 지구를 삭제시켜. 그러면 뭐가 남아요? 원래 이원 지구에서 의지해서 사는 존재, 빨리 안 바뀌면 살 수 있어요, 없어요? 실제 이것은 비밀인데 조금 밝혀요. 그렇게 위기가 곧 다가왔는데, 우리는 모르니까. 반드시 이 두 생명에서 선택 안 하면 도태당한다고. 이거 사정없이 변해요.

우리 3단계 존재는 이미 그 작업에 들어가고 있어요. 우리 지구를 아름답게 만들고 있어. 아름다운 태양을 만들고 있어. 믿어요? 태양도 두 가지 태양이 있거든요. 이것은 히틀러가 예언했던 거잖아요. 나중에 2015년 이후에 새로운 태양이 탄생해서 지금보다 엄청 밝아서 온 우주를 밝힌다. 그런 예언 있어요, 없어요?

3단계 존재들이 보니까 태양이 두 가지 태양으로 있다는 거예요. 그러면 원래 태양을 삭제시켜. 지금 일원심과 직선빛으로 된 태양이 탄생하고 있어요. 그러면 그것이 우리 인간한테 영향을 주겠어요, 안 주겠어요? 그래서 우리는 새로운 지구, 새로운 세상에 들어가는 준비 작업을 하고 있어요. 이 무시공 공부를 하시는 분들은 지상 천국, 지상 극락에서 살 수 있어요.

다로변일도
(多路變一道)

의존변자성
(依存變自醒)

疾風怒火海涛滌
先知早預扑
分希迎道行
蕊巳己創造
时空消盡長夢醒
新人新宇宙

제4장

# 신앙혁명(信仰革命)

偶觀懸壁九重冰
豈有花癡俏
俏非為希春
唯速恆密報
待到花香彌漫時
沒在其中笑

梅心

花落佳家討彭祖
金慾行守帘
反客變為主
先干再知道
自在逍遙觀龍騰
誰人悟甚妙

## 무시공생명은 전지전능한 존재

무극까지 올라간다면 무극의 존재는 이 우주의 최고 존재예요. 진짜 전지전능이라고 해도 돼요. 진짜 창조주라고 단어 써도 맞아요. 여기서 인간과 다른 점은 무극의 최고 존재는 이 시공우주를 창조했어요. 창조주 맞아요, 안 맞아요? 모든 게 전지전능해요. 그렇지만 우리 무시공하고 다른 점이 있어요. 그들은 이 시공우주를 창조한 존재예요. 이렇게 말하면 무극의 최고 존재도 듣기 싫어해요. 듣기 싫어해도 들어야 해요. 무극 최고 존재의 잘못된 생각 때문에 이 시공우주를 창조해서 수많은 생명이 고통 속에서 벗어나지 못한다고요.

### 분자세상부터 무극까지 일체 공간 안에 생명이 있다

전부터 하던 1단계와 2단계 강의는 이제 끝났어요. 지금은 이미 3단계 정보를 조금씩 알리고 있어요. 3단계 내용은 인간 세상에서 들은 적이 없는 내용이에요. 그래서 신화 이야기처럼 들으세요. 거짓말처럼 들으세요. 환상소설이라고 들으세요. 그러면 좀 마음이 편해요. 낮은 차원의 1단계 강의할 때도 미쳤다느니 사기꾼이라느니 온갖 소리들이 많았어요. 그래서 조금씩 3단계 정보를 알리면 덜 황당할 거에요. 황당해도 들어 보시고, 믿음이 가지 않으면 빨리 정리하세요. 신화 얘기처럼 들어 보시고 엉터리라면 한 귀로 듣고 한 귀로 흘리세요.

지금은 많은 분이 갑자기 모여들기 시작해요. 무엇 때문인가? 3단계 작업하는 거 간단히 해석할게요. 2단계 들어오자마자 먼저 우주 작업을 했어요. 분자 세상에서 무극까지, 각 차원에 있는 최고 존재들만 만나서 그들을 흔들어 놨어요.

우리는 분자 세상에 있지만, 원자 세상에 미립자 세상을 포함해서 무극까지 계속 수많은 우주 공간에 있어요. 보이는 우주 공간은 무한대죠? 하지만 그건 분자 물질로 쌓여 있는 우주예요. 그것도 과학자들이 탐구하면서 변두리의 끝이 보이니 안 보이니 아직 증명하려 하고 있잖아요. 그렇다면 우리 눈에서 보이는 건 한계가 있어요, 없어요? 무시공우주도를 보면 제일 밑바닥 분자 세상이 껍질 부분이에요. 그 부분이 과학자 입장에서는 무한대로 크다고 생각해요. 그러나 겨우 분자 물질 세상이에요. 그럼 원자 세상으로 된 우주 있어요, 없어요? 그런데 과학자는 겨우 물질을 분석해서 쪼개 보니까 이건 물질이고, 분자 상태로 되어 있고, 또 하나 쪼개니까 원자 상태로 되어 있다. 그것도 현미경을 통해서 과학의 계산으로 증명한 거예요. 인간 눈으로는 절대로 못 봐요.

그런데 그런 원자 물질 세상이 있다는 말은 안 하고, 물질이 그런 구조로 되어 있다고 말해요. 사실을 우리가 해석해 보면 분자 세상으로 된 우주도 있고, 원자 세상으로 된 우주도 있다는 거예요. 미립자 상태로 된 우주도 있잖아요. 초미립자도 마찬가지예요. 그럼 우리 분자 세상에서 무극까지 수많은 층차로 되어있는 우주가 있어요. 안으로 들어갈수록 우주가 더 세밀해요. 그럼 무극까지 가면 인간 관점으로 해석할 수 없는 세밀한 우주의 각 공간의 생명이 있어요, 없어요? 100% 다 있어요.

그럼 지구를 분석해 볼게요. 지구는 분자 세상에서 제일 거친 생명이 사는 별이에요. 이 우주에서 말한다고 하면 제일 낙오되고 거친 장소예요. 이 우주, 무극에서 쌓이고 쌓여 내려와 도태된 수많은 존재가 분자 세상인 지구에 있다고 하면 듣기 싫을 거라고 생각해요.

우리는 대단한 존재인데, 지구를 쓰레기통에 비유하고, 우주에서 도태한 존재가 지구에 산다고 하면 인간을 멸시한다고 생각할 거예요. 인간 70억 인구를 모욕한다고 생각할 수 있어요. 그러나 진심은 지구 인간이 깨어나라는 거예요. 각 종교도 그렇잖아요. 자기 잘 사는 대로 살지 무엇 때문에 수련하는가.

신이나 부처한테 자신의 간절하고 충성하는 마음을 표현하기 위해서 그런 사람들 있죠? 팔 하나 잘라서 자신은 믿는다. 그러면 해결됐어요, 안 됐어요? 한동안 어떤 스님은 자기 손가락 두 개 잘라서 자기 부처한테 정성을 들여서 꼭 이 생에서 부처 되겠다고 해요. 해탈하겠다고 하지만 해탈됐어요, 안 됐어요? 절대로 안 됐어요. 무엇 때문에 안 되나? 일체 공간 안에 생명이 다 있다. 이것을 먼저 인정해야 돼요.

인간만 꼭 생명이라고 생각하는 그 관점을 바꾸세요. 위로 올라갈수록 고급 생명이 있고, 밑바닥에는 제일 낮은 차원의 생명이 있잖아요. 우리가 원자 상태로 들어가면 원자 상태의 생명체가 있어요. 인간들보다 고급이에요, 아니면 차원이 낮아요? 인간보다 고급이에요. 미립자, 초미립자, 계속 무극까지 올라간다면 무극의 존재는 이 우주의 최고 존재예요. 진짜 전지전능이라고 해도 돼요. 진짜 창조주라고 단어 써도 맞아요.

여기서 인간과 다른 점은 무극의 최고 존재는 이 우주를 창조했어요. 창조주 맞아요, 안 맞아요? 모든 게 전지전능해요. 그렇지만 우리 무시공하고 다른 점이 있어요. 그들은 이 시공우주를 창조한 존재예요. 이렇게 말하면 무극의 최고 존재도 듣기 싫어해요. 듣기 싫어해도 들어야 해요. 무극 최고 존재의 잘못된 생각 때문에 이 시공우주를 창조해서 수많은 생명이 고통 속에서 벗어나지 못한다고요.

### 분자세상에서 무극까지 통하는 통로

분자 세상에서 무극까지 한 층 한 층 올라갈 때마다 우리가 지구에서 왔다고 하면 본체만체 멸시하고 너무나 얕잡아 봐요. 첫 번째, 우리가 올라간 방식 말씀드릴게요. 무시공은 전지전능이잖아요. 우리는 시공우주의 일체 존재를 다 지배할 수 있고, 시공우주의 아무리 높은 존재라도 우리가 어떤 존재인지 몰라요. 그런데 지구에서 왔다고 하면 한쪽에서는 무시하고 멸시하면서도 한쪽에선 궁금해해요. 감히 지구에서 왔다고 하면서 어떻게 내 옆에 올 수 있나? 다른 존재들은 우리가 있는 줄도 몰라요. 그래서 우리가 시공우주의 최고 존재들까지 흔들어 놨어요.

그럼 두 번째 들어갈 때는 어떤 변화가 있었느냐 하면 무시공 멸시하고 깔보다가 혼났으니깐 안 되겠다, 정신 차려야겠다. 잠자는데 우리가 들어가니까 깨어나고 있어요. 첫 단계는 잠자고 있던 조용한 우주를 흔들어 놨어요. 그 시공우주의 존재들을 깨우려면 또 천 년 만 년 기다려야 할 것 같아요. 그래서 두 번째는 분자 세상에서 무극까지 통하는 통로를 따로 한 줄 만들어 놓고 무시공 공부를 하는 분을 올려놓았어요. 누가 어느 위치에 있는가는 잠시 동안 안 밝혀요.

이런 통로를 만들어 놓아도 아무리 높은 시공우주 존재라도 우리를 건들지 못해요. 무엇 때문인가? 이원념 때문에. 자기들도 한쪽으로는 시인하면서도 한쪽으로는 질투하잖아요. 그렇지만 기다릴 수만은 없어요. 시공우주를 깨워서 변화시키려면 천 년 만 년 기다려야 해요. 우리는 시간이 없어요. 우리가 무시공의 통로를 하나 만들어 놨어요. 분자 세상에서 무극까지. 실제로는 무극 이상. 무시공의 많은 존재들을 거기 다 앉혀 놨어요.

분자 세상의 제일 밑바닥, 대한민국 대전에서부터 시작해요. 우리는 숫자 개념이 없다. 대전에, 70억 인구 모여 봤자 무슨 소용 있어요? 내 말 못 알아들으면 다 도망갈 거라고요. 무시공 존재 단 한 명이라도 있다면 그 능력은 무한대예요. 우리가 안 밝혀서 그래요. 그래서 자기를 소중하게 여기세요. 여기 모인 분은 보통 존재가 아니고 제일 적어도 무극 이상의 존재예요. 정말 소중한 존재예요.

어떤 분이 서울에서 오셨는데 저는 '서울에서, 지구 전체에서 딱 열 명만 찾는다, 70억 인구에서 열 명만 알면 내 할 일은 끝났다'고 그랬어요. 사람들이 너무 못 알아들으니까. 그래서 우리 무시공이 시공우주의 뒤를 흔들어 놓고 또 다른 한쪽에서는 분자 세상에서 무극까지 통하는 통로를 만들어 놓고, 무극에서 분자 세상으로 위에서 아래로 거꾸로 작업하고 있어요.

저는 지구에 오기 전에 이미 무극 음양 잘라놓고 왔다. 그랬어요. 아무리 분자 세상에서 살고 있어도 그건 가짜라고요. 이미 끝났다고 그랬어요. 그래서 지구에서, 제일 밑바닥에서 시작해요. 학교로 말한다면 유치원에서부터 시작해요. 그러면 초등학생이 관심 있겠어요?

유치원은 이미 다 아는데 하면서 본체만체한다고. 그럼 우리가 안전하잖아요. 거기에서부터 힘을 키워요. 쥐도 새도 모르게 기초 닦고 있어요. 그럼 우리가 좀 커진다고요. 좀 커져서 이제 초등 수준으로 됐어요. 초등 수준에서 관심 있는 존재가 다가오죠? 그럼 유치원 아이들 여기 올 수 있어요? 없어요. 초등 수준에 맞는 존재가 다가와요. 계속 내 차원을 올려요. 중학 수준으로 올렸어요. 그럼 중학 수준으로 된 존재가 다가와요. 처음으로 내가 초등학교 수준으로 따라잡았을 땐 중학 수준으로 되어 있는 존재는 본체만체. 다 내가 아는 건데, 그렇게 생각한다고요.

지금은 대학 수준으로 올려놨어요. 2단계 들어간 것은 이미 대학 수준이라고 그랬죠? 1단계는 초등학생. 2단계는 중학생. 2단계 들어가면 3단계 동시에 시작한다고 그랬어요. 중학 수준으로 들어갔으면 이미 대학생 기초 닦고 있어요. 3단계는 완전히 대학생이에요. 3단계 작업하면 거기에 부합된 준비된 존재가 다가와요. 제가 말하는 원리는 이거예요. 분자 세상에서도 마찬가지예요. 우주 작업을 해 놨으니까 우주에서도 마찬가지예요. 무감각 시공에서 끝까지 흔들어 놓고 또 밑바닥부터 시작해요. 또 무감각은 밑바닥부터 시작해서 위에서는 본체만체해요.

대전은 지구 우주 중심지라고 처음부터 그랬어요. 시공우주의 최고 존재는 자신이 이미 우주 중심지인데, 무극에서 보면 대전은 아무것도 아니에요. 멸시하고 깔보고 무시해 버려요. 그래서 제가 대전이 무슨 우주 중심지라고 그랬어요? 대전은 무시공우주 중심지라고 그랬어요. 시공우주는 이미 최고 존재가 그 자리를 차지하고 있는데,

제가 그 자리 뺏어서 뭐 해요? 우리는 무시공우주 중심지, 대전에서 시작한다. 여기서 겨우 시작했는데 무감각 시공 존재들이 이것을 알아듣고 방해할까 봐 여기가 무시공우주 중심지라고 그랬어요. 이렇게 말 안 하면 헷갈리잖아요.

## 대한민국 대전은 무시공우주 중심지

여기서 말하는 우주 중심지는 시공우주 중심지가 아니고 무시공우주 중심지예요. 대전에서 기초 닦고 건설하는 중이다. 여기가 지구 우주 중심지예요. 시공우주 중심지 아니에요. 무시공우주 중심지가 여기에서 시작되는 거예요. 그래서 무감각 시공의 밑바닥부터 또 시작해요. 그럼 높은 차원에 있는 존재들은 본체만체하죠. 우리한테 좋다고요. 겨우 3단계 존재가 연약한 아이처럼 밑거름도 잘 못 하는데, 주위에 소문나면 높은 존재가 가만 놔둘 거예요? 자기들이 위험한데요. 그래서 처음에는 밑바닥에서부터 시작해요. 감각 시공에서도 제일 밑바닥에서 시작하고, 무감각 시공에서도 제일 밑바닥에서 시작하는 방법으로 하고 있어요.

우주는 흔들어 놨죠? 이제 지구를 흔들어야 한다고요. 지구에서도 수많은 도인이 있어요. 그럼 도인들이 여기로 올 거예요. 무엇 때문인가? 우리가 그런 차원이 되어 있으니까. 우린 그만큼 차원을 올려놨어요. 나중에 대한민국 대전에 도인이 모인다고요. 도인 세상이 와요. 제가 말한 새로운 인간은 우리가 알고 있는 그 인간이 아니에요. 인간이 모르고 있는 능력이 나오는, 그런 존재가 여기서부터 모여서 시작해요. 새로운 인간은 마음으로 일체를 움직이고, 마음으로 세상을 바꾸는 그런 특성이 있어요. 제가 쓴 매심 시에 보면 오랜 꿈속에서 깨어나 보니 새로운 우주는 아예 시간과 공간이 없어지고, 새로운 인간이 탄생했다고요. 그 인간은 지금의 인간하고 절대로 같지 않아요.

## 우리(무시공)는 이 세상 거두러 왔다

이 세상에 태어난 우주의 모든 존재는 전부 다 죽는 방향으로 가고 있어요. 그럼 우리가 일종무종일, 모든 것이 하나로 뭉친다. 쪼개는 걸 한데로 뭉쳐 반대로 가요. 생명이 뭉치면 죽어요, 살아요? 산다고. 그럼 우리 또 그 힘을 봐요. 쪼개는 건 분리하는 거죠? 이심력이라고. 그럼 합하는 건 뭐예요? 향심력이죠. 향심력이 뭐예요? 블랙홀이라고. 그래서 여기 모이는 존재가 일단 일원심을 지키면 무시공생명 블랙홀이 작동하기 시작해요.

### 인간의 껍질이 아깝다

지구의 한국 땅에서 수많은 도인을 우리가 찾아서 대화했어요. 지금 대한민국 계룡산에 3만 5천 살 된 살아 있는 존재가 있어요. 아직 열심히 굴속에서 도 닦고 있어요. 우리가 불러내어 지구 보라고 하니까 불안해서 나오지 않으려고 해요. '때가 되었고, 우리도 그만큼의 능력이 있으니 나와서 지구 구경해 봐. 어디가 제일 밝은가?' 하고 물어봤어요. 그러니까 지구가 갑자기 엄청 밝아졌대요. '그럼 어디가 밝은가?' 하니 대전이 제일 밝대요. '그럼 그런 빛 본 적 있나?' 하니 생전에 본 적이 없대요. '이 빛이 온 우주에 영향 주는가?' 물어보니 온 우주에 영향을 준대요. '본인한테도 영향 주는가?' 하니 영향 준대요. 이런 도인에게 우리가 충격을 많이 줬어요. 우리는 이름까지 다 알아요. 대한민국에 지리산, 계룡산, 금강산, 설악산에 다 도인이 있어요. 어디에 숨어 있어도 다 찾아내요. 어떤 도인 보고 너 몇만 년 살아도 영원히 살 수 있느냐고 물으니까 어떤 도인은 자기는 영원히 산대요. 그 도인에게 약간 변화를 주니까 조금도 못 견뎌 해요. 영원히 살려면 무슨 풍파가 와도 자신한테 아무런 영향도 없어야 하는데 헛고생했다는 거예요.

행복하냐고 물어봤어요. 행복하대요. 그래서 어떤 행복이냐고 물었더니 날마다 새, 동물과 같이 어울리니 속상할 일도 없고 누구 애태울 일도 없으니 너무나 행복하대요. 그래서 제가 인간 껍질도 아깝다고 그랬어요. 이 세상 와서 인간으로 태어났으면 그게 얼마나 소중한데, 인간 속에서 안 살고 인간을 피해 동물 속에서 살고 그러면 동물 껍질 덮어쓰고 살지 왜 인간으로 태어났냐? 지금까지 인간으로 태어나 수많은 수련해도 누구도 그걸 지적한 사람이 없었대요. 알아차리면서 한 방에 깨어 났어요. 이제는 동굴 속에 사는 거 포기하고 진짜 대전에 와서 공부하라고 했어요.

이런 존재들이 한두 명이 아니에요. 중국에는 더 많아요. 대한민국 부산에서 3만 2천 살까지 산 여자가 있는데 1,000년 전에 죽었대요. 만약 3만 2천 년 중에서 2천 년 전에 죽었으면 3만 살만 살았죠? 그럼 얼마나 억울해요? 3만 년 살다가 죽어요.

또 어떤 분은 6만 년까지 살았다가 죽었어요. 자기 자신이 노력해서 깨어나려고 정말 뼈를 깎으며 얼마나 애를 썼겠어요? 그럼 각종 종교에서 그렇게 애를 쓰면서 한 것에 비하면 아무것도 아니라고요. 질문을 해 봤어요. 그럼 너 진짜 영원할 수 있나? 해탈했나? 어떤 분은 해탈했다고 하고, 어떤 분은 해탈 못 했다고 해요. 영원히 해탈 못 해요. 아무리 노력해도 안 돼요. 무엇 때문인가? 전부 다 이원념

제4장 신앙혁명(信仰革命)　157

에 걸렸잖아요.

### 무시공생명 블랙홀의 시작

어떤 도인은 300살까지 살았는데 300살까지 거의 잠만 잤대요. 얼마나 아까워요? 이 세상에 잠자러 왔어요? 그래서 300년까지 살고 있대요. 최근에 와서 너무 완고하고 거짓말하고 우리하고 사사건건 대립하려고 해서 삭제해 버렸어요. 우리 말 안 듣는 건 무조건 일원심을 반대하는 거잖아요. 일원심을 반대하는 거는 뭐예요? 이원념이잖아요. 영체잖아요. 영체는 우리하고 아무 상관이 없어요. 우리한테 방해되면 아무리 높은 존재도 삭제돼요. 그러면 우리 잠자고 있던 도인들 뒤흔들어서 놀래요? 그럼 여기에 두 가지 현상이 있어요. 어떤 분은 아직 이 육체를 가지고 살아요. 어떤 분은 육체를 벗어났어요. 육체를 벗어난 존재는 몸으로 나타나서 우리한테 보여 줄 수도 있고 안 보여 줄 수도 있는 그런 능력을 갖추고 있어요.

지금 많은 존재가 약속해서 대전에 온다고 했어요. 이곳을 보니깐 너무 밝고 그 빛이 우주를 바꿀 수 있대요. 자기들이 보니깐 천지개벽이 일어날 거라고 그래요. 평생 몇만 년 동안 도 닦아도 결과가 안 나오는데 올 수밖에 없어요. 여기 모인 존재를 3단계 존재 보고 다 관찰하라고 그랬어요.

어떤 분은 인간의 모습으로 보여서 여기 섞여 있어도 우린 못 알아봐요. 우리 대한민국에는 UFO에 납치되는 사건이 거의 없어요. 그런데 외국에는 너무 많아요. 우리 다 확인했어요. 진짜로 우리가 그걸 찾으려고 하면 어느 구석에 처박아 놔도 다 끄집어내. 너는 언제 납치했고, 너는 어느 별에서 왔고, 훤하게 다 파악할 수 있어요. 거짓말해도 안 돼요. 믿어요? 눈 열린 존재는 전부 다 보여요.

대전 상공에 수많은 고급 UFO 우주선이 있어요. 에너지 상태로 된 우주선. 그런데 아직 물질로 된 우주선은 여기에 안 모였어요. 새로 명령 내렸어. 물질로 된 UFO 대전에 배치하라. 우리가 쓸 수 있으니까.

우리는 타도 되고 안 타도 돼. 우리가 안 타도 이 분자몸이 꼭 녹아요. 2030년까지 시간 정해 놨어요. 이 공부 끝까지 한 분은 녹아서 투명인간 된다고. 우리가 우주선을 무엇 때문에 못 봐요? 우주선 탈 수 있는 존재는 전부 다 분자몸을 벗어난 존재예요. 그래서 우리가 보려고 해도 못 봐요.

지금 TV에선 우주인 보인다고 그래요. 엄청 투박하게 생겼고 키가 작아요. 사진으로 본 적 있죠? 그것은 전부 다 로봇이에요. 우리는 사람이잖아요. 제일 거친 세상에 있는 사람이라고. 세밀한 공간에 있는 존재는 우리보다 예뻐요, 안 예뻐요? 우리보다 더 예뻐야지. 왜 우리보다 더 못났어? 말도 안 되는 소리 아니에요? 근데 우리 3단계 존재는 높은 차원에 올라갈수록 더 예뻐. 세상에 이런 예쁜 존재가 다 있나 다 놀라요. 제가 한참 자랑했어요. 이 거친 분자 세상 와서 이 모양이다, 무시공에서는 최고 미남일 거다. 내가 자랑해야지, 안 그러면 누가 그럴 거예요? 나중에 이 공부하면 전부 다 이 우주의 최고 미남 미녀예요.

우리는 이 세상 거두러 왔어요. 제가 그랬죠? 삼각형 그린 무시공

제4장 신앙혁명(信仰革命)  159

우주도, 무극 이하는 일시무시일이 맞아요. 모든 건 하나인데 이분법으로 시작해서 쪼개 내려왔어요. 쪼개 내려오니 뭐예요? 분리하죠? 분리한 건 힘이 빠져요, 힘이 강해져요? 생명이 사는 방향으로 가요, 죽는 방향으로 가요? 다 죽는 방향으로 가잖아요. 그게 일시무시일이라고. 우리 인간, 이 세상에 태어난 우주의 모든 존재는 전부 다 죽는 방향으로 가고 있어요.

그럼 우리가 일종무종일. 모든 것이 하나로 뭉친다. 쪼개는 걸 한데로 뭉쳐 반대로 가요. 생명이 뭉치면 죽어요, 살아요? 산다고. 그럼 우리 또 그 힘을 봐요. 쪼개는 건 분리하는 거죠? 이심력이라고. 그럼 우리 합하는 건 뭐예요? 향심력이죠. 향심력이 뭐예요? 블랙홀이라고. 그래서 여기 모이는 존재가 일단 일원심을 지키면 무시공생명 블랙홀이 작동하기 시작해요.

# 우주선(UFO) 타고 우주여행

> 3단계는 무감각 시공, 제가 우주를 3단계로 나눴어요. 감각 시공, 무감각 시공, 무감각 무시공. 2000년도부터 2014년 말까지 감각 시공 작업을 15년 하고 끝냈어요. 2015년 이후에는 무감각 시공에 들어가요. 인간은 어떤 종교, 어떤 수련을 해도 무시공이 뭔지 모르고 그런 단어도 없죠? 제가 만들었으니까요. 무감각 시공, 오관으로 못 느끼는 공간에서 작업한다는 거예요.

**이원념 빼내는 것이 아니라, 본체만체하고 일원심만 지켜라**

나는 이 지구인하고 이 시공우주 존재하고 아무 상관없는 존재예요. 나는 처음부터 다른 우주, 무시공우주에서 왔다고 했어요. 이제 믿어요? 작년부터 2단계를 시작하고 동시에 3단계도 한다고 했죠? 이제 2단계 전의 이야기는 끝이고 3단계 이야기는 신화 이야기처럼 들으세요.

3단계가 뭐예요? 무감각 시공, 제가 우주를 3단계로 나눴어요. 감각 시공, 무감각 시공, 무감각 무시공. 2000년도부터 2014년 말까지 감각 시공 작업을 15년 하고 끝냈어요. 2015년 이후에는 무감각 시공에 들어가요. 인간은 어떤 종교, 어떤 수련을 해도 무시공이 뭔지 모르고 그런 단어도 없죠? 제가 만들었으니까요.

무감각 시공, 오관으로 못 느끼는 공간에서 작업한다는 거예요. 무당은 몸이 좀 열려서 죽은 귀신도 보이고 죽은 조상도 보이잖아요.

우리는 왜 안 보여요? 우리보다 조금 세밀한 공간의 눈이 열려서 그
래요. 무당은 어느 정도는 무감각 시공의 일을 밝히고 있어요. 믿어
요?

한국엔 무당이 너무 많아요. 귀신도 빼 주고 하니 자기가 대단하
다고 생각해요. 우리는 그런 거 필요 없어요. 일원심만 지키면 이원
념 영체들이 자동으로 빠져나가요. 나는 "너 귀신 붙어 있으니 빼 줄
까?" 그렇게 말한 적 없어요. 그거 다 이원념이에요. 우리 마음에 이
원념이 1,000가지 있으면 1,000가지 귀신이 있다고요.

어떤 분은 영체가 50개 붙었대요. 우리 몸에 영체가 50개만 있어
요? 수천만 개가 있어요. 내 이원념 하나가 이원념 귀신 하나 있다고
생각하면 돼요. 1분 1초도 내내 잡생각이 있잖아요. 전부 다 생명을
영체로 본다면 영체가 나를 방해하고 있어요. 근데 우리는 천 년 만
년 빼도 다 못 빼요. 내가 이원념이 있으면 빼도 또 붙어요. 우리는
그거 뺄 필요 없어요. 우주가 전부 다 이원념인데 구정물 안에서 몸
씻는다고 깨끗해져요? 계속 오염돼 있잖아요. 그래서 구정물 안에서
목욕한다고 깨끗해지는 게 아니니까 벗어나면 되잖아요? 근데 우리
는 계속 거기서 씻어요. 이제 그렇게 어리석은 짓 하지 말자고요.

### 실상과 UFO를 밝히다

그렇지만 3단계 들어왔어요. 그렇지만 무감각 시공의 엄청난 작업
을 하고 있어요. 15년 후에 할 일을 지금 하고 있어요. 하느님 믿는
존재가 없나? 구천상제님 믿는 종교가 없나? 종교 박물관이에요. 진

짜 종교 천국이에요. 중국에는 없거든요. 만나 보면 불교 아니면 예수교 믿고, 천주교 믿고, 90% 이상 전부 무언가 믿고 있어요.

그래서 인간들이 그렇게 존중하는 이들의 실상을 봤더니, 우리가 아는 예수님이 엄청 높은 데 있나 했더니 20만 광년에 있어요. 빛이 1초에 30만 킬로미터 가는 속도로 얼마큼 가야 해요? 20만 년 가야 해요. 그럼 1년에 빛이 얼마나 가요? 그만큼 멀리 있어요. 진짜 천문학적 숫자예요. 20만 광년, 제가 거짓말했으면 누가 때려죽여도 고발 안 해요. 있는 그대로 말해요. 빨리 깨어나라고요.

석가모니는 50만 광년에 있어요. 강증산은 70만 광년에 있어요. 아직 100만 광년 초월한 존재가 없어요. 그렇지만 인간은 엄청 대단하다고 생각해요. 그래서 우리는 계속 파 들어가 봤어요.

분자 세상에서 최고로 파고들어가 보니까 인간이 상상도 못하고 믿지도 못할만한 존재가 있어요. 제일 먼저 파고들어 갈 때 1988년도에 진짜 우주선 봤어요. 제 머리 10m 위에서 저녁때 지나갔어요. 동네에 누구도 못 봤어요. UFO 그런 거 관심도 없었는데 진짜 봤으니까 그때부터 궁금했어요. 요새 과학자들은 지금도 가짜 진짜 계속 다투고 있어요. 저는 100% 진짜라고 인정했어요. 도대체 뭐 하려고 나한테 보여 줬나?

그래서 3단계 들어와서 파 봤어요. 1988년도 한국에서는 올림픽 했죠? 서북에서 동남 방향으로 천천히 날아갔어요. 그래서 파 보니까 뭐라고 그랬어요? 우주에서 지구에 이상한 존재가 있으니까 지키래요. 그래서 물어봤어요. 계속 지키는 게 누군가 하니까 90년도부터 실종됐대요. 아직 찾는데요. 왜 찾느냐고 물으니까 그런 존재가 나타나면 우리가 위험하고 없어진대. 그래서 그걸 없애야 한대요. 믿어요? 그리고 계속 파고들어 갔어요. 네가 찾나, 위에서 명령 내려서 찾나? 명령 내렸대요. 더 파고들어 갔더니 3억조 광년에서 찾고 있어요. 상상도 안 되죠? 빛이 1년 가도 엄청 멀리 가는데 3억조 광년에 있는 존재가 반드시 찾아서 없애려고 그리했대요. 그래, 너나 없애고 보자, 하고 없앴어요. 신화 이야기처럼 들으세요.

최근에 8억조에 있는 존재가 자기를 누구도 못 건드린대요. 그래 내가 한번 건드려 보니까 돼요. 그래서 우리 하는 일을 수많은 존재들 중 우리를 응원하는 존재도 있고 없애려고 하는 존재도 있다고요. 대한민국 대전에서 이 일을 시작해요. 여기서 우주 작업 시작해요. 진짜 그렇게 했어요. 우리 태양계 9개 별 중 지구의 인간이 제일 낙오하다고요. 9개 별에 전부 다 생명이 있고 전부 다 UFO 있어요. 믿어요? 그리고 태양계 각별에서도 자기 부하를 파견해서 지구에 와서 누구를 찾고 정보를 캐고 있어요. 근데 한국이 제일 많아요. 한국에 통치자들이 서울에 제일 많아요. 이상하죠? 그저 그런 뜻이에요. 이만큼 말씀드리고….

UFO가 중국, 일본, 미국 너무 많잖아요. 한국에는 가평에서 우주선 봤다면서 소문이 나서 우리가 파 봤어요. 외계에도 생명이 있다는 걸 증명하고 알리기 위해서 보여 줬대요. 그 말도 맞아요. 인간들은 자기만 대단하고 외계에는 사람이 없다고 생각해요. 곳곳에 다 있어요. 여기도 우리 눈에 안 보이지만 안 보이는 존재 다 여기 있다고요. 우리가 머문 자리는 빛이 나요. 제가 여기서 우주 블랙홀 한다고 했죠. 지구인도 몰라요. 말해줘야 알아요. 외계인도 몰라요. 지구에 무슨 변화 있나 물어봐도 다 같은 말해요. 지구가 엄청나게 커지고 엄청 밝아지고 상상도 못 하고 블랙홀이 돌고 어떤 거는 구멍이 뚫렸다고 하고….

밝은 곳 중에 제일 밝은 곳이 대전이래요. 자기들이 어떻게 대전을 알아요? 그래서 우리 대한민국 존재들이 복 많이 받았다고 생각하세요. 복을 받아도 받은지도 몰라요. 그저 제가 이렇게 말해도 신화 이야기처럼 들으세요.

어제 동영상 하나 봤어요. 보니까 승용차가 주차장에서 옆에 있는 승용차에서 사람 한 명이 내려서 보니까 순간에 로봇 장난감처럼 우주선이 돼서 날아가 버렸어요. 그래서 파 보자, 도대체 뭔가? 수성에서 왔어요. 무인선으로 해서 지구에 왔어요. 우리가 달나라에 무인으로 보낸 것처럼 그렇게 했어요. UFO 진짜예요. 다 파 봤어요. 믿어요? 그래서 나는 2030년 이후에 우주여행을 할 수 있다. 지금 그 작업 3단계 작업 들어갔어요. 진짜 나를 믿는다면 그날이 꼭 올 거예요. 우리도 비행기 타 봤잖아요. 우리도 우주선 한번 타 보면 안 돼요? 우리는 돈 안 써요. 비행기 타려면 돈 써야 해요. 타고 싶어도 돈 없어서 못 타요. 우주선 와서 우리 스스로 UFO 타고 너희 별에 가고 싶다. 태워 줘요, 안 태워 줘요? 정말 좋아요. 이제 다가오니까 말이 저절로 나와요. 진짜 신화 이야기처럼 듣고, 꼭 그날이 와요. 지금 그 작업을 하고 있거든요. 이만큼만 밝혀요.

## 이원변일원
(二元變一元)

## 생사변영항
(生死變永恒)

疫風怒火海濤滌
先知早預扑
分爭逆道行
墓已己創造
时空消盡長夢醒
新人新宇宙

제5장

# 의식혁명(意識革命)

偶觀懸壁九重氷
豈有花痴俏
俏非為爭春
唯速恆密報
待到花香彌漫時
沒在其中笑

梅心

花落結實討彭祖
念怨行宇宙
反客變為主
先于乎知道
自在逍遙觀龍騰
誰人悟其妙

# 우리는 전지전능한 창조주

우리는 당당한 일체조공, 일체아위, 나는 전지전능한 존재예요. 우리는 원래 일체 생명이 그런 능력을 갖고 있는 당당한 존재인데 이원념 때문에 막혔어요. 인간 세상에 오래 살면서 고저를 나누어 노예처럼 살고 있어요. 여기에서 노예 말고 주인 위치에서 살았다는 사람 손들어 보세요. 절대로 없어요. 어떤 때는 주인처럼 하다가 노예처럼 하고 있어요. 그건 이분법이잖아요. 벗어났다는 존재 있으면 증언해 보세요. 예수, 석가모니와 대화해 보니, 어떤 때는 주인처럼 당당해. 어떤 때는 노예처럼 하고 있어요.

### 이원념에서 일원심으로 바꾸는 순간, 모두가 신이다

2000년도부터 2014년 말까지 1단계 차원을 밝혔어요. 2015년 1월부터 대전에서 2단계를 시작하면서 3단계 우주 작업에 들어갔어요. 근래에 와서 하는 강의에서 2단계 이하는 할 말이 거의 없어요. 지금 3단계가 어떻게 하는지 소식만 조금씩 알려요. 그러니 신화 이야기처럼 들으세요.

옛날부터 전해 내려오는 신화들이 많지요? 단군이니 환웅이니 전부 다 신으로 생각했어요. 지구 역사를 보면 실제로 그런 일이 있었어요. 진짜 신의 세상, 사람 마음이 인간 지능만큼 같지 않아요. 인간도 처음에는 서로 마음이 통하고 많은 능력도 있었는데 이분법이 인간 세상에서 계속 발달하다 보니 다들 다 막아 놓았어요. 인간이 너무 많이 막혀서 아무것도 몰라요. 그래서 막힌 걸 해결하려고 학교가 생겼어요. 공부해야 돼. 지식을 배워야 돼. 그런데 우리는 여기서 새로 시작해요. 무시공생명비결에 '무생학, 무지우'가 있죠. 세상 사람들은 공부해야 지혜롭고 공부 안 하면 백치 바보라 그래요.

저는 매심 시에서 이렇게 표현했어요. "나는 바보처럼 백치처럼 이 세상에 산다." 인간은 백치 바보가 나쁘다고 해요. 지식이 있어야 고급 존재라 생각해요. 벌써 고저를 나눴잖아요. 저는 인간이라고 말하면 불량 인간이고, 지식 면에서는 바보이자 백치예요. 그래도 나는 걱정 안 해. 모르면서 아는 척하면 얼마나 힘들어요? 폼을 잡고 서로 잘났다고 하니까. 나는 잘난 거 하나도 없어요. 무엇 때문인가? 이 이원 물질로 된 분자몸은 가짜니까. 인간은 가짜인 자기 분자몸을 진짜라 생각하니까 힘들어해요. 그래서 챙기지 마세요. 윤곽에서 벗어나세요. 나는 벗어나니까 매우 행복해요. 사람들은 죽었다 깨어나도 나의 행복한 느낌을 몰라요.

2000년도에 처음 한국에 와서 그랬어요. 동방에서 새로운 인간이 태어난다. 새로운 인간이 뭐예요? 새로운 신이 탄생한다 하면 사람들은 엉터리로 사기 친다고 해요. 그래서 인간이지만 인간 같지 않다. 그래서 새로운 인간이라고 했어요. 우리 무시공은 뭐예요? 우리는 이원념에서 일원심으로 바꾸는 순간에 우리는 전부 다 신이에요. 창조주예요. 우리 무시공은 하느님보다 더 하느님이고 부처보다 더 부처예요.

우리는 당당한 일체조공, 일체아위, 나는 전지전능한 존재예요. 우리는 원래 일체 생명이 그런 능력 갖고 있는 당당한 존재인데 이원념 때문에 막혔어요. 인간 세상에 오래 살면서 고저를 나눠 노예처럼 살고 있어요. 여기에서 노예 말고 주인 위치에서 살았다는 사람 손들어 보세요. 절대로 없어요. 어떤 때는 주인처럼 하다가 노예처럼 하고 있어요. 그건 이분법이잖아요. 벗어났다는 존재 있으면 증언해 보세요. 예수, 석가모니와 대화해 보니, 어떤 때는 주인처럼 당당해. 어떤 때는 노예처럼 하고 있어요.

우리 인생 이렇게 살아왔다고요. 조상부터 그렇게 살아왔어요. 무슨 도를 닦든 무슨 종교를 믿든, 누가 노예에서 주인으로 네 주장이 맞는다면 나와 한번 펼쳐 보자. 저는 이 자리 나타나면 당당하게 말해요, 우리 노예 위치에서 벗어나 주인 위치가 어떤 것인가 맞이라도 보자고요. 우리 한번 일분일초라도 당당하게 살자고요. 다 같은 생명인데 왜 노예처럼 살아요? 무엇 때문에 기를 못 펴고 허리를 못 펴고 살아요?

새로운 인간은 무슨 뜻이에요? 3단계 우주 작업을 하니까 밝혀요. 앞으로 신의 세상이 온다는 거예요.

### 지구에서 도 닦는 존재 이야기

이 우주에서 지구는 제일 밑바닥이에요. 제일 밑바닥에서 인간들이 너무 막혔는데 15년 동안 겨우 깨우치고 깨우쳐서 두꺼운 껍질에서 겨우 조금 벗어났어요. 그래서 무시공 훈련을 2015년도부터 대전에서 2단계를 할 수 있었어요. 3단계 존재가 지금 비밀로 무감각 시공 작업을 하다 보니까 이뤄지고 있어요.

지구의 어느 동굴에서 도 닦는 존재와 대화해 봤어요. 몇천 년, 몇만 년 동안 하고 있어요. 그런데 자기 생각에는 도 다 닦았고 다 열렸다고 생각해요. 그래서 우리 지구에서 지금 감히 당신은 생사를 벗어났느냐고 질문하니까, 어떤 존재는 벗어났대. 벗어났다고 해서 실험해 보니 조금만 건드려도 못 견뎌. 벗어났으면 무슨 파장이 오든 무슨 영향이 오든 아무 영향이 없어야 되잖아요. 우리 사람들이 부딪히며 괴로우니까 생사를 못 벗어나요. 진짜 생사를 벗어났다면 하늘이 무너져도 당당해야 돼요. 조금만 건드려도 못 견뎌. 그건 가짜잖아요. 어떤 분은 생사에서 벗어났다고 하는데도 왜 죽어? 몇만 년 살아도 죽어. 하나도 살아 있는 존재가 없어요.

왜 그런가 하면 분자몸을 벗어나는 방법을 모르니까 어쩔 수 없이 수련해서 영체로 훈련해서 몸은 벗어나고 자기 영혼은 영원히 산다고 생각해요. 그런 영혼도 이원념으로 되어 있어요. 이원념으로 되어 있는 영혼이 어떻게 살아요. 영혼도 모든 파장 안에 살아야 되는데. 그래서 영원하지 않다고요. 그럼 우리 이때까지 각 종교, 몇천 년 훈련했지만 다 천당 극락 가야 되는데 왜 못 갔어요? 왜 지구 와서 헤매요? 왜 훈련해요? 끝났으면 그만이어야지.

동굴에서 숨어 있는 존재와 대화해 봤어요. 행복하냐고 하니 행복하대요. 무엇 때문에 행복하냐? 산속의 동굴에 살면 나무와 식물을 매일 보고 모든 종류의 새도 있고 동물하고 같이 어울리니 너무 재밌고 행복하대요. 그래서 내가 그랬어요. "그럼 뭐 하러 인간 껍질 가지고 동굴에서 사나. 태어날 때부터 동물로 태어나지." 껍질 아깝다고 했어요. 맞죠? 인간 껍질 덮어쓰고 인간 세상에 못 머물고 골짜기 동굴에 들어가서 새 좋아하고 나무 좋아하고 동물 좋아하면 그게 도통이에요? 그게 대자유예요? 그게 행복한 거예요? 그건 행복 같지도 않아. 그게 진짜 행복하면 동물 껍질 덮어쓰라고 했더니 놀라요. 수천 년 도 닦아도 그걸 지적하는 사람이 하나도 없었어요. 반박을 못 해요. 우리가 인간으로 와서 인간 껍질 덮어쓰면 인간으로 살아야지 왜 동물로 살아요? 그래도 행복하대.

내가 2000년도 초에 한국에 와서 강원도에 놀러 갔을 때, 천 년 이상 된 유명한 절에 갔어요. 원효와 같은 시대. 낙산사! 한국에서 유명한 절이죠. 그 절을 보고 문득 이런 말을 했어요. "연꽃은 절대 산에서 안 핀다. 복잡한 인간 세상에 피는 연꽃이 진짜다." 무엇을 밝힌 거예요? 생명은 반드시 복잡한 곳에서 깨어난다는 거예요. 호수에서 깨어나는 생명이 진짜 생명이에요? 태풍, 눈보라 몰아쳐도 살 수 있나? 진짜 생명력이 강하려면 복잡한 환경에서 힘든 환경에서 깨어나는 존재가 진짜 깨어난 존재예요. 사람들은 그걸 두려워해요. 우리는 그것을 재미있다고 생각하잖아요. 생명을 깨우는 일이니까. 운동선수들도 수많은 고통 속에서 연습해서 선수가 됐잖아요. 그만한 대가를 했다면 그만한 보답이 와요. 우리도 마찬가지예요. 우리 절대로 산골에 들어가서 도통한다고 하지 마세요.

동굴에서 도 닦는 도인이 그래요. 너무 놀랐다고. 더 빨리 벗어나서 대전 와야겠대. 그럼 자기 몇천 년, 몇만 년 도 닦은 거 후회돼요, 안 돼요? 헛고생했잖아요. 사람들은 조용한 데서 명상, 수련해야 된다고 했어요? 인간은 복잡함 속에서 다양하게 살고 있잖아요. 그러면 우리 마음 바뀌어요, 안 바뀌어요? 여기 오신 분들 다 그런 느낌 있을 거예요. 여긴 너무 편안해. 아무 부정, 아무 걱정이 없어요. 네

멋대로. 미쳐도 괜찮아. 미쳐야 세상이 바뀐다고. 난 이 세상 와서 미쳤어요. 지금 우주 작업은 거의 마무리됐어요.

대전은 지구 중심지, 우주 중심지라고 당당하게 선포했어요. 나만 당당하게 말해도 안 믿어. 3단계 존재가 작업해서 진짜 보였어요. 그러면 전 지구에 수많은 비밀로 도 닦는 존재한테 물어봐요. 지구에서 어디가 제일 밝은가. 지구 밖에서 보면 보이잖아요. 보니까 갑자기 놀래요. 우리 지구가 갑자기 이렇게 커졌나? 갑자기 이렇게 밝아졌나? 어디가 제일 밝으냐고 물으면 대전이 제일 밝대. 한국이 제일 밝대. 한국 대전에 있는 빛, 지금까지 도 닦으면서 본 적 있느냐고 물어보니 생전에 본 적 없대. 이건 지구에서 도 닦는 존재 이야기예요.

**람타와 강증산, 그리고 과학자들**

이제 또 누구랑 대화했어요? 하도 사람들이 '람타, 람타' 해서 도대체 람타가 누군가 해서 대화도 했고, 그것도 곧 카페에 올릴 거예요. 그다음에 강증산. 첫 번째 만나서 자기가 최고고 그 위에는 없다고 해서 조금 높은 차원에 올려놓고 진짜 우주를 보여 주니 할 말이 없어요. 두 번째 천지 공사를 했다기에 천지 공사, 무슨 공사를 했냐니까 말을 못 해. 그래서 자기도 진짜 여기 지구가 너무 밝아졌고 대전에 엄청난 빛, 수많은 고급 존재들이 여기 있는 게 자기도 보이잖아요. 어쩔 수 없이 인정 안 할 수가 없어. 그래서 이런 대화하는 거 다 올릴 거예요. 믿든 안 믿든. 종교가 공격하든 말든. 공격하면 자기가 망가져. 각 종교는 때가 되었어요. 하나로 뭉친다고. 지금 우리 3단계

제5장 의식혁명(意識革命)　173

우주 작업에서 어떤 작업을 했어요? 종교 지도자와 대화해 봤어요. 중국에서는 전공법사 깨어나면 올 거고 안 깨어나면 말 안 해. 그리고 또 대전에 있는 목사와도 얘기 나눠 봤어요. 종교도 하나로 묶여요. 도 닦는 존재들도 다 흔들어 놓았어요.

전 세계적으로 유명한, 살아있는 부처라는 ○○○ 존재를 불러서 우리가 상담을 했어요. 지구를 구경해 보라고 하니 자기도 놀라. 생전에 보지도 못했고, 또 이런 것에 관심도 없었어요. 지금 보니 지구가 완전히 놀라울 정도로 변했대요. 그래서 자기가 불교를 접겠대. 대전 무시공센터에 공부하러 온대. 중국에도 한 스님이 있어요. 만행 스님이라는 분도 그렇고, 한국에서는 법륜 스님, 미국에는 또 유명한 한 스님 있어요. 모두에게 지구를 보여 주었어요. 지구의 변화에 대하여 모두 놀라요. 대전 무시공생명훈련센터에 와서 시공우주에서 하던 공부를 마무리하라고 했어요. 조용히 아무것도 모르고 있다가 보여 주니 다 놀라요, 그렇게 만들어 놨어요.

각 종교 최고 존재들도 우리가 다 흔들어 놨어. 우리 이 공부가 3단계 우주 작업이 빨리 이루어지려면 진짜 수많은 시간이 흘러가면서 수천 년, 수만 년 닦은 존재들을 끌어와야 된다고. 그분들이 와야 빨리 변한다고. 그런 존재들은 일체 다 버리고 산골에 가면 다 될까 했는데 얼마나 억울해. 이런 존재들이 우리하고 같이 무시공 직선빛으로 녹아나면 쉬워요, 안 쉬워요? 깨어나서 우리 대신 이끌어간다고.

그리고 더 밝힐 것은 태양계, 인간들 생각에는 태양계에서 지구에만 인간이 살고 생명이 있다고 생각해요. 다른 별에는 생명이 없다고 생각해. 과학자들이 계속 탐구해. 도대체 이런 우주에 생명이 있나 없나 탐구하고 있잖아요. 그럼 우리는 뭐예요? 인간은 상상도 못하지만 태양에도 생명이 있어요. 지구에는 제일 적당한 온도에서 산다고 생각해요. 그럼 명왕성에도 생명이 있다고요. 전부 지구인보다 과학이 발달했어요.

태양계의 각 별에서 수많은 존재들을 지구에 파견했어요. 무엇을 찾고 있어요. 심지어 서울에 각 별에서 파견되어 온 최고 존재들이 제일 많아요. 무엇인가 궁금해서 찾으러 왔어요. 그런데 우리 무시공이 그들에게 안 가르쳐주면 절대로 몰라요. 우리가 그들을 찾아내어 지구를 보고 대한민국을 보라 하니까 깜짝 놀라. 심지어 내가 뭐라 한 줄 아세요? 너희들이 지구에 파견 나와서 찾고 있는 성인이나 도인을 찾고 있지만 너희 관점으로는 영원히 못 찾는다. 너희들 앞에 누가 있어도 못 알아본다 그랬어요. 뭐 때문인가 안 가르쳐 줬어요.

내가 지난 15년 동안 아무리 이 몸은 가짜라 그래도 안 믿어. 왜 가짜라 하나, 진짜 우리하고 꼭 같은데, 그렇게 하면서 안 믿어줘요. 이제 대한민국에서 한 사람 한 사람 깨어나면서 믿어주고 있어요. 드디어 대한민국에서 사람들이 깨어난다고. 그래서 우리 대한민국에서 일어나는 거 너무 행복하다고 생각하세요. 온 우주에서 부러워해.

우리에게는 역할이 있어요. 우리는 제일 밑바닥에 있지만 제일 먼저 일원심을 받아들였어요. 무시공 진리를 받아들였어요. 나중에 도를 아무리 많이 닦은 열린 존재들이 와도 우리를 절대로 멸시하지 못해요. 반드시 우리한테 배운다고. 우리는 앞으로 그런 역할을 해야 돼요. 아무리 높은 존재라도 우리를 멸시 못 해요. 조금만 산소 없으면 못 견뎌. 그래서 궁금해서라도 와. 와도 못 알아들어. 도대체 무슨 원인인지, 누구라도 우리가 안 밝히면 영원히 몰라요. 왜? 직선빛과 파장빛 원리가 안 같아. 육안으로 어떻게 직선빛을 봐? 어떻게 무시공 존재를 봐? 절대로 못 본다고. 알려 줘도 못 봐. 안 알려 주면 더 못 봐. 난 비밀이 없어요. 모르니까 비밀이라고요. 계속 비밀 다 밝혔어요. 하나도 숨긴 거 없어요. 근데 이제 2015년 후에 작년부터 점차 사람들이 깨어나고 있어요. 내 뜻을 조금 이해하고 특별히 3단계 존재더러 실천에 옮겨 보라니까 내 말 증명되고 확인되고 있어요.

### 외계인과 소통하는 과학자

한 과학자 이야기를 밝힐게요. 지구에 외계 생명이 있나 없나 계속 탐구하고 있잖아요. 과학자들 깨우기 위해서 올해 63세인 독일의 과학자와 대화해 봤어요. 이름까지 알아요. 어느 별과 연결되어 있는지 물어봤어요. 어느 별과 연결되어 있대. 우주의 몇 개 별과 연락하고 있나 물어보니 63개 별과 연결되어 있대요. 그럼 최고 별, 최고 존재가 있는 별의 거리가 지구에서 얼마나 되나 물어보니 20억 광년이고 제일 낮은 별은 1,800광년. 그럼 어떤 방식으로 소통하나? 주파수와 비슷한 것을 가지고 한대. 그럼 당신이 아는 생명에 관심 있는 우주의 과학자들을 불러내라고 하니 세 명인가 네 명 밝혔어요.

그래서 우리가 그 과학자들을 다 깨울 거예요. 그렇게 되면 과학자들이 몰려들겠어요, 안 몰려들겠어요? 도 닦는 존재도 모여들 수밖에 없고 종교들도 할 말이 없잖아요. 3천 년, 4천 년 동안 도 닦고 기도해도 뭐가 바뀌었어요? 우리는 지금 각 분야를 흔들어 놨어요.

2030년이 오면 새로운 세상이 열려요. 그땐 새로운 인간이 탄생해서 극락 세상이 와요.

평생 최면을 하면서 살아온 미국의 82살 된 여자를 어제 찾아 물어봤어요. "당신은 어느 별과 연락되나?" 어느 어느 별하고 연락된대. 너는 우주선 찾는 존재 아니냐고 하니 안대. 너는 탈 생각 있나 하니 못 탄대. 무섭대. 타면 오장육부가 녹아들어 갈까 봐 못 탄대요. 몸을 생명이라 여기고 주파수가 높은데 타면 당연히 망가질 수밖에 없다고 알려 주었어요. 그런데 우리는 무서워요, 안 무서워요? 우리는 그것을 구경한다고 하니까 그분이 놀랐어요. 전에 강의할 때 그랬잖아요. 그분이 보니 새로운 지구와 낡은 지구로 분리되고 있다고요. 새로운 지구는 수련해서 자비심이 많든지 그런 존재만 새로운 지구에 들어갈 수 있고, 거의 극락세계에 있고. 그런 마음 안 되면 낡은 지구에 와서 없어진다고. 그걸 암시하고 있어요. 히틀러는 태양이 분리된다고 했고. 나는 뭐라고 했느냐면 인간이 분리되고, 세상도 분리되고, 지구, 우주도 분리된다. 지금 분리되고 있어요, 없어요? 우리가 최근에 와서 우주 작업을 했어요.

처음에 대전에서 시작한다. 지금 수많은 과학자, 도 닦는 사람, 종교 지도자 등 각 방면의 지도자들에게 지구를 보라고 했어요. 다들 뭐라고 해요? 다 같은 말을 하고 있어요. 지구가 갑자기 밝아졌다. 대전의 빛이 너무 강해서 생전에 못 본 빛이 나타났다고. 그 빛이 우주를 바꾸는 역할을 한다고. 내가 하는 말 아니에요. 각계각층의 지도자들이 직접 보고 하는 말이에요. 그래서 지금 수많은 고급 존재들이 대전에 모여들고 있다고요.

우리는 2030년에 이 일이 끝난다고 했잖아요. 각 종교가 없어진다고 했잖아요. 2030년 후에 우리는 우주 작업을 한다고 했잖아요. 그게 앞당겨지고 있어요. 상상을 초월했어요, 시간을 15년 앞당겼어요. 지금 이미 우주 작업에 들어갔어요. 여기서 엄청난 변화가 일어나요. 이제 고생은 끝이에요. 빨리 깨어나라고요. 특별히 한민족이 빨리 깨어나세요. 나중에 외국인들이 먼저 몰려들어 오면 후회하지 말고요.

지금 중국의 과학자도 이 자리에 왔다가 갔어요. 그분이 대전 무시공센터에 있는 매심 시를 보고 놀라요. 도대체 누가 썼나. 과학도, 과학자도 빨리 깨어나야 된다고. 지금 과학자들이 아는 것은 천문학, 물리학이지만 우리가 아는 것은 우주학이에요. 생각해 보세요. 천문학, 물리학이 높아요, 우주학이 높아요? 우리는 우주 작업을 하고 있는데 지구 과학자들은 어느 별을 탐구하고 있어요, 중국에서 제일 큰 망원경 만들어서 어느 별에 생명이 있는지 관찰하고 있어요. 그거 찾으려고 엄청나게 노력하고 있어요. 실제로는 모든 별에 생명이 있는데 그것을 못 봐요. 볼 수가 없지.

내가 그랬죠. 분자세상, 물질세상에서 지구와 별은 태양을 중심으로 돌고 있어요. 그게 태양계잖아요. 그럼 태양계는 은하계를 중심으로 돌잖아요. 2015년 중국 과학자가 뭐라고 했어요? 지금 무슨 원리인지는 모르겠지만 은하계의 중심에서 블랙홀이 갑자기 작동해서 엄청난 빛이 지구에 쏟아져 오고 있다. 그런데 그 빛은 2015년 4월이면 지구에 도착하고 7월 달이면 지구 전체를 덮는다고 했어요.

그 과학자는 물질 관점에서 은하계에서 블랙홀이 작동한대. 과학자 눈을 열어 놓고 지구를 보라 그랬어요. 그 과학자도 놀라요. 왜냐

하면 대전에서 블랙홀이 돌고 있는 것을 확인했거든요. 온 지구 주변이 지구를 중심으로 돌고 있어요. 은하계도 돌고 있어요. 최근에 와서 작업했어요. 그분도 과학자인데 자기가 직접 보고 더 놀랐어요. 대전에 블랙홀이 회전하고 있고, 태양계의 별이 대전을 중심으로 돌고 있다고요. 상상도 못 할 일이에요. 말이 안 되는 일이에요.

미국의 최면가인 그분도 놀랐어요. 그것을 우리가 작업했다고 하니까 놀라면서도 불가능하대요. 왜? 우리를 사람으로 봤기 때문에. 사람으로서는 불가능해요. 맞죠? 그래서 우리가 물어봤죠. "물질이 생명을 지배하는가, 생명이 물질을 지배하는가?" 하고 물었어요. 이론적으로는 생명이 물질을 지배하는데 실질적으로는 물질이 생명을 지배한다고 대답해요. 아직도 이렇게 막혀 있다고요.

또 대만의 어느 대학 교수이면서 목사인 여자가 있어요. 지금 미국에 가 있는데 지구에 말세가 와서 곧 변화가 이루어진다고 예언하는 분이에요. 그 사람이 놀랐어요. 이 지구가 갑자기 변하고 있다고. 우주가 변하고 있고 상상도 못 한다고. 그럼 아직까지 예수 기다리느냐고 물어보니까 아니래. 이렇게 깨우쳐서 빨리 살아나야 한다는 거예요.

그래서 우리가 지구 중심으로 해서 블랙홀이 도니까 많은 별이 빨려 들어온다고요. 신화 얘기처럼 들으세요. 지금도 열린 사람들은 다 보여요. 나 혼자서 억지로 말한다고 되는 게 아니에요. 나하고 아무 관계도 없는 우주 존재도 인정하고 있어요. 지구에 사는 인간이 인정 안 해도 괜찮아. 우리가 뭐 지구를 위해서 작업해요? 우주를 위해서 작업한다고요. 지구 70억 인구 중에서 아무도 안 받아들여도 우리는 끊임없이 하고 있어요. 그래서 이 기회를 절대 놓치지 마세요.

## 내가 움직이면 우주가 움직인다

아동우주동(我動宇宙動). 우리는 '아동우주동'을 이론으로 받아들이고 있어요. 내가 움직이면 어떻게 우주가 움직이겠나? 저는 이미 설명했어요. 뭣 때문에 내가 움직이면 우주가 움직이나? 인간은 우주를 움직이려고 해도 안 돼. 또 움직인다 해도 증명이 안 돼요. 무엇 때문인가? 관점뿐만 아니라 그 원리가 안 같아요. 시공과 무시공의 근본원리가 안 같아요.

### 일원심 지키면 우주가 바뀐다

내가 2단계 전에는 많은 얘기를 했지만 3단계는 할 말이 없어요. 2단계 존재들에게 3단계 얘기를 하면 신화처럼 들리고 또 오해할 수도 있어요. 1월부터 8월 말까지 지금 엄청나게 우주 작업이 진행되고 있어요. 저는 2030년 이후에 우주여행을 하고 우주 작업 들어간다고 했어요. 그런데 정말 일원심 잘 지키는 분이 나타나서 이미 그 우주 작업에 들어갔어요. 15년이나 앞당겼어요. 이건 진짜 놀라운 일이에요. 믿든 안 믿든. 그리고 내가 움직이면 우주가 움직인다. 이것은 내 개인의 힘이 아니에요. 이것은 3단계 존재의 실천으로 증명되고 있어요.

아동우주동(我動宇宙動). 우리는 '아동우주동'을 이론으로 받아들이고 있어요. 내가 움직이면 어떻게 우주가 움직이겠나? 저는 이미 설명했어요. 뭣 때문에 내가 움직이면 우주가 움직이나? 인간은 우주를 움직이려고 해도 안 돼. 또 움직인다 해도 증명이 안 돼요. 무엇 때문인가? 관점뿐만 아니라 그 원리가 안 같아요. 시공과 무시공의 근본원리가 안 같아요. 하나도 같은 점이 없어요. 많은 종교 많은 수련 단체 용어도 우리하고 비슷한 것도 있어요. 나는 우주다. 나는 소우주, 우주는 대우주고 이렇게 또 나눴어요. 자기들은 우주라고 하면서 움직이는 것은 개인이 움직이는 거예요.

그럼 우리, 여기서는 내가 움직이면 무엇 때문에 우주가 움직이는가? 제일 먼저 관점은 온 우주를 생명으로 보라 그랬어요. 이것이 제일 기초적인 관점이에요. 그럼 오늘날까지 어떤 종교나 수련 단체가 일체를 생명으로 봤어요? 오직 우리 여기뿐이에요. 인간은 주객을 나누었기 때문에 살아 있는 것은 생명이고 다른 건 생명이라고 안 하잖아요. 전부 다 물질로 보고 있어요. 이것이 근본 차이점이에요. 우리는 일체를 생명으로 보잖아요. 단지 그 생명이 존재하는 방식과 형식이 다를 뿐이라고 보잖아요. 그런데 인간은 이분법 때문에 분리하는 관점 때문에 생명으로 안 보여요.

그럼 저는 무엇 때문에 전부 다 생명으로 보라 그랬나? 우리 한번 이렇게 생각해 보세요. 수많은 강의 속에 암시했지만, 자신의 고정관점 때문에 이해를 못 해요. 시공에서도 일체를 생명으로 봐도 되지만 그것은 변화하는 이분법 마음을 가진 생명이에요.

예를 들면 우리 분자 세상에서 선악 가르고 무극까지 가면 음양이잖아요. 그럼 돌이나 나무판도 물질로 계속 파고 들어가면 음양으로 되어 있잖아요. 나라는 존재도 계속 파고들어가면 음양으로 되어 있잖아요. 내 몸과 마음이 전부 음양으로 되어 있잖아요. 마음은 이분법 때문에 음양으로 되어 있고, 물질인 몸도 계속해서 뚫고 들어가면 음양으로 되어 있잖아요. 그럼 나는 생명이고 돌은 생명이 아니라고? 나는 생명이고 나무판은 생명이 아니라고 그래요. 그것은 인간의 잘못된 관점이에요.

나는 이분법 입장에서 봐도 일체가 다 생명으로 보여요. 인간은 그것을 모르니까 나는 생명이고 너는 돌멩이고 너는 유기물이고 너는 무기물이고, 계속 나누고 있잖아요. 과학자도 일체가 생명이라는 것을 모르잖아요. 철학에서도 그런 말 했어요? 아무 데도 없어요. 오직 우리 여기서만 밝히고 있어요. 그럼 진짜 생명 역할을 하나, 안 하나? 우리가 생명 입장에서 문제 보면 관점이 다르니까 결과가 어떻게 다른가?

우리 한번 이렇게 생각해 보세요. 우리는 무시공 존재야. 무시공 존재는 뭐예요? 일원심. 일원심이 뭐예요? 절대 긍정 마음. 그럼 절대 긍정 마음 이것을 가지고 한번 분석해 보세요. 시공의 일체 물질을 생명으로 보면 음양으로 되어 있지요? 그럼 음양이 뭐예요? 긍정과 부정, 그 마음으로 본다면 이 돌멩이도 나무판도 긍정과 부정 두 가지 마음을 가지고 있다 이렇게 말하면 되잖아요. 우리가 다 생명으로 본다면 긍정 마음과 부정 마음 두 가지가 맞잖아요.

그런데 인간이 말하는 긍정 마음은 상대 긍정. 왜냐면 부정을 인정하기 때문이에요. 그럼 나는 물질 관점을 생명 관점으로 바꿔서 시공의 일체 물질을 생명으로 본 입장, 그걸 기초로 내 일원심 절대 긍정 마음하고 상대 긍정 마음하고 통해요, 안 통해요? 무극에서 분자 세상까지 다 통하잖아요. 돌멩이도 긍정 마음 있지요. 나무판에도 일체 다 긍정 마음이 있어요. 그럼 내 일원심 절대 긍정 마음하고

긍정 마음하고 통해요, 안 통해요? 완전히 하나가 되잖아요.

그럼 내가 움직이면 온 우주가 움직여요, 안 움직여요? 내가 움직이면 온 우주가 움직이고 내가 마음 바꾸는 순간에 온 우주가 같이 바뀌고 있어요. 그래서 '아동우주동'이라는 거예요. 믿든 안 믿든. 이 것은 2단계에서는 이해가 안 돼요. 왜냐면 안 보이니까요. 3단계 존재로 들어오면 보여요. 움직이면 변하는 게 보여요. 증명할 수 있어요. 그렇지만 우리는 이분법 마음 때문에 안 보여요. 우리는 너무 갇혀 있다는 거예요. 자기를 너무 막아 놓았어요. 그러니까 소통이 안 돼요. 전부 다 벽담 돼서 자기 외에는 전부 물질로 보이니까 고립됐잖아요. 내가 일체 물질하고 일체 생명하고 완전히 하나 됐을 때는 내가 움직이는데 안 움직이는 것이 이상하잖아요.

인간은 이분법 때문에 항상 자기를 고립시켜 놓고 내 힘의 한계를 만들어요. 자기 능력을 제한해 두었어요. 그럼 우리가 일체를 생명으로 보는 입장에서 보면 우리가 무한대의 능력을 갖추고 있다는 걸 암시해 주고 있잖아요. 그런데 우리는 습관이 돼 있어요. 일원심 지키면서도 이거 되겠나? 이루어지겠나? 바꿀 수 있겠나? 그 습관이 돼 있어요. 그럼 우리는 뭐라고 해요? 나는 안 되는 게 없어. 내가 하는 것은 무조건 다 돼. 무엇 때문인가? 일원심은 일체와 통하니까. 그럼 내가 움직이면 우주가 움직인다는 것. 이게 이론이에요, 실천이에요? 지식이에요, 철학이에요? 아니면 실제 행동이에요? 그래서 우리 여기서는 이론도 없고 지식도 없고 철학 관점도 없어요. 무조건 행하면 돼요. 내가 일원심 지키는 순간에 내가 움직이면 우주가 바뀌고 있어요.

### 블랙홀, 아동우주동, 직선 빛

우리가 우주 작업을 한다는 것은 개인 수련하고는 상관없잖아요. 인간은 개인 수련을 해서 영생하겠다고 동굴 안에서 수천 년, 수만 년 했어요. 그래서 영생을 하나? 생사를 벗어났나? 물어봤어요. 못 벗어났대요. 그럼 벗어나는 방법 알아요? 모르잖아요. 그래도 끊임없이 수련하고 있어요. 우리는 뭐라고 해요? 수련은 다 끝났다고. 수련이 왜 끝났는가. 내가 움직이면 우주가 움직이는 원리를 아는데 뭐 하러 수련해요. 쓸데없는 짓 하고 있는 것 아니에요?

그래서 우리가 간단하게 종합하면 첫째로, 내가 일원심을 지켜라. 일원심이 뭐예요? 절대긍정이잖아요. 일원심 지키면 무슨 현상 일어나요? 블랙홀 현상이 일어나요. 향심력. 우리가 개인의 입장에서는 일원심 지키는 순간에 향심력이 생긴다고 그랬잖아요. 그럼 우주 입장에서 보면 확장되어 블랙홀이잖아요. 내가 일원심을 지키고 움직이는 순간에 나는 이미 블랙홀을 작동하고 있어요.

일원심은 합하는 마음. 한곳에 뭉치는 마음. 빨아 당기는 마음. 그래서 일원심을 지키면 나를 중심으로 해서 계속 안으로 빨려 들어와요. 계속 뭉치면 내 힘이 무한대로 강해지잖아요. 온 우주가 나한테 빨려 들어오잖아요. 이원념은 쪼개는 마음. 자꾸 분리하는 마음. 분산되는 마음. 그래서 이원념을 가지면 나를 중심으로 자꾸 쪼개 나가서 결국 나를 죽이고 없어지는 방향으로 가잖아요. 일원심하고 이원념하고 근본 차이가 이것이에요. 방향이 다르잖아요.

그러니까 핵심이 뭐예요? 첫 번째는 일원심을 지키라는 거예요. 절대 긍정을 지키라는 거예요. 절대 긍정 마음을 지키는 순간에 나는 이미 블랙홀을 작동하고 있어요. 우리가 여기서 공부하고 일원심을 지키면 반드시 블랙홀이 작동해요. 이게 수련하고, 도 닦고, 종교하고 상관있어요? 절대로 없어요. 이 원리만 알고 이것을 지키면 되잖아요. 내가 일원심이면 무조건 블랙홀이 작동한다. 결론 내릴 수 있어요, 없어요?

그리고 두 번째는 내가 일원심만 지키면 무조건 우주가 움직인다. 내 일원심 절대 긍정 마음하고 일체 생명 긍정하고 통하기 때문에 내가 움직이면 우주가 움직인다는 거예요.

세 번째는 일원심은 무조건 직선 빛이다. 일원심 자체가 파장이 없어요. 우리가 비공선지를 종합하면 이렇게 간단하게 이해하면 돼요. 내가 일원심을 지키면 순간에 세 가지 효과가 있다. 세 가지 특징을 가지고 있다. 하나는 향심력, 향심력을 확장하면 뭐예요? 향심력은 아직도 내 개인 입장에서 문제를 보는 거예요. 내가 블랙홀이라는 것은 뭐예요? 내가 우주 입장에서 문제를 보는 거예요. 그래서 일원심 지키는 순간에 블랙홀 특징을 가지고 있어요. 또 하나는 우주를 움직이는 특징을 가지고 있어요. 세 번째는 직선빛이에요. 이것을 꼭 기억하세요. 이것만 알면 대자유예요. 일원심만 지키면 끝이잖아요. 여기서 핵심이 뭐예요? 바로 일원심을 지키라는 것이에요. 절대 긍정을 지키라는 거예요. 절대 긍정 마음을 지키는 순간에 나는 블랙홀을 돌리고 있어.

두 번째는 뭐예요? 우주가 움직이고 있어요. 세 번째는 뭐예요? 직선빛이에요. 직선빛이 너무 중요해요. 직선빛은 일체 모든 물질을 뚫고 들어갈 수 있고 일체 생명 안에 마음을 뚫고 들어갈 수 있어요.

그래서 내가 움직이면 이 시공우주의 분자세상에서 무극까지 일체 존재 마음을 다 읽을 수 있어요. 일체 존재 마음하고 통할 수 있어요. 무엇 때문인가? 우리는 직선빛이기 때문이에요.

**대전 상공의 우주선**

많은 사람이 외계인하고 통했어요. 그런데 외계인하고 통하는 것도 한계가 있어요. 파장이 맞는 외계인하고만 통할 수 있어요. 파장은 한계가 있기 때문이에요. 분자세상에서 무극까지의 파장은 안으로 들어갈수록 주파수가 높고 세밀해지잖아요. 제일 밑바닥의 주파수가 제일 낮아요. 분자 세상에서 우리 몸의 주파수 파동이 제일 거칠고 무거워요. 안으로 위로 올라갈수록 세밀해요.

저는 처음 우주인과 대화할 때, 전자파라고 하면 완벽하지 않은데 그럼 무극까지 무어라 해야 되겠나? 항상 우리는 전자파라고 그랬어요. 그런데 외계인과 대화해 보니 소통이 안 돼요. 쓰는 단어가 안 같잖아요. 그럼 거기 파동은 어떻게 말해야 하는지 그 단어를 못 찾았는데 외계인이 주파수라고 가르쳐 줬어요. 주파수는 분자세상에서 무극까지 전부 다 주파수잖아요. 파장이잖아요. 전자파는 한계가 있어요. 전자파는 우리 밑바닥의 겨우 원자 상태, 더 깊이 말하면 미립자, 초미립자 상태만 전자파가 작동하지만, 그 이상은 전자파도 못 들어가요. 그래서 주파수라 하니까 파동 주파수라 하니까 알아들어요.

그리고 외계인은 처음에는 우리를 못 알아봐요. 우리 빛은 무극의 존재도 못 알아봐요. 왜냐면 우리는 직선빛이기 때문이에요. 무극의 존재도 파장으로 된 빛이잖아요. 파장으로 된 마음이잖아요. 그럼 우리 직선 빛은 이 우주에서 아무도 본 적이 없어요.

지금 지구에도 많은 외계인이 있어요. 우리가 직접 찾아서 여기 대전을 보라고 하면 놀라요. 자기네도 지구의 정보를 캐서 알려고 해도 우리가 안 알려주니까, 대전에서 엄청난 일이 일어나고 블랙홀이 작동하는 것 상상도 못 해요. 우리가 소개하는 순간에 놀라요. 직선빛이 너무 무섭고 강하고 온 우주가 다 빨려 온다고 해요.

그럼 우리 지구에는 나중에 무슨 세상이 온다는 예언이 있지요? 우주인과 각 차원에 있는 외계인들과 대화하는 과정에서 물어봤어요. 너희 우주에도 무슨 예언이 있나? 있대요. 나중에 우주가 합일된다는 것. 우주인은 그날을 기다리고 찾고 있어요. 지구인은 무얼 생각해요? 나중에 온 지구가 하나로 된다? 그러나 우주 입장에서 하나 된다는 개념은 없어요.

우주의 각 차원에 있는 존재들에게 대전을 소개하면 자기들이 기다리던 것이라고 바로 알아차려요. 대전에서 시작한다는 거예요. 눈에 안 보이니까 신화 얘기처럼 들으세요. 그리고 되도록 대전의 무시공생명훈련센터에 모이세요. 개인이 집에서 하는 것하고 무시공생명훈련센터에서 체험하는 것이 절대로 같지 않아요.

내가 또 비밀 한 가지 밝힐까요? 우리 여기 대전 공간에 수많은 우주선이 와 있어요. 우주선도 각 층차에 따라 와 있어요. 우리 눈에 보이는 밑바닥의 우주선은 없어요. 고급 존재의 우주선만 와 있어요. 밑바닥에 있는 것들은 여기 오고 싶어도 못 와요. 자격이 안 되고 무서워서 못 온대요. 그리고 이번에 우리가 이렇게 했어요. 은하계 최고 통치자를 여자로 교체하고 은하계 밑바닥에 있는 우주선을 이 대전에 끌어모아라 그랬어요. 그러니까 우리 몸하고 조금 적응되잖아요.

우리 분자몸은 너무 높은 것은 적응이 안 돼요. 바뀌기 힘들어요. 가장 낮은 차원에 있는 우리의 마음과 몸은 낮은 차원의 파장과 맞아야 바뀌잖아요. 그래서 우리 마음이 조금만 높으면 높은 차원에서 우리 몸을 풀어줘요. 그 파장 때문에. 그렇다면 분자 세상에서 무극까지 우주선이 깔려 있으면 풀기가 쉽잖아요. 분자몸 바뀌는 속도가 빨라질 수 있어요. 그것도 한 가지 방법이에요.

# 지구에서 시작할 뿐, 지구인 위한 것이 아니다

> 내가 시작하는 일은 지구에서 시작을 할 뿐이지 지구인을 위해서 하는 일이 아니에요. 따라오면 따라오고 못 따라오면 자연 도태당해요. 세밀한 공간에 더 많은 고급 생명이 기다리고 있다고 내가 얘기했잖아요. 2030년 이후에 그 작업 들어가려고 했는데 지금 시작됐어요.

### 세밀한 공간의 고급생명이 기다리고 있다

나는 숫자 개념이 없어요. 70억 인구가 꼭 여기 와서 배워야 한다는 그런 개념 없어요. 내가 시작하는 일은 지구에서 시작을 할 뿐이지 지구인을 위해서 하는 일이 아니에요. 따라오면 따라오고 못 따라오면 자연 도태당하고. 그게 나하고 무슨 상관이에요? 세밀한 공간에 더 많은 고급 생명이 기다리고 있다고 내가 얘기했잖아요. 2030년 이후에 그 작업 들어가려고 했는데 지금 시작됐어요. 온 우주가 떠들썩해졌어요. 지금 눈이 열린 존재라면 한번 보세요. 여기 우주인과 대화해 보세요. 지구에서 엄청난 일이 일어났다고 난리가 났어요. 각 차원의 별은 지구하고 거리가 너무너무 멀어요. 그래도 지구의 어디가 제일 밝으냐고 하면 바로 대전이라고 해요. 대전이라는 단어 이 자체까지 다 알아요. 신기하잖아요.

별에서 만약 몇 천억, 몇 백억 광년에 있는 별의 최고 존재를 보고 어디가 제일 밝으냐고 하면 바로 대전이 밝다고 해요. 그럼 우주의 5억조 광년, 10억조 광년 거기 있는 존재에게 물어봐도 다 알아요. 이거 엄청난 일이잖아요. 지금 우리 여기도 지상에서 수련하던 수많은 고급 존재들이 모이고 있어요. 어떤 분은 오랫동안 수련했기 때문에 분자몸의 껍질은 벗겨져서 우리가 보려 해도 안 보여요. 좀 보여 주라고 하면 너무 힘들대요. 겨우 벗어났는데 만약 보여 줬다가 다시 못 나갈까 봐 너무 고통스럽다고 생각을 해요. 외계인도 그런 생각을 가지고 있어요.

### 마추픽추의 교훈

예를 하나 들면 우리 카페에 있는 우주 작업 가운데 마추픽추 사람들 순간에 없어졌잖아요. 우리가 알아보니 원래는 땅속에서 사는 인간들이에요.

그런데 '태양신' 왕이 땅속에서 끌어내어 땅 밖에서 살게 했어요. 그래서 5천억 광년의 존재가 와서 인간을 더 높은 차원으로 끌어올리려고 천 년 동안 설득하고 작업했어요. 그런데 누구도 말을 안 들어요. 왜냐하면 땅속에서 살다가 땅 밖으로 나오니까 너무 밝고 행복하잖아요.

땅속에 살던 고정관념이 꽉 차서 아무리 설득해도 지상이 땅속보다 너무 좋고 행복하다고 느끼고 만족을 했기 때문에 끌어올리려 해도 안 됐어요. 그래서 이 5천억 광년의 존재가 천 년이나 훈련을 해도 한 놈도 안 깨어나고 어떤 노력을 해도 안 되니까 포기하고 5천억 광년으로 가버리자 '태양신' 왕도 원래의 땅속으로 가 버렸어요. 그러자 사람들이 순간에 땅속으로 스미듯 빨려 들어가 버렸어요. 그렇게 빨려 들어가고 나니까 왕은 땅에 들어갈 수 있고 나올 수도 있었어요. 땅 밖에 나오면 전에 살던 곳 보면서 눈물을 흘린대요.

그런데 사람들을 어떤 방법으로 끄집어내려고 해도 나오지 못해요. 무슨 뜻이에요? 여기서 무엇을 해석하려는가 하면 우리 마음의 이원념을 철저하게 안 버리면 언젠가는 그 속으로 빨려 들어간다고. 내가 그걸 말하려고 이 예를 들어요. 신화 얘기 같지만 자기의 고정관념, 자신의 땅속에 사는 그 마음이 안 바뀌니까 포기하는 순간에 도로 빨려 들어가 버렸잖아요. 그럼 우리 이번에 대화하는 방식으로 나오기 시작했어요. 나오면 내가 뭐라 그래요? 대전이 살길이다. 이 예를 왜 들어요? 우리도 지금 일원심으로 바꾸라고. 절대 긍정 마음을 지키고 이원념은 철저히 없애야 해요.


**나를 알려면 비공선지를 봐라**

나는 어떤 존재인가? 2000년도 한국에 와서 말했어요. 나는 가짜다. 나 자체를 보지 마라. 진짜의 나는 인간들에게 안 보인다. 그런데 사람들이 안 믿어요. 인간보다 더 거칠고 이원념에 가득 찼는데 인간하고 뭐가 다르다고? 저는 달라요. 그럼 우주인도 처음에는 우리를 인간으로 봐요. 그래서 근래에 와서 지구인하고 우리하고 비교해 보라고 하니까 다르대요. 뭐가 달라요? 우리 안에는 전부 다 빛으로 되어 있고 껍질만 어두워요. 지구인은 안과 밖이 전부 다 어둡다고 해요.

그럼 우리는 뭣 때문에 안이 밝아요? 일원심 지키니까 에너지 상태로 몸은 이미 다 일원심 빛으로 되어 있잖아요. 분자몸이 이놈의 껍질을 못 벗어나니까 이게 덮여가지고 외계인이 보면 지구인과 같다고 오해할 수 있어요. 우리 안을 보라 하니까 그제야 발견해요. 우리 몸 안의 빛하고 대전의 빛하고 지구의 새로운 빛이 완전히 일치한다는 거예요.

외계인이 많이 열려 있어도 말 안 해주면 몰라요. 알려주는 순간에 놀라요. 그래서 우리가 지구인하고 분리되니까 우리도 조금 편해졌잖아요. 아니면 계속 오해받잖아요. 우리가 자꾸 끊임없이 소개하니까 지구인하고 진짜 안 같다고 해요. 그럼 우리하고 너희 별 사람하고 비교해 보라고 하니까 다르다고 해요. 빛 자체가 하늘과 땅 차이라고 해요.

우리는 지금은 계란처럼 안에는 병아리가 다 되어 있어요. 껍질에서 나오면 우리는 이 우주에서 최고 존재 제일 완벽한 존재예요. 무극의 존재도 우리하고는 비교가 안 돼요. 왜냐하면 우리는 완전히 무시공 존재가 됐기 때문이에요.

이놈의 껍질이 덮여서 사람도 오해하고 외계인도 오해하고 있어요. 아무리 지구인과 같지 않다고 해도 안 믿어요. 2000년부터 오늘날까지 내 이 몸은 가짜라 해도 믿는 사람 몇 명 돼요? 그래서 내가 하도 답답해서 그랬어요. 진짜 내가 어떤 존재인지 알아보려면 비공선지를 봐라. 진짜 나를 알아보려면 내 입장에 와 봐라. 나의 사고방식을 닮아 봐라. 그러면 완전히 바뀌어요. 자꾸 자기 입장에서 나를 보려고 하고 주객을 나누어 분석하니까 영원히 나를 못 알아봐요. 저는 감히 결론을 내려요.

　나는 나에게 경각심을 높여요. 나는 사람 속에 있지만 나는 시공에 온 적이 없다. 그런데 지금도 시공에 있잖아? 내가 있는 자리는 무시공이고 여러분이 있는 자리는 시공이라고. 내가 시공 안에도 무시공이 있다고 했잖아요. 나는 지금 인간 말로 하지만 나는 인간 말한 적이 없다. 인간 말로 하면서 왜 인간 말 안 했다고 해? 진짜 안 했어요. 나는 인간하고 대화한 적이 없다. 사람들은 이해 못 해요. 분명히 인간하고 대화하면서? 나는 무시공 존재하고 대화했지 이 껍질, 이 이분법하고 대화한 적이 없어요. 난 인정도 안 해요. 난 날마다 술 먹고 노래하고 춤추고, 인간들은 스승이라 하면서 더 난리치며 놀고 있다고 생각해요.

　너는 시공에서 보고 나는 무시공에서 놀았다. 나는 한 번도 인간하고 술 마신 적이 없다. 난 한 번도 인간하고 장난친 적이 없어. 나의 일체 행동은 무시공에서 했다. 네가 무시공 맛을 알아? 그래서 저하고 같이 있다 보면 좀 닮아갈 거예요.


### 물질을 에너지로 바꾸는 공부

　저는 인간 세상에서 생전에 안 밝힌 우주의 비밀, 이 우주에서도 안 밝히는 다른 우주의 비밀을 처음으로 밝힌다고 그랬잖아요. 처음이면서 마지막. 우리가 공부 안 하면 땅속에 들어갈 수 있잖아요? 이 공부 안 하면 땅속에 들어갈 기회도 없어져 버려요.

　지금 이 분자세상의 세밀한 공간 전체가 바뀌고 있어요. 지구도 바뀌고 있어요. 완전히 바뀌어 버려요. 아직 이 지구가 그대로 있는 것 같지요? 눈 열린 존재는 다 놀라요. 태양계 전체가 다 바뀌고 있어요. 우리가 무감각 시공에서 작업하고 있어요. 믿든 안 믿든. 분자 물질은 어디서 나타났어요? 에너지 상태에서 쌓이고 내려오니까 분자 상태가 되었잖아요.

그럼 우리는 물질을 에너지로 바꿀 수 있어요, 없어요? 에너지도 물질로 바뀌면 물질도 에너지 상태로 바뀔 수 있잖아요. 서로 변할 수 있다는 거예요. 에너지가 쌓이고 쌓이다 보니까 밑바닥에서 물질로 나타났어요. 그럼 그 원리를 알았다면 사람들이 물질을 에너지 상태로 변화시키는 방법을 알아요? 과학자도 몰라요. 그럼 우리 여기서는 알잖아요.

우리는 물질을 에너지 상태로 바꿀 수 있어요. 어떤 방법으로 바꿀 수 있어요? 우리 공부는 물질을 에너지로 바꾸는 공부잖아요. 쪼개는 마음이면 에너지가 물질로 바뀌고 합하면 물질이 에너지로 바뀌잖아요. 그래서 우리가 분자세상에서 시작했지만 우리는 어디로 가요? 무시공에 가잖아요. 시작하자마자 우리는 무극에서 시작한다고 그랬잖아요.

인간의 각종 수련이나 종교는 분자세상에서 헤매잖아요. 그래서 올라가려고 아등바등하잖아요. 어느 수준에 가면 한계를 느끼고 또 다른 곳을 찾아서 깨달아야 하고. 우리는 깨달을 필요가 있어요? 깨달을 필요도 없고 수련도 필요 없고 탐구할 필요도 없어요. 이미 답이 다 나왔잖아요. 합하면 물질이 에너지로 바뀐다. 쪼개면 에너지가 물질로 바뀐다. 이 원리 알았으면 우리가 최고 과학자예요. 이 원리만 알면 일체가 끝이에요. 우리 이 하나의 관점 가지고 우주의 일체 이론을 다 초월했어요.

우리는 합하는 순간에 합하는 마음을 가지고 일원심만 지키면 이미 무극에서 시작하는 거예요. 그럼 우리는 무극 이하의 노력은 할 필요가 없잖아요. 인간들은 수천 년, 수만 년 도 닦아도 무극이 어떻게 생긴 줄도 모르잖아요. 그래서 지구인이 열 명만 내 뜻을 알아도 내가 지구에서 할 일은 끝났다 그랬어요. 그런데 겨우 여기서 몇 명 나타났어요? 이번 연말까지 열 명 채울지 못 채울지 나도 몰라요. 너무 많이 막혀서 말도 안 듣고 자기 고집대로 하려고 하잖아요. 그럼 땅속에 빨려 들어간 땅속의 인간과 다를 게 뭐 있어요? 그 껍질 벗기세요. 포기하세요.

우리가 물질에서 에너지 상태로 변하는 건 분자몸이 바뀐다는 거예요. 무슨 약을 먹어 분자몸을 바꿔요? 조상부터 도 닦으면 변해요? 그래서 우리 인간이 없어져야 해요. 왜 안 변해요? 우리가 이원념에서 일원심으로 바꾸는 순간에 우리 몸이 바뀌어요. 에너지 몸으로 변해요. 이제 이해돼요? 그러면 희망이 보이죠?

우리는 몇천 년 수련할 필요도 없어요. 우리가 일원심 지키면 2030년 안에 희망이 보이잖아요. 왜 못 해요? 아직도 물질에 빠져 가지고 돈 있어야 되고, 살아야 되고…. 그럼 나중에 이런 환경이 없어지면 어디 가서 살래요? 우리가 그런 우주 작업을 하고 있어요.

아직도 돈에 파묻혀 있어요? 나중에 후회할 거예요. 땅속에 빨려 들어가는 인간들처럼. 인간들이 이 원리를 알면 이제는 들어가라고 해도 안 들어가요. 이게 진짜 최후의 살길이라는 이 원리를 알았으니까. 이제는 원래 그 땅속의 관점 지키라 해도 안 지켜요. 왜? 빨려 들어갈까 봐 무서워서. 우리도 한번 혼나 봐야 하는데 그 기회조차도 없어요. 혼날 기회도 없어요. 빨리빨리 바꾸라고, 시간이 얼마 안 남았다고 내가 수없이 그랬어요.

우리가 지구를 지키는 존재 '마오'를 열어놓고 지구와 대전을 보고 온 우주가 변하는 것을 보라고 하니까 인정은 해요. 그런데 마음을 안 바꿔. 자기 관점이 맞는다고 고집을 피워요. 몇 번이나 그러기에 내가 그랬어요. 이 지구를 네가 쓰레기로 만들었다고. 지구가 제일 낙후된 것도 네가 막아 놓았기 때문이라고. 그러니까 뭐라 그래요? 이 비밀을 어느 정도 밝혀야 할지 자기도 모른대요. 그래, 우리는 일체 비밀을 다 밝혔다. 그런데 너는 아직 비밀 지키고 있어? 그럼 그 사고방식하고 우리 사고방식하고 다르잖아요?

우리는 지구를 완전히 열어 놓아야 돼요. 외계 일체 기술 다 들어와야 돼요. 우리 지구에서도 어느 나라를 봉쇄해 놓으면 그 나라가 잘돼요? 자기 것만 지키면 다 망하잖아요.

사람 사는 생활방식에서도 그래요. 나한테 무슨 비밀 있으면 나만 알고 지키면 내가 잘산다? 자기가 망해요. 여세요. 우리 마음을 여세요. 자기 마음이 열리면 우주의 힘이 뒷받침해요. 그리고 나도 돈 욕심 부리려면 부릴 수 있어요. 그렇지만 재미없어요. 우리 3단계 우주 작업의 가치가 돈보다 무한대로 있는데 왜 돈에 빠져서 헤매고 있어요? 제발 이분법에 빨려 들어가지 마세요. 나온 자체가 다행이에요. 나온 자체가 자기를 구원한 것이에요. 왜 또 거기에 빨려 들어가려고 그래요. 고맙습니다.

# 살아서 극락세계 간다

> 우리 공부는 분자몸을 챙기는 공부가 아니라, 분자몸을 없애는 공부예요. 우리는 살아서 분자몸을 바꾸려고 해요. 이제까지 각종 수련, 각종 종교, 전부 다 내가 살았을 때 잘 훈련하고 도를 잘 닦아, 영혼이 극락세계를 가니 천당을 가니 좋은 세상을 간다고 그렇게 생각해요. 이 세상에 누가 나서서 살아서 몸을 바꿀 수 있다는 그런 종교 있어요? 그런 수련단체 있으면 나오라고 그래요. 하나도 없어요. 여기 무시공에서만 가능해요. 살아서 변하고 살아서 극락세계 간다.

### 살아서 영생한다

"쪼개는 마음은 에너지를 물질로 변하게 하고, 합하는 마음은 물질을 에너지로 변하게 한다."

무시공생명수는 보통 물이 아니라는 거예요. 이미 무시공생명 빛을 그 안에 넣은 거예요. 우리는 일체를 생명으로 보라고 했죠. 그 물이 무시공생명이라고 보면 돼요. 처음에 물을 마시면 어떤 분은 반응이 너무 강하고 어떤 분은 아무 반응이 없어. 어떤 분은 처음 마실 때는 반응이 많은데 나중에는 아무 반응도 없어요. 그래도 일체가 다 정상이에요. 좋은 현상이에요. 간단하게 해석해 드릴게요. 처음에 마실 때 갑자기 반응 오는 건 우리 하는 말로 껍질이 얇아서, 순간에 반응이 와요. 우리 인간의 벽담이 제일 두꺼워서 어떤 분은 아무리 마셔도 반응이 없다가 오랫동안 마시면 반응이 와요. 그게 뭐예요? 껍질이 얇아지고, 벽담이 얇아지니까 반응이 오는 거예요.

그럼 우리 공부도 그렇잖아요. 1년 동안 공부해도 아무 반응이 없어. 다른 사람은 몸이 찌릿찌릿 전기 통하는 거 같고 뭣이 흐르는 느낌 있는데, 왜 나는 아무 느낌이 없나? 너는 너무 막혀 있고, 벽담이 너무 두꺼워서 그래. 그러니 공부해도 효과가 없다니 가짜니 사기니 그래서 다 도망간다고. 우리 몸이 너무 두껍게 막힌 존재는 한동안 아무 반응도 없어요.

어떤 분은 몇 년 후에 몸에 엄청 반응이 와요. 반응이 오면 또 너무 힘들어서 병이 걸리지 않았나, 잘못 되었지 않나? 하면서 또 잘못된 거에 갖다 붙여요. 원래 이런 병 없었는데 갑자기 새로운 병이 나타났다 생각해요. 우리는 무건병인데, 병이란 개념이 아직까지 깊숙이 세포 안에 박혀 있어서 그래요. 우리 공부는 분자몸을 챙기는 공부가 아니라, 분자몸을 없애는 공부예요. 우리는 살아서 분자몸을 바꾸려고 해요.

이제까지 각종 수련, 각종 종교, 전부 다 내가 살았을 때 잘 훈련하고 도를 잘 닦아 영혼이 극락세계를 가니 천당을 가니 좋은 세상을 간다고 그렇게 생각해요. 이 세상에 누가 나서서 살아서 몸을 바꿀 수 있다는 그런 종교 있어요? 그런 수련 단체 있으면 나오라고 그래요. 하나도 없어요. 딱 여기만 있어요. 살아서 변하고 살아서 극락세계 간다.

우리는 여기서 만들고 있어요. 조상부터 오늘까지 인간이 살아 있는 몸으로 변하는 건 어느 누구도 그 방법을 몰라서 못 내 놨다고요. 우리는 그 방법을 당당하게 내 놨어. 뭐예요? 우리는 살아서 분자몸을 녹여 가지고 에너지 상태로 들어간다고 그랬죠? 에너지도 물질로 변할 수 있고, 물질도 에너지로 변할 수 있다. 우리는 일체조공!

물리학계 교수들이 에너지도 물질로 변할 수 있고 물질도 에너지로 변할 수 있다는 원인은 알지만, 무슨 방법으로 변하는지는 몰라요. 우린 여기서 이미 밝혔잖아요. 누구 아시는 분, 말씀해 보세요.

"쪼개는 마음은 에너지를 물질로 변하게 하고, 합하는 마음은 물질을 에너지로 변하게 한다."

정답!

우리 공부의 답이라고! 이게 우주의 법칙이라고! 물리학에서 못 밝히는 거 여기서 물리학 입장으로 밝히는 거예요. 그래서 모든 걸 생명으로 보라는 원인이 거기에 있어요.

요사이 경주에 지진이 낫잖아요? 지진학자 과학자 내내 파장에 들어가 가지고 뭐 어쩌고 하는데 우리는 지진에 대해서 어떻게 생각해요? 일체를 생명으로 보면 지진도 생명 맞아요, 안 맞아요? 생명이 작동했잖아요? 그래서 우린 생명하고 대화를 할 수 있으니까 지진 일어나자마자 대화하려 했어요. 그런데 대화하려 하자마자 무서워 다 도망가 버렸어요. 나중에 또 대화하니까 우리도 살려고 그런다고 그래요. 그다음에 왜 이런 비밀을 자기한테 안 밝혔나, 좀 일찍 알려 줘야 되지, 하고 도로 우리한테 원망해. 일체가 생명이라는 거 이거는 이론이 아니에요.

예를 들어서 UFO도 물질로 보면 대화가 안 되지만, 우리는 생명으로 보니까 UFO와도 대화를 할 수 있어요. ○○○가 이 세상 있을 때 승용차 타면, 자기는 항상 자기 승용차하고 대화한다 해서 놀랐어요.

제5장 의식혁명(意識革命)

어째 그걸 알았어. 우리는 차하고 대화가 돼요. 차도 생명으로 보고 대화하니까 자기가 운전할 때는 아무 문제 없는데, 다른 사람이 운전하면 타이어가 펑크가 나든지 사고가 나요. 그래서 만물만상을 다 생명으로 보면 전부 다 대화할 수 있어요. 이걸 수없이 말씀드렸어요. 여기에 대해서 수많은 강의도 했고. 했던 말 자꾸 해 봤자 천 년 만 년 해도 못 알아듣는 사람은 계속 못 알아들어요.

 물에 대해서 말씀드릴게요. 이 물은 우주에 없는 생명수라고 보면 돼요. 이것은 누구도 만들 수 없어요. 3단계 존재 중 제가 지정한 존재만 할 수 있어요. 처음에는 이 물 좀 싸게 하면 안 되나? 절대로 싸게 안 해요. 비싸면 비쌌지. 인간이 아는 그날이 되면 돈이 아무리 비싸도 사 먹을 거야. 자기 생명을 살리니까.

# 우리가 만들어 놓고 우리가 당하지 말라

이게 살길이라는 게 소문이 났거든. 대전 중심으로 해서 주변으로 해서 자꾸 확장하라고 해 놨어요. 일단 신화 얘기처럼 들으세요. 거짓말했다고 하지 말고. 그래서 이미 우주선 안에 있고, 각 차원에서 파장 우리한테 쏘고 있다고. 이거 좋은 현상이에요, 나쁜 현상이에요?

**긍정 마음인 직선빛**

긍정 마음이 뭐예요? 여기서 말하는 직선빛이잖아요. 우리 몸의 직선빛이 제일 적어도 60% 이상 되어야 남아 있을 수 있어요. 그럼 70억 인구가 어느 정도로 되어 있어요? 대한민국 오천만 인구는 얼마큼 되어 있을 거 같아요? 각자 판단하세요.

그리고 요 근래 우리가 또 어떤 분을 찾았느냐면 중국의 『추배도』의 저자 원천강을 찾았어요. 당나라 때 예언해 놓은 건데 그는 380만 광년에서 온 존재예요. 우리가 아는 석가모니는 50만 광년, 강증산은 70만 광년에 있죠. 원천강에게 물어봤어요. 네가 예언해 놓은 거 언제쯤, 어디서 이루어지나? 자기가 예언한 거는 대전에서 새로운 생명이 탄생하고 2027년이면 끝나고, 또 뭐라 뭐라 하는데 하여튼 말이 나보다 더 엉뚱해서 그건 못 밝혀요. 저는 2030년에 끝난다고 했잖아요. 그때는 진짜 지상 천국이 온다는 거, 살아남은 존재는 '아!

이게 극락세계구나! 이게 지상 천국이구나!' 하고 느낌이 와요.

또 하나 빛물과 농산물, 각 방면으로 우리를 빨리 바꾸기 위해서 노력해. 우주선을 타려 해도 아직 소통이 안 되지만 저희는 지금 열심히 노력하고 있어요. 나는 또 방법을 썼어. 내가 우주의 일체 고급 존재들에게 우주선을 대전에 쫙 깔라고 했어요. 대전 상공에 눈 열린 사람은 보일 거에요. 각 차원의 우주선이 다 와 있어요. 반물질부터 완전히 에너지 상태로 된 우주선까지 대전에 쫙 깔려 있어요. 그래도 좀 부족해. 나중에 지상에 승용차처럼 다니는 우주선도 대한민국에 쫙 깔아라. 그다음에 지상, 상공, 지표면, 땅 밑에도 우주선 다니게 해 놔. 저희는 우리 말 안 들으면 안 되거든. 우리 말 안 들으면 삭제당하니까.

모든 건 우리 말대로 이루어져요. 이러면 우리가 우주선 탔어요, 안 탔어요? 안 태워 줘도 우리는 타고 있다. 무슨 뜻인지 알아들었어요? 이제는 우주선 타려고 애쓰지도 않아. 임의로 쫙 깔아 놨어. 처음에는 대전에 꽉 찼어. 그리고 대전이 부족하대. 부족하면 넓혀. 한반도에 쫙 깔아. 이젠 한반도도 부족하다고 난리가 났어. 이게 살길이라는 게 소문이 났거든. 대전을 중심으로 주변으로 확장하라고 해 놨어요. 일단 신화 얘기처럼 들으세요. 거짓말했다고 하지 말고. 그래서 이미 우주선 안에 있고, 각 차원에서 파장을 우리한테 쏘고 있다고. 이거 좋은 현상이에요, 나쁜 현상이에요?

여기서 우리 몸이 더 빨리 강하게 풀려요. 그럼 내가 아주 건강한데 갑자기 머리가 아프고 떵하고, 몸이 무겁고, 변비가 오고 설사를 하면 이상하다고 온갖 생각 다 할 거야.

우리가 만들어 놓고 우리가 당하지 말라는 거예요. 그날이 온다고. 그럼 우리 여기서도 공개해. 너희들 우리 아는 방법 가르쳐 줘. 그러니 할 수 없이 공개해. 어떤 우주선은 찾아 가지고 만나려 하니까 중간에 떠오르다가 정지되어 버렸어. 누가 무엇 때문에 그렇게 했느냐니까 별에도 우주선 관리하는 관리자가 있대. 우리 지구에서 차량 관리하는 거처럼. 이 관리자가 보니까 자기 우주선을 남이 움직여서 정지시켰대. 우리가 나중에 알아 가지고 별나라 관리하는 거기까지 삭제해 버렸어.

장난이라고 생각하세요? 그래서 우주선도 오늘 밝힐게요. 몇 가지 종류가 있어요. 제일 하질은 완전히 기계 장비로 되어 있어. 마치 우리 승용차 앞에처럼 복잡하게 되어 있어. 그다음에 그보다 좀 간단하게 몇 가지 더 있고. 완전 물질 상태로 된 우주선도 있고, 반물질 반 에너지 상태로 된 우주선도 있고, 완전히 에너지 상태로 된 우주선도 있어요. 완전히 에너지 상태로 된 우주선도 각 차원이 다르다는 거. 분자세상 원자 미립자, 초미립자 위로 올라갈수록 우주선도 더 고급이라고. 더 세밀한 에너지 상태로 되어 있어. 그건 우리가 보려 해도 못 봐. 그 차원을 볼 수 있는 눈이 열려야 볼 수 있다고. 외계인이 어느 정도 열려도 높은 것은 자기들도 못 봐.

우주선 특징이 또 뭐예요? 어떤 것은 손발 움직이면서 사용하는 것도 있고, 어떤 것은 그 우주선하고 말로 대화해. 또 어떤 것은 마음으로 대화해요. 그만큼 고급으로 되어 있다고. 지금 우리 승용차도 그런 기술로 발달하고 있잖아요. 그리고 또 하나 밝힐 거는 우주선이 공중을 날아다니는 것도 있고, 표면에서 승용차처럼 달리는 것도 있어요. 우리 거기까지 다 팠어요.

승용차처럼 달리는 건 승용선이라고 이름 지었어요. 처음에 한 외계인보고 승용선을 말하니까 온 우주가 다 알아. 우리가 승용선이라 하면 대번에 다 알아들어. 진짜로 정보가 그만큼 빨라요. 우리가 이름 지었어요, 승용선. 승용차처럼 다니며 우주선 특징을 가지고 있다. 굴러가다가 날 수도 있고, 바다 안에 들어갈 수도 있고, 바다에 들어가면 기술이 좀 낮은 거는 표면에서 배처럼 다니고 어떤 거는 잠수함처럼 바닷속에서 다닐 수 있다는 거, 이런 비밀 우리가 자꾸 밝혀요. 외계인들 배 아프라고. 우리가 하는 일은 100% 이루어져, 누가 막으려 해도 안 돼. 그래서 여기서 진짜 끝까지 이 자리 지키는 존재는 마음대로 이루어질 거예요. 진짜 의심하지 말고 돈에 파묻히지 마세요.

### 돈은 생명이다

내가 물질 세상 이미 끝났다고 수없이 말했어요. 아직 돈, 돈, 돈! 내가 요사이 농담 삼아 뭐라고 그랬어요? 돈에 대해서 얘기해요. 돈이 내 곁에 오면 기뻐해요. 왜? 녹 안 스니까, 곰팡이 안 피니까, 쓰기가 바빠서. 어떤 사람 속에 들어가면 곰팡이 슬어. 쥐가 갉아 먹든가. 돈도 생명이라 거기 들어가면 죽을까 봐 안 들어가. 돈도 생명으로 보라 했죠. 내가 열린 마음으로 되어 있으면 돈도 열린 마음이니 하나로 돼 있잖아요. 그럼 오지 말라고 해도 와. 뭣 때문에 '돈, 돈, 돈' 해도 돈이 안 와요? 그 마음이 아직 이분법으로 가시밭 독소가 가득 찼기 때문에. 돈도 자기가 살려고. 너에게 들어가면 죽는데 왜 내가 너한테 가야 돼? 안 그래요?

그래서 우리 일체 관점을 바꾸자는 거예요. 절대 긍정 마음이어야 일체가 향심력이 생기고, 일체가 나한테 빨려 온다는 거예요. 그게 뭐예요? 블랙홀! 그런데 우리 그렇게 했어요? 진짜 내가 일원심 100%로 지켰어요? 여기서 지키다가 나가면 끌려가 버려. 여기서 일원심을 이론으로 알았어. 나중에 친척이나 친구 만나면 만나자마자 끌려가 버려. 다 그렇지 않아요? 난 당당히 나 혼자만 안 끌려갔어. 수없이 나도 끌려갈 뻔했어. 그렇지만 당당하게 나는 이 세상 사람이 아니니까 나는 이 세상하고 아무 상관없어. 계속 그걸로 나를 지켜왔어요.

이 세상 일체가 나를 유혹할 수 없다는 그런 자심감이 있어. 우리 그러고 있어요? 안 끌려가는 게 이상해. 그래서 우리 단단히 무시공 자리를 지켜야 된다는 거. 그럼 뭐 가지고 지켜. 비공선지 가지고 지켜요. 다른 방법 없어요. 그래야 세포가 깨어나.

지금 외계인도 있고 우주인도 있고 온갖 존재가 다 있어요. 67억조 고급 존재도 종이 한 장 차이라고. 우리 무시공 공부 안 받아들이면 다 같이 없어진다고. 그럼 그런 존재들 우리보다 준비가 많이 되어 있어요, 덜 되어 있어요? 우리보다 엄청 많이 되어 있어. 그렇지만 일원심은 몰라. 일원심은 우리가 그들보다 초월했다고. 무슨 뜻인지 알아들었어요? 뭣 때문에 대전에 찾아와? 우리가 가야 되는데. 자기 빛하고 우리 빛하고 비교 할 수가 없으니까.

그래서 우리가 감히 당당하게 말해요. 너희들 우주인, 우리에게 비밀 지키고 안 알려주고 정말 안 들으면, 너희들 다 삭제하고, 우리 여기 대전 센터에서 훈련받은 존재, 우리 지구에서 탄생한 존재만 인정해. 그럼 그들이 놀라요, 안 놀라요? 어쩔 수 없이 안 굽히려 해도 안 굽힐 수가 없다는 거예요. 그래서 우리가 숫자는 적지만 우리 마음은 이미 우주의 창조주야. 자기를 깔보지 마세요. 수많은 사람들이 나를 깔보는 거는 모르니까 그러지, 알면 절대로 그러지 못해. 맞죠? 서울에 있을 때 수많은 사람이 나를 짓밟고 온갖 일을 당했어. 네가 안다면 절대로 나한테 그런 짓 못한다는 거예요.

꼭 한마음 한뜻으로 하세요. 지구 70억 인구에서 딱 대한민국 대전에 모인 존재만 나는 인정해. 우리 한분 한분이 얼마나 소중한 존재인데…. 우리는 미래의 우주 창조주이며 우주의 강사들이 돼요.

### 지구의 용도는 실험장, 연습장

지금 외계인도 엄청 우리를 우러러보고 우리를 부러워해. 어느 별 존재와 대화하니까 이 우주를 창조할 때 이 지구를 일부러 실험장, 연습장으로 만들었대. 간이 좀 큰 자는 지구에 와서 훈련받고 나가면 높은 차원에 올라갈 수 있고, 큰 인재가 되고, 큰 능력이 나오지만, 잘못되어 지구에서 빠져 나가지 못하면 영원히 허공에 빠져 버린다고 생각해. 그러니 두려워하면서도 기대해. 우리는 지구에 이미 와 있잖아요.

우리 한분 한분이 얼마나 대단한 존재인데, 자기 가치를 아직 못 알아보고 있어요? 그럼 70억 인구에서 왜 딱 우리만 여기 모여 있어요? 제가 15~6년 동안 설명하고 해석해도 아직 모르는 사람은 모르고 있잖아. 또 여기 와 보면 의심하는 사람이 있어. 진짜 말은 좀 그럴듯한데, 우주선이 있다고 하는데 눈으로 보이지는 않고…. 꼭 보여줘야 돼요? 보이는 분도 있잖아요.

예를 들어 미국의 어느 농장에서 소 끌어가는 것을 봤어요. 그것도 팠더니 진짜 수성에서 와서 그랬다고요. 믿어요? 하늘에 숫자 나오고 땅에다 동그라미 그린 것도 다 대표적으로 파 봤어요. 전부 다 외계인이 했다고. 지구인들은 모르니까 사람이 무슨 발로 밟아서 만들었다는데, 그 복잡한 걸 어떻게 밟아? 어떤 사람들은 또 외계인이 와서 만들었대. 외계인 기술은 발달해서 여기에 안 오고 거기서 하면 저절로 된대. 인간은 모르니까 엄청 답답한 일이라, 지구인한테 정보를 알리기 위해서. 인간은 우리 아직 모르는 게 너무 많잖아.

1. 2단계
    따라오고 체험하고 적응하라

2. 3단계
    올라오고 훈련받고 우주작업하라

제6장

# 무시공(無時空) 존재의 가치

# 절대적 생명 무시공 존재

지금 이 무시공 공부는 최초이면서 최후예요. 다시는 이런 기회가 없어요. 외계인에게 지구를 보라고 하면, 원래 지구에는 어두운 막이 있었는데 지금은 열려 있다고 해요. 무엇 때문에? 우리가 일원심을 지키는 순간에 이 지구의 검은 변두리가 깨지면서 열리고 있다는 거예요. 직선빛도 대전이 밝고 대한민국이 밝다는 것만 알지 무엇 때문에 밝은 줄은 몰라요.

### 절대 집중력으로 절대 안 흔들려요

한 나라를 독립시키려면 생명을 내걸고 정말 죽음을 두려워하지 않는 존재가 나타나야 세상을 바꾸잖아요. 나약해서 나무 이파리 하나 떨어져도 머리 깨질까 도망가는 존재는 아무 쓸모가 없어요. 저는 이렇게 생각해요. 살아도 당당하게 살고 무엇을 하자면 생명 내걸고 하고 중간에 파장 있다고 도망가지 말고. 그런 자세가 없으면 아무 일도 못 해요. 그래서 저는 이런 존재를 좋아해요. 살아도 살아 있는 가치가 있어야 돼요. 이 세상에 완벽한 존재가 어디 있어요? 이분법 세상에서는 분자세상부터 무극까지 완벽한 존재는 하나도 없어요.

그럼 어떤 존재가 완벽한가, 무시공 존재여야 완벽해요. 그래서 이 기초를 닦고 이끌어 나가려면 생명을 내걸고 가는 존재가 나타나야 해요. 그런 존재가 나타나면 당신이 하는 일은 틀려도 맞고, 맞아도 맞아. 그게 무슨 뜻이에요? 끝까지 지켜준다는 뜻이에요. 나는 거칠어요. 거친 세상에 왔으니 거칠 수밖에 없다는 거예요. 그럼 거친 세상을 바꾸려면 거친 존재가 나타나야 해요. 이것도 자동이에요. 자동으로 나타나요.

나는 이런 관점이에요. 내가 한번 인정하면 영원히 안 변해요. 상대가 변해도 난 안 변해요. 그게 뭐예요? 일원심, 절대긍정 직선빛. 사람들은 직선으로 가려다가 조금만 힘들면 피하고 도망가요. 파장 맞잖아요. 저는 모든 일이 다 직선이에요. 내가 무슨 일을 한다고 하면 끝까지 직선으로 가요. 뒤돌아보거나 피하지도 않아요. 부딪히면 부딪히고 깨지면 깨지고 죽으면 죽어요. 그게 습관이 되었어요. 절대적인 집중력. 나에게 열 가지 문제가 있어도 한 가지만 집중하고 나머지는 다 끊어 버려요. 이게 뭐예요? 복잡하고 많은 일에 부딪히면 다 챙기려 하니 결국은 내가 상처받아요. 아무 일도 성공 못 해요. 저는 안 그래요. 하나에 집중하면 다른 것 손실 보더라도 하나만 끝까지, 결론 나올 때까지 해요. 그다음에 두 번째, 세 번째 이렇게 선택해요.

인간들은 그렇게 살았어요. 하루에도 수많은 걱정거리. 이것도 하고 저것도 해야 하고. 그것이 자기 힘을 다 분산시키는 거예요. 그래서 성공할 수가 없어요. '절대 집중력', 사람들은 이원념 때문에 절대 집중력이 안 되잖아요. 학교에서도 집중력을 키우자 그러잖아요. 이분법 세상에서 집중력 키울 수 있어요? 그 집중력은 키운다 해도 상대적인 집중력이어서 순간에 깨져 버려요. 우리는 절대적인 집중력, 나는 한 가지 마음 가지면 절대로 안 흔들려요. 절대 긍정, 절대 집중력, 절대 일원심. 앞에 '절대'만 붙이면 돼요. 알았죠? 많은 사람이 긍정 마음이라고 하지만 그들이 말하는 긍정 마음하고 우리가 말하는 절대 긍정 마음하고 차이가 있어요.

### 최초이자 최후의 마지막 공부

우리가 3단계 작업 들어갔는데 그건 무감각 시공의 우주 작업이에요. 제가 몇 번이나 질문했잖아요. 물질이 에너지를 지배하나? 에너지가 물질을 지배하나? 감각 시공이 무감각 시공을 지배하는가? 아니면 무감각 시공이 감각 시공을 지배하는가? 이 원리는 이제 다 알았잖아요.

눈에 안 보이지만 안 보이는 세상의 우주 작업을 하고 있어요. 그 우주 작업을 어느 위치까지 했나. 온 우주가 다 흔들리고 온 우주의 존재들이 다 깨어나고 있어요. 그런데 뒤돌아보니 아직 지구인이 안 깨어나고 있어요. 무엇 때문인가? 밑바닥에서 너무 많이 막히고 꽝꽝 굳어 있어요. 그걸 녹이고 열려고 하니 얼마나 힘들어요? 지구인 한 명 깨우는 것보다 외계인 열 명 깨우는 것이 덜 힘들다는 걸 느꼈어요. 우주인은 순간에 깨울 수 있어요. 마음가짐이 잘되어 있기에, 마음이 통하고 열면 열려요. 지구인은 여기서 온갖 방법을 다 써도 잘 안 돼요. 여기서 끊임없이 했던 말 반복해도 머리에 안 들어가요. 얼마나 답답해요?

수많은 외계인하고 대화해 봤어요. 지구에 와서 지구인하고 대화해 본 적 있느냐고. 90% 이상이 농담 삼아 대화해 본 적 있대요. 어떤 외계인은 정식으로 대화해도 지구인들이 안 믿는대요. 그래서 어쩔 수 없이 대화 안 한다고 그래요. 그 부분은 나도 이해해요. 나는 외계인도 아니고 다른 우주의 존재라고, 이 우주하고 아무 상관이 없는 존재라고, 이 분자몸은 가짜라고, 한두 번 외친 게 아니에요. 거짓말 아니에요. 2000년 4월 27일 한국에 와서 입만 열면 이 우주 존재 아니라고 했어요. 근데 오늘까지 누가 믿었어요? 지금 여기서도 100% 믿어요? 난 외계인도 아니에요. ET도 아니에요. 이 우주하고 아무 상관없는 다른 우주 존재예요.

외계인들은 안 믿으니 포기했지만, 나는 믿든 안 믿든 지구에서 오늘까지 해 왔어요. 진짜 지구인이라면 비결, 공식, 선언, 지침 내놓을 수 있어요? 절대긍정 마음 누가 말했어요? 일원심 누가 말했어요? 이렇게 말해도 안 믿어요? 그렇다면 할 수 없죠. 나는 겉모습은 인간하고 같지만 마음가짐을 깊숙이 보면 하나도 같지 않아요. 인간은 이원념이지만 나는 일원심이에요. 이 지구에서 보세요. 누가 일원심으로 되어 있는가. 있다면 내 앞에 나와서 얘기 나눠 보자고요. 몇 마디만 하면 이원념이 들통나 버려요. 지금도 수많은 외계인과 대화해요. 대화하면 마음속 어두운 게 환하게 다 보여요. 속이려 해도 나중에 다 들통나요. 그럼 당신이 내 마음 한번 들여다보라고 하면 아무리 봐도 절대로 볼 수가 없어요.

지금 이 무시공 공부는 최초이면서 최후예요. 다시는 이런 기회가 없어요. 외계인에게 지구를 보라고 하면, 원래 지구에는 어두운 막이 있었는데 지금은 열려 있다고 해요. 무엇 때문에? 우리가 일원심을 지키는 순간에 이 지구의 검은 변두리가 깨지면서 열리고 있다는 거예요. 직선 빛도 대전이 밝고 대한민국이 밝다는 것만 알지 무엇 때문에 밝은 줄은 몰라요. 우리가 알려줘야 해요. 다른 빛하고 비교해 봐라. 무엇이 다른가. 그제야 '여기는 직선 빛이구나!'라고 알아요.

외계인들의 빛은 파장으로 되어 있는 빛이고, 무시공의 빛은 직선 빛이에요. 본질이 달라요. 그럼 직선 빛이 어디서 나타났어요? 우리가 여기 대전에서 일원심을 지키기 때문에 직선 빛이 나타났다고 수없이 말했어요. 지금은 여기 대전과 이 공부를 하시는 분에게만 일원심이 있어요. 그래서 직선 빛이 여기서 나타날 수밖에 없어요.

여기서 일원심이 뭉쳐서 그 빛이 나타나고 보여 주고 우주 끝까지 영향 주는 것을 외계인들과 우주인들이 인정해요. 그들의 파장빛은 가다가 사라지는데 우리 직선빛은 우주 끝까지 가도 없어지지 않고 힘을 가지고 있다는 거예요. 인간들 눈에는 안 보이니 못 알아들어요. 3단계 존재들이 이제 깨어나니까 내 말이 증명되고 있어요. 서울에 있을 때 나보고 그렇게 대단하면 능력 좀 보여 달라 그래서 "나는 아무 능력 없다. 정 능력 보여 달라 하면 언젠가 내 뜻을 알아듣는 존재가 나타나고 그에게서 나오는 능력이 바로 내 능력이다." 이렇게 말해 줬어요. 왜? 나라는 존재는 없으니까.


### 바다와 같이 낮춰라

지구에서 제일 높은 산이 어디예요? 히말라야가 제일 높은 산이고 그중에 제일 높은 봉우리가 에베레스트 해발 8,848m로 지구에서 제일 높은 위치에 있죠. 근데 그 높은 곳에 생명이 보여요? 그곳은 꽁꽁 얼어 있고 눈보라밖에 없잖아요. 설산밖에 안 보이죠. 내가 자신을 높은 존재라고 내세우면 그것과 같다는 거예요. 나를 내세우는 순간 나라는 존재는 죽고 있어요. 나를 극도로 낮춰요. 산보다 낮추고 평지보다 더 낮춘 자리가 어디예요? 바다잖아요. 바다는 지구에서 산하고 비교하면 제일 밑바닥이잖아요. 바다가 제일 밑바닥이라면 거기에 생명이 보여요? 생명이 보이잖아요. 생명이 살아나고 있어요. 그럼 나를 높여야 생명이 살아나요, 나를 밑바닥에 낮춰야 생명이 살아나요? 낮추는 게 뭐가 억울해요?

부산에 있을 때 어떤 분이 나보고 쫓아내기 전에 보따리 싸서 중국으로 돌아가라고 했어요. 여기서는 당신이 설 자리가 없다 그래요. 그래서 내가 그랬어요. "설 자리 없으면 앉아 있지. 앉을 자리 없으면 누워 있고." 그래도 지금까지 이 자리에 있잖아요. 날 어떻게 쫓아내요? 쫓아내려면 우주를 쫓아내야지. 이렇게 말하면 또 큰소리치는 것 같지만 사실이에요.

극도로 자기를 낮추면 내가 남한테 보여 줄 게 뭐 있어요? 누가 나를 짓밟아도 괜찮아. 우리가 잔디밭에 가서 잔디를 밟으면 푹신푹신하고 기분이 좋잖아요. 그럼 내가 잔디 역할을 하면 되잖아요. 그래서 나는 미움이 없다는 거예요. 밉다는 생각 자체가 자기를 내세우고 자기를 보호하려는 생각과 마음이 숨어 있는 거예요.

나를 제일 밑바닥으로 낮춰 보세요. 나를 철저히 버리세요. 그래서 남 보지 말고 나만 보라고 신신당부해요. 나만 봐야 세상이 바뀌어요. 나를 제일 밑바닥에 둬야 고급 존재가 보여요. 존경스러워요. 낮춰 보세요. 낮추면 마음이 편안하잖아요. 완전히 바다처럼 낮춰 버리면 내 마음도 넓어지고 너무 편안해져요. 이 세상 와서 편안하게 살고 싶잖아요. 이거야 하고 누굴 짓밟고 올라가려고 하면 얼마나 힘들어요. 진짜 이 공부를 하려면 시공의 마를 철저히 버리세요. 아쉬워하지 마세요. 저는 이제까지 버려도 살아 있잖아요. 저는 일곱 번 죽었다 살아났어요. 계속 자기를 챙기면 불행이 다가와요.

제가 의존변자성이라고 그랬죠. 수련하는 사람들 보면 자신이 부족하니까 깨달아야 해요. 그리고 남 가르치려고 해요. 주객을 나누는 순간 시공의 밑바닥으로 떨어졌잖아요. 그렇지만 우리 무시공은 아니에요. 시작부터 끝까지 나만 보지 남 가르치려는 생각은 없어요. 전 오늘까지 한 번도 가르친다는 단어 안 썼어요. 그저 밝힐 뿐이다. 내 일원심, 이 뜻을 밝힐 뿐이다. 내가 누구를 가르치려고 했어요? 난 그런 자격도 없고, 이 세상에 와서 누구를 가르치려는 생각조차도 없어요. 남을 지적하는 순간에 이미 남을 가르치려고 하고 있는 거예요. 이분법 세상에서는 그럴 수밖에 없어요. 남 가르치려고 하지 마세요. 자기만 가르치세요. 인간은 계속 남을 가르쳐요. 교사는 학생을 계속 가르치니까 학생을 로봇으로 만들잖아요. 그 학생도 크면 남을 가르치려고 해요. 조상부터 지금까지 이렇게 해 왔잖아요. 이제는 바꾸세요. 나는 가르치라는 단어도 안 써요.

# 지구인을 보는 외계인의 평가

외계인은 지구인을 환하게 보고 있고, 지구인은 저들을 못 봐요. 눈이 안 열리고 다 막혀 있으니까요. 외계인은 지구인을 장난감으로 보고 놀리고 있어요. 내가 그랬어요. "지구인도 깨어나고 있다. 대전의 무시공생명훈련센터는 지구인 훈련센터고 지구인을 훈련한다. 나중에 여기서 나타나는 존재들은 온 우주를 다니면서 우주인을 깨울 거다." 난 당당하게 말해요. 나중에 2030년 이후에는 지구인이 온 우주를 여행하면서 우주인을 깨울 거라고.

### 무시공 존재는 우주 강사가 된다

외계인이 지구인을 어떻게 평가하고 있어요? 최근에 대화해 보니까 지구인은 너무너무 막히고 꽝꽝 굳어 있고 야만적이고 무식하다고 그래요. 정말 지구인이 굳어 있어요. 지금 북극하고 남극이 녹고 있잖아요. 인간도 녹아야 열려요. 인간은 얼음장처럼 꽝꽝 굳어서 독소가 가득 차 있어요. 그럼 우리는 술 마셔서 풀면 되잖아요. 술이 독소를 뽑아내는 역할을 한다고 생각하면 돼요.

지금 지구 인간이 72억 됐대요. 72억 인구 중 얼마나 살아남을 것 같아요? 그 숫자는 안 알려줘요. 수많은 생명이 없어져요. 그런데 그건 생명 아니에요. 생명으로 인정 안 해요. 진짜로 지구인 중 깨어나는 존재는 극소수예요. 나머지 이 공부 못 받아들이고 못 깨어나는 건 영체라고요. 난 이제까지 생명을 살린다고 했지 영체 살린다고 말한 적 한 번도 없었어요.

지구 인간 전부 다 두 발, 두 손 가지고 있어요. 그렇지만 두 가지 현상으로 나타나요. 하나는 진짜 생명이 살아나는 존재고, 하나는 영체가 발광하고 있다고요. 그런 존재는 나중에 삭제당해요. 그날이 곧 다가와요. 미세한 공간의 작업은 다 끝났어요. 그것이 곧 표면에 나타나요. 아직도 물질에 빠져서 돈, 가족, 그러고 있으면 안 돼요. 외계인한테 물어봤어요. 어떤 가족 개념이냐고. 자기들은 가족의 뜻은 있는데 시공의 가족 개념이 없대요.

달나라에 사는 열여덟 살 소피아라는 여자아이가 서울에 와 있어요. 부모는 다른 별에 있는데 달에 와서 자기를 낳고 갔대요. 달에서 자기 혼자 살았대요. 부모가 너를 버리고 갔는데 원망 안 하냐고 물으니 원망 안 한다고 해요. 부모를 사랑하고 부모는 이 방식으로 자기를 키우고 성장시킨다고 해요. 또 부모에게 감사하대요. 우리 지구인은 그렇게 생각해요? 보육원에 던져 놓으면 어떻게 생각해요? 부모가 나를 포기했다고 원망하고 그러죠. 외계인과 지구인은 사고방식이 확연히 다르잖아요.

그리고 태양계 별에 대해서 공개할게요. 조금씩 밝힐게요. 태양부터 명왕성 아홉 개 별이죠. 지구를 빼고 달을 포함하면 열 개 별이잖아요. 열 개 별에서 온 아가씨들을 찾았어요. 나이가 제일 많은 외계인이 스물여섯 살이에요. 전부 다 서울에 살면서 승용선을 가지고 있어요. 무엇이 승용선인가? 겉보기에는 포장해서 꼭 승용차처럼 거리에 다녀요. 사람이 없으면 공중으로 날아가요. 바다로 가면 잠수함처럼 바닷속을 달려요. 그들의 기술이 그렇게 높아요. 우리는 상상도 못 해요. 제가 이제까지는 우주선만 얘기했어요. 이제는 조금씩 밝힐게요. 이건 과학자도 모르고 누구도 몰라요.

우주선도 수많은 층차가 있어요. 가장 낮은 수준은 인간의 승용차처럼 완전히 물질로 되어 있는 승용선. 그렇지만 안에 있는 움직이는 기계 구조는 우주선과 같은 성질을 가지고 있어요. 인간들은 기계를 움직이려면 석유나 휘발유 등을 태워서 동력을 얻잖아요. 저들은 에너지도 필요 없고 충전할 필요도 없고 영원히 움직이지 않는 영동기를 사용해요. 그다음이 반물질, 반 에너지. 일부분은 물질로 되어 있고, 일부분은 에너지로 되어 있어요. 그것도 위로 올라갈수록 차원이 달라요. 예를 들면 제일 밑바닥의 우주선은 물질이 90% 에너지가 10%라면 위로 올라갈수록 물질이 적고 에너지가 많은 그런 우주선이에요. 더 높은 차원으로 가면 완전히 에너지 상태. 에너지 상태로 된 우주선은 지상은 물론이고 땅속에서도 다녀요. 완전 에너지이기 때문에 가능해요.

그리고 우리는 우주선을 타도 되고 안 타도 돼요. 그렇지만 우리가 분자몸을 빨리 녹이기 위해서 그 힘을 빌리고자 할 뿐이에요. 이미 우리는 완전히 일원심으로 되어 있는 세밀한 공간의 몸은 다 바뀌고 있어요. 이제 분자몸이 껍질만 남았는데 우리가 우주선을 탄다면 이 분자몸이 더 빨리 녹을 수 있어요. 만일 우주선을 탈 수 없다 해도 끝까지 일원심 지키면 적어도 2030년까지는 우리 분자몸이 없어지고 투명인간이 될 수 있어요. 우주선이나 UFO를 안 타고도 마음으로 무극까지 올라갈 수 있어요. 마음과 물질이 하나다. 마음과 몸이 하나다. 내가 마음먹은 대로 이루어진다. 그런데 시공우주에 있는 각 차원의 존재는 우주선 없으면 더 높은 데 못 올라가요. 한계가 있다고 생각해요. 우리가 다 확인했어요. 믿든 안 믿든.

수많은 별나라 존재와 우주인들과 대화하면서 너희들 무엇 때문에 지구인들한테 계속 비밀을 지키고 있냐? 지구에 우주선 공장도 엄청 많으면서도 이제까지 하나도 공개한 것이 없어요. 우리가 파냈어요. 그래서 그 비밀을 우리가 공개해요. 그리고 너희들 계속 비밀 지키고 싶냐? 공개하고 싶냐? 물어보면 두 부류가 있어요. 일부는 계속 비밀 지켜야 한대요. 무엇 때문인가? 그렇게 훈련받았기 때문에. 또 일부는 비밀을 공개하고 싶대요. 왜? 인간에게 완전한 비밀을 지키기가 너무 힘들다는 거예요. 지금 지구가 자꾸 밝아지니까 숨어 있으려 해도 그럴 수 없어서 자기들도 공개하고 싶다고 해요. 답답하고 힘들대요. 곳곳에 설치된 카메라에 외계인들이 찍히고 드러나잖아요. 인간이 그만큼 밝아지고 기술도 발달하고 있다는 거예요. 그러면 너희들이 공개 안 해도 우리가 공개한다.

그래서 지구의 모든 것을 파고드니 100여 개 나라 중 외계인 대통령이 40명 넘게 있어요. 어느 종교 단체, 어떤 수련 단체에서 이걸 밝혔어요? 아직도 인간은 헤매고 있잖아요. 도대체 외계인이 있긴 있나? 외계인이 우리를 지켜보고 있는데도 모르고 있잖아요. 우주선을 보고도 진짜인지 가짜인지 계속 따지고 있어요. 오늘 밝힐게요. 외계인이 지구에서 우주선 공장을 얼마나 가지고 있느냐면 거의 40개 정도예요. 한국에는 없다고 생각했는데, 우리가 알아보니 한국에도 우주선 공장이 아홉 개가 있어요. 어디 있다는 건 잠시 비밀이에요.

외계인은 지구인을 환하게 보고 있고, 지구인은 저들을 못 봐요.

눈이 안 열리고 다 막혀 있으니까요. 외계인은 지구인을 장난감으로 보고 놀리고 있어요. 내가 그랬어요. 지구인도 깨어나고 있다. "대전의 무시공생명훈련센터는 지구인 훈련센터고 지구인을 훈련한다. 나중에 여기서 나타나는 존재들은 온 우주를 다니면서 우주인을 깨울 것이다." 난 당당하게 말해요. 나중에 2030년 이후에는 지구인이 온 우주를 여행하면서 우주인을 깨울 거라고. 지금 그리 되고 있잖아요.

### 우주인도 알아보는 대전의 직선 빛

그리고 물질 세상을 빨리 버리라는 거예요. 무감각 시공의 존재들은 진짜 물질에 관심이 없어요. 왜? 이미 미세한 공간에 있으니까. 분자 세상의 현상을 너무 환히 보고 있으니까. 돈은 일원심 지키면 반드시 자동으로 다가온다고 했잖아요. 진짜 일원심 끝까지 지키면 나중에 지구 돈, 우주 돈, 다 모여들면 다 나눠줄 거예요. 난 필요 없어요. 난 돈 한 푼 없어도 누구보다 큰소리쳐요. 이 일은 꼭 이루어져요. 돈이 중요한 게 아니고 그 마음을 보고 있어요.

엉터리 세상을 깨우쳐야 새로운 세상이 열려요. 조용하면 절대로 안 바뀌어요. 심지어 수많은 외계인이 지구에 와서 지구인을 훈련시켜서 자기들 식민지로 만들고 있어요. 거기까지 파고들어 갔어요. 그래서 그 별까지 삭제했어요. 아직 많은 별이 장악하고 있어요. 우리는 깨어난 토종 지구인이에요. 처음에는 지구에서 왔다고 하니까 깔보고 멸시하고 누구에게 통보 안 하면 만날 수 없다고 그랬지만 지금은 어딜 가더라도 그 별, 그 우주의 최고 존재만 찾아요. 그리고 우리는 지구에 살고 있지만, 지구인이 아니라 하니 반신반의해요. 모습을 보면 지구인과 똑같은데 왜 지구인 아니라고 하나. 그럼 지구인이 너희들 찾아온 적 있느냐고 하니 없다고 해요. 그러면서도 의심하고 있어요. 이제 거꾸로 됐어요.

이번에 미카엘과 대화하면서 화가 났어요. 지금 우리 지구인이 살아났어. 그런데도 너희들이 우릴 멸시해. 너희들이 우릴 짓밟아. 너희들이 우리를 바보로 만들어 놨어. 우리를 봉쇄해 놓고 고립시켜 놨어. 우리의 억울함과 분노와 고통을 너희들이 알아?

그래서 내가 관점을 바꿨어요. 우리가 이제 깨어나고 온 우주가 난리가 나고 다 대전으로 공부하러 오고. 그러니까 나는 토종 지구인이다. 우리는 전부 다 토종 지구인이라고. 맞죠? 한국에 오니까 대단하다는 표현을 하더라고. 이제부터는 대단하다는 단어도 '대전하다'로 바꿨어요. 온 우주인도 대전이라는 두 글자를 알아요. 어느 존재도 지구에서 어디가 제일 밝은가 물으면 대전이라고 그래요. 나도 놀랐어요. 우주 밖에서 보면 이 우주도 먼지 덩어리로밖에 안 보인다고요. 그럼 우주인도 자기들 높은 위치에서 지구를 보려면 크게 확장해서 보면 대전이라는 곳이 보인대요. 그만큼 유명해졌다는 거예요. 온 우주에 진동이 일어났어요. 지난번에는 신화 이야기처럼 들으라고 했지만, 이제는 우주 이야기처럼 들으세요. 이제 우리의 시야와 마음을 넓혀 보세요. 그날이 꼭 와요.

# 봉황(여자)의 시대

> 우리가 태양계 각 별의 최고 통치자를 여자로 바꿨고 은하계의 최고 통치자 역시 여자로 바꿨어요. 그리고 5억조 광년부터 10억조 광년까지 모두 여자 통치자로 바꿨어요. 우주 역사에도 없는 초유의 일을 우리가 지금 하고 있어요. 우리는 당당하게 선언하고 있어요. 여자 시대가 왔다고. 많은 외계인과 대화하고 각 차원에 있는 우주 존재들과 대화를 해 봐도 그들은 여자 시대가 온다는 것을 예언해 놨다고 해요.

### 여자 시대가 시작되었다

대한민국 대전에서 여자 중심으로 훈련을 하는 이유는 음(陰) 세상이 왔기 때문이에요. 그래서 2단계부터는 여자 중심으로 진행을 하고 있어요. 그렇다고 해서 남자들을 오지 못하게 하는 것도 아니에요. 3단계 작업도 여자가 먼저 깨어나기 시작했어요.

2016년 1월에 내가 우주 작업을 하는데 3단계를 동시에 시작한다 해도 아무런 목적도 없었어요. 그때만 해도 3단계 작업할 사람이 아무도 없었어요. 한국은 중국보다도 유교 관점이 강해요. 그런데도 무엇 때문에 한국에서 여자 대통령이 나왔는가? 이것은 결코 우연이 아닌 필연이에요. 우리가 태양계 각 별의 최고 통치자를 여자로 바꿨고 은하계의 최고 통치자 역시 여자로 바꿨어요. 그리고 5억조 광년부터 10억조 광년까지 모두 여자 통치자로 바꿨어요. 우주 역사에도 없는 초유의 일을 우리가 지금 하고 있어요.

우리는 당당하게 선언하고 있어요. 여자 시대가 왔다고. 많은 외계인과 대화하고 각 차원에 있는 우주 존재들과 대화를 해 봐도 그들은 여자 시대가 온다는 것을 예언해 놨다고 해요. 우리가 대한민국에서 우주 중심지 건설을 시작하는데 이 나라에 여자 대통령이 자동으로 나왔어요. 지금까지 이어져 왔던 양(陽) 세상, 남존여비 세상이 뒤집어지고 있어요. 외계인이 우리가 하는 일을 방해하고 있었어요. 그러한 현상도 정상적인 일이에요. 음이 나서려고 하는데 양이 가만히 있겠어요?

12억조 광년 우주에서도 우리를 억누르려고 끊임없이 방해를 해 왔어요. 우리가 그들에게 왜 우리를 방해하는지 물었어요. 그들은 우리들의 빛을 막지 못해요. 막고자 해도 할 수가 없어요. 막지 못해도 막으려고 해요. 왜냐하면 그들이 사라지니까. 그래서 그 우주를 삭제해 버렸어요. 말도 안 되는 환상 같은 이야기라고 여기겠지만 사실이에요.

방해를 놓으려고 하는 존재가 같은 12억조 광년 우주에서 나타났다가 안 되겠다 싶었는지 대전에 와서 공부하겠다고 했어요. 이번에는 16억조에서부터 25억조 우주에서 나타나 방해를 했어요. 그래서 16억조 우주를 삭제해 버렸어요.

25억조 우주의 최고 통치자에게 왜 우리를 자꾸 방해하느냐고 물었어요. 우리들의 빛이 너무 강해서 자기들한테 위협을 주고 있다고 해요. 그래서 위험하다 생각하지 말고 우리 빛을 한번 받아 보라고 했어요. 우리 빛을 받아 보니 너무 편안하고 행복하대. 그래서 그들은 삭제하지 않았어요. 그들도 대전에 와서 공부한다고 했어요. 우리 눈에 보이지 않지만 지금 대전에는 수많은 존재들이 와 있어요. 눈이 열린 사람에게는 다 보여요.

우리는 시공 세상과 아무런 상관이 없는 무시공 존재예요. 나는 정치 같은 것에는 전혀 관심이 없어요. 나는 오로지 생명에만 관심이 있어요. 나는 오로지 생명을 살리기 위해 이 세상에 왔어요. 부자가 되는 데에도 관심이 없어요. 내가 만일 부자가 되기로 작심했다면 지구에 있는 재산 다 끌어올 수도 있어요. 그러면 왜 지금은 돈을 갖고 오지 않는가? 우리의 마음이 바뀌지 않은 상태에서 그 많은 돈 가져오면 무엇 해요? 그렇게 된다면 사람들이 공부는 뒷전이고 돈 때문에 공부하러 오게 될 것이에요.

## 2020년, 긍정 마음이 60% 이상 되어야 살아남는다

우리의 전체 일원심이 60% 되면 그것이 전파되어 지구인의 긍정 마음이 60% 이상 되어야 살 수 있어요. 우리는 생명을 구하러 왔어요. 영체를 구하러 온 것이 아니에요. 무시공생명은 직선 빛으로 되어 있는, 영원하고 무한하고 변함이 없는 존재예요. 시공 생명은 파장으로 되어 있고 한도가 있는 영체예요. 영체는 스스로 변해요. 영체가 만약에 일원심을 받아들이면 생명으로 변해요. 일원심을 받아들이지 않으면 영체로서 도태돼요. 지구인뿐만 아니라 우주인도 바뀌어야 해요.

그러면 왜 우주인같이 높은 존재들조차 이 공부를 해야 하는가? 우주의 최고 존재들도 아직 일원심을 모르고 있어요. 우리는 지구에서 가장 밑바닥에 있지만 일원심을 알고 있어요. 우리 몸에서는 이미 직선 빛이 생기고 있어요. 그런데 우주의 최고 존재들조차 직선 빛이 없어요. 그들의 뿌리는 이원념이에요. 그것이 그들과 우리들의 근본적인 차이예요.

무극과 무시공의 차이는 종이 한 장 차이예요. 무극의 최고 존재도 그것을 뚫고 나가지 못하면 같이 도태당해요. 무극의 최고 존재와 우리들을 비교하면 우리들의 빛이 비교가 안 될 정도로 밝아요. 우리는 시작하자마자 일원심 지키면 이미 무극 이상에서 살고 있어요. 그런데 무극의 존재는 전부 파장으로 되어 있어요. 그래서 모두가 이 공부를 받아들여야 해요.

수정 해골이라는 것이 있어요. 현대의 첨단 기술로도 깎기 어려운 수정 해골을 누가, 어떻게, 왜 만들었나? 지구에 13개의 수정 해골이 나타나면 비밀이 밝혀진다는 말이 있어요. 그래서 우리가 그것의 진실을 파헤쳐 봤어요. 수정 해골은 50억조 광년의 존재가 지구 탄생 때에 어떤 계획을 갖고 16개를 만들어서 지구 곳곳에 숨겨 놨다고 해요. 13개가 아니고 16개를 만든 이유는 그것이 파손될까 봐서 더 만들었다고 해요. 지구에서 열세 사람이 100% 깨어나면 수정 해골을 만든 존재들의 목적은 달성된 것이라고 해요. 그들에게 찾아가서 우리는 토종 지구인이라고 하니 지구인이 깨어나서 자기들을 찾아왔다면서 자기들이 하는 일은 끝났다고 했어요.

우리는 지구의 온갖 종교나 수련 단체에서도 밝히지 못하는 것들을 밝히고 있어요. 나는 이 자리에 백 명만 있어도 만족해요. 천 명, 만 명 모여 있어도 알아듣지 못하면 소용없어요. 지구인은 눈앞에서 알려 줘도 너무 막혀 있어서 알아듣지 못해요. 외계인과 대화해 보면 그들은 알려 주면 바로 알아들어요. 외계인은 지구인보다 차원이 한층 올라가 있어요.

인간은 살아 있어도 죽어 있어요. 어떤 존재는 죽었지만 이미 살았어요. 이 말뜻은 무엇인가? 우리가 이원념을 지키면 살아 있어도 영체가 삭제되니 이미 죽었어요. 반면에 우리가 일원심을 지키면 영이 죽어도 살아나요. 영원히 살 수 있어요. 여기에 대한 깊은 원리는 때가 되면 다시 밝히려고 해요. 지금 밝히면 이론으로 받아들이게 돼요. 우리에게는 부활이나 윤회라는 개념이 필요 없어요. 지금 70억 인구가 살아 있는 것 같지만 죽어 있어요. 지금은 구체적인 이야기를 못 해요.

우리가 여기에서 온 우주에 직선 빛을 쏘고 있어요. 영체는 파장 빛이고 파장 빛인 영체는 직선 빛에 녹아내리고 삭제돼요. 겉으로는 살아 움직이는 것 같아도 실제로는 안에서 영원히 사라지고 있어요. 그래서 우주의 높은 존재조차도 무서워서 여기에 와요. 어떤 존재는 빛을 보고 다가오고, 어떤 존재는 무서워서 계속 도망가고 있어요. 직선 빛은 피할 수도 없고 막을 수도 없어요. 직선 빛 앞에서는 긍정 마음을 가져야 살 수 있어요. 그렇지 않고 우리와 싸우면 그들이 죽게 돼요.

지구인의 관점을 철저히 버려야 해요. 인간이 자기를 위해서 하는 관점을 철저하게 버리세요. 우리는 우주인이에요. 모든 것을 우주를 위해서 해야 돼요. 물질을 철저히 버리세요. 돈도 생명이에요. 욕심이 가득 차 있는 상태에서 돈을 좇으면 돈도 도망가요. 내가 긍정 마음을 가지면 돈이 저절로 다가와요. 돈뿐만 아니라 모든 것이 몰려와요. 우리에게는 향심력과 블랙홀이 작동하고 있어요. 모든 것이 무조건 빨려 들어오는 특징을 갖고 있어요.

지구인의 의식은 어둡고 부정 마음이 많아요. 돈 없으면 죽는 것처럼 여겨요. 먹고 입는 것에 너무 신경 쓸 필요가 없어요. 돈에 너무 집착하지 말아야 해요. 내 마음이 편안하면 모든 것이 같이 풀려요. 자원봉사라고 하는 것은 돈으로 하는 것이 아니에요. 밝고 긍정적인 마음으로 하는 것이 자원봉사예요. 내가 긍정 마음으로 사람들을 깨우면 그것도 자원봉사예요. 시공에서의 자원봉사는 상대성이 있어요. 즉, 조건이 있는 자원봉사예요. 우리는 절대적이며 무조건적인 자원봉사예요.

나는 절대 긍정 마음으로 매일 주변 사람들이 긍정 마음으로 바뀌는 것을 보는 것이 제일 행복해요. 사람들을 미워하고 매사에 불평불만을 하면 나만 고립되고 괴로워요. 그러면서 환경 탓하고 남 탓만 해요. 나만 보고 긍정 마음 지키면 모든 것이 잘 풀려요. 비결, 공식, 선언, 지침 속에 답이 있어요. 자기 세포를 활짝 깨워야 해요. 우리가 여기에서 술 마시고 춤추고 노래하는 것은 모두가 세포를 깨우기 위한 작업이에요. 이것을 이해하지 못하면 우리가 하는 행동을 두고 사람들이 온갖 비난을 하게 돼요. 우리는 세포를 깨우기 위해서 온갖 방법을 다 동원해요. 우리들의 세포만 깨어나면 돼요.

# 우주선과 외계인

외계인은 지금까지 지구에 와서 계속 비밀을 지키고 있잖아요. 지구가 우주 중심지고 각별하고 각 차원에 있는 우주하고 통하기 위해서 우리가 제일 먼저 공개할 거예요. 지금 지구에 외계인 있어요, 없어요? 얼마나 될 거 같아요? 지구인만 모른다고요.

### 외계인의 인간 실험

뭣 때문에 우주선을 타면 사람이 바뀌어요? 예를 들어, 우주선 속도가 인간이 상상하지 못할 속도로 달리고 있으면, 분자몸이 순간에 녹아요. 너무 강하게 녹으니까 사람 생각에는 우주선에 납치당해 내가 병 걸렸다느니, 심지어 놀라서 죽는 사람도 있어요. 왜냐하면 지구인의 몸은 적응이 안 되니까.

예를 들면 옛날에 자동차 없을 때, 우마차를 타도 어지러워 못 견디는 그런 존재들 있죠. 그런 존재들이 승용차나 비행기 탈 수 있어요? 절대로 못 타죠. 그런데 우마차 탔을 때 아무렇지도 않고, 진짜 재미있다고 타는 거 즐기는 사람이, 승용차 타면 어떤 존재는 어지럽고 구토할 수도 있지만, 또 어떤 사람은 재미있다고 생각해요. 몸 구조가 다르기 때문이죠.

마찬가지로 승용차는 타는데 비행기는 못 타는 사람, 갑자기 올라가고 내려오면 붕 떠 가지고 어지럽고 너무 빠르니까 몸에 이상한 느낌이 와서 적응 안 되잖아요. 또, 부정으로 보면 절대로 비행기 못 타요. 가뜩이나 겁이 많은데 비행기 타면 즉사할 수도 있고, 속도가 너무 빨라서 구토할 수도 있고, 오장육부가 튀어 나올 거 같다고 소문내면 누구도 안 탈 거라. 그래도 간이 큰 사람은 타요. 타다 보니까 적응하는 사람 많잖아요. 같은 뜻이에요.

우리가 각 방면에 이 몸을 빨리 녹이기 위해서 온갖 방법을 다 쓰고 있어요. 그래서 우주선 타려고 열심히 노력하고 있어요. 그런데 외계인들은 우리를 못 믿어. 왜냐하면 우리 몸이 망가질까 봐. 외계인은 엄청 책임감이 강해요. 그리고 어떤 외계인은 인간을 우주선에 끌고 가서 온갖 실험 다 해요. 그래서 그게 사실인지 우리가 확인해 봤어요. 그들이 데려간 건 인간이 아니라 전부 다 외계인이에요.

내가 이제 여기서 공개해요. 외계인은 지금까지 지구에 와서 계속 비밀을 지키고 있잖아요. 지구가 우주 중심지고 각 별하고 각 차원에 있는 우주하고 통하기 위해서 우리가 제일 먼저 공개할 거예요. 지금 지구에 외계인 있어요, 없어요? 얼마나 될 거 같아요? 지구인만 모른다고요. 마고가 막아 놓고 비밀 지키는 바람에 지구만 망가트려 놨어요. 앞으로 카페에 하나하나 밝히려고 해요.

외계인도 우리 지구인하고 소통하고 싶은데 우주에 지구인에게 아직 밝히면 안 된다는 규칙이 있어서 두려워서도 감히 우리한테 자기 비밀을 못 밝히고 있어요. 또 어떻게든 밝히고 싶어도 지구인이 못 알아들어 소통이 안 돼서, 양쪽이 다 답답한 실정이에요. 우리 여기서부터 그걸 깨부술 거예요. 저는 하도 답답해서 뭐라 그랬느냐면, 만일 너희 계속 우리 지구인한테 비밀 감추고 소통 안 하면, 우리 대전에서 공부한 존재들 훈련시켜 온 우주에 펼쳐 나가고, 외계인 다 삭제시키겠다고 그랬어요. 너희, 우리를 너무 멸시하는데 우리 지구인이 이제 깨어나고 있다. 너희하고 소통하는 지구인이 어디 있나? 우리뿐이라는 거 너희도 인정하지? 했어요. 오늘 아니면 내일 다시 카페에 또 올릴 거예요.

### 지구인과 소통하고 싶은 외계인

시리우스에 있는 외계인하고의 대화, 또 아스타 별과 대화한 내용 보면 인간이 많이 깨어날 거예요. 이 두 개 별은 지구인하고 소통하고 싶은데 오늘까지 소통이 안 되었어요. 만나서 우리는 지구인이라고 하니, 그런 줄 알고 대화하다가, 나중에 우리를 받아들여서 밝혔어요. 그래서 "우리는 지구인 아니다!" 하니까 "진짜 우리가 아는 지구인인가?" 하면서 깜짝 놀랐어요. 나는 오늘까지 끊임없이 지구인이 아니라고 말해도 이 자리에서 몇 명이나 이해해요?

옛날에 그런 존재가 있었어요. 나보고 ET래. 뭘 보고 ET라 그러는지 몰랐어요. 나중에 보니까 딱 외계인처럼 생겼데. 나는 외계인 인정 안 한다. 나는 무시공 존재다. 실제 외계인이라 생각하면 나를 너무 낮추어 봤다. 나는 당당하게 그래요. 나는 무시공 존재다. 그럼 어떻게 나를 증명해? 비공선지가 나를 증명한다고.

그럼 지구인이 이런 거 내놓을 수 있어요? 이게 철학이에요, 과학이에요, 무슨 종교 이론이에요? 아무 상관도 없어. 그럼 저 우주도, 과학자가 만들었어요? 철학자나 무슨 종교가 만들었어요? 그럼 너는 왜 못 만들어? 너는 이 세상 사람이니까.

　내 겉모습만 보고 평가하려면 천 년 만 년 평가하세요. 절대로 나를 못 알아본다고, 지구인도 못 알아볼 뿐만 아니라 외계인도 못 알아봐. 우주 존재도 못 알아봐. 안 밝히면 몰라. 우리는 우리 몸의 빛을 보여 주고, 우리 어떤 존재인지 좀 밝혀야 놀래. 이거 한두 번 실험한 게 아니에요. 그래서 서울에 있을 때도 그랬어요. 어떤 분 눈 열어 놓으니, 자기 좀 안다고 나보고 뭐라 해서 내가 그랬어요. 네가 보는 거는 다 가짜다. 진짜 나는 영원히 못 본다고 결론 내렸어요. 내가 뭣 때문에 당당히 그런 말을 할 수 있어? 내가 진짜 이 우주 존재 아니라는 거, 끊임없이 말해요. 그럼 여기서 내가 이 세상 사람이 아니라는 거, 진짜 인정하는 존재 당당하게 손들어 보세요. 얼마나 되나? 겨우 한 스무 명…. 저는 끊임없이 그래요.

### 분자몸은 가짜다

　나중에 보세요. 껍질 이건 가짜라고. 그럼 뭣 때문에 우주인이 봐도 대전의 빛이 제일 강해? 한두 존재에게 물어본 게 아니에요. 수많은 외계인, 수많은 차원에 있는 존재들에게 대전의 빛을 알려줘야 알아봐. 지구 변하는 것도 보라고 해야 알아봐. 안 그러면 수많은 외계인이 지구에 와 있어도 몰라요. 이 정보 모른다고. 우리가 알려 줘야 알아. 그리고 깜짝 놀라. 저희는 날마다 지구 정보 저희 별에다 알려 주고, 어떤 데는 스무 마리 반달곰을 만들어 정보를 알리고 있어요. 또 토끼 모습으로, 전 지구에 사백오십 명을 파견해 동물 실험을 해서 지구 정보를 끌어간다고.

 인간이 알아요? 죽었다 깨어나도 몰라요. 그런 존재에게도 우리가 안 밝히면 모른다고. 너희 외계인이 지구인에게 비밀 지키려 해도 이젠 당당히 폭로해. 끝까지 우리 말 안 들어서 12억조 별 대표도 삭제하고, 그 별까지 삭제해 버렸어. 그래서 온 우주가 떠들썩해. 난리가 났어. 거기는 소문이 우리보다 더 빨라요. 어디에 사건 있으면 온 우주가 다 알아요. 그만큼 정보가 발달되어 있다고 제가 그랬죠.

 우주 질서 분자 세상에서 무극까지 다 있어요. 처음에 올라갔더니 우리를 멸시하고 깔보고 온갖 짓을 다해서, 너희들 깨우치려면 천 년 만 년 걸려 나는 기다릴 시간 없다. 그래서 우리가 새로 이쪽에 그들에게 허락받지 않고 갈 수 있는 통로를 하나 만들었어. 우리 힘으로 어디까지 만들었나. 10억조. 10억조 이상은 인정 안 해. 우리 딱 10자면 끝이잖아. 모든 걸 다 10자로 하잖아요. 10억조 거기가 우리가 인정하는 무극이다. 그 위에는 관심도 없어.

 여기가 분자 세상이죠. 분자 세상에서 대전이 중심이 됐어요. 우주 중심을 만들었어. 그럼 무극 자리가 변두리가 됐어요, 핵심이 됐어요? 거꾸로 됐어요, 안 됐어요? 우리는 그런 작업을 하고 있다고. 원래 분자 세상은 행우에서 제일 밑바닥 껍질 부분이고 제일 멀리 있는 우주라고. 그럼 우리가 대전을 중심으로 우주 중심 만들 때 무극이 변두리 됐어요, 안 됐어요? 거꾸로 됐잖아요. 그러니 이 우주의 최고 존재 67억조 광년에 있는 통치자도 할 수 없이 대전에 와야 돼. 63억조 광년에 있는 자기 딸도 왔어. 지금은 14억조 이상 67억조 이하 일체 고급 존재들이 지금 대전에 와 있다고. 믿어요?

저희는 이날을 기다렸고, 옛날부터 이런 예언이 있었대. 지구 대전에서 새로운 생명이 탄생하고, 우주가 하나로 되는 그런 일이 생긴다고. 우리 지구에서만 예언이 있는 게 아니고 온 우주에도 그런 예언이 있다고. 온 우주가 나중에 가서 하나로 된다는 거, 놀라운 일 아니에요? 그래서 우리가 이 작업을 하니까 천 년 만 년 안 기다려도 끌려오잖아. 우리 블랙홀이 있으니까.

여기 67억조 광년에 있는 최고 존재가 자기 말로는 직선 빛이 99.97%래. 원래 행우에서 최고인 존재지만 우리 여기서 공부하시는 분하고 비교하면 우리 빛이 더 강하다고. 우리 여기서 일원심 지키면 일원심 지키는 만큼 우리가 변하고 온 우주에 영향 준다는 거. 우리를 깔보지 말라고요. 지금 우리가 60%만 돼도 온 우주의 최고 존재예요. 근데 60%가 우리 목적이 아니에요. 2020년 이후에 제일 적어도 지구에서 긍정 마음이 60% 이상 되어야 살아남을 수 있다고 분명히 수없이 말씀드렸어요.


**우리는 우주 작업하러 왔다**

우리는 우주 작업하러 왔어. 우주 바꾸러 왔어요. 그런데 이렇게 해도 아직 멍청해서 안 깨어나요. 저는 분자몸을 빨리 벗어나기 위해서 깨부수고, 오만 방법을 다 쓰고 있어요. 그런데 우리는 안 믿어.

이 물도 우리가 창조하는 순간에 외계인이 가져가려고 그랬어요. 공부하면 되지, 공부 안 하면 절대 건드리면 안 된다. 작년에 이 물 만들고 지금까지도 계속 물을 변화시키고 있어요. 생명이에요. 그러면 내 몸에 들어가면 무슨 영향이 있겠나? 우리가 여기서 모여서 비공선지 외우고, 체험하고 아무리 해봤자 분자몸을 녹이려면 너무 힘들다는 거예요. 너무 땅땅 굳었어. 마음 바꾸기도 너무 힘들어요.

여기 와서 일원심이니 뭐니, 밖에 나가보세요. 주위에 전부 다 이원 넘인데 거기 빠지면 오염돼요? 안 돼요? 대번 진흙탕에 갔는데 왜 거기서 자기가 이긴대? 이기긴 뭐가 이겨? 남한테 잡아먹히는 것도 모르고. 혼자 힘으로는 힘들다고. 그러면 우리 물로, 생명이 내 안에 들어가면 뒷받침돼요? 안 돼요? 내가 혼자서 몸 녹이려면 얼마나 힘들어요? 이게 들어가면 몸이 녹잖아요. 일체세포 안에 달려들어가. 작동한다고. 그러면 마음 바뀌는 것도 빨라지잖아요.

이 물은 우리가 창조해서 우주와 하나가 됐어. 그 힘이 강해요? 안 강해요? 아직 안 믿는 존재는 무엇 때문에? 항상 자기만 믿어. 주변에 전부 다 주객 나눠서 벽담을 쌓아놨어. 우리는 물을 마시면서 세포하고 대화한다는 거에요. 물이 생명이잖아요. 대화 돼요? 안 돼요? 물하고 대화할 수 있어요? 없어요? 내 세포도 생명이에요. 그럼 서로 대화가 되잖아요. 둘이 대화하면 세포가 즐거워요? 안 즐거워요? 나 혼자 바꾸려 하면 힘든데 물이 들어와서 도와주면 얼마나 빠른 속도로 바뀌겠어요.

나는 일체 안에 있다
또 일체가 내 안에 있다
그래서 일체가 나다

제7장

# 대한민국의 뿌리

偶觀懸壁九重氷
邊有花瓶俏
俏非為爭春
唯速恆察報
待到花香弥漫时
没在其中笑

花落佳家討彭祖
念悠行字節
反客變為主
先千年知道
自在逍遙觀龍騰
詣人悟甚妙

梅心

# 23광년에서 100억조 광년의 대한민국 우주

23광년의 우주선 대표에게 "너는 어느 별에서 왔나? 별 이름이 무엇인가?" 물었더니 23광년에서 왔는데 별 이름이 대한민국이래. 그래서 깜짝 놀랐어요. 23광년에 대한민국이라는 별이 있다는 거. 우리 여기 70억 인구 중 조그마한 나라 대한민국이 있는데, 어떻게 별에도 같은 이름이 있나, 같은 명칭이 있나? 그래서 파고들어가 봤어요.

### 대한민국 우주와 별

올해부터 3단계 들어와 가지고 외계인과 수많은 대화를 하고 다 녹음해 놓았어. 어느 시점에 책으로 공개한다면 이게 도대체 신화 얘기예요, 무슨 얘기예요? 나중에 어떤 분은 소설로 볼 거예요. 무시공 존재가 대한민국 대전에서 시작해 가지고 엄청난 신화처럼 작업을 했구나.

우리의 후손들이나 후대들이 보면 감동받을 거예요. 실제 몇천 년, 몇만 년 전이라도 우리 역사 신화 얘기처럼 오늘 날까지 전달되어 왔잖아요. 파 보면 신화 얘기가 아니라는 거. 그때도 외계인이 지구에 있었던 거라.

지금 인간이 아는 미스터리 하나하나 대화하면서 정리하고 있잖아요. 그리고 우리 지구 70억 인구 안에도 수많은 외계인들이 살고 있다고. 외계인이 지구에 올 때 무슨 특징을 가지고 있나. 어떤 외계인은 자기 영혼이 와 가지고 우리 몸에 들어와 태어난 이런 존재도 있고, 어떤 존재는 직접 그 별에서 우주선 타고 지구에 와서 둔갑해 인간하고 같은 모습으로 자기를 훈련해서 인간 속에서 살고 있다고. 그리고 어느 나라에 오기 전에 거기서 다 훈련한다고. 지구를 너무 잘 알고 있어요. 우리 태양만 봐도 태양의 열이 그렇게 높은데 어떻게 사람이 살 수 있겠는가? 근데 산다고요. 그럼 어떻게 사나 알아봤어. 태양도 과학자들이 보면 엄청 밝은 데도 있고, 어두운 흑점도 있다고 하잖아요. 흑점 거기는 온도가 안 높잖아. 거기를 통하여 왕래한다고. 믿음이 가요? 태양에서 온 존재가 지금 한국에도 있어요. 각 별에 다 찾아보았어요. 다 있어요.

그럼 여기에 대해서 조금 더 말씀드려요. 이건 진짜 놀라운 일이에요. 최근에 우리 주변에 자꾸 UFO가 돌아서 한번 대화해 봤어요. 네 이름이 뭐고 네가 온 별 이름이 뭐고 무엇 하러 왔나. 무엇 때문에 자꾸 우리 주변을 도나? 자기는 23광년에서 왔대. 그 모선의 대표가 '토망'이라는 여자야. 그 별에 70억 인구가 있어요. 그 별에는 전쟁이 없대. 사고방식이 다르고, 취미가 다르니 다섯 개로 나누어 자유롭게 산대. 그럼 전쟁이 없으면 군대도 없나, 물으니 군대는 있대. 그럼 군대는 왜 있나? 다른 별에서 침범할까 봐. 별 사이의 전쟁을 방비하기 위하여 군대도 있고 무기도 있다는 거. 그럼 이거 상상도 하지 못할 일이잖아요. 이게 진짜인가 하고.

근래에 와서 대전 상공에 우리 우주 중심지를 지키는 존재는 어디서 왔어요? 은하계 군사 총책임자 '아스타'라는 존재, 그를 은하계에서는 다 알아요. 그분보고 대전을 지키라 그랬어요. 그리고 우리가 뭐 좀 해결하려고 도와달라 하니, 우주에도 질서가 있어 우주 전쟁이 일어날까 봐 감히 못 그러겠대. 자기는 군사를 관리하니 어떤 일은 자기가 처리하지 못한대. 그러면 누가 그런 걸 처리할 수 있나? 경찰이 있대. 은하계에도 경찰이 있어요. 우주의 각 별에서도 질서를 지킨다고. 그래서 지구에 외계인이 와서 소나 인간을 납치하는 것도 몰래 하고 있다고. 잡히면 그들도 벌 받는다고.

  한 가지 더, 이거 밝히면 되는지 안 되는지 모르겠지만 이것은 내부적으로 들으세요. 미국의 대통령 ○○○에게 파고들어가 물어봤어요. "너 외계인하고 무슨 계약서를 썼다며?" 그러니 계약했대. 무슨 계약인가 물었더니, 미국에서 자기가 대통령 하는 기간에 어느 별의 외계인과 대화를 하여, 자기 별의 기술을 미국에다 제공하고, 자기는 미국의 동물이나 인간을 데리고 가서 실험을 하겠대. 그럼 무엇 때문에 그런 실험을 하는가? 그 별의 존재는 어떤 존재인가? 그 별의 존재는 사람과 동물 사이의 존재. 피부가 동물처럼 거칠고 그렇대. 그런데 기술은 우리보다 높아. 그런 계약서를 썼다고. "그럼 지금도 그렇게 하고 있나? 아니면 끝났나?" 하니까 아직도 그렇게 하고 있대. 자기는 자기가 대통령 할 때만 그렇게 하기로 했는데 계속 그것이 이어지고 있다고. 이런 비밀을 누가 알아요? ○○○ 대통령이 원래 그 별에 가 있잖아요. 그리고 우리가 이것을 파고드니까 자기도 신기해해요. 그래서 우리를 찾아보고 싶대. 그럼 어떻게 찾나? 네 마음대로 찾아보라 하니, 궁금해서 우리 만나겠다고 빛보고 찾아오겠대. 그럼 빛으로 찾아라. 이만큼 했어요.

  아까 말했죠. 23광년의 우주선 대표에게 너는 어느 별에서 왔나?

별 이름이 무엇인가? 물었더니 23광년에서 왔는데 별 이름이 대한민국이래. 그래서 깜짝 놀랐어요. 23광년에 대한민국이라는 별이 있다는 거. 우리 여기 70억 인구 중 조그마한 나라 대한민국이 있는데, 어떻게 별에도 같은 이름이 있나, 같은 명칭이 있나? 그래서 파고들어가 봤어요. 누가 이름 지었나. 자기도 모른대. 자기가 태어날 때부터 그 이름이라고. 그럼 너희 별의 역사가 얼마큼 됐나 물으니 100억 년 됐대. 지구는 50억 년 됐잖아요. 지구보다 배 더 길어.

그럼 이름 지은 존재 나타나라 하니 30억 년에서 한 존재가 나타났어. 자기 별도 대한민국이래. 거기서 연줄해서 계속 100억조 광년까지 파고들어 갔어요. 100억조 광년 최고 존재 나타나서 여기가 끄트머리인가? 네가 최고인가? 여기 대한민국이라는 이름은 누가 지었나? 자기는 이 우주가 대한민국이라는 이름으로 탄생한 것만 알지 누가 했는지 자기도 모른다는 거예요. 자기 위에 어느 신이라는 존재가 있대요. 자기 눈으로도 안 보인대. 100억조 광년의 존재도 그 신을 눈으로 못 본다고. 그저 의식으로 마음으로 통한대.

그럼 당장 그 신이라는 존재 나타나라 하니까 나타났어. 처음에는 빛으로 나타나서 줄여 버리니 보였어요. 그래서 물어봤어. 이 우주 언제 창조했나? 물어보니 100억조 년 전에 이 우주를 창조했대. 그 당시 12명이 같이 창조했대. 12명의 각자 이름과 그 우주 이름까지 다 댔어요. 대한민국이라는 이름을 네가 지었나, 물으니 자기가 지었대. 그럼 12개 우주 중에 누가 대표고 누가 제일 앞서 있나 물으니 자기가 제일 앞장을 섰대. 대한민국 우주가 12개 우주 중에 제일 앞장서 있대. 자기 본인이 12명의 대표래요. 그래서 물어봤어요. 네가 이 우주 창조해서 완벽한가? 무한한가? 완벽하지 않대. 그런데 우주 창조할 때 12명이 같이 상의했대요. 부족할 때는 언젠가 우리가 이것을 바꿔야 된다는 것을.

그런데 이제껏 헤매면서도 그 답이 없었어. 부족한 줄 알면서도 어떻게 바꿔야 하는지 답이 안 나온대. 그런데 우리 만나 놀랐어요. 우리는 어디서 왔나 물어 우리는 토종 지구인이다. 지구에서 왔다. 우리 너무 힘들게 50억 년이나 짓밟히고 고통스럽고 외롭고 억울하게 살아왔다. 우리 지구에도 대한민국이라는 이름이 있다. 그래서 궁금해 여기까지 파고들어왔다 하니 자기도 깜짝 놀라잖아요. 지구에 대한민국이라는 나라가 있다는 걸 아나? 보라 하니 봤어요. 진짜 지구에 대한민국이라는 나라가 있다는 거. 그래서 자기가 감동받아 너무 미안하다고 했어요. 자기는 고급이고 높은 곳에 있기 때문에 가장 낮은 곳의 고통받는 것을 모르잖아요. 고저와 층차 때문에…. 그리고 당장 이 공부 받아들이고 대전에 온다고 그랬어요. 그리고 또 우리가 어떻게 했을 거 같아요? 100억조 광년에 있는 존재들 전부 다 대전에 오라고 그랬어요. 그래서 대한민국에 다 채우고 자리가 부족하면 지구를 다 채워라.

23광년부터 100억조 광년까지 대한민국이라는 나라를 직선으로 통로를 만들었어요. 원래 5억조부터 10억조까지 통로 만들려고 했어요. 마침 대한민국이라는 이 우주하고 별하고 지구하고 직선으로 통로가 되어 버렸어요. 이 우주에 대한민국이라고 하는 일체 존재 다 지구에 와라, 지구를 정화시키자, 지구를 물갈이하자, 나중에 지구를 대한민국 지구로 바꾸자, 그러니 자기네들이 감동받아요, 안 받아요?

최선을 다하겠다고 그랬어요. 제일 밑바닥 대한민국이라는 나라에서 이렇게 하니 자기들도 감동받아 최선을 다하고 있어요. 아직 우리 눈으로 안 보이니 신화 얘기처럼 들으세요. 구체적인 내용 말 안 하려다가 진짜 우리 대한민국이 대단해서 말해요.

저도 처음에는 관심이 없었어요. 한국 오니까 한민족이고 백의민족이니 천손이니 하늘의 자손이니 온갖 말 다 있데. 이런 조그만 나라가 중국과 비교하면 인구 겨우 5천만 되면서 큰소리만 빵빵 치나. 중국 대륙도 대중국이라고 안 그러는데, 이 조그만 나라에서 대한민국이라고 하니까 처음에 와서 들을 때는 너무 어이없어 했어요. 그러나 그 뿌리를 파 보니까 진짜 놀랐어요. 그래서 우리가 하는 이 일도 드디어 우리 조상의 뿌리를 찾았잖아요. 이제는 살아도 당당하게 살아보자고. 이 짧은 시간에 이것을 파냈어요.

실제 80억조 밑에 50억조 밑에 수많은 존재들에게 너희 조상 찾았나? 물어보니 다 못 찾았대. 찾으려고 생각하고 있나 물으니 당연히 찾고 싶고, 알고 싶어도 방법이 없다는 거라. 그러나 그런 존재가 있고 그런 뿌리가 있겠다, 하는 것은 다 인정해요. 23광년까지 다 인정해. 그래서 우리는 하나하나 파서 그 대표들 다 나타나게 했어. 23광년부터 100억조 광년까지. 그다음에 100억조 광년 최고 존재 소개해 줬어요. 토종 지구인이 조상의 뿌리를 찾아내고 또 위아래로 소개해 주니, 놀래요 안 놀래요? 전부 다 자기 조상을 찾으려다가 오늘날까지 못 찾았잖아요. 이것은 근래에 와서 작업을 한 거예요.

### 세밀한 공간에 존재하는 외계인

우리 공부는 인간이 여태까지 해 온 공부하고 절대로 같지 않으니 꼭 믿으세요. 언제 깨어나 정말. 지금 분자 세상 여기 있지요. 물리학으로 말하면 분자 세상도 좀 세밀한 것이 있잖아요. 분자 경지에도 우리는 제일 거친 분자 세상에서 이 모양으로 살고 있어요.

그럼 조금 더 세밀한 곳으로 들어가면 분자 세상 존재도 우리를 못 본다고. 원자 세상은 더 못 보죠. 그래서 그런 예를 들었잖아요. 나노 기술로 물을 쪼개니까 물 한알, 한알 분자 알로 돼도 우리 눈에 안 보여요. 물은 보이잖아요. 그런데 그 분자 물도 수많은 분자 알이 하나로 뭉쳐서 물이 되었다고. 돌멩이를 쪼개고, 쪼개고 하여 먼지 덩어리 하나 된 것처럼 그것이 물이라고. 그렇지만 분자로 되어 있어. 분자 알로 하나씩 나누어진 상태 그것도 우리 눈으로 못 보잖아요.

그럼 원자 상태는 보여요, 안 보여요? 계속 올라가 미립자 초립자 무극까지 가면 우리가 보려고 해도 못 봐. 어떻게 봐요? 그런데 우리 실제로 한쪽에는 사는 생명, 분자 세상에서 살고 있는 존재. 그럼 노력해.

요새 비공선지 외우면 몸이 녹아요, 안 녹아요? 바뀌고 있다고. 조금 세밀한 공간으로 몸이 들어가고 있어요. 일원심 지키면 내 마음은 벌써 무극에 와 있어요. 몸은 여기(분자 세상)서 바뀌어. 죽어서 바뀌는 것이 아니고 내 마음이 이 자리(무극)에서 계속 두드리고 절대 긍정 일원심만 지키면 마음은 무극에 와 있고, 몸은 여기 분자 세상에서 바뀌고 있다고. 이해해요?

우리 몸은 가짜라고 생각해 보세요. 우리 몸도 1년 동안 체험한 것을 구경해 보세요. 계속 강하게 풀려요, 더디게 풀려요? 강하게 풀리면서 몸이 녹는 느낌 있어요. 몸이 가벼워지고 병도 저절로 없어지잖아요. 그게 녹는 현상이라고. 거친 분자에서 세밀한 분자로 들어가고 더 세밀한 원자 상태로 들어가면 인간 눈으로 절대로 안 보여요. 그러면 우리 살았어요, 죽었어요? 살아서 안 보인다고. 외계인도 우리 눈으로 못 보잖아요. 도 닦는 사람들은 오늘까지 UFO 왜 못 밝혀? 외계인이 과학이 얼마나 발달된 것을 왜 몰라? 우리는 대화하고 있잖아요.

지금 우리 지구인이 너무 낙오되어 외계인이 와서 지구인을 노예로 만들고, 살아 있는 로봇으로 만들고 있어요. 우리는 일체 공개한다고 그랬잖아요. 일체 우주의 비밀을 다 밝혀야 돼. 이래야 인간이 깨어난다고. 요 근래에 와 가지고 외계인들이 우리를 진짜 가지고 놀아요. 저들은 재미로 한대. 그래서 물어봤어요. 너희들은 우리 인간을 어떻게 로봇으로 만드나. 전체를 로봇으로 만드는 것은 아직 안 되지만 개별적으로는 된대. 기술이 그 만큼 발달되어 있다고요.

또 이렇게 말하면 듣기 싫지만 히틀러가 그런 예언을 했잖아요. 나중에 21세기는 동방이 실험장이 된다. 그때 일부분은 신과 같은 우주의 새로운 생명이 탄생하고, 일부 인간들은 로봇으로 된다. 지금 그것이 증명되고 있어요, 없어요? 외계인은 우리를 노예로 만들고 있다고, 우리가 빨리 안 깨어나면. 이렇게 말하면 '난 아직 정신이 똘똘한데, 아직 나는 내 정신 가지고 있는데' 생각하지만, 외계인은 우리를 훤하게 보고 이미 우리 인간을 장악하고 있어요. 우리는 안 보이니 안 믿어. 인간은 내내 이분법에서 보니까 이원 물질밖에 안 보여.

그래서 빨리 깨어나라는 거예요.

우리가 분자 세상 제일 밑바닥에 있는 존재예요. 조금만 들어가면 과학도 엄청나게 발달되어 있어요. 내가 그랬잖아요. 체력변심력은 내가 그냥 엉터리로 말한 것이 아니에요. 우리는 계속 체력으로 살려고 발버둥 쳐. 제일 밑바닥에서 손발 움직여 부자 되겠다고.

조금 세밀한 공간에서는 마음으로 움직여요. 마음으로 움직여 모든 것을 창조할 수 있어. 그런 세상 들어가 살자고 하는 것인데, 왜 그렇게 싫어해? 발버둥 쳐도 생로병사에서 못 벗어나고 날마다 텔레비전 보면서 뭐 좋은 것, 영양제 먹고 오래 살겠다고 생각하고. 우리, 진짜 이 분자몸을 벗어나면 원자 세상만 들어가도 몇천 년, 몇만 년 산다고. 그럼 우리, 보세요. 100억조 광년의 최고 존재가 우주 역사가 100조 년이 되었대. 그럼 자기 수명이 100조가 되어 있잖아요. 우리는 여기서 겨우 100년도 못 살고 발버둥 치면서 헤매고 돈이 전부라고 생각해요. 빨리 벗어나세요. 우리 진짜 순간에 벗어나면 순간에 바뀌어요.

저도 진짜 16년 동안 힘들었는데 이제 조금 받아들여, 그래도 100% 아직 안 믿어. 긴가민가 조금 그런 것 같고, 다른 데 수련하는 것보다 조금 더 나은 것 같다는, 그저 그런 관점밖에 없어. 그리고 전부 눈으로 확인하려고 해. 제가 그랬죠. 오관을 믿지 말라고. 그럼 우리 눈으로 외계인이 보여요, 안 보여요? 외계인이 여기 있어도 안 보이잖아요. 외계인들은 세밀한 공간에 있으니까 우리가 뭘 하고 있는 것까지 다 보인다고. 우리는 계속 눈을 가지고 확인해야 해.

UFO도 물질이 70% 되고 30% 이상 에너지로 되어 있는데 물어봤어요. 그 물질이 이 지구의 물질하고 같나? 안 같대. 같은 물질 관점도 물질이 같지 않다는 거예요. 지구 외에도 태양계의 10개 별에도 전부 다 우주선이 있어. 거기 물질은 우리하고 같지 않다는 거예요. 물질이 별이잖아요. 외계인이 지구에 우주선 공장을 만들 때 어떤 물질은 지구에 없으니까 자기 별에서 가지고 온대. 믿어요?

그래서 우리가 최고가 아니라 너무 밑바닥에 있어요. 100억조 광년에서도 우리가 제일 밑바닥이라고 인정하잖아요. 지금 무극의 존재가 여기 있잖아요. 지구에 와서 하나로 뭉쳐 대한민국 별을 만들자. 우리는 이런 작업을 하고 있어요. 그럼 우리 눈으로 안 보여. 믿든 안 믿든, 우리는 우리 할 일을 해.

**마음과 물질이 하나라고 끊임없이 인정하라 - 무시공 자리다**

그리고 우리 3단계 존재가 이런 거 하면 2단계 존재는 세 가지 마음을 가지고 있어. 하나는 질투. 우리는 왜 훈련 안 하나. 네가 마음 자세가 되어야지. 욕심만 가득 차 있으면 훈련해도 안 되잖아요. 계속하다 보니까 마음이 조금 바뀌어. 또 하나는 부러운 마음. 3단계를 기대해. 나도 그 단계에 들어가야 되겠다. 실제 눈으로 보이는 것만 믿지 말고…

우리 마음과 물질이 하나라 그랬잖아요. 마음과 물질이 하나라는 것 이것만 믿으면 돼. 눈이 열리든 안 열리든 상관이 없어. 이 지구가 밝아졌다 생각하면, 그럼 밝아졌어요, 안 밝아졌어요? 내가 이 지구가 온 우주의 중심지라면 중심지 되었어요, 안 되었어요? 무엇 때문에 됐어요? 마음과 물질이 하나니까. 일원심 기초에서 마음먹은 대로 이루어졌어.

내가 꼭 봐야 돼요? 우리는 안 보인다고 자꾸 안 믿어. 내가 마음으로 한반도가 밝아졌어. 그런데 눈으로 안 보여. 도대체 내 말대로 되었나, 안 되었나? 또 확인하려고 해. 그것이 두 가지 입장이에요. 마음과 물질이 하나라는 것은 무시공 관점, 무감각 시공에서 이루어진 것을 말하는 것이고.

여기서 확인하는 것은 내가 단단히 분자 입장 지키면서 확인하려고 해. 그럼 영원히 답이 없어요. 그래서 우리가 말하는 열리고 안 열리고는 눈이 열려서 보는 게 아니고 내 마음이 일원심이 되어야 된다고. 그리고 100%로 마음과 물질이 하나라는 것, 이것만 인정하면 마음먹은 대로 이루어졌어요. 왜 자꾸 의심을 하는가. 그럼 우리가 3단계 안 들어왔어. 3단계 들어왔어요, 안 들어왔어요? "마음과 물질이 하나다." 이것만 인정하면 이미 3단계 작업을 하고 있다고. 왜 딱 열려 가지고 봐야 돼. 안 밝히려다 오늘 처음으로 밝혀.

그럼 나중에 우리가 공부하면서 안 놓치는 존재 다 3단계로 들어가야 돼요. 우리는 반드시 그 위치에 들어가야 하는데 3단계는 뭐 때문에 들어가요? 몸이 녹으니까, 살아서 그 안에 들어간다고. 그런데 우리는 외계인하고 비교하는 것은 무엇을 비교했어요? 우리 공부하는 존재도 이 껍질이 너무 두꺼워 엄청 어두워요. 그런데 우리 안에는 무감각 시공의 몸은 너무너무 밝다고요. 완전히 직선 빛으로 되어 있어. 그것은 외계인하고 우리하고 비교해도 우리를 못 이겨요. 우리 빛하고 비교를 못 해. 무엇 때문이에요? 마음이 이미 무시공에

가 있으니까. 그럼 마음과 물질이 하나라 하면 여기 무시공을 계속 두드리면 내 몸이 여기 몸 되어 있어요, 없어요? 이미 그 몸이 되어 있다고. 완전히 직선 빛으로 되어 있는 몸으로 되어 있어요. 아직도 파장으로 되어 있는 몸, 파장으로 되어 있는 빛, 그것을 없애야 된다고요.

부처 보면 후광이 있대. 우리는 후광뿐만이 아니라 이 공부를 하면 전부 빛으로 되어 있다고. 무엇 때문에 대전의 직선 빛이 온 우주에 퍼져 나가고 있어요? 일원심 지키는 존재들이 뭉치니 그 빛이 우주 끄트머리까지 발사되고 있다고. 그것을 꼭 믿으세요. 그래서 우리는 숫자 개념 없다고 그랬잖아요. 다만 여기 직선 빛만 한데 뭉치면 우리 몸이 같이 녹고 있고….

우리는 엄청난 우주의 존재예요. 외계인은 무엇 때문에 우리한테서 배워야 되는가. 무극에서도 배워야 돼요. 전부 다 이원념으로 되어 있는 존재잖아요. 시공에서는 무극의 존재가 제일 밝아. 그렇지만 무극에서 밝은 것하고 무시공에서 밝은 것하고는 같은 빛이 아니에요. 질이 다르다는 거예요. 우리는 요번에 분자몸만 벗어나면 끝이라고. 우리는 이미 완벽한 무시공생명이에요. 그런데 외계인은 이 분자몸은 없어. 그렇지만 층층이 이원념으로 쌓여 있어요. 우리는 한 번에 끝나. 그래서 우리가 나중에 우주를 여행하면서 우주 작업을 한다는 뜻이에요. 우주인들도 우리한테 배워야 돼. 무극의 최고 존재들이 무엇 때문에 대전에 와? 여기 와서 배우려고. 안 열어줘. 왜? 마음이 안 바뀌면 교만할까 봐. 오늘 여기서 이것을 밝혀요.

그렇게 밝아도 우리하고 비교하면 빛의 질이 달라. 그래서 우리 한

분, 한분 엄청난 존재인데 자기를 깔보지 말고 자꾸 보려고 용쓰지 말고, 이 오관을 믿지 말라고. 무시공 오관만 믿지 시공 오관은 믿지 말라고. 그래도 계속 빠져 가지고…

그것이 무엇인가 하면 두 입장이에요. 무감각 무시공에서는 마음과 물질이 하나다. 마음먹은 대로 100% 이루어졌어. 그런데 여기서는 안 이루어지니까 계속 확인해. 눈으로 확인하려고 해. 그럼 내가 이미 어느 입장에 왔어? 시공 분자 세상에 와 있잖아. 말로는 마음과 물질이 하나라고 하면서 무시공에 와 있는 것 같지만, 무감각 시공에 와 있어. 그럼 그것을 믿고 끊임없이 하면 돼. 무시공에서는 진짜 100% 다 이루어졌어요. 그러다 시공에 들어오면 아무 것도 안 이루어진 것 같아. 그럼 마음이 흔들려요, 안 흔들려요? 도대체 내가 한 것이 맞나, 안 맞나? 자기도 헷갈린다고. 그래서 입장이 틀렸어요. 여기서 확인하는 순간, 눈으로 증명하려는 순간에 이미 무감각 무시공에서 감각 시공으로 들어와 버렸어. 내내 왔다 갔다. 그럼 언제까지 왔다 갔다 할래요? 그 자리 들어갔으면 그 자리 계속 지키면 되지. 그게 실상인데, 우리는 가짜 속에 살다가 오늘도 가짜한테 속고 있어. 그래서 진심으로 살자고. 진짜 자기가 어떤 존재고 내 입장이 어디에 가 있나, 무엇을 보고 사는가, 자기 입장을 지켜보세요.

일원심과 이원념 이 두 가지 마음속에서 왔다 갔다 하는 순간에 두 우주가 왔다 갔다 해요. 일원심 지킬 때는 무시공에 있고, 이원념 지킬 때는 시공에 왔다고. 순간에 왔다 갔다 해. 두 우주 사이에서. 그럼 무엇 때문에 이 자리를 든든하게 못 지켜? 끝까지 지키라고. 지키고 두드리다 보면 깨어나. 아, 여기가 진짜 실상이구나.

무시공은 모든 게 마음대로 이루어지고 시공은 아무것도 안 이루어져. 도로 마음이 불안해. 이루어진 것은 하나도 없지. 그래서 자기를 헷갈리게 만든다고. 제발 좀 깨어나세요. 언제 깨어나나. 시간도 얼마 안 남았다 그랬잖아요. 제일 많이 길어야 15년 남았어. 몇 년 안에 엄청난 파장이 일어나. 이원념 마음을 끝까지 지키면 제일 먼저 없어져. 세밀한 공간으로 들어가면 제일 거친 껍데기가 견뎌 내요?

# 대한민국 우주 대표도 대전에서 무시공 공부한다

여기 모인 존재들 너무 소중하잖아요. 한분, 한분. 일단 깨어나면 우리는 우주의 존재에요. 외계인도 전부 우리를 우러러 봐. 100억조 광년의 최고 존재도 우리한테 배운다고. 그런데 왜 우리가 당당하게 못 나서? 그리고 우리는 무시공 입장에서 보고 한국에서 시작하니까, 한국에서 모든 일이 제일 먼저 일어나요.

**일원심 지키면 세포가 열린다**

우리 여기서 일원심 지키면 무슨 현상 있어요? 이완 상태잖아요. 내가 일부러 수련을 안 해도 이완 상태로 되어 있어. 모든 것이 너무 편안하고, 적도 없고, 미움도 없고. 누가 잡아먹으려 하면 너는 모르니까, 안 그러면 네가 잡아먹어도 좋아. 이 분자몸 안 그래도 벗어나려고 하니 실컷 뜯어먹어라. 속으로 도로 칭찬하고 감사하다고 해야 해. 이렇게 생각을 바꾸면 안 돼요? 너는 술 먹고 일체 너, 나 안 갈라야 되는데 술만 먹으면 남 보고 뭐라고 해? 맞아. 너무 답답해서. 아무리 깨려 해도 안 되니까.

여기 이 공부 안 하면 본체만체하지만, 또 보면 이 공부는 하려고 해. 그러면 어두운 마음이 속에 가득 차 있는 거 보고 내가 가만 봐 둬요? 당연히 깨부숴야지. 그렇다고 이 사람 미운 게 아니에요. 왜? 여기 모인 존재들 너무 소중하잖아요. 한분, 한분. 일단 깨어나면 우리는 우주의 존재예요. 외계인도 전부 우리를 우러러 봐. 100억조 광년의 최고 존재도 우리한테 배운다고. 그런데 왜 우리가 당당하게 못 나서? 나서 가지고 무엇이 손해였어요?

그리고 우리는 무시공 입장에서 보고 한국에서 시작하니까, 한국에서 모든 일이 제일 먼저 일어난다고. 모든 파장이 모든 영체들 움직이는 게 한국에서부터 나타나. 무엇 때문에? 직선 빛이 강하니까. 그게 주변을 팽창하잖아요. 그럼 온 우주에서 무엇 때문에 지구가 제일 밝아? 우리가 있으니까. 그러면 제일 가까운 별이 우리한테 모여든다고. 태양계도 전부 여자 통치자로 바꿨다고 그랬잖아요. 태양계 은하계 통치자 우리가 계속 작업했어요. 태양계 별도 윤곽을 다 깼어. 깨니까 자기들도 인정해. 지구가 하나 됐다는 거.

태양계 전체가 이미 블랙홀로 되어 있어요. 믿어요? 우리 눈에 안 보이니까 거짓말한다고 해. 그래 나는 평생 거짓말한다. 인간 입장에서는 나는 영원히 거짓말쟁이라고. 그럼 한번 너도 내 자리에 와서 보라고. 맞나, 안 맞나?

그래서 세상은 끊임없이 바뀌어. 우리가 고립되어 있을 뿐이지. 그리고 이 일은 누구든 막으려 해도 막을 수 없다는 거. 외계인들도 인정해요. 수많은 우주 차원에서 우리 빛을 막으려고 해도 막지를 못한대. 저들이 어떻게 막아? 우리는 무시공의 빛인데. 저들은 본 적도 없어. 그래서 우리 여기로 모이세요. 많이 안 모여도 괜찮아. 일원심으로 모이면 뭉치고, 하나로 뭉쳐야 벽담이 없어져. 우리 세포도 60조 세포가 전부 다 벽담이 있다고. 그럼 우리 일원심 지키면 세포가 열려요, 안 열려요? 다 깨진다고. 벽담이 다 깨져. 60조 세포가 하나로 뭉쳐져. 그 안에 무한대로 힘이 생기고 우주와 완전히 하나가 되어 버려. 우리는 일원심만 지키면 몸 전체가 바뀐다고. 뿌리부터 해결되어 버려요.

### 비공선지만이 이원념을 분리시킨다

그래서 힘들어도 꼭 비공선지를 외우세요. 이것이 세포를 깨우고 벽담을 허물고 하나로 뭉치는 최고 방법이라는 것이에요. 어떤 사람은 외워서 다 안다고 생각해. 알기는 뭐 알아, 말로만 다 알았어. 행하는 것은 이원념에 빠져 있고. 행해야 된다고. 우리는 말이 필요 없어요. 저는 전달하려니까 할 수 없이 말해. 술도 이원념으로 먹으면 날마다 술 취하고 서로 밀고, 서로 싸움하고. 우리는 일원심으로 술 마시면 바뀐다고.

그게 맞아요. 속에 숨겨 놓았던 것, 이분법에 양은 노출되고 음은 감추어 놓는다고. 우리 사람마다 누구 막론하고 음양 가르는 존재가 항상 일부분은 숨겨 놓았어. 이건 나만 알아. 모르기는 뭘 몰라. 인간끼리는 몰라. 우리 무시공은 숨겨도 다 보인다고. 외계인도 숨겨 놓은 거 우리가 뚫고 들어가면 거짓말 못 해. 자기도 모르게 다 얘기해 놓고, 아, 내가 왜 이런 말을 했나. 이런 일도 많이 생겨. 우주인도 우리를 못 속이는데 이원념이 가득한 분자 세상의 존재가 이건 나만 알 것이라고 생각해. 너만 몰라 다 안다고.

그래서 자기를 완전히 열어 놓으세요. 진짜 일원심만 지켜요. 그래야 내 생명이 살아나요. 2000년도부터 2030년까지 분자 세상의 존재를 깨부수기 위해서 30년 시간을 썼어요. 그럼 원자, 미립자, 초미립자 무극까지는 세밀하기 때문에 순간에 이루어진다고. 그럼 온 우주가 언제 바뀌어요? 나도 몰라. 하여튼 지구 바뀌는 속도보다 빠르다는 그것만 알면 돼요.

내가 수없이 그랬잖아요. 분자 세상 감각 시공의 인간들을 제일 깨기가 힘들다고. 이 껍질 하나 벗기는 데 30년 걸려야 돼. 계란은 21일 만에 깨지는데, 지구인 정말 토종 지구인은 이 껍질 벗기는 것이 정말 힘들다고. 너무 아프다 그리고.

갑자기 아프다 그러니까 생각이 나네. 이원념으로 된 존재들 보세요. 젊었을 때는 죽을까 봐 걱정이야. 영혼도 절대로 안 빠져나가. 예를 들어 내가 수련하다가 갑자기 영혼이 빠져나갔어. 나가면 꼭 와. 집에 못 들어가면 죽는다고 자기 몸을 찾아온다고. 수많은 최면을 하든 뭘 하든 수련해 가지고 몸과 영혼이 분리되는 게 있죠? 그래도 절대로 분리 못 해. 왜? 몸이 없으면 못 산다고 생각하기 때문에 자기가 죽는다고 생각해. 그것은 몸이 건강하고 영혼이 몸을 의지하기 때문에.

그럼 언제 분리하려고 그래요? 몸이 병나 망가지고 곧 죽으려고 할 때 숨이 곧 멈추려고 할 때 그 순간에 영혼이 아, 나는 이제는 가야되겠다. 주변 친구한테도 이제 떠난다고 이야기하고…. 많은 사람들 그런 거 알죠? 무엇 때문에 몸이 건강할 때는 나갔다가 죽을까 봐 도로 들어와야 되고…. 이제 몸이 망가져 가지고 아무리 치료해도 안 되니까 어쩔 수 없이 나간대. 주변 친구들보고 너보다 일찍 갈게. 그럼 우리는 그런 두려운 마음이 있어요, 없어요? 우리는 일부러 일원심하고 몸을 분리하려고 그러잖아요. 지금 분리 못 해서 안타까워. 너무 하나로 붙어 있어. 이원념하고 일원심 몸과 마음이 완전히 하나로 붙어가지고 떼려 해도 안 떨어져 분리하기도 힘들다고.

그럼 분리하는 방법이 뭐예요? 무엇을 가지고 차단하나? 이어진 줄을 가위로 잘라? 영혼과 몸이 붙어 있는데 어떻게 가위로 잘라? 그런 가위가 어디 있어요? 우리가 자를 수 있는 방법은 비공선지밖에 없다고. 그게 자르는 거예요. 분리한다, 같은 뜻이에요. 내가 무극에서 음양 잘랐다 그러는 것은 가위로 잘랐어요? 우리는 뭐 가지고 잘랐어요? 마음으로 내가 일원심 지키는 순간에 여기를 잘랐어요, 안 잘랐어요? 내가 이원념 챙기는 순간에 또 붙여 놨어.

옛날 소설에 보면 어떤 장수끼리 싸우다가 칼로 목을 쳤는데 목이 또 붙어. 그래서 자기 마누라보고 이거 어떻게 해야 안 붙게 할 수 있나 물으니, 재를 가지고 와서 목에다 쫙 뿌리면 안 붙는대. 그럼 뭐예요? 실제 우리 이원념도 자른다 해놓고 또 지켜. 이원념 지켰다가 일원심 지켰다가. 그렇게 붙었다가 뗐다가 붙었다가 뗐다가 천 년 만 년 그러다 끝나. 그래서 재를 뿌리세요. 재는 뭐야? 비공선지.

# 외계인의 로봇으로 전락하는 인간

나는 일원심 지키는 순간에, 절대 긍정 마음먹는 순간에 나는 이미 무극 이상에 있어요. 그럼 여기 분자 세상은 허상 맞아요, 안 맞아요? 그래서 우리 여기 일체 만물 만상이 전부 다 허상이라고. 인간은 허상 속에 살면서 진짜라고 사기당하고 있다고. 그래서 제발 입장을 좀 바꾸세요. 인간의 마음도 분자 세상에 있고 입장도 분자 세상에 있어요.

### 절대 긍정 마음은 무극 이상의 자리

모든 일체를 생명으로 보는가, 물질로 보는가? 우리는 일체를 생명으로 보라는 거예요. 여기 있는 물건을 물건으로 보면 대화가 안 돼요. 하지만 전부 다 생명으로 보면 대화가 돼요, 안 돼요? 어떤 사람은 도통해서 나무하고 대화한다느니 동물하고 대화한다느니, 그게 엄청 대단하다고 자랑해요. 우리는 그런 거 필요 없어요. 우리는 일체 만물하고 다 대화할 수 있어요. 무엇 때문인가? 우리는 만상 만물 일체를 생명 입장에서 문제를 보니까 모든 일체하고 대화가 가능해요. 인간들은 너, 나 가르고 주객을 나누고 물질과 생명을 나눴기 때문에 식물, 동물은 생명이니까 대화가 돼. 그러면 돌멩이하고 대화해 봐요. 안 되잖아요.

그러면 우리는 무엇 때문에 일체를 다 생명으로 보라 그래요? 분자 세상에서는 돌멩이하고 나하고 달라요. 먼지 덩어리하고 나하고 또 달라요. 그렇지만 돌멩이가 밑에서는 돌인데 우리는 계속 올라가. 우리 물리학 배웠죠? 올라갔다가 무극까지 가면 돌도 무극의 존재 맞아요, 안 맞아요? 그러면 돌도 음양으로 되어 있어. 그러면 여기서 눈에 안 보이는 먼지도 계속 올라가 봐요. 음양 위치에 갔어. 여기까지 오면 돌하고 먼지하고 하나가 됐어요.

그럼 나도 분자 세상 계속 올라가다 보면 나도 음양 위치에 가 있어. 그럼 같은 음양 위치에 있었으면 돌도 음양으로 되어 있고, 먼지도 음양으로 되어 있고, 만물이 전부 다 음양으로 되어 있어. 나도 그중에 하나야. 나도 음양으로 되어 있어요. 그러면 음양 위치에서 보면 그 위치에서 이것은 돌멩이고 이것은 나고 구별할 수 있어요, 없어요? 구별 못 하죠. 그러면 내 몸도 음양으로 되어 있어. 내 마음도 음양으로 되어 있어. 무엇 때문에 음양으로 되어 있나? 선악 가르고 쪼개는 마음 때문이에요. 내 마음, 내 몸, 돌멩이 그리고 일체 만물하고 나하고 하나 됐어요, 안 됐어요? 그러면 무엇 때문에 우리 자꾸 갈라요? 분자 세상에서 문제 보니까. 우리 전부 다 무극에서 음양 위치에서 보면 전부 다 하나라고. 이해하죠?

했던 말 또 하지만 매번 해석하는 목적이 뭐예요? 우리는 이론으로는 알아들었지만 직접 그 입장에 못 있기 때문이에요. 그러면 우리는 뭐예요? 이론을 알았으면 나의 입장을 항상 무시공 자리에 두라고. 그래야 내가 바뀌어요. 그래서 내 몸과 마음이 하나고 만물하고 전부 다 하나야. 그런 입장에서 보면 내가 살아 있는 존재면 만물이 다 살아 있어요. 다 생명 맞아요. 그럼 일체하고 대화할 수 있어요. 그게 당연한 거 아니에요? 우리는 자꾸 분자 세상에 있으니까 그 위치에 안 가 보니 그 위치가 어떤 뜻인지 몰라. 그러니까 대화가 안 돼요. 그래서 제발 우리가 분자 세상에 있어도 분자 세상을 인정하지 말라는 거예요. 그러면 어떻게 해야 내가 그 자리에 가 있나? 실제는 내가 아직까지 분자 세상 여기에 있잖아요.

그럼 어떻게 내가 무시공의 위치에 와 있어요? 일원심. 절대 긍정 마음을 절대적으로 지키니까. 그럼 나는 여기 분자 세상에 있는 것 같지만 실제로는 분자 세상이 가짜고 허상이라고. 그림자로 있어요. 실제로 나는 일원심 지키는 순간에 절대 긍정 마음먹는 순간에 나는 이미 무극 이상에 있어요. 그럼 여기 분자 세상은 허상 맞아요, 안 맞아요? 그래서 우리 여기 일체 만물 만상이 전부 다 허상이라고. 인간은 허상 속에 살면서 진짜라고 사기당하고 있다고. 그래서 제발 입장을 좀 바꾸세요. 인간의 마음도 분자 세상에 있고 입장도 분자 세상에 있어요.

내가 무시공에 대해서 강의하면 전부 이론으로 들어요. 그래? 그런 거 같아, 그런 거 같아, 하면서 분자 세상에서 그대로 행하고 있다고. 그래서 방법 바꾸려면 비결을 외우라는 거예요. 비공선지를 끊임없이 외워서 내 세포가 깨어나면 세포는 무시공 자리에 가 있어. 하지만 몸은 분자 세상에 있어. 그래서 우리는 이 몸을 인정하지 말라는 거예요. 내가 항상 그랬어요. 이 몸은 가짜다. 당신도 밥 먹고 말하면서 왜 자꾸 가짜라 그러는가? 그러나 나는 이 허상인 이 몸을 인정 안 해요.

**무시공 자리에서 생명 관점으로 보라**

두 번째. 우리는 현상을 봐요, 본질을 봐야 돼요? 사람들이 다 그래. 내가 무엇을 봐도 본질을 봐야 된다. 현상을 뛰어넘어서. 그러면 내가 물어봐. 우리 도대체 본질이 뭐예요? 우리 학교 다니면서 계속 그래요. 현상을 뚫고 들어가서 본질을 볼 줄 알아야 된다. 나도 공부하면서 열심히 해도 어떻게 본질을 봐요? 선생님한테 물어봐도 정답이 없어. 맞죠? 오늘 여태까지 어떻게 본질을 보는가 정답이 있어요, 없어요? 그럼 우리 여기서 진짜 본질을 본다고 하면 무엇이 본질이에요? 무극, 무시공에서 문제를 보라는 거예요. 그게 본질이잖아요. 일체가 거기서 시작했어요.

그럼 우리 지금 눈에 보이는 거, 만지고 느끼고 오관으로 느끼는 거 전부 다 어디서 왔어요? 무감각 시공, 무시공에서 왔다고. 거기서 조절해가지고 여기서 나타나는 거예요. 그러면 우리 현실에서 보이는 게 본질이에요? 눈으로 안 보이는 거 무감각 시공, 더 위에 올라와서 무시공의 위치에서 보는 게 진짜 본질이에요. 그게 본질이라는 거예요. 거기서 만물을 창조하고 만물을 좌지우지하고.

일체아위. 분자 세상에서 일체아위는 거짓말하고 있어. 사기 친다고. 나는 한 번도 분자 세상에서 일체아위라는 말 안 했어요. 나는 무시공에서 일체아위라고 그랬어요. 일체조공. 그래서 비공선지는 절대로 시공 관점 아니고, 분자 세상에서 말한 게 아니에요. 나는 무시공에서 인간 단어를 빌려 쓴다고 그랬잖아요. 그러면 우리가 인간 입장에서 보면 영원히 내 뜻을 모른다고. 천 년 만 년 가도 몰라요. 나중에 기독교도 2,000년 되니까 변형되어 있어. 불교는 3,000년이 됐어. 우리도 만일 비공선지 내놓아도 천 년 만 년 지나면 어떻게 왜곡될지 몰라요. 맞아요, 안 맞아요? 전부 다 자기 사고방식으로 판단하고 결론 내려요. 이제 제발 그러지 마세요. 그래서 무엇이 본질인가? 본질은 생명이에요. 본질은 무극에서 문제를 보는 관점이에요.

**지구를 방문 중인 외계인**

또 한 가지는 무엇인가? 과정을 인정하지 마세요. 인간은 항상 과정을 인정해. 내가 무시공 행동 지침에서 다섯 번째로 무시공 오관을 넣었어요. 인간은 오관을 계속 믿어. 무시공 오관. 이 몸의 오관을 절대로 믿지 말라고. 우리 전부 다 오관 때문에 착각하고 사기당하고 노예가 됐어요. 심지어 외계인한테 노예가 되어 있다고. 외계인이 우리를 로봇으로 만들고 있다고요. 만일 우리가 이거 안 밝히면 전 지구인이 로봇 돼도 몰라. 이건 진짜 사실이거든요. 이거 얼마 전에 우리가 하나 파 보니까 진짜 로봇이라고. 살아 있는 로봇이에요.

그래서 히틀러 예언이 너무 맞아요. 그러면 어떤 중요한 예언을 했나? 나중에 동방에서 큰 실험장이 있다. 무슨 실험장인가? 만물이 전부 다 두 가지로 나뉜대요. 그때 사람도 두 갈래로 나뉘어서 일부는 신의 존재로 변하고, 일부는 살아 있어도 로봇으로 된대요. 지금 그거 증명되고 있죠? 3단계 존재들이 무감각 시공 작업을 하니까 이걸 증명하고 있어요.

어떤 존재는 자기도 사람인데 계속 파고들어 가서 외계인이 너를 로봇으로 만들어 놨다 해도 처음엔 인정 안 해요. 계속 그러니까 인정해요. 너 바꿔야 된다. 로봇이면 스스로 바꿔야 된다고 지적해도, 바꾸고 싶어도 못 바꾼대요. 무엇 때문인가? 이미 로봇으로 만들어 놨기 때문이에요. 컴퓨터 칩도 넣으면 그대로 돌잖아요. 맞죠? 사람도 그래요. 외계인 과학이 얼마나 발전했는데요. 옛날에 지구인처럼 만들어서 로봇이 됐잖아요. 그래서 사람을 로봇으로 만든다고요. 어떤 별은 별 자체가 로봇이에요.

실제로 우리가 많은 것에 대해 무감각 시공 작업을 했어요. 제가 저번에 그랬죠? 100분의 1만 공개한다고요. 99%는 아직 때가 아니라 공개 안 해요. 만약 공개한다 해도 신화 이야기로 듣고, 엉터리라 그리고 미쳤다 그럴 거예요. 그래서 우리가 알아듣는 만큼 맞춤형으로 그 수준에 맞게 밝혀요. 요만큼 알아들으면 요만큼만 보여 줘요.

요새 지구에서 수많은 미스터리 다 하나하나 밝히고 있어요. 그것도 전부 안 밝혔어요. 그저 인간이 받아들이는 만큼만 밝혀요. 그래서 뭔가? 모든 것을 결과로 받아들여야지 과정을 받아들이지 말라는 거예요. 과정에 걸리면 이미 시공에 걸렸어요. 우리는 최후의 결과만 인정해요. 맞죠? 과정을 인정하면 나는 무시공생명이 되고 있다. 무엇에 걸렸어요? 시간에 걸렸죠. "난 아직 부족해." "난 열심히 노력해야 해." 전부 다 시공 관점이에요. 우리는 원래 무시공 존재다. 나는 이제 무시공 존재가 된 게 아니고 이제 깨달은 게 아니고 원래 무시공 존재다. 그런데 너무 막히고 묻혀 있어서 잊어 버렸어요. 지금 탁탁 깨 주면 깨어나잖아요. 달걀 보고 그랬잖아요. 원래 흰 체 노란 체인데 병아리 됐어요. 원래 병아리라고요. 원래 그런 존재이고 원래 몰랐다뿐이에요. 지금 21세기가 그렇잖아요. 저는 끼워 맞췄어요. 강의도 많이 했어요.

제가 어릴 때, 암탉이 달걀 품을 때 딱 21일 만에 튀어나왔어요. 혼자 튀어나온 건 생명력이 강해요. 어떤 건 22일 돼도 나오지 않으면 까 줘야 되죠? 까서 나오면 연약해서 다 죽어요. 살아나려 하다 다 죽어 버려요. 어떤 게 강해요? 자기가 튀어나와야 강하다고요. 그럼 우리가 훈련했어요? 그저 저는 밝힐 뿐이에요. 자기가 깨어나야지, 제가 툭툭 깨워야 해요?

그래서 21세기 대한민국 대전에서 이거 밝혀요. 준비된 존재는 스스로 튀어나와 버려요. 막아도 안 돼요. 준비 안 된 존재는 껍질 벗겨 줘도 연약해서 죽어요. 그래서 우리 전부 다 이분법 윤곽에 갇혀 있었지만 때가 됐어요. 빨리 깨어나야 산다는 거예요.

# 천복을 따낸 사람들

> 절대 긍정 마음. 그럼 이미 살았어요. 죽고 싶어도 못 죽어요. 이원념 때문에 나는 살고 싶어도 죽어요. 이 원리 알았으면 우리 생사를 벗어났어요? 생사 벗어나는 방법까지 다 알려줬는데 내가 죽을까 말까 고민하고 있고, 오늘 머리가 아프면 뇌가 어디 잘못됐나? 그렇게 사세요. 무한대로 자기 살리는 보배를 손에 쥐어 줘도 아직 시공에 끌려가서 죽을까 살까 고민해요. 제발 자기를 믿으세요. 비공선지를 외우고 절대로 일원심 지키면 죽고 싶어도 못 죽어요.

### 살아서 외계인이 사는 공간에 들어갈 수 있다

인간은 누구도 죽기 싫어해요. 뭐 때문에 죽어요? 여기서 밝혔죠? 사는 것과 죽는 것의 원리를 알았어요, 몰랐어요? 우리는 영원히 살고 싶어서 이 자리 왔잖아요. 그럼 어떻게 해야 우리가 살 수 있어요? 일원심이잖아요. 절대 긍정 마음. 그럼 이미 살았어요. 죽고 싶어도 못 죽어요. 이원념 때문에 나는 살고 싶어도 죽어요. 이 원리 알았으면 우리 생사를 벗어났어요? 생사 벗어나는 방법까지 다 알려줬는데 내가 죽을까 말까 고민하고 있고, 오늘 머리가 아프면 뇌가 어디 잘못됐나? 그렇게 사세요. 무한대로 자기 살리는 보배를 손에 쥐어 줘도 아직 시공에 끌려가서 죽을까 살까 고민해요. 제발 자기를 믿으세요. 비공선지를 외우고 절대로 일원심 지키면 죽고 싶어도 못 죽어요.

우리는 살아서 외계인이 사는 공간에 들어갈 수 있어요. 외계인이 죽었어요? 진짜 살아 있다고요. 그래서 UFO도 있잖아요. 올해 여름부터 밝히다 보니까 승용선도 있어요. 겉으로는 승용차예요. 우리 눈에는 절대로 안 보여요. 우리하고 섞여 있어요. 이건 도를 통해서 알아요, 수련해서 알아요? 우리 이 공부해야 안다고요. 그래서 외계인이 지구에 너무 많이 있어요.

외계인은 두 가지 종류예요. 하나는 지구인을 식민지 노예로 만들려고 하는 존재도 있고, 하나는 지구인이 너무 막혀서 빨리 깨워서 좋은 세상으로 가기 바라는 존재도 있어요. 그래서 우리는 보이지도 않고 도대체 믿어야 될지 말아야 될지 안 믿으면 할 수 없어요. 지구에서 시작했다뿐이지 지구인 70억 인구를 위해서만 하는 게 아니에요.

어떤 별은 한 별에 4천5백억 인구가 있었는데, 우리 말 안 들어서 삭제해 버렸어요, 어떤 우주는 통째로 삭제해 버렸어요. 지구인은 70억 인구예요. 그럼 우주의 생명이 얼마나 있을 것 같아요? 다 이분법으로 돼 있어서 방해하면 무조건 삭제예요. 지구인은 너무 거칠고 막혀 있는 세상에 살고 있어서 잘 몰라요. 외계인은 세밀한 공간에 살고 있기 때문에 우리 얘기를 금방 알아들어요. 그래서 우리 일을 방해하면 용서를 안 해요. 그래야 우리가 산다고요. 그렇게 기초를 닦아 놔야 해요. 그래서 지구인이 제일 낙오하고 제일 껍질 세상에서 살지만 제일 행복하다 생각하세요. 왜냐하면 제가 제일 밑바닥에서 시작하니까요. 특별히 한국 사람, 특별히 여기 모인 존재들은 천복을 받아서 이 자리에 왔어요. 소중하게 여기세요.

우리 요새 예언 봤죠? 수많은 예언을 카페에 올렸어요. 그 안에 많은 비밀을 암시하고 있어요. 인간은 아직도 지구 입장에서 보면 무슨 뜻인지도 몰라요. 실제는 거기서 수많은 걸 암시했어요. 아니면 새로 보세요. 나도 관찰해 봤어요. 관심이 없어요. 물질 세상이 곧 끝난다고 한참 그랬어요. 아직 물질에 빠져 있어요. 물질에 빠지면 영원히 외계인이 사는 데 못 들어간다고. 믿어요?

 제발 좀 놓으세요. 놓으면 다가와요. 붙들어 잡으니까 같이 죽어. 사람들이 그렇잖아요. 제가 몇 번이나 말하지만 인간 눈에 태양이 6,000도 되는데 우리 다 타죽어요. 요새 미국이 증명했죠? 뭐 때문에 태양에 우주선이 왔다 갔다 하는가? 이해 가요, 안 가요? 그러면 태양이 열 높은 데도 있고 열 낮은 데도 있죠? 태양도 흑점이 있다고요. 여기에서 보면 작지만 실제로 가면 얼마나 커요? 지구도 그래요. 밖에서 지구 보면 얼음덩어리 있죠? 북극과 남극 보면 거기에서 어떻게 생명이 사나? 그러면 더 힘든 곳에도 살고 있잖아요. 태양도 마찬가지예요. 제가 이렇게 해석하면 이해할 거예요. 태양 전체가 불덩어리가 아니라고요. 거기도 생명이 있어요. 사람들 이해를 못 해요.

 요즘 미국 과학이 발전하니까 거기도 UFO 왔다 갔다 한대요. 진짜 UFO가 있다고요. 만약 지구 입장에서 봐요. 지구 열대지방에서만 봐도 너무 더워서 사람이 못 살 것 같아요. 남극과 북극도 얼음덩어리예요. 우리가 어떤 입장에서 문제 보는가. 인간은 항상 자기 입장에서 문제를 봐요. 지구에는 생명이 있고 다른 데는 생명이 없을 것이다. 자기가 아는 과학 잣대를 가지고 재려고 하니까 영원히 우주의 비밀을 알 수가 없어요.

 우리 대한민국에도 태양계 각 별의 존재들 다 있어요. 다 승용선

가지고 있어요. 공중에 날 수도 있고 길에 다닐 수도 있고 물 안에 들어갈 수도 있어요. 바다에서 UFO 봤다고 하는 사진도 있어요. 그만큼 외계인들의 기술이 발달했어요. 진짜 인간이 그냥 대단하다고 생각하지 마세요. 진짜 살아서 미세한 공간에서 환하게 보고 있다는 거예요. 기술이 환상이 아니라는 거예요.

몇 년 전에 외계인이 사람을 납치해서 머리에 뭔가를 집어넣어요. 그래서 정보를 파 간다고요. 그런 것도 많잖아요. 그런데 인간은 인정 안 해요. 그거 거짓말이고 환상에 빠져서 그렇다고 생각해요. 그런데 요즘 파봤어요. 분명히 외계인이 잡아가서 수술하고 그랬는데 나중에 과학자들은 외계인이 납치해 갔다는데 납치해 갔나, 안 갔나, 전부 다 부정이에요. 자기는 진짜 잡혀가서 수술까지 받았는데 병원에 가면 현대 기술로 조사해도 아무것도 없어요. 세포 안에 박혀 있는 거 안 보여요. 그럼 아니라는 거예요. 그만큼 기술이 발달했다는 거예요. 처음에는 집어넣었는데 수술해도 표가 안 나요. 그럼 우리 인간 관점에서 보면 이해가 안 간다는 거예요. 이런 거는 말해도 되고 안 해도 되는데 믿으면 받아들일 거고 아니면 제가 헛소리한다고 생각하세요.

그리고 여기서 절대로 나는 인간의 정치하고는 아무런 상관이 없다. 우리 인간이 정치에 간섭하러 왔어요? 우리 공부하는 분은 반드시 우리 입장을 잘 지켜야 해요. 우리 일원심 지키고 나를 무시공 존재로 인정하지 인간하고 무슨 상관이에요? 요즘 촛불시위 이런 거에 끌려가지 말라는 거예요.

**내가 움직이면 우주가 움직인다(我動宇宙動)**

제가 이런 말을 한 적 있어요. 무시공생명을 한국 대전에서 밝히니까 직선 빛이 온 우주에 퍼져 나가요. 당연히 대한민국도 그 직선 빛을 받아요. 그러면 대한민국 5천만 인구는 자기도 모르게 직선 빛을 쏘이게 돼요. 그러면 이원념이 밖으로 드러나게 되잖아요. 못 견뎌요. 언제라도 이원념이 노출돼요. 우리 이원념에 걸려서 절대로 시달리지 마세요. 일원심만 지키고 나만 보라고요. 직선 빛에 노출되어도 일원심 지키면 살 거고 이원념 끌려가면 무조건 죽어요. 저는 그걸 밝히는 거예요.

저는 2000년도 한국에 와서 그랬어요. 동방에서 음 세상이 온다. 여자 세상이 온다고 그랬어요. 노래하면 제일 먼저 무엇 때문에 '여자 여자 여자' 노래를 불러요? 그런 세상이 오니까. 대한민국에서 유교 관점이 그렇게 강한데도 여자 대통령이 나왔어요. 내가 괜히 헛소리한 것이 아니에요. 나는 영원히 살 수 있는 비밀을 밝혔는데 가면 가고 상관없어요. 나는 절대로 일원심에만 관심 있고, 그 외에는 나하고 아무 상관이 없어요. 그저 대한민국에서 시작할 뿐이에요.

조상부터 오늘까지 누가 나만 보라고 했어요? 처음부터 끝까지 남 헐뜯고 트집 잡으려 하고, 남 죽이려 그러고…. 우리는 여기서 최초로 공개하잖아요. 시작부터 끝까지 나만 보라고요. 남 볼 거면 좋은 것만 봐요. 인간은 남 트집 잡으니까 난리가 나요. 조상부터 오늘까지 전쟁이 끊이지 않아요. 온갖 폭력과 온갖 다툼이 끊임없이 이어지고 있잖아요. 전부 다 나만 보고 아름다운 것만 보면 평화가 오죠? 영원한 평화가 와요. 우리 이런 마음 때문에 온 우주에 빛을 쏘니까 거짓말을 못 해요. 직선 빛을 쏘니까 모든 게 다 들통 나요. 외계인도 그래요. 대화해 놓고 내가 왜 이런 말을 했는지, 숨겨 놓았잖아요.

지구도 같은 원리예요. 우리가 직선 빛으로 하니까 일체 만물이 직선 빛에 영향을 받죠? 그러니까 이원념이 숨겨도 안 돼요. 다 들통 나요. 좋은 현상이잖아요. 그래야 정화되고 도태가 일어나요. 우리 이렇게 생각하자고요. 절대로 나쁘다고 생각하지 말고 우리 같이 흔들리지 말고 일원심만 지키세요. 우리는 이원념과는 아무 상관이 없어요.

우리는 지구인 아니에요. 그렇지만 지키는 순간에 우리는 무시공 존재예요. 그래서 우리는 사람이 많다고 성공하는 것이 아니고 한 사람이라도 깨어나면 세상이 바꾸어요. 맞죠? 지금 우리 3단계 존재 너무 적어요. 숫자로 계산하면 한두 명이에요. 그렇지만 엄청난 일을 하고 있어요. 우리 여기서 전부 다 열려서 3단계 존재되면 지구와 우주가 순간에 바뀌어요. 왜? 아동우주동이니까 그래요. 내가 움직이면 우주가 같이 움직여요. 내가 우주의 존재니까.

그래서 철저히 개인 입장을 버리고 항상 비공선지 외우면서 나는 우주의 존재다! 제가 그랬잖아요. 분자 세상 벗어나서 무극 자리에 있으면 몸 마음 다 무극에 있어요. 무극은 우주잖아요. 그럼 우주가 나 맞죠? 그것만 기억하세요. 자꾸 그걸 두드려요. 이건 이론이 아니에요. 나를 어떤 위치로 보는지 그거예요. 만약 분자 세상에서 우주라고 그래도 거짓말이에요. 근거 없잖아요. 나는 소우주고 대우주고 실제 내가 왜 소우주인지 원리를 따져 봐요. 대답 못 해요. 우린 당당히 소우주가 아니고 대우주. 나는 무시공우주의 존재예요. 나는 당당하게 대답할 수 있어요. 그래서 우리가 진짜 깊숙이 나라는 존재, 무시공 존재가 어떤 거라는 거 확인해 보세요. 끊임없이 비공선지로 비교해 보세요. 그러면 자기가 나타나요.

# 대한민국 우주와 별의 직계도

◇ 대한민국 우주창조자 - 안광옥 ◇

→ 100억 조광년　대한민국우주대표---현 정
→ 90억 조광년　대한민국우주대표----사피안느
→ 80억 조광년　대한민국우주대표----토평을
→ 60억 조광년　대한민국우주대표----설희랑
→ 13억 조광년　대한민국우주대표----대마천
→ 12억 조광년　대한민국우주대표----무주앙
→ 10억 조광년　대한민국우주대표----프레이앙
→ 5억 조광년　대한민국우주대표----브란뉘아
→ 5천억광년　대한민국우주대표----백사자
→ 100억광년　대한민국별대표----홍리마(여) 리그마(남)
→ 50억광년　대한민국별대표----무푸레(여)
→ 30억광년　대한민국별대표----이만금
→ 23광년　대한민국별대표----스마펀

합일

대한민국 = 지구 = 무시공국

자기 '무시공생명의 발견'
그것은 인류 역사상
가장 위대한 마지막 발견이다

제8장

# 무시공우주도와 사후세계의 구조

# 3단계 무시공우주도

**무시공은 시공우주를 지배한다**

도대체 물질이 에너지를 지배하는가, 에너지가 물질을 지배하는가? 인간이 사는 분자 세상, 이 물질 세상은 누가 지배하는가? 에너지 세상에서 물질 세상을 지배하고 있어요. 에너지 세상에서 물질 세상을 조공하고 있어요. 일체조공이라고 그랬잖아요. 에너지 물질 관점에서는 물질 세상이 있고 에너지 세상도 있어요.

그러면 또 에너지 세상은 누가 지배하고 있어요? 두 가지 세상이 지배하고 있어요. 하나는 시공의 높은 차원의 존재가 낮은 차원의 에너지를 지배해서 물질 세상을 조공하고 있어요. 원자 상태로 있는 존재는 원자 상태로 있는 에너지를 지배해서 물질 세상을 조공하고 있어요. 그러면 원자 상태로 있는 존재가 능률이 더 높아요, 아니면 초미립자의 존재가 에너지 상태를 지배해서 물질 세상을 지배하는 게 힘이 더 강할 것 같아요? 그래서 우리가 시공 안에는 층차가 있다는 거예요.

우리 동방 사람이 하늘에 33층이 있다고 했잖아요. 또 한국의 증산도에서 9층천이 있다고 하고. 실제로 분자 세상에서 무극 세상까지 수많은 층차가 있어요. 그렇지만 수많은 층차를 간단하게 정리하면 뭐예요? 감각 시공하고 무감각 시공 딱 이 두 가지 차원이에요. 간단해요. 우리는 간단하게. 복잡하게 하지 말고.

지금 3단계 작업 들어간 분이 이미 무감각 시공에서 작업하고 있어요.(3단계 무시공우주도 참고) 우리는 분자 세상 벗어나서 원자 세상에서 작업해요, 아니면 미립자 초미립자 어디 더 세밀한 공간에서 작업하고 있어요? 아니에요. 우리는 무시공에서 작업을 해요. 무시공에서는 무극부터 저 분자 세상 초월한 그 일체 시간 공간 에너지 통째로 지배할 수 있다는 거예요. 통째로 조공할 수 있어요. 아직 믿음이 안 가죠? 지금은 이론으로 들어가요. 그럼 우리 존재는 무극의 최고 존재보다 더 높아요, 낮아요? 능력이 강해요, 약해요? 이론적으로 받아들여야 해요. 무극의 최고 존재는 이 시공우주를 지배할 수 있어요. 뭣 때문인가? 시공의 최고 존재니까.

그렇지만 무극의 최고 존재도 우리가 조공할 수 있어요. 믿어요? 우리 무시공생명은 이런 존재라는 것을 알아야 해요. 지금은 들어도 신화 이야기처럼 들려요. 지금 3단계 들어간 존재가 뭐라 그래요? 우리가 만일 과학 환상소설을 쓴다면 온 우주가 떠들썩할 거라고. 지금 환상소설 쓰는 작가도 그만한 시각 없어. 그만한 상상 못 해. 그런데 우리는 그런 놀랍고 인간이 상상하지 못한 일을 하고 있어요.

우리가 하는 3단계 우주 작업은 우주 역사상 처음으로 하는 일이에요. 그래서 무감각 시공(세밀한 공간)의 각 층차에 있는 고급 존재들이 다 놀라요. 우리가 안 믿으려야 안 믿을 수가 없어. 우리 처음에는 무감각 시공 그 밑바닥에서부터 무극까지 고급 존재를 만나서 우리에게 협조해달라, 도와달라, 우리 같이하자고 얘기하면 다들 도와주겠다, 협력하겠다, 대답은 잘해요.

말은 그렇게 해놓고 결국 보니까 우리 무시공 일을 방관하거나 방해하고 있어요. 그래서 우리는 어떻게 했어요? 우리가 우리 통로를 만들어 버렸어요. 우리 혼자 분자 세상에서 무극까지 공부하는 분들의 다리를 만들어놨어요. 그럼 우주의 고급 존재들이 놀라겠어요, 안 놀라겠어요?

우리는 우주의 고급 존재들이 인정 안 해도 우리가 할 수 있다는 거예요. 그래서 우리는 의존변자성. 시공 존재들에게 의지해서 그들이 깨어나서 우릴 도와주려면 천 년 만 년 기다려야 해요. 또 우리를 깔본다고. 지구인이 뭐 어쩌고 하면서. 그럼 우리는 뭐예요? 너희는 너희대로, 우리는 우리 방식대로 해. 너희가 도와주면 더 좋고 안 도와줘도 우린 혼자서 해낸다고. 우리 길을 닦아 놔. 그럼 저들이 놀라요, 안 놀라요? 길을 닦아놓고 우리 이 공부하는 존재들 마음대로 갖다 올려놔. 그냥 통과하고 그 자리 갖다 올려놓는다고. 그럼 저들은 질투하지도 못하고 반대하지도 못하고, 입으로 또 힘으로 우리를 이기려 해도 우리에게 이기지도 못해요.

우리는 무시공 존재예요. 무시공은 직선 빛이고, 저들은 아무리 높은 존재라도 파장 빛이에요. 아무리 강한 빛이라도 우리를 만나면 파장 빛은 사라져 버린다고. 무감각 시공의 빛도 안으로 들어갈수록 강하지만 우리 무시공 직선 빛을 만나면 다 녹아 버린다고. 이런 강의 수없이 해도 보이지도 않고 느끼지도 못하니 못 믿는다고. 3단계 존재는 보면서 확인하고 있어요. 아무리 높은 존재가 자기를 막아 놓고 빛만 보여도 우리가 조금 빛을 높이면 그대로 나타난다고. 자기 빛이 사라져 버려. 지금 들으면 신화 이야기 같지만 실제로 사실로 이뤄지고 있어요.

**세밀한 공간의 과학**

 지금까지 사람들이 무슨 수련을 하면서 수많은 차원에 있는 영혼이네 뭐네 수없이 갈랐죠. 우리는 그런 것을 걱정할 필요가 없어요. 딱 두 가지만 말씀드릴게요.

 우리 시공의 우주에 두 가지 생명이 있어요. 하나는 분자 세상에 살아 있는 존재. 육신을 가지고 있는 존재부터 무극까지 전부 세밀한 공간에 몸뚱이를 가지고 있는 존재가 층차 따라서 무극까지 있어요. 전부 다 살아 있는 존재. 제일 밑바닥이 지구 인간이에요. 인간은 물질로 되어 있는 몸을 가지고 지구에서 살고 있어요.

 인간의 수명이 얼마나 돼요? 평균 수명이 지금 80살도 안 되죠. 과학자들이 나중에는 150세까지 산다고 해요. 그것도 대단하게 생각해요. 그럼 저는 그랬어요. 우리보다 조금 세밀한 공간에 들어가면 천 년 살 수 있다고. 또 좀 더 들어가면 만 년, 몇천만 년, 그럼 무극까지 가면 이미 연령의 개념이 없어져 버려요.

 시공우주의 수명이 긴 만큼 거기 있는 존재도 그만큼 수명이 길어요. 그렇지만 그것도 없어지게 되어 있어요. 무엇 때문에? 이분법 때문에. 무극에도 없어질 때 있다고 제가 그랬잖아요. 제가 무극에도 음양 잘라 버렸다고. 결국 이 우주가 없어진다고. 이거 거짓말 아니에요. 나중에 증명돼요. 그래서 우리 지금 사는 세상이 이미 허상이 되어 있다고 수없이 말씀드렸어요. 믿든 안 믿든.

 우리 분자 세상에서 무극까지 한 줄로 올라갈수록 몸뚱이가 세밀해. 그렇지만 살아 있는 존재들이에요. 그래서 우리가 말하는 외계인, 과학자들은 아직까지 외계인이 있나 없나 다투고 있잖아요. UFO

가 진짜니, 가짜니 하고 있어요. 그러면 생각해 보세요. 세밀한 공간의 과학이 우리보다 발달했을까요, 낙후됐을까요? 분자 세상인 여기의 과학이 제일 낙후돼 있어요. 우리보다 조금 세밀한 공간에 들어가면 상상도 못 할 정도로 과학이 발달돼 있어요. 올라가면 올라갈수록 과학이 발전되어 있어요.

그럼 아이들 눈 열어 놓고 UFO 보라고 하니까 안에 무슨 장비로 되어있나? 네 몸도 안 밝히고 그 안에 들어갈 수 있나? 들어갈 수 있대요. 그럼 들어가서 그 장비 보라고. UFO 타 보니까 장비가 이런저런 식으로 엄청 복잡해요. 아이들이 보니까 어떤 건 장비가 많대. 또 어떤 걸 보니까 아무것도 없어. 그래서 물어봤어. 아무것도 없는 건 어떤 방법으로 운전하나? 마음으로 운전한다 해요. 이거 맞아요? 안 맞아요? 100% 맞아요. 이거 상상도 못 하죠? 어떻게 마음으로 우주선을 움직여요? 그러니까 저들의 과학이 우리가 상상도 하지 못할 정도로 발달되어 있어요. 그런데 인간은 모르니까 과학을 자기 관점으로 매일 분석하고 있다고.

지구에서 외계인을 본 존재도 있고 UFO를 본 존재도 있고, 또 UFO에 납치당했다고 한 사실이 너무 많아요. 특히 1947년도 이후부터는 나날이 더 많아지고 있어요. 외계인들 말로는 지구인을 도와주러 왔다고는 그러지만 실제로 탐구하러 왔다고 내가 그랬어요. 지구에 빛이 밝아지면 어떤 변화가 일어나고 있는가 탐구하러 온다고. 저는 이렇게 결론을 내려요. 지금은 더 많은 UFO가 나타나고 있어요.

### 무시공의 우주 통로와 영체들의 세계

분자 세상에서 무극까지 몸이 세밀한 공간에 들어가 있는 존재가 한 줄로 되어 있어요. 거기도 생사가 있어요. 천 년 만 년 살아도 죽을 수 있어요. 지구인하고 같아요. 위로 올라갈수록 수명이 우리보다 길 뿐이에요. 그리고 또 한 줄은 뭐예요? 죽은 영들. 우리 분자 세상에서 죽으면 영이 있다고 그러잖아요. 영은 뭐예요? 인간의 분자 몸과 영이 분리됐어요. 순 영으로 되어 있는 존재. 그런 존재로 사는 것도 한 줄로 되어 있어. 무극까지. 그럼 원자 상태로 되어 있는 존재가 죽으면 원자 상태로 대칭되는 위치에 영으로 살고 있다고요. (3단계 무시공우주도 참고)

그럼 한번 생각해 보세요. 죽어서 영으로 각 차원에 연결되어 무극까지 있는 그런 존재들이 생명력이 강하고 힘이 강하겠어요, 아니면 실제 살아 있는 몸으로 세밀한 공간에서 무극까지 있는 이런 생명들이 힘이 강하겠어요?

오른쪽은 실제로 살아서 각 차원에 맞는 몸을 갖추고 살고 있어요. 과학도 진짜 과학으로 되어 있어요. 왼쪽은 영이라고. 다 죽은 영이라고요. 아무 능력도 없어. 우리끼리 실험해 봤어요. 영이 되면 자기 UFO가 뭔지도 몰라. 그 차원이 보여요, 안 보여요? 그들에게 뭐 하라고 하면 아무것도 못 해. 영으로만 살아 있는 것뿐이에요. 오른쪽의 각 차원에서는 무엇을 하라고 하면 다 할 수 있다고. 그래서 각종 수련이니 각종 종교니 수많은 말이 있어요. 이것은 영이고, 저것은 혼이라고 하는 등 수없이 갈랐어요.

시공우주는 간단히 이렇게 가르면 돼요. 한쪽에는 살아 있는 생명체들이 분자몸에서 무극까지 각 차원의 몸으로 되어서 실제로 존재하고 있다고. 한쪽에는 죽어서 분자 세상 영 세계부터 무극까지도 완전히 영으로 되어 있는 그런 존재가 있다고. 이 두 가지 존재는 전부 시공우주의 존재예요. 제가 무시공생명 탄생 선언에 영체변생명이라고 했지요? 무엇 때문에 영체변생명이냐? 영체는 살아 있는 존재나 죽어 있는 존재나 실제 본질은 같다. 살아 있으나 죽어 있으나 다 이원념으로 된 생명체다. 그래서 내가 영체라고 그랬어요. 이원념을 갖고 있는 존재는 살아 있든 죽어 있든 전부 다 영체라고 내가 결론 내렸어요. 생명은 일원심으로 되어 있는 존재가 생명이다. 영원하고 완벽한 생명이다. 이렇게 구분하면 간단하잖아요.

무극까지 살아 있어도 영체에 불과하고, 이원념 마음 때문에 언젠가는 죽는다고. 왼쪽은 이미 죽어서 무극까지 죽어 있어. 이들은 다 이원념으로 되어 있잖아요. 하나는 몸뚱이가 있고 하나는 몸뚱이가 없을 뿐이에요. 그러면 여기 두 가지 전부 다 영체다. 말 되죠? 살아 있든 죽어 있든 본질은 하나잖아요. 그래서 영체변생명. 그러면 우리가 말하는 생명은 무시공의 일원심을 가지고 있는 생명을 보고 생명이라고 해요. 이 생명은 영원히 살아 있어요. 무시공에서는 시간 개념이 없잖아요. 생로병사 개념이 없어요. 일단 우리가 무시공 자리만 지키면 영원한 생명을 찾아요. 믿음이 가요? 이해하시죠?

제가 15년 동안 이런 해석을 해도 이제 알아듣고 깨어나시는 것 같아요. 그래서 우리가 이런 생명을 찾아내는 거예요. 우리 생명은 일체 공간을 다 뚫고 들어갈 수 있고 일체 공간에 가서 머물 수 있어요. 그래서 내가 그랬잖아요. "네 안에 내가 있고 내 안에 네가 있다.

그렇지만 네 안에는 내가 있지만 내 안에는 네가 없다." 무시공에서는 영체가 근처에도 못 와요. 내 안에 뚫고 들어오지를 못해요. 그러면 우리는 일체 영을 뚫고 들어갈 수 있어요, 없어요? 손오공이 그러잖아요. 손오공이 72가지 변화로 자기가 속 안에 뚫고 들어갈 수 있다. 자기를 죽여 가지고. 그러면 우리도 그런 능력 있을 것 같아요, 없을 것 같아요? 우리는 손오공보다 무한대로 능력을 가지고 있어요.

지금 3단계 존재를 통해 증명되고 있어요. 내가 거짓말 안 했다는 것. 엄청 무서운 일이에요. 진짜 내가 그 사람 안에 들어갔다 나왔어요. 그런 짓은 안 하지만. 그래서 내가 항상 손오공 얘기를 해요. 신화 얘기 같지만 이미 우리 하는 일을 어느 정도 암시했어요.

내 몸에 60조 세포가 있어. 60조 세포를 다 놔두고 나 혼자 대단하다고 하면 얼마나 힘들어? 세포는 가만히 있고. 60조 세포를 전사라고 생각하면. 어! 그래 네가 사령관 대장하고 우리는 가만히 놀고 있자. 그러면 누가 괴로워요? 사령관 혼자 괴롭다고. 그러면 우리가 방법을 바꾸자고. 60조 전사를 동원하면 나는 가만있어도 되잖아요. 가만있어도 저절로 날개를 달았어요. 같은 뜻이에요. 그래서 제가 2000년도 한국 와 가지고 전 지구인 70억 인구에서 열 명만 내 뜻을 알아도 할 일은 끝난다고 했어요.


**무시공의 우주 통로**

이 우주에 두 가지 생명이 있는데, 하나는 살아 있는 생명이 무극까지, 하나는 죽어서 무극까지 존재하고 있는 영혼, 영혼은 힘도 없고 아무 능력이 없어요.

분자몸으로 돼 있는 지구인은 살아 있죠. 그리고 원자 상태로 되어 있는 외계인도 있고, 무극까지 살아 있는 존재는 한 줄로 있고, 또 거기도 영원히 못 산다고 했죠. 만약에 미립자 상태로 오른쪽 무감각 시공에 살아 있는 존재가 죽으면 왼쪽의 무감각 시공의 영혼들이 있는 곳으로 가죠. 이렇게 생각하면 돼요.

그래서 우리는 살아서 세밀한 공간에 들어가는 거예요. 아무리 수련하고 도 닦는다 해도 죽으면 왼쪽의 무감각 시공의 영혼 위치에 가 있어. 이거 알아들었죠? 그래서 우리는 살아서 이 몸을 빨리 바꿔야 원자 상태, 미립자 상태 오른쪽의 살아 있는 존재하고 같이 어울릴 수 있다고. 그렇지만 저희도 우리한테 배워야 돼. 저희는 이원념을 가지고 있잖아요. 우리는 일원심이에요. 저희도 이원념 때문에 원자 상태에 있으면 미립자 상태로 못 들어가. 뭣 때문에? 차원이 안 되니까. 그럼 우리는 어디까지 들어 갈 수 있어요? 우리는 일체 제한이 없어요. 분자 상태에서 무극 이상 일체 차원에 다 들어갈 수 있다는 거.

또 옛날에 말했죠. 우리 한국어가 나중에 우주 언어가 된다고. 산업시대 지구에서는 영어가 세계 언어로 되어 있어. 우리 이제 우주 작업을 할 때 한국어가 우주 언어가 된다니까, 진짜 그렇게 되고 있어요. 한국어하고 중국어하고 이 두 가지 언어 온 우주에 다 통해. 어디가도 다 알아들어. 희한하지 않아요? 진짜 우리를 위해 준비한 거 아니에요? 다른 사람 다른 언어 가지고는 안 통하고, 또 일원심 안 지키면 안 통해.

우리 일원심은 일체 공간에 다 뚫고 들어갈 수 있어. 일체 존재 안에 다 뚫고 들어갈 수 있어. 비밀이 없어. 우리가 뚫고 들어가면 거짓말할 수가 없어. 자동으로 자기도 모르게 다 폭로해. 왜? 직선 빛이 들어가면 어디 숨길 데가 없으니까. 그래서 우리가 일원심 지키는 게 얼마나 중요한가. 절대 긍정 마음이 얼마나 중요한가.

그래서 오늘 또 반복적으로 말씀드릴게요. 일원심은 뭐예요? 일원심은 향심력! 향심력은 블랙홀! 일원심이 이루어져야 향심력이 생기고 향심력이 강해야 블랙홀이 된다. 그럼 나는 블랙홀만 원해. 일원심만 일체 생명으로 본다. 일체 생명으로 보는 건 뭐예요? 아동우주동! 일원심 지키면 또 뭐예요? 직광심 직광체! 내 마음이 직선 빛으로 되어 있다. 내 몸도 직선 빛으로 된 몸이다.

일원심 지키면 이 세 가지 현상이 이루어져요. 세 가지 특징을 가지고 있어요. 이해해요? 우주인들이 우리 말 안 들으려 해도 안 들을 수 없는 원인이 바로 그거예요. 일원심! 무한대로 강한 우주의 힘, 생명의 힘이에요. 우리 한분, 한분 직선 빛이 한 사람이 1% 있다 해도 열 명이 모이면 10% 아니에요? 우리가 뭉칠수록 힘이 자꾸 강해진다고, 그래서 여기 모이라는 거예요. 그래서 우리 빛이 온 우주에 다 발사되어 있어.

그럼 우리 여기에 천 명, 만 명이 모이면 그 빛이 얼마나 강할 거 같아요? 다 녹아 버린다고. 지금은 겨우 3단계 존재 한두 명. 그다음에 여기 공부하는 분. 이 힘이 합해가지고 온 우주를 흔들고 있어. 믿어요? 올해도 그랬잖아요. 우리 마음으로 움직였잖아요. 태풍도 우리 생명으로 보니까 우리 말 들어야 돼. 제가 해석했잖아요. 장맛비도 생명으로 보고 대화하니까 장마 안 와. 온도도 생명으로 보고 대한민국은 28도 유지하라 그랬어. 그러니까 요새 온도가 28도 나오데. 다른 데는 몇십 도 되어도 상관 안 해. 여기서 우리가 조절한다고. 모두를 생명으로 보면 우리가 맘먹는 대로 이루어져요.

# 삭제되는 우주의 별들

> 높은 산의 등산로를 처음 낼 때 처음에 올라가면 산 중간에 온갖 도깨비도 있고, 호랑이도 있고, 가시밭도 있고, 혼자 올라가기 힘들어요. 그렇지만 우리가 해내면서 올라가면 되잖아요. 내가 올라가면 뒤에 올라가는 사람들이 수월하잖아요. 길이 없어도 하나하나 가다 보면 길이 생기잖아요. 그래서 남한테 의지하지 말고 내가 먼저 앞장서서 하자. 힘들어도 괜찮아. 내 뒤에 따라오는 수많은 존재를 깨우치기 위해서. 지금 3단계 존재도 그래요. 너무 힘들어해. 무감각 시공에 자기도 생전 한 적도 없고 어떻게 할 줄도 모르고 생전 처음 듣는 얘기거든요.

## 시공우주의 존재들은 모두 영체

지금 지구에 엄청난 변화가 일어나고 있어요. 인간들이 감당을 못할 정도로 일어날 거예요. 2015년 이후로 15년간. 특히 2015년부터 2020년 전후로 지구에 엄청난 변화가 이루어진다고 그랬어요. 2020년 이후 2030년까지 지상 천국 극락세계가 온다. 영원한 평화가 온다. 이 말이 맞나 안 맞나 다음에 꼭 확인해 보세요. 그래서 우리가 하는 일은 우주의 고급 존재들도 다 놀란다고. 저들이 믿든 안 믿든 우리는 우리대로 하고 있어요.

86살 된 미국의 여자 분이 지구 분리되는 현상을 눈이 열려서 봤대요. 그런데 무엇 때문에 분리되는지 몰라. 너무 밝고 빛으로 된 지구가 하나 나타나고, 하나는 원래 낡은 지구가 분리되는 현상을 봤어요. 그 새로운 지구에는 자비심이 많은 사람들이 들어갈 수 있다는 거예요. 그분은 거기까지 알고 있어요.

히틀러는 뭐라고 예언했어요? 자기가 보니까 2015년 이후에 태양이 분리되고 있다. 새로운 태양이 나타나서 지구의 태양보다 몇 배나 밝은 빛으로 온 우주를 밝힌다. 그런데 인간의 눈으로는 안 보이고 자기도 무슨 원인인지 몰라.

그럼 오늘 제가 밝힐게요. 예를 들어서 달에 원래 이원 물질의 생명으로 살아 있는 존재들이 있어요. 이원 물질의 달로 되어 있을 때는 이원 물질의 존재들이 달에 적응해서 살 수 있어요. 달이 이원 물질의 환경이 되니까 이원념의 마음을 가진 존재들이 달에서 살 수 있다는 거예요. 그럼 내가 달을 분리하고 이원 물질의 달을 삭제해 버렸어. 그러면 그 이원념 마음을 받아들이는 존재들의 뿌리는 끊어졌어요. 그렇죠? 그렇게 되면 뿌리가 없어졌는데 그 이원념의 존재들이 살 수 있겠어요?

그래서 나도 그래요. 이 시공우주의 음양 뿌리를 잘랐어요. 남아 있는 수분이나 영양분이 있어서 잠시는 살 수 있지만 나중에 같이 없어져요. 그래서 인간이 빨리 안 바뀌면 같이 사라진다고. 같은 원리예요.

지구도 마찬가지예요. 낡은 지구는 이원 물질의 이원념 마음으로 살아가니까 사라져요. 그러나 새로운 지구에 적응하는 일원심을 지키면 살아남아요. 그렇게 해 놨다고. 지구가 분리되는 현상만 봤지 진짜 원인을 몰라. 우리가 일체를 조공하고 있잖아요. 일체조공 뜻을 이해해요?

원래 이원념 마음을 가지고 이원물질의 지구에 살다가 이원물질의 뿌리가 끊어져 버리면 자기 마음을 일원심으로 안 바꾸면 살기 힘들어요. 이원념이 살아갈 수 있는 환경이 없어졌는데…. 그래서 빨리 깨어나라고요. 안 깨어나면 없어져도 왜 없어졌는지도 모른다고. 때가 되면 땅을 치고 통곡하고 후회해도 늦어요. 그래서 빨리 정신 차리라는 거예요.

이 시공우주에는 지구에서 무극까지 두 줄이 있다고 그랬죠. 하나는 살아 있는 생명이 분자 세상에서 무극까지 한 줄 있고, 하나는 죽은 생명이 분자 세상에서 무극까지 있어. 이 시공우주에서는 살아 있든 죽어 있든 전부 다 다 영체예요. 이 두 줄의 영체들은 아무리 높은 차원이라 해도 우리 일원심 무시공 공부 안 받아들이면 살아 있을 수가 없어요. 삭제돼요. 살아 있는 분자 세상에서 무극까지도 이 공부 안 받아들이면 삭제되고, 이미 죽어 있는 존재도 일원심 공부 안 받아들이면 이 영도 영원히 없어져 버려요. 이제 이 뜻을 알았어요?


**무시공생명을 받아들여야 영체가 살아난다**

2000년도 한국에 왔을 때 어떤 분이 '내가 이 공부를 하면 조상도 살릴 수 있나?' 하고 물어요. 그래서 반드시 이 공부를 받아들여야 살릴 수 있다고 그랬어요. 그렇지 않으면 100% 못 산다.

한국은 조상을 엄청 챙기고 관심을 가져요. 절하고 빌고 제사 지내지 말고 빨리 조상과 대화하세요. 빨리 일원심 받아들이게 하세요. 그럼 죽은 영도 살아나요. 죽은 영 안에도 일원심 생명이 있어요. 그것을 깨우치면 살잖아요. 살아 있는 존재도 일원심 생명이 존재해요. 그것을 깨우치면 영체와 생명이 분리돼 버리잖아요. 그럼 살아서 일원심 되고, 여기는 죽어도 부활해 버려요. 죽은 사람 부활한 게 예수 그런 게 아니고…. 이제 부활 뜻을 알았어요? 우리가 말하는 부활은 이 이원념 마음에서 일원심 지키는 순간 부활된다는 거예요. 살아서도 부활하고 죽어서도 부활해요. 일원심을 안 지키면 살아서도 죽었어. 죽었으면 더 죽었고. 이제 이해해요?

근데 이건 3단계 작업이 들어가니까 내가 덧붙이면서 얘기할 수 있어. 안 그러면 증명할 사람이 없으니까 내가 얘기해봤자 전부 헛소리라고 생각하고. 내가 제사 지낼 필요 없다고 해도 계속 제사 지내. 조상 챙긴다고. 그래서 제사 지내는 게 중요해요, 빨리빨리 일원심을 조상에게 전달하는 것이 중요해요? 일원심을 조상들에게 심어 주는 것이 정말 살리는 거라고. 그래서 이 기회는 최후 기회라고 제가 한 가지 말씀드리고요.

### 대전의 블랙홀로 모여야 녹는다

우리 무시공생명이 지금 물을 빛물로 만들었어요. 이것은 반드시 3단계존재만 할 수 있어요. 시공우주에서 수련하시는 분들은 기를 이용해서 빛을 만들었다고 하는데 그것하고 우리 무시공 빛물하고는 근본적으로 차이가 있어요. 우리는 무시공 입장에서 물을 변화시켜요.

그런데 우리가 지금 그 물을 우리 내부에서만 팔아요. 뭐 때문인가? 우리가 빨리 변하기 위해서. 우리가 일체 변하는 속도를 빠르게 만들고 있어요. 제일 먼저 우리 일원심 생명을 5,000억 광년에 올려놓고, 이 공부할까 말까하는 그런 존재도 무조건 그 자리에 올려놓고, 이분은 100% 믿고 끝까지 할 거다 하면 무극에다 올려놔. 그럼 무극에서 변하는 것은 너무 수월하잖아. 무극에서 우리를 지키고 있는데, 무극에서 우리를 당기고 있는데. 지구에서 조금만 관점 회복하여 바꾸면 순간에 올라간다고. 이것은 역사상에 어느 종교 어느 수련 단체도 상상을 못 할 일이라고. 그러나 우리 무시공은 지금 실제로 하고 있어요.

두 번째, 여기 모이라고 했죠. 여기 대전의 무시공생명훈련센터가 핵심이에요. 여기가 중심지라고. 이것은 개인 공부가 아니라고 했어요. 뭉치면 살아요. 뭉쳐야 힘이 강해져. 여기 훈련센터가 블랙홀이기 때문이에요. 블랙홀 밖에서 개인이 아무리 일체아위, 노예변주인, 의존변자성, 혼자 해도 소용없어요. 여기 대전이 블랙홀이고 여기로 모여야 돼요. 네가 혼자 할 수 있다고? 너는 절대로 안 돼. 몸에도 이원념이 가득 차 있고 조상부터 가득 찬 이원념으로 혼자 해? 잡아먹히지나 말아라. 나는 원래 이 세상 존재 아니니까, 나는 절대로 안 잡아먹어. 왜? 잡아먹히기 전에 상대방이 나한테 잡아먹혀. 맞죠? 꼭 믿으라고.

또 수많은 고급 존재들이 우리를 보호하고 있어요. 그 누구도 나를 보호할 필요 없어요. 내 주변에 수많은 존재들이 나를 보호하고 있어요. 겉보기에는 초라하게 보이는 사람이지만 수많은 존재들이 나를 지키고 있다고. 그러면 우리가 효율적이잖아요? 자기 생명을 높은 무극에 올려놓고, 무극에서 수많은 생명들이 우리를 보호해주고,

훈련시키고 도와주고. 또 체험해주고. 매일 비공선지 외우고.

　비공선지 외우는 것에 대해서 이것 조금 공개할게요. 어떤 분이 거의 죽었어요. 영혼이 두세 번 빠져나갔어요. 그래서 3단계 존재보고 그분 살려보라 했어. 4월부터 시작해서 그분 이미 살아났거든요. 기적이에요, 아니에요? 그런데 우리가 살리면서 본인보고 비결 외우라고 그랬거든. 처음에는 우리가 바꿔주고. 그러고 나서 보니까 비결 외우는 안에서 빛이 생겨. 3단계 존재가 보고 놀랐어. 비결 진짜 계속 외워야 되겠다고. 비결 자체가 생명이라 그랬잖아요. 글자나 주문이 아니에요. 잠자고 있는 무시공생명을 깨우는 역할을 해요. 그런데 비결을 몇 번 외우고는 다 알았다 그래요. 알기는 뭘 알아. 소낙비 내리는 것처럼, 땅이 바짝바짝 마를 때 소낙비 내리면 홍수가 나는 것 같아. 소나기 지나간 뒤 땅 파 보세요. 요만큼 젖어 있다고. 밑에는 바짝 말라 있다고. 자기를 속이지 마세요.

　수억 겹 내려가면서 이분법이 가득 찼는데 비결 몇 번 외워가지고 비결이 세포에 들어가요? 절대로 아니라고. 그래서 무조건 끊임없이 외우세요. 세포가 깨어날 때까지. 그게 자기 살리는 방법이에요. 그럼 세포가 깨어난다고. 우리는 세포 깨우는 작업을 하는 것이지, 수련하고 그런 게 아니라는 거예요. 그래서 제가 끊임없이 강조해요. 비공선지 외우라고. 그 안에 무한대로 비밀이 있어요.

　3단계 들어온 존재는 다 알아. 2단계 존재는 외우라 하면 '일체도호' 다 좋다 하지만 실제로는 다 나쁘다고 생각하고 있어요. 3단계 들어와야만 진짜 상상도 못 하는 비밀이 있다는 것을 직접 작업하고 참여하고 행해야만 뜻을 알게 돼요.

3단계 들어온 존재들에게도 일부러 시험을 쳐봐요. 열려 있어서 행하고 있어도 빈틈이 보여요. 그럼 다른 사람은 안 열렸는데 더 환하게 보이죠. 빈 구멍이 숭숭해 그런데 자기는 다 됐다고 생각해요. 자기 자신을 속이고 있다고요. 다 되기는 뭐가 다 돼? 다 됐다면 뭐 하러 여기에 있어요? 벌써 3단계로 끌어왔어요. 그래서 자기를 속이지 말라는 거예요.

### 절대적인 집중력으로 세포를 훈련시켜라

또 한 가지 말씀드릴게요. 지구 표면에 인간만 사는 것 같아요? 지구 안에도 수많은 생명이 존재해요. 인간 생각에는 불가능하잖아요. 그 안에 산소도 태양도 없는데 어떻게 살아? 하지만 그건 자기 생각이고, 3단계 존재에게 뚫고 들어가 보라고 하니까 완전히 그 안에 고속도로처럼 쫙 깔려 있어요. 믿어요?

인간 생각는 금성이나 화성에 생명이 없다고 생각해요. 인간이 지구에서 사는 방식으로 산다고 생각하니까. 거기도 생명이 다 살아요. 우리보다 더 고급 방식으로 살고 있어요. 지금 두 살짜리 아이 열어 놓고 금성을 보라 하니까 금성에 생명도 있고 집도 많고 물도 많고 지금 비 오고 있대. 우리는 다 알죠. 금성은 지구보다 태양에 더 가까이 있어서 그 표면온도가 500도인데 물이 어디 있어요? 다 바짝 말랐는데. 맞죠? 물이 증발 돼 가지고 금성 주변에 오존층처럼 쌓여 있다고. 무엇 때문에 비가 오겠느냐고. 그런데 아이가 거짓말했겠어요? 3단계 존재도 다 보고 있어요. 이것이 사실인지 아닌지는 나중에 과학자들이 증명할 거예요.

그래서 우리 이 공부를 하시는 분들은 엄청나게 소중한 존재예요. 이 공부 받아들인 존재는 정말 무시공에서 약속해 왔다고 생각하세요. 믿으세요. 만일 이 공부 못 받아들이고 자기가 이원념 가득 찬 존재는 이 자리에 오고 싶어도 못 와요. 어두우니까 빛 때문에 도망가기 바빠. 이런 사례들 너무 많아요. 15년 동안 수없이 그랬잖아요. 시간이 지날수록 고급 존재와 준비된 존재들이 모여든다. 긍정 마음이 많아야 빛이 밝고 찾아올 수 있어요. 어두우면 도망가기 바빠.

처음에 그랬죠. 처음에 시작할 때에는 이원념이 우리하고 합하든가 도망가든가 끝까지 투쟁하다가 멸망한다고 그랬죠? 마지막 가면 딱 두 가지로 분리돼. 우리 무시공과 합일돼서 살든가 아니면 영원히 멸망하든가. 지금 이런 두 가지 현상이 섞여 있어요. 아직 공간이 있잖아요. 공간이 아직은 여유가 있어. 나중에 우주가 엄청 빠른 속도로 변하면 공간과 시간이 없어지기 때문에 도망갈 데도 없어. 안 그러면 죽든가, 안 그러면 살든가. 그날이 꼭 다가오고 있다고. 그래서 지금 진짜 정신 차리고 무조건 끊임없이 무시공을 두드리며 매달려서 해 보세요. 절대로 후회 없어요.

여기 대전의 블랙홀이 전 우주의 중심지라고 그랬죠. 블랙홀에는 핵심이 있어요. 봉황 열 명이 블랙홀의 핵심이에요. 그래서 블랙홀의 중심지인 대전에서 모든 것을 시작하라는 거예요.

우리는 모든 것을 절대 집중력으로 하나부터 시작해서 결론이 난 다음에 다른 걸 또 해. 그래야 나도 단련되고 내 능력도 커져요. 지금 우리 3단계 존재들도 그래요. 한 가지 시키면 끝까지 끝장 볼 때까지 해요. 예를 들면 열 개 손가락 다 침을 놔서 다 상처받았어요. 결국 열 개 손가락 다 못 움직이잖아요. 그럴 바에야 아홉 개 중에 한 개만 끊어 놔. 그러면 아홉 개는 움직일 수 있잖아요. 하나하나 처리하고. 그래서 우리 모든 것이 절대 집중력, 절대 일원심. 행하면서 일원심. 하나부터 시작하기. 하나로 끝장 보기. 그래야 세포도 절대 하나로 뭉친다고. 오늘은 이러고 내일 저러고 하면 세포도 도대체 이놈의 사령관 무슨 말을 들어야하나 그래요.

저는 서울 간다고 혼자 결정을 하면 열 가지 일 생겨도 무조건 서울 가요. 열 가지 일이 다 안 되고 서울 가면 실패도 많더라고. 그래도 나는 가요. 왜? 첫 생각이 중요하니까. 첫 결론이 중요하니까. 그래야 세포가 훈련받잖아요. 저 사람은 한 번 하면 절대 변동이 없다. 그러면서 세포들 마음이 놓이겠죠? 세포도 끝장 보는 습관들이니까 그렇게 할 수밖에 없어요. 나를 훈련시키라는 거예요. 남 훈련하라고 하지 말고. 나만 보라는 거예요.

**이원념에 걸리지 마라**

사람들이 몇십 년 동안 나한테 헷갈려해요. 나는 모든 방식으로 사람들 앞에 나타날 수 있어요. 그런데 영원히 안 변하는 하나가 있어요. 저의 일원심은 영원히 안 변해요. 그런데 이원념도 나에게 온갖 방식으로 나타날 수 있어요. 그렇지만 나는 그걸 절대 인정 안 해요. 나하고 상관없어. 내 몸을 통해 나타날 수는 있어요. 무슨 뜻인지 알아요? 상대의 마음을 바꾸기 위해 자동으로 나타날 때도 있고,

주동으로 나타날 때도 있어요. 그렇지만 상대방이 상처받을까 걱정하거나 내가 마음이 아프거나 그렇지 않아. 왜? 일원심이 나니까.

이원념이 내 몸속에서 나타나도 그것은 내가 아니에요. 나는 이미 이원념을 삭제하고 이미 잘라 버렸어. 일체근단. 그런데 그것이 상대한테 전달되어 가지고 상대방이 난리가 나, 그러니까 나한테 걸려들지 마세요. 이것은 꼭 정신 차려야 해요. 많은 사람들이 여기에 걸렸어요.

나는 누구의 마음을 끄집어내기 위해서는 온갖 방법이 저절로 나와요. 그런데 행해 놓고 나도 몰라. 왜? 나는 나의 일원심만 알지 내 모습의 이원념은 인정 안 해요. 나는 이원념을 인정한 적이 없어요. 나는 무조건 좋은 현상이에요. 내가 너희 생각에 틀린 것은 너희가 인정한 것이고, 내 안에서 내가 인정 안 하면 이원념이 빠져나가고, 네가 인정하면 네가 거기에 끌려들어가. 왜 나한테 자꾸 걸려요? 이제 정신 좀 차리세요. 알았죠? 누가 나한테 실험을 당할지 몰라. 그런데 이 공부에 대하여 진심으로 다가오고 좀 이제 해 볼 가치가 있다 하는 존재한테만 그렇게 해. 빠져나가서 지켜보고 있어요.

그래서 매심 시에 있잖아요. 1단계 시에 있어요. 뭐예요? 뒤에 호랑이가 뛰고 용이 날아도 나는 여기서 지켜보고 구경하고 있다. 무슨 뜻인지 알아요? 이원념들이 난리 나더라도 나는 벗어나서 일원심으로 보고 있어요. 도대체 뭐 하고 있나? 그래서 대자유가 어디 있어요? 일원심에 있어요. 내가 이원념에 걸리면 나도 같이 상처받아. 나도 같이 괴로워. 왜 나를 이해 못 하나 하면서 서로 이원념에 걸린다고. 나는 한 번도 이원념에 걸린 적 없어요.

## 왜 가장 힘든 지구에서 시작하는가!

제가 그랬죠. 이 우주에서 제일 밑바닥 두꺼운 지구에서 이 공부를 시작했다고. 많은 사람이 저보고 그래요. 왜 지구를 선택했나? 다른 데 가서 하면 더 수월할 텐데. 저도 알아요. 뭐 때문에 힘들게 지구에서 시작하는가? 우리는 일체 생명을 살리는 목적이기 때문에. 실제로 우주에서 보면 지구는 완전 도태당하는 위치예요. 완전히 쓰레기통이에요. 그래도 여기서 다만 생명 하나라도 발견해서 살리는 게 목적이에요.

**한 생명이라도 살리기 위해 선택한 지구**

저는 2015년부터 2030년까지 내가 하는 일이 끝난다고 했어요. 2030년 이후에는 우주 작업, 우주여행 들어가고 먼저 시작한 존재는 2030년까지 분자몸을 벗고 투명인간이 될 수 있겠다고 계획을 잡았어요. 그런데 2016년 1월부터 자동으로 3단계 작업을 할 존재가 나타났어요. 작년 1년 동안은 3단계 존재 훈련한다고 생각했는데 이미 작업에 들어갔어요. 15년 후에 이루어질 일이 앞당겨졌어요. 실제 15년 앞당겼으니 2030년 이후에 우주여행을 한다는 게 가능해졌어요. 최소한 13년은 앞당겨졌다고 생각하면 돼요. 이게 무슨 근거 있나? 저는 근거 있어요. 여러분은 무슨 뜻인지 몰라요. 개별적으로는 제가 어떤 걸 하고 있고, 가능하다는 걸 알지만, 대부분은 이론으로 이해하고 있어요. 그렇지만 괜찮아요. 지구인이 너무 많이 막혀 있으니까. 깨지는 과정이 있으니까요.

여기에 대해 말씀드릴게요. 지구인이 어느 정도로 막혀 있나? 제가 그랬죠. 이 우주에서 제일 밑바닥 두꺼운 지구에서 이 공부를 시작했다고. 많은 사람이 저보고 그래요. 왜 지구를 선택했나? 다른 데 가서 하면 더 수월할 텐데. 저도 알아요. 뭐 때문에 힘들게 지구에서 시작하는가? 우리는 일체 생명을 살리는 목적이기 때문에. 실제로 우주에서 보면 지구는 완전 도태당하는 위치예요. 완전히 쓰레기통이에요. 그래도 여기서 다만 생명 하나라도 발견해서 살리는 게 목적이에요. 그러니 힘들잖아요.

지금 수많은 강의 속에 그런 내용이 있어요. 옛날에 가을이면 벼농사를 지어서 껍질 날렸잖아요. 그때 알맹이는 제일 앞에 떨어지고 반 쭉정이는 가운데, 이파리나 쭉정이는 뒤에 떨어지죠. 우리가 생명을 살리는 것도 그래요. 쭉정이 안에 혹시나 알맹이 하나라도 있을까 봐 여기서 시작하는 거예요. 이 말은 무얼 암시해요? 70억 인구가 쭉정이 안에 있다고 생각하면 돼요. 그럼 그 안에 알맹이 몇 개 있을 거 같아요? 반 알맹이나 알맹이 안에서 시작하면 너무 쉽겠죠. 지구에서 힘들다는 거 나도 알지만 할 수 없어요. 왜냐? 내가 일체 생명을 살린다고 선언했으니까.

### 돈은 무형의 감옥

제가 지구에서 1946년에 태어나 참 많이도 헤맸어요. 수많은 고통을 겪고 일곱 번 죽었다 살아났어요. 온갖 죽는 고통 다 겪어 봤어요. 혼자 일부러 뛰어들어 실험도 해 보고. 감히 누가 자기 생명을 가지고 실험한다고 생각해요? 다들 자기 몸을 소중하다고 생각하는데. 나는 2000년도 한국에 와서 이 공부를 하며 진짜로 그렇게 했어요. 그래서 내가 감히 그래요. 내 생명 내걸고 한다고. 그런 결심이 있으니까 다른 것은 관심 없어요.

가족 개념, 민족 개념, 국가 개념 다 잘라 버렸어. 심지어 돈, 나는 관심 없어. 난 진짜 당당하게 그런 말 했어요. 내가 돈벌이하러 왔으면 누구보다 잘 벌었을 거예요. 나는 뭘 해도 성공한다는 그런 자신감이 있어요. 저는 이 세상 와서 수많은 부자와 돈벌이하는 사람들 마음가짐을 지켜봤어요. 내가 만약 회사를 꾸린다면 절대로 일반 사람들의 방식으로는 안 해요. 나는 어떤 식인가? 만약 식당을 운영하면서 직원 다섯 명을 두고 1년에 5천만 원 번다고 하면 5천만 원 다 나눠줄 거라고. 뭐 때문에? 그들도 나하고 같은 존재이고, 내 할 일을 대신 했잖아요. 그 돈을 나 혼자 번 것이에요? 나는 그저 그들에게 돈벌이하는 조건을 제공했을 뿐 그들보다 나은 게 하나도 없잖아요. 그들이 나 대신 그 돈을 창조해 줬는데 뭐 때문에 내가 다 가져야 돼요?

나는 진짜 그렇게 하고 싶어요. 근데 인간은 안 그래. 전부 다 무슨 방법으로든 자기가 제일 많이 가지려 해요. 돈이 아까워 벌벌 떨어. 얼마나 힘들게 살아요? 돈 많이 벌어서 뭐 해요? 사고방식이 다르잖아요. 내가 이 공부를 할 때 그랬어요. 나중에 내가 지구 돈, 우주 돈 모두 다 끌어올 수 있다. 그 돈을 이 공부하는 존재들한테 때가 되면 다 나눠줄 거라고. 그게 좋아요, 나 혼자 써야 좋아요? 나는 미리 돈 없을 때부터 이 말을 했어요. 그럼 내가 약속 지키나 안 지키나 보세요.

어떤 분은 돈 있으면 마음이 바뀔 거라고 생각할 거예요. 난 절대로 안 바뀌어요. 나는 약속하면 끝까지 해요. 외계인도 약속을 안 지키면 나는 용서를 안 해요. 그래서 제가 이 약속을 하는 건 인간이 돈에 맺혀서 돈, 돈 하니까 이 말을 했어요. 나중에 이 공부 무시공생명 밝히는 날이면 온 지구인이 모여들 거예요. 때가 되면 깨어나니까.

**오관을 벗어나야 새로운 세상이 보인다**

그럼 이렇게 생각해 보세요. 우리 우주가 삼각형으로 말한다면 제일 아래가 분자세상 물질세상이잖아요. 일시무시일로 내려왔다가 일종무종일로 올라간다 했잖아요. 우리 일원심 지키는 순간에 모든 게 합해서 세밀한 공간으로 들어가고 있어요. 물질 세상은 곧 없어진다는 거. 지구만 없어지는 게 아니라 일체 별로 된 우주는 다 없어져요. 이렇게 말하면 너무 심한 거 같죠? 우리가 이 우주를 바꾸러 왔잖아요. 그런데 뭐가 심해요? 우리가 안 깨어났을 뿐이에요. 우리가 깨어나든 안 깨어나든 이 우주는 바뀌고 있어요. 누가 바꿔요? 내가 바꿔. 내가 이 우주 음양을 잘랐어. 누가 감히 그런 말을 해요? 그럼 석가모니, 예수가 잘랐는지 물어보세요. 나는 당당하게 그랬어요. 내가 잘랐다고. 믿든 안 믿든. 막으려 해도 못 막아.

그리고 우리는 지금 분자 세상에서 공부하는 순간에 껍질이 벗겨지고 세밀한 공간으로 들어가는 작업을 하고 있어요. 그런데도 우리가 아직 분자 세상에 머물고 있으면 되겠어요? 자연히 도태당해요. 물질이 바뀌고 있는데도 인간은 세밀하게 바뀌는 게 안 보이잖아요.

항상 눈으로 거친 것만 보니까.

우리가 제일 잘못된 게 뭐예요? 오관에 걸렸어요. 눈으로 보고, 귀로 듣고, 코로 맡고, 입으로 씹어 보고, 내가 느껴야 인정하잖아요. 물질 파장이 제일 거칠고 두꺼운 파장이라고 했잖아요. 우리 오관도 그 파장과 공진이 일어나게 만들어 놨어요. 물질 세상에 적응하기 위해 오관을 창조했어요. 그래서 거기서 느껴야 인정해. 전부 물질이 나한테 적응해야 인정하잖아요. 그러면 영원히 물질 세상에서 못 벗어나요. 왜냐? 파장에 걸려 있기 때문이에요. 그래서 내가 오관을 믿지 말라고 수없이 그랬죠. 심지어 무시공 행동 지침에 어쩔 수 없이 '무시공 오관'이라고 만들어 놨어요. 눈으로 보는 것도 일체 파장 안의 제일 낮은 파장, 물질 파장에 적응되니까 보여요.

귀도 같아요. 물질 파장 소리만 내 귀로 들리는 거라고요. 미립자, 초미립자, 무극까지 파장 있는 거 안 들리잖아요? 절대로 안 들려요. 그래서 우리 오관을 벗어나자고. 이 오관은 가짜라고. 물질 세상 벗어나려면 먼저 오관을 벗어나야 돼요.

어떤 기공사는 온몸에 기가 들어오고 빛이 들어오는 걸 느낀다고 해요. 그거 다 가짜라고. 우리는 일원심만 지키면 되는데 뭘 느껴요? 제발 오관에서 벗어나세요. 오관에서 벗어나야 새로운 세상이 보이고 새로운 우주가 보여요. 제가 말하는 건 전부 실천에서 나온 말이에요. 하나도 이론이 없어요. 책 보세요. 그 안에 이론이 있어요? 나는 고급 단어도 쓸 줄 몰라요. 그저 대중적인 그런 이야기, 아이도 알아들을 수 있는 그런 말, 아주 낮은 차원에 있는 단어를 쓰고 있어요. 그래도 거의 다 표현돼요. 그러니 빨리 두꺼운 몸뚱이 깨부수자고요.

**절대 긍정 마음은 우주가 절대로 채워준다**

그리고 70억 인구 다 같은 차원이 아니에요. 그 마음 자세에 따라서 수많은 차원이 있어요. 노숙자랑 부자하고 같은 차원에 있어요? 우리 70억 인구 세밀하게 말하면 70억 차원이 있어요. 대충 나눠도 열 가지 차원이 있어요. 크게 3단계로 나눈다면, 거지 부분, 중간 부분, 고급 부분. 왜냐? 사고방식이 다르니까. 1단계, 2단계, 3단계, 마음 자세가 절대로 같지 않아요. 긍정 마음이 누가 더 많을 거 같아요? 고급 부분이 더 많아요. 욕심 부려 부자 될 수 있어요? 오히려 신체만 망가져요. 마음가짐이 다른데 1단계 마음으로 3단계 가려고 하면 욕심이잖아요.

이 안의 비밀은 마음의 그릇이라는 거. 상대 긍정 마음. 그릇에 따라 우주는 그만큼 채워줘요. 그런데 상대 긍정이기 때문에 부정이 있으면 순간에 망가져 버려요. 그래서 부자도 영원히 부자 위치를 못 지키고 있잖아요. 우리는 다 파장 속에 살고 있잖아요. 파장이 나를 좌우지하고 있어요. 내 안에 파장이 있으니까. 그런데 우리 무시공은 뭐예요? 우리는 무한으로 되어 있어요. 절대 긍정 마음. 절대 긍정 마음은 우주가 절대로 채워줘요. 우주가 100% 채워줘요. 우주가 나니까요.

**금성인보다 3배나 더 두꺼운 지구인**

금성이 지구하고 가깝잖아요. 금성 과학자와 대화하며 물어봤어요. 태양계에서 어디 과학이 발달했느냐고. 1등은 태양과 금성. 2등은 수성, 화성, 목성, 리비류. 3등은 토성, 천왕성, 해왕성, 명왕성, 달. 4등 꼴찌가 지구예요. 지구인들은 대단하다고 생각하는데 사실은 제일 밑바닥에 있는 존재라고. 또 금성 과학자와 대화해 봤어요. 그럼 너희 금성인과 우리 3단계 작업하는 존재를 비교해 봐라. 껍질이 얼마나 두꺼운가. 우리가 이렇게 공부했는데도 금성인보다 3배나 더 두껍다고 해요.

또 물어봤어요. 너희 금성과 지구를 비교하면 금성이 지구보다 얼마나 더 세밀한가? 3배라고 금성 과학자가 말했어요. 우리 눈으로 다 보여. 과학자도 다 보이잖아요. 눈으로는 보이지만 같은 차원은 아니에요. 직접 나를 보라고 그랬어요. 내가 얼마나 두껍게 있나. 아직 금성인보다 1.5배 두껍다고 해요. 희망이 보이죠? 내가 앞장서서 보여 주고 있잖아요. 나도 원래 지구인이잖아요. 생명 내걸고 하니까 겨우 금성인과 가까워.

내가 이 분자몸 없앨 때까지 얼마나 시간 걸리나? 얼마큼 걸린다고 했지만 이건 비밀이라 말 못 해요. 그리고 100억조 광년의 '현○' 대표 찾아가서 과학자 있느냐니까 전부가 과학자래요. 전문 과학자를 찾아서 대화했어요. 네가 한번 봐라. 금성하고 지구하고 얼마큼 차이가 있느냐? 같은 말을 해요. 금성이 지구보다 3배 더 세밀하다고. 그러니 지구인이 얼마나 많이 막혀 있어요? 80억조, 90억조, 100억조 과학자한테 물어보니 우리 생명이 콘크리트, 돌덩이 안에 갇혀 있다고 해요. 이만큼 두껍게 우리가 쌓아 놨어요. 100억조, 90억조, 80억조에서 우리를 보면 완전히 돌덩이, 콘크리트 안에 사는 생명이라고 해요. 진짜예요. 그래서 인간이 대단하잖아요. 생명력이 얼마나 강해요.

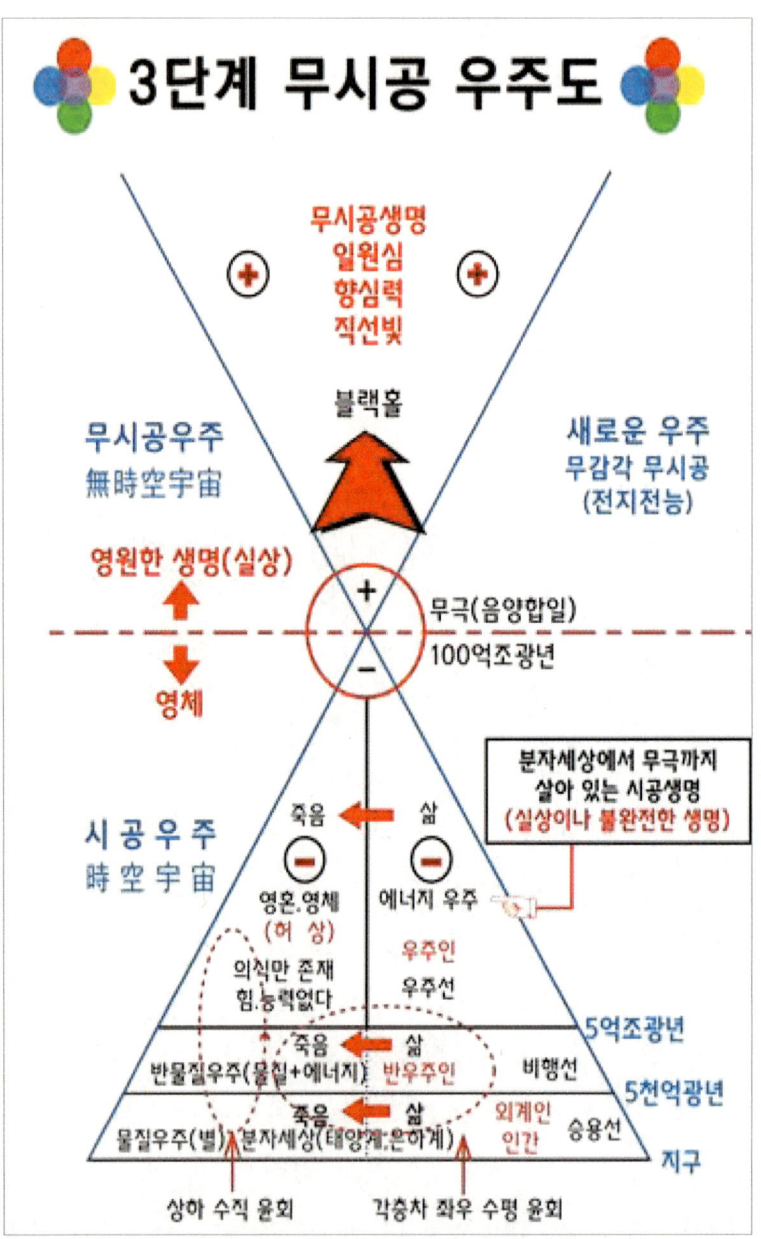

정말 돌 속에도 생명이 있어요. 보세요. 개구리 알을 보면 안에 껍질 있죠? 투명해서 인간 눈으로 보이잖아요. 그렇지만 올챙이는 그 안에서만 움직이지 밖으로 못 나오잖아요. 여기도 얼마큼 두껍게 쌓여 있잖아요. 같은 원리에요. 인간이 개구리 알 보는 거나 고급존재가 인간을 보는 거나. 그래서 우리가 어떤 위치에 있다는 걸 알고 살자고요. 우리 계속 막혀서 살래요? 그렇지만 희망이 있어요. 우리는 죽어서 분자몸 벗는 게 아니고 살아서 분자몸 벗어나잖아요. 근데 인간은 수많은 수련하면서 여기서 나올 생각을 안 해요. 여기서 수련하다 죽어. 죽고 나서 영원히 극락 가고 천당 간대.

그럼 여기에 대해서 해석해 볼게요. 도대체 천당 가나 안 가나. 그래서 오늘은 처음으로 3단계 우주도 그려 볼게요. 제일 아랫부분은 완전히 물질 세상이에요. 이 부분이 지구에서든가 태양계에서 거리를 잰다면 5천억 광년. 지구에서 5천억 광년까지는 완전히 물질 세상. 우리 눈으로 보는 일체 별이 물질 세상이에요. 그 범위가 얼마나 넓어요? 5천억 광년까지. 이제 이 부분은 물질과 에너지가 섞여 있는 공간. 별도 있고 우주도 있는 곳.

우리가 어떻게 근거를 했느냐면, 5천억 광년 이상 우리가 어떤 존재에게 물어보면 자기 있는 곳은 우주래. 또 같은 5천억 광년인데 어떤 존재에게 물어보면 자기 사는 곳은 별이래. 계속 그런 현상이 있어요. 5억조 광년까지 완전히 별하고 에너지하고 섞여 있는 우주 세상. 5천억 광년 이하보다 세밀해요. 5억조 광년부터 100억조 광년까지 이 부분이 완전히 에너지 우주, 제일 밑바닥에 지구인이 살고 있어요. 근데 같은 물질 세상이라도 천차만별이야. 같은 별나라에서도 우리 지구가 제일 낙후됐어. 이해했죠? 같은 태양계인데 지구가 제일 밑바닥에 있고, 금성이 우리보다 3배 더 세밀한 곳에 있어요. 우주가 이런 엄청난 3단계로 되어 있어요.

우리 여기 사는 사람이 지구인이잖아요. 지구 밖에 5천억 광년까지는 외계인. 어느 별에서 왔든 외계인이라고 나는 이름 지었어. 그 다음 5천억 광년부터 5억조 광년까지는 반외계인 아니면 반우주인. 5억조 광년부터 100억조 광년까지는 우주인이라고 했어. 이제 이름도 바꿨어요. 외계인, 반우주인, 우주인. 우주인들도 인정해. 자기들도 이렇게 안 나눠 봤대요. 오히려 우리한테 배워야 돼요.

지구인이 부르는 이름도 UFO니 우주선이니 이름도 많잖아요. 우리는 이렇게 정리하고 이름도 정해놨어요. 지구에서는 제일 고급이 승용차잖아요. 승용차 특징이 뭐예요? 땅 위에서 움직일 줄만 알아. 날 줄은 몰라. 물속에 못 들어가. 지구에서 제일 낙후한 게 승용차예요. 외계인이 타고 다니는 건 뭐예요? 외계인은 우리보다 기술이 발달했으니까 자기네 별에서도 다닐 수 있고, 물 위에서도 갈 수 있고 공중에서도 날 수 있어요. 이건 승용선. 각 별에서 자기네 별에서 움직일 수 있는 것은 승용선. 이 별에서 저 별까지 갈 수 있는 건 비행선. 우주선은 이 공간에서 완전히 에너지 상태에서 다니는 것을 보고 우주선이라고 해요. 그럼 우주선은 이런 데 올 수 있어요? 분자 세상까지는 올 수 있어요. 분자 세상에서 더는 못 들어가요.

그래서 내가 금성 과학자한테 물어봤어요. 3단계로 나누면 너희 별은 어느 차원에 있나? 자기네 별은 승용선하고 비행선이라고. 아직 우주선은 없대요. 그럼 말이 되잖아요. 그러니 금성 과학자도 인정해요. 우리가 정확하게 잘 나눴다고. 우리는 무시공 존재니까. 맞죠? 우리 얕보지 말라고. 외계인, 우주인들도 이런 얘기 처음 듣는대요. 우리가 쓰는 단어들을 이제 저들도 쓰고 있어요.

## 죽은 영혼 세상은 힘없는 환상 세상

그리고 또 하나는 우리 이쪽 길 있죠. 일시무시일, 내려오는 거야. 일종무종일, 올라가는 거죠. 올라가는 거는 우리 여기서 살아서 올라가. 나란 존재가 지구에 있어. 우리는 살아서 무극까지 올라가죠? 이쪽에는 죽어서 올라가. 만일 지구에서 평생 도 닦다가 도통해도 죽잖아요. 죽으면 어디로 가요? 도 닦으면 조금 올라가. 영혼으로 살 수 있어요.

그럼 만일 금성에서 죽었다고 하면 이쪽으로 와요. 높은 차원에 있어도 죽잖아요. 죽으면 다 여기로 오잖아요. 여기는 뭐예요? 완전히 영혼 세상이에요. 이쪽은 진짜 살아 있는 세상. 금성인이 살아 있으니까 승용선도 있고 비행선이 있잖아요. 우리도 살아 있으니까 비행기도 타고 승용차도 탈 수 있잖아요. 그럼 영혼이 탈 수 있어요? 영혼도 탈 수는 있어요. 근데 힘이 없어서 운전은 못 해요. 지구에서 살아 있을 때 승용차를 운전했던 영혼에게 운전하라고 하면 힘이 없어 못 한다고 해요. 그게 영혼이에요. 이제 알았죠?

인간들은 이쪽을 보고 천당 극락이래. 환상이에요, 진짜예요? 환상 세상 들어가서 진짜라고 사기를 치고 있다고. 우리 이제 정신 똑바로 차리고 절대로 믿지 말라고. 그래도 믿는다면 할 수 없어요. 그러면 이쪽에는 우리 여기서 승용차 움직이죠. 조금 가면 우리 승용선 탈 수 있잖아요? 비행선 탈 수 있잖아요? 우주선 탈 수 있잖아요? 우리는 다 할 수 있어요. 이건 무슨 근거인가? 근거 하나 내놓을게요.

대만 카페 들어가 보니까 브라질에서 비행선이 추락했다는 동영상이 있어서 우리가 파고들어 비행선하고 대화해 봤어요. 우리는 일체생명이라 했잖아요. 일체와 대화할 수 있다 했잖아요. 어디서 왔느냐니까 달에서 왔대요. 뭐 하러 왔느냐니까 가족 여섯 명이 지구로 여행을 왔는데, 비행선 점검을 안 하고 지구 대기층에 오다 보니 갑자기 추락했다는 거예요. 너는 지금 어디 있나? 브라질에서 자기를 몇 군데 옮겨서 탐구하고 있대요. 너 살 수 있나? 못 다녀? 하니까 못 다니겠대요. 자기가 고장이 나서 안 된다고. 우리가 시간이 없어서 그냥 놔뒀어요.

우리는 전지전능이라 회복하라 하면 할 수 있잖아요. 그래서 달의 여섯 식구 존재 나타나라고 하니 '루루'라고 하는 여자아이가 나타났어요. 지금 살아 있나 죽었나 하니까 사고 나서 죽었대요. 지금 우리는 영혼하고 대화하고 있다고. 집안 식구 어디 있느냐고 하니까 다 흩어져서 서로 관심 없대요. 그럼 지금 승용선 비행선 찾아서 탈 수 있느냐고 하니까 탈 수 있대요. 그럼 운전해 보라 하니까 힘이 없어서 운전은 못 한대요. 증명되잖아요.

그리고 지구에서 수많은 수련을 한 죽은 존재한테 물어봤어요. 네가 무슨 힘이든 내서 살아 있는 사람처럼 해 보니까 못 한다 해요. 그런 능력도 없고 힘도 없고, 마음만 살아 있대요. 믿어요? 외계인도 다 그래요. 죽으면 영만 살아 있어. 힘은 하나도 없다는 거예요. 그리고 내가 어릴 때 이런 얘기 들어봤어요. 신화 얘기가 아니라. 몇천 년, 몇만 년 심지어 몇억 년 전에 외계인이 지구에 있었다고.

20억 년 전에 가봉공화국에 원자핵발전소 있었다고 했잖아요. 우리가 파고들어가 보니 화성인이 와서 했던 거였어요. 그에게 지구에서 쓰는 전봇대하고 전깃줄 있느냐고 물으니 없대요. 20억 년 전에 이미 사람 머리카락처럼 가는 걸 땅속에 묻어 사용하고 있고 그 용량이 지금 지구에 사용하고 있는 것보다 더 높다고 해요. 상상도 못 할 만큼 기술이 발달했잖아요. 죽은 영들이 그렇게 할 수 있어요? 진짜 살아 있는 우리보다 세밀한 존재들이 그렇게 해요. 너는 아직 살아있느냐고 하니까 20억 년 전이라 몇 번이나 살았다 죽었다 했대요. 지금은 영만 있고 몸은 죽었다고 해요. 지금 살아서 우리 만나러 올 수 있느냐고 하니, 처음에는 관심 없어 하더니 만나고 싶다 해요. 이제까지 아무도 자기를 찾은 적도 없고, 지구인이 자기를 찾으리라고는 상상도 못 했다고. 그럼 지구에 태어나라고 하려다가 지구인으로 태어나면 껍질이 너무 두꺼워서 잊어버리잖아요. 그래서 화성에서 빨리 태어나라고 그랬어요. 태어나려면 얼마나 걸려? 4개월이면 태어날 수 있대요. 인간은 태어나려면 10개월 걸리잖아요. 4개월이면 올 4월이잖아요. 태어나서 혼자 올 수 있느냐 하니까 못 온다면서 부모를 동원해서 함께 오겠다고.

그래서 내가 무슨 정보를 얻었어요. 지구는 너무 두껍게 만들려고 하니까 배 속에서 10개월이나 견뎌야 돼. 화성에서는 4개월이면 태어나. 우리보다 층차 높잖아요. 다 증명되잖아요. 우리보다 높고 껍질이 얇다는 거. 그것보다 더 깊은 것이 있는데 시간이 없어서 더 못 알아봤어요. 인간이 제일 궁금한 미스터리 같은 것만 우선 밝혀요.

### 인간은 세밀하게 변하는 지구를 모른다

요즘 내가 뭐 때문에 우리 카페에 3단계 작업한 걸 올려요? 우리 전부 3단계 들어오고 싶잖아요? 때가 되면 누구라도 이 공부를 하는 분은 3단계 들어가야 돼요. 그게 우리 살길이잖아요. 우리 몸만 변하는 게 아니라 지구도 같이 변하고 있어요. 같이 물질을 녹이고 있어요. 지구가 분자 껍질 녹이면 계란 부서지는 것처럼 깨져요, 안 깨져요? 계란 껍데기를 벗기고 병아리 나올 때 터지잖아요. 박살이 나잖아요.

그렇게 두꺼운 벽담 안에서 튀어나오려면 지구도 박살이 나야 하잖아요. 우리 몸도 박살이 나잖아요. 같이 변하잖아요. 지구 껍질을 이용해 거기 의존해서 사는 존재는 힘들지 않겠어요? 우리 지구가 에너지 지구로 좀 더 세밀하게 변한다고 생각하면 돼요. 그럼 세밀한 변화 과정에서 지구 껍질이 터지고 깨지겠죠? 그게 인간들이 말하는 지진, 해일, 화산, 태풍 온갖 이상한 소리. 심지어 이상한 파장, 거친 파장이 세밀하게 바뀌면 사람이 견뎌요? 못 견디잖아요. 인간 말로 온갖 질병이 나타난다고. 그게 질병이에요, 껍질 벗기는 현상이에요.

우리는 공부해서 능동적으로 껍질 벗기고 나오잖아요. 아프고 힘들어도 이건 좋은 현상. 계속 좋은 현상으로 돌리라고요. 내가 아프든 머리가 깨지든 좋은 현상, 껍질 벗기는 현상이라고. 공부 안 하는 사람은 어떻게 생각해요? 큰일 났다. 병원 가야 한다. 병원에 가도 무슨 병인지도 몰라요. 아무리 조사해도 병 이름이 없어요. 그러잖아요? 그래서 제가 이런 얘기를 하면 인간 관점에서 보면 엉터리라고 해요. 듣지도 않아요. 아직 조용하고 돈벌이해도 아무렇지도 않다고 생각해요. 그런데 서서히 다가오고 있어요.

### 과학의 발전으로 증명되는 신화 같은 현실

원시사회는 돌멩이를 쓰는 석기시대에서 청동기시대로 발전해 왔잖아요. 그땐 휴대폰, 텔레비전 아무것도 없었잖아요. 그렇지만 과학이 발전하면서 무엇을 암시해요? 인간 세상의 모든 것이 세밀한 공간으로 변하고 있어요. 카메라 같은 거로 찍어 보니까 사람보다 세밀한 물건이 움직이고 생명체가 움직이는 게 보여요. 우리가 그런 거 다 파 봤어요.

어떤 여자가 거리에서 남자 몸을 통과해서 지나가는데, 남자는 통과한 줄 몰라요. 그것이 동영상으로 찍혔어요. 파고들어가 보니 어느 별에서 왔대요. 그 남자는 별에서 자기 친구였어요. 그 남자는 영혼으로 지구에 태어나면서 잊어버렸는데 여자는 안 잊고 찾아왔어요. 깨우려 해도 이 분자몸이 너무나 두꺼워서 알지 못해요. 기억상실증 같은 건데 안타까워하며 아무리 해도 안 되니 포기해 버렸어요. 그 여자는 거기서 생물학자 과학자래요. 이런 사실이 너무 많아요. 못 알아들으면 신화 이야기로 들으세요.

또 현대 신화 이야기를 해 볼게요. 과학자들은 지진 파악하는 장비가 많잖아요. 히말라야 산맥이 지구에서 제일 높잖아요. 중국 과학자가 히말라야 산맥을 아무리 파 봐도 안이 빈 공간처럼 느껴지더래요. 그래서 중국, 미국, 영국 등 몇 나라 과학자들이 탐구했어요. 각 나라의 현대 기술 장비와 최첨단 컴퓨터를 종합해서 증명했어요. 밑에는 바다고 위에는 빈 공간이다. 진짜 안이 비어 있다는 것을.

실제로 우리는 전부터 그걸 알았어요. 이번에 확인하려고 파고들어가 봤어요. 달라이 라마 거기 있었잖아요. 자기가 거기 있을 때 선물 받은 창고 비슷한 곳이 있었는데 자기 제자 한 명 눈을 열어주고는 데리고 그 동굴에 들어갔대요. 문이 열려서 등불을 들고 땅 밑으로 내려가니 처음에 내려갈 땐 엄청 좁았는데, 들어갔다가 위로 올라오니 갑자기 넓어져서 계속 들어가니까, 양쪽이 전부 금으로 된 벽화에 온갖 그림이 다 있어. 생전 못 보던 그림과 글자가 있어서 구경하고 있는데 달라이 라마가 그거 다 보려면 하루 정도 봐도 다 못 본다고 계속 안으로 더 들어가니까 큰 호수가 있었다고. 그들은 거기까지만 말해줬어요.

그래서 달라이 라마한테 물어봤어요. 그 안에 들어간 적 있느냐니까 들어간 적 있다고 해요. 몇 번 들어갔느냐고 하니까 몇 달마다 들어가 봤대요. 우리가 최고 통치자를 찾아서 그에게 달라이 라마가 여기 진짜 들어온 적 있느냐니까 들어온 적 있다고 해요. 그럼 너희는 언제부터 여기 들어와서 살았느냐고 하니까 지구 표면에 살다가 혹시나 이상한 일이 생길까 봐 미리 거기에 땅굴을 파 놨대요. 파 놓고 2만 년 전에 거기 들어갔다고.

달라이 라마는 그 당시에 자기와 같은 종족이었다 해요. 자기들은 다 땅속에 들어갔는데 달라이 라마만 죽어 환생해서 지금 스님 모습으로 있다고 해요. 그래서 지금 달라이 라마하고 연락하고 있다는 거예요. 그럼 너희 거기서 얼마큼 살았느냐고 하니 25만 년 살았대요. 땅속의 어디하고 연락하느냐고 하니, 자기 사고방식, 의식이 비슷한 존재들과 연락하고 있다고 해요. 세 군데. 하나는 대서양 밑에, 하나는 아프리카 밑에, 또 하나는 지구 가운데.

우리가 제일 먼저 지구 가운데 찾아봤다고 했잖아요. 지구 제일 가운데는 루시아가 여자 최고 통치자잖아요. 실제 우리한테 별 도움은 안 됐지만, 10억조 광년에 올려놨어요. 그래서 내가 물어봤어요. 지구 가운데 그곳 최고 통치자가 누군지 아느냐고. 루시아가 아닌 다른 이름을 말하길래, 루시아 맞느냐고 하니까 맞는다고 해요. 그럼 루시아 지금 어디 있느냐 하니까 지금은 높은 곳에 올라갔다고 거기까지만 알고 있어요. 너희도 승용선하고 비행선 있느냐 하니까 둘 다 있지만, 비행선은 멀리 못 간다고 해요. 지구 밖에 나와서 좀 보여주지 하니까 밖에 나와서 공개하면 계속 뺏어가려고 해서 무서워서 못 나온다고, 그래서 숨어 있다는 거예요. 그럼 달라이 라마를 태워 봤냐고 하니 태워서 아주 낮은 속도로 그 안에서 다녀 봤대요. 우리가 여기까지 파악했어요.


**무시공생명은 우주와는 본질이 다르다**

그럼 뭐 때문에 밝히나? 우리 무시공생명은 이 우주하고 본질이 같지 않아요. 그걸 다시 설명하는 거예요. 여기서 원자핵 폭발해도 우리하고 상관없어요. 금성의 과학자들 지금 뭐라고 해요? 화성이 빨갛다고 하잖아요. 요즘 거기도 생명이 있나 없나 궁금해해요.

　금성의 여자 최고 통치자도 우리가 내세웠잖아요. 최고 통치자에게 물어봤어요. 금성 인구가 얼마냐고 하니 20억. 어디 사느냐고 하니 다 지하에 살고 있대요. 왜 지하에 살고 있느냐고 하니 핵전쟁 때문이라고. 핵전쟁으로 표면이 다 망가졌대요. 그게 2만 년 전이에요. 그 핵전쟁 위력이 그만큼이면 지구의 원자핵보다 더 심하잖아요. 그래서 물어봤어요. 너희가 쓰는 핵무기는 어느 단계에 있느냐 하니 지금 물리학으로 말하자면 분자, 원자, 미립자, 초미립자 이런 단계로 올라가죠. 자기 그때 쓰던 무기는 미립자, 초미립자 사이라고 해요. 그건 원자핵보다 몇 배 이상 강하잖아요. 그래서 2만 년 전에 다 망하고, 지금까지도 오염이 되어서 못 나온대요. 잠시는 괜찮은데 오래 있으면 몸에 영향 줘서 땅속에 있어야 한다는 거예요. 그 안에는 태양도 있고, 강, 바다도 있다고 해요. 우리가 대화하는 존재보고 너는 거기서 뭐 하느냐고 하니 화초 키우고 있다고 해요. 그럼 제일 아름답고 향기 나는, 지구에 없는 화초를 선물해 달라 하니까 좋다고 했어요. 고맙습니다.

# 생명 블랙홀

> 여기는 블랙홀이라고 그랬잖아요. 인간이 생각하는 블랙홀은 뭐예요? 중간이 검고 어둡다고 생각하고 있어요. 그것은 인간의 물질 관점에서 생각하는 것이고, 블랙홀 위치가 어디예요? 무극 자리잖아요. 무시공우주도에서 삼각형 꼭대기가 블랙홀 자리라고요. 그게 뭐예요? 분자 세상에서 무극까지 최고의 빛 상태로 되어 있는 자리예요. 그렇지만 무극 자리 초월하면 무시공 빛, 분자 세상에서 무극까지는 파장으로 된 빛이에요. 제일 강한 시공 빛이 무극 자리예요.

### 일체를 생명으로 보라

나중에 준비된 존재가 다가온다고 했잖아요. 그게 무슨 뜻인가? 거의 16년 동안 초등 수준으로 강의했어요. 초등 수준으로 강의하면 중학생도 안 와요. 그런데 대학 수준으로 된 존재가 오겠어요? 절대로 안 와요. 그럼 우리가 수준을 높여 중학 수준으로 올라오면 중학 수준으로 준비된 존재가 다가오고 대학 수준으로 높이면 대학 수준의 존재들이 와요. 그 원리예요. 그러면 대학 수준으로 강의하는데 초등 수준으로 이 자리에 올 수 있어요? 절대로 못 와요.

지금 우리 단계가 뭐예요? 대학 수준이에요. 대학 수준인 곳에 중학생, 초등학생 수준으로는 이 자리에 올 수 없어요. 오고 싶어도 못 와요. 그럼 3단계는 뭐예요? 대학교 졸업 수준이에요. 그럼 2단계 존재들은 이미 대학생이라고 생각하세요.

우리는 엄청 높은 차원에 올라왔잖아요. 그래서 어떤 분은 오고 싶어도 못 온다고. 차원이 달라졌기 때문에. 지금부터는 진짜 준비된 존재가 다가오고 있어요. 3단계 열린 분은 다 볼 수 있어요. 적어도 3단계 되는 분들은 지구 위에서 오래 수련한 존재들하고도 대화해요.

제가 간단하게 말씀드릴게요. 지금 이 자리에 중국에서 공부하신 분이 청강하러 오신다고 생각하면 돼요. 무슨 말인가 하면, 과학자들이 아무리 탐구해도 오늘까지 인간의 초능력에 대해서 결론이 안 나와요. 비상식적인 현상이 일어나니까.

예를 들면 중국의 어떤 초능력자는 땅콩을 볶아서 익은 땅콩을 손에 쥐고 10분만 지나면 싹이 나와요. 인간 관점으로는 절대로 이해가 안 돼. 다 볶아서 죽었는데 어떻게 싹이 나올 수 있나? 우리는 일체를 전부 다 생명으로 보라고 그랬잖아요. 그럼 볶았다고 그 생명이 없어져요? 눈으로 보이는 분자 세상의 껍질만 상처받았을 뿐이에요. 미세한 공간에 생명은 아직 살고 있다는 거예요. 그런데 이것을 이미 증명하고 있어요. 이분은 수많은 능력을 갖추고 있어요. 다 죽어 가는 식물도 자기가 살릴 수 있고 대화도 해요.

그분의 남동생은 무슨 초능력이 있느냐면 벽을 통과할 수 있어요. 그리고 또 다른 능력도 있어요. 그 동생에게도 오라고 했어요. 우리는 그런 거 다 초월한 거니까. 그분 동생이 수련을 얼마나 했느냐면 690살이 됐어요. 그분을 모시고 지금 공부하고 있어요. 무슨 능력이 있나? 그건 나중에 밝힐 거예요. 우리는 이런 기초 수준에 있는 존재들과 대화하고 이 자리 오게 했어요.

중국에서 조금 더 밝힐 것이 무엇인가 하면 1,400살로 사는 존재도 있어요. 그보다 더 높은 사람도 있어요. 지금은 말씀 못 드려요. 지금 눈으로 안 보이지만 이 지구에서 2,000살까지 살고 심지어 5,000살까지 살아온 존재도 있어요. 무엇 때문에 안 나타나는가? 나타날 필요가 없잖아요. 우리가 차원을 올리면 이런 존재들이 와요. 반드시 온다고. 자기도 살아야 하니까.

### 물질 블랙홀, 이제는 생명 블랙홀 시대

그런 분들은 다 열려 있잖아요. 그럼 실험해 봐요. 지구를 볼 수 있는가? 볼 수 있대요. 지구에서 어디가 제일 밝으냐고 물으면 한국이 제일 밝다고 그래요. 한국 어디가 제일 밝은가? 어떤 사람은 몰라. 대전이 제일 밝다는 것 조금 차원이 높은 존재는 알아요.

대전의 빛은 자기들이 평생 수련을 했어도 이런 빛을 본 적이 없대요. 처음 본대. 그럼 그 빛이 무서운가 물으니 어떤 분은 무섭대요. 어떤 분은 적응할 수 있대요. 어떤 분한테 이 빛이 무슨 역할을 하는지 물으니 일체를 녹일 수 있대요. 그럼 이 빛이 우주에 무슨 영향력이 있나 물으니 이 우주를 대동 우주로 만들 수 있대요. 그만큼 깨어나고 있다고. 우리는 여기서 장난치는 게 아니에요.

여기는 블랙홀이라고 그랬잖아요. 인간이 생각하는 블랙홀은 뭐예요? 중간이 검고 어둡다고 생각하고 있어요. 그것은 인간의 물질 관점에서 생각하는 것이고. 블랙홀 위치가 어디예요? 무극 자리잖아요. 무시공우주도에서 삼각형 꼭대기가 블랙홀 자리라고요. 그게 뭐예요? 분자 세상에서 무극까지 최고의 빛 상태로 되어 있는 자리에요. 그렇지만 무극 자리를 초월하면 무시공 빛, 분자 세상에서 무극까지는 파장으로 된 빛이에요. 제일 강한 시공 빛이 무극 자리에요.

우리 무시공은 무극을 초월한 직선 빛. 이 세상에서, 이 우주에서 보지도 못한 그런 빛이에요. 그게 어둡게 보여요? 그건 인간들 생각이에요. 우리는 인간이 말하는 물질 블랙홀이 아니고 생명 블랙홀이라고요. 자기들도 보라 그랬어요. 지금 이 대전에 대한민국을 한번 살펴보라고 하니 엄청난 고급 존재들이 와 있대요. 그럼 너하고 비교해 보라고 하니 비교할 수가 없대요. 비교하면 자기가 너무 창피하대요. 생전에 본 적도 없는 고급 존재들이 여기 모여 있다는 거예요. 제가 전부터 그랬잖아요. 수많은 생명이 살려면 이 자리에 와야 한다고요. 여기 주변에 UFO가 너무 많대요.

2020년 전후로 긍정 마음이 60% 이상 되어야 겨우 살 수 있어요. 우리가 이 공부를 시작하여 겨우 60점이 합격이라고 해도 그 60점이 안전하지 않다는 거예요. 60점 맞았다가 조금 잘못하면 50%로 내려가 버리잖아요. 아직까지도 흔들리는 사람이라고 제가 그랬잖아요. 제일 적어도 70%, 80% 이상 되어야 조금 안전해요.

그런데 그것은 2020년부터 2030년까지 10년 안에 계속 바뀌어요. 그럼 60% 된 존재는 2020년 이후 그 자리까지 왔지만 아직은 완전하지가 않아요. 그 10년 동안 계속 가속도로 바뀌어요. 그럼 2030년까지 걸려 있는 존재가 얼마나 되나? 그건 나도 몰라요. 이건 못 밝혀요. 그럼 지구의 70억 인구가 그때 되면 얼마나 남겠는가? 나도 몰라요. 그래서 이것은 지구에서 시작이자 마지막인 공부라고요.

여기에 모이고 이 공부를 받아들인 사람들은 엄청난 존재라고 생각하세요. 정말 천복을 받는 존재들만 이 자리에 올 수 있어요. 한국에 와서 15년, 16년 동안 계속 강의하고 밝혀도 여기 대전에 와서 이 공부를 하는 존재가 몇 명 돼요? 그럼 5년, 6년 안에 전 지구인한테 이 공부를 전달해서 받아들이는 존재가 얼마나 될 것 같아요? 이거 정말 심각한 일이라고요. 열린 분들에게 보라고 하면 자기들도 알고 있어요. 그런 존재도 이 자리 와서 공부한다고 약속하고 있어요.

### 무시공생명수, 분자몸을 녹인다

우리는 일체를 생명으로 봐요. 물도 생명이잖아요. 이제는 초능력 있는 사람들이 장사하기 위해서 물을 빛으로 만들어 가격을 올려서 팔고 있어요. 그 물과 우리 물이 같아요? 그건 파장의 물이에요. 자기도 이원념 때문에 자기가 아무리 빛을 쏘아도 파장 빛을 쏘고 있다고요. 그리고 자기들은 생명으로 못 봐요. 물질로 봐요. 이 물에 빛이 있다고요. 자기들도 생명수라고 그래요. 그게 진짜 생명수예요? 근본 뿌리가 이원념이라고요. 그래서 그것은 이원물이에요.

그러면 우리는 뭐예요? 완전히 일원 생명수라고요. 일원 생명수는 뭐예요? 무시공생명, 물 자체가 무시공생명이에요. 그러면 이런 물을 마시면 내 몸에서 반응이 일어나요, 안 일어나요?

이 공부를 하서도 아직 이원념, 이원 물질로 쌓여 있는 분자몸을 가지고 있어요. 우리 몸의 세밀한 공간에 아직 이원 물질로 되어 있는 에너지가 있다고요. 그것은 아직 완전히 안 바뀌었어요.

그래서 우리 물도 3단계로 했잖아요. 처음엔 빛으로 됐어요. 빛이 수정까지 되도록. 그건 1단계예요. 2단계는 생명으로 바꿨어요. 3단계는 완전히 무시공생명수, 생명이라고요. 마시면 우리에게 도움이 돼요, 안 돼요? 매일매일 생각으로 일원심 지키고, 내 이원념 바꿔야겠다, 이원 관점을 바꿔야겠다, 열심히 노력하는데 힘들잖아요.

물이 내 속에 들어가면 생명이 자리 잡고 살게 돼요. 그럼 이원념이 바뀌잖아요. 이원 물질, 이원 에너지는 자동으로 빠져나간다고요. 어떤 분은 열려 있어도 몰라요. 우리 실험할 수 있어요. 내가 이 물 마시는 순간에 몸이 다 풀려 버려요. 무엇 때문에 그런가? 너무 세밀하기 때문이에요. 그건 무시공생명이에요. 일체 공간을 다 뚫고 들어갈 수 있는 일체 장애가 없는 존재예요. 그래서 마시는 순간 몸 전체가 빛으로 변해 버려요. 여기 공부하시는 분 체질이 다 달라요. 반응도 다 같을 수가 없어요.

3단계 물은 우리 생명수를 마실 때 물이라고 생각하지 말고 진짜 무시공생명이다, 내가 마시는 순간 내가 빨리 바뀐다, 그런 마음가짐으로 마셔보세요. 우리 공부하는 분한테 먼저 전달해요. 우리는 어느 정도 마음의 준비가 되어 있잖아요. 반응이 크고 힘들어도 내 몸이 바뀌는 현상이다, 내 마음을 바로잡아주는 현상이다, 그런 마음이 준비되어 있어서 고통스러워도 빠져나가면서 변해요. 만일 이것을 공부 안 하는 사람한테 마시라고 하면 완전히 뒤집어지면서 응급실에 가야 해요. 자기 생각에 이것은 재앙이자 병이라고 생각해요. 이 물은 너무 이상한 물이라고요. 그래서 먼저 공부하시는 분들이 3단계 무시공생명수를 마셔보라는 거예요.

3단계 생명수는 절대로 보통 물처럼 마시면 감당을 못 해 못 견뎌요. 그래서 내가 조금씩 마시라는 거예요. 적응할 때까지 조금씩 더 마셔보면서 반응 괜찮네, 내 몸 괜찮아, 그 대신 내 몸 빨리 변화시키는 거라고 여기세요. 절대로 문제없다고 마시면 괜찮아요.

어떤 분이 또 물어봐요. 자기 가족은 이 공부를 안 하는데 마셔도 되는지를. 조심스럽게 양을 조절하면서 안전하게 마시면 돼요. 반드시 이걸 물로 보지 말고 진짜 자기 생명을 바꾸는 촉매제로 봐요. 그런 생명이 우리 몸에 들어온다. 그러면 우주하고 통하니까 미리 알려줘야 돼요. 그러니 무슨 반응 일어나도 두려워하지 말고 거기에 끌려가지 말라는 거예요. 그러면 물도 생명 역할을 해요.

이 물은 지구에도, 우주에도 없어요. 제가 2단계 물 만들었을 때 고급 존재들이 이 물을 가져가려고 그랬어요. 절대로 안 돼. 이 공부를 하고 받아들여야 이 물을 사용할 수 있어. 네가 아무리 고급 존재라도 이 물 절대로 못 건드려. 지금도 그랬어요. 물 만들어 놓고 지키라고 그랬어요. 누구도 못 건드려.

3단계에 들어온다고 다 만들 수 없어요. 만든다 하더라도 전 인정 안 해요. 대전에서 내가 지정한 한 사람이 만드는 생명수만 인정해요. 그리고 3단계 물은 흉내 내서 만들려 해도 안 돼요. 이건 특수한 특허예요. 3단계 존재라고 해도 다 안 돼. 내가 지정한 존재만 할 수 있어요. 엄청난 비밀이 그 안에 있어요. 이것은 정말 무한 가치를 가지고 있는 생명수예요. 인간의 몸만 바뀔 뿐 아니라 위치가 바뀌어요. 공부하는 분보다 더 깨끗하고 완벽해 투명하잖아요. 그게 생명수로 바뀌었으면 우리한테 너무 도움이 된다고요. 돈 아깝다고 돈 계산할 시간 어디 있어요? 자기 생명 살리는 게 중요하잖아요. 우리는 장사하려는 목적 아니에요.

### 일원심을 지키면 투명인간이 된다

빨리 몸을 바꾸려는 목적으로 몇 가지 방법을 쓰고 있어요. 하나는 생명수로 하는 방법, 다른 하나는 체험하는 방법이에요. 우리 생명을 높은 위치에 올려놨어요. 3단계가 비밀로 우주 작업을 하면서 우리를 도와주고 있어요. 이런 공부 어디 가서 할래요? 다른 어떤 수련하는 공부에 이런 방법 있어요? 절대로 없어요. 최후로 진짜 인연 있고 준비된 존재가 여기 모여서 전부 다 우주 최고 존재로 변화시켜요. 2020년 이후에 여기에서 끝까지 이 공부 안 놓으면 다 살 수 있어요. 새로운 세상에 들어갈 수 있어요.

아직도 자기가 잘났고 자기가 대단하다고 생각하면 도태당한다고요. 지금도 그런 존재들 있어요. 보면 자기는 다 열렸다고 하는데 엉뚱한 짓 하고 있고, 이원념에서 열려서 영체가 작동하고 있는데도 자기는 몰라요. 우리에게는 훤히 다 보이잖아요. 그래서 정신 차려야 해요. 진짜 내가 이원념에 걸려서 이원념 영체가 날 작동하는가? 아니면 진짜 일원심이 자리 잡고 내 행동 옮기는가.

2030년 이후에 일원심을 잘 지키는 존재는 투명인간이 돼요. 물도 투명하죠? 우리 몸도 투명해요. 마음이 너무 통해서 서로 환하게 다 보여요. 조금만 숨기려고 해도 숨길 수가 없어요. 몸도 투명하고 마음도 투명해요. 전부 다 열려서 서로 보이는데 어디서 숨기려고 해요? 숨기면 이 자리에 못 와요. 나중에 전부 투명인간이 돼요. 마음도 서로 다 투명한 그날이 꼭 와요.

지금 3단계에 들어와 있는 존재는 제 말이 거짓말이 아니라는 것을 알아요. 3단계는 극소수만 하게 하고 다른 사람들은 아무리 노력해도 안 된다는 게 아니에요. 이 공부를 하면 전부 3단계로 가야 해요. 최종 목적이 3단계잖아요. 3단계는 뭐에요? 무시공생명이에요. 이미 시공을 초월한 존재라고요. 그저 분자몸만 아직 안 녹았을 뿐이에요. 지금은 분자몸 녹이는 방법 탐구하고 실험하고 있어요. 그렇게 하면 우리가 더 빠른 속도로 바뀐다고요. 이제까지 헛고생한 거 아니에요.

어떤 수련자는 몇천 년이나 수련해도 아직도 최후 답을 못 내놔요. 자기 생각에는 영생됐다고 있는데 우리를 척 보면 자기도 깜짝 놀라요. 구천을 헤매면서 수련했다고 하는 분들이 여기에 오면 초등 수준이에요. 그래서 우리 몸에서 나는 빛을 보면 자기도 놀라요. 이런 빛을 본 적이 없으니까. 열심히 해서 우리 몸에서 빛이 나면 주변의 빛이 다가와요. 내가 요만큼 열려 있으면 그만큼 열린 존재가 다가와요.

지금 많은 분이 그런 느낌이 있어요. 내가 바뀌야 해요. 내가 일원심을 지켜야 해요. 내가 일원심을 지킨 만큼 다가와요. 지금 무엇 때문에 초능력 있는 존재가 여기 모이기 시작해요? 벽도 통과하는 능력 갖추고 있어요. 우리는 온 우주, 아무 곳이나 다 뚫고 들어갈 수 있어요. 지구 지축도 바로잡고 있어요. 자기들이 우리를 잡으려야 잡을 수 있나? 금성도 당겨 왔어요. 또 다른 별도 보세요. 천억 광년에 있는 별도 당겨왔어요. 우리는 블랙홀이에요. 마음대로 이루어져요.

우리가 처음에 별을 당겨올 때 천문학자도 그랬어요. 확인해 보라고 하니까 말도 안 되는 소리라며 믿지도 않아요. 그래서 계속 설득해서 보게 하니까 진짜 움직이고 있다는 것을 확인했어요.

3단계 우주 작업을 하는 열린 존재가 보면 우주 변화를 확실하게 인정해요. 한번 생각해 보세요. 지구 자전축이 23.5도라는 거 누구나 다 알죠? 우리는 있는 그대로 살아야 하는데 어떻게 그걸 바로잡아요? 우리의 심력, 무시공 존재의 위력을 보여 주는 거예요. 금성도 당겨서 달도 비슷하게 인간 눈에 크게 보여요. 우주도 바꾸는데 그 별 하나 못 바꿔요? 별 하나도 내 말 안 들어? 안 들으면 삭제해 버려요. 우리는 별하고도 대화한다고요. 별도 생명이에요. 반드시 우리 말 들어요. 우리 말 안 들으면 그 별도 없어진다고요. 지금은 보여 주기 위해서 우리 말 안 들으면 삭제해 버려요. 나중에 우리 믿는 거 알고 진짜 가다 보면 나중에 우리가 삭제 안 해도 자동으로 없어져요.

그래서 여기 많은 분들이 이 공부 열심히 해서 전부 다 빛으로 되어 있으면 다른 사람이 이 자리에 왔을 때 몸이 자동으로 녹아 버려요. 안 녹으려야 안 녹을 수 없다고요. 자동으로 변한다고요. 몸이 변하는 현상을 나쁘다고 생각하면 도망가기 바빠요. 그래서 영체 위주로 했던 존재는 여기 왔다가도 무서워서 간다고요. 강제로 이 자리에 모시고 와도 자기가 큰 상처를 받고 생명을 위협하는 관점 때문에 도망간다고요. 그럼 진짜 내가 어떤 존재인지 확실히 안다면 모여든다고요. 그 빛을 보고 모여들어요.


### 우주의 구조, 영체의 우주와 생명의 우주

무시공우주도를 보면 아래의 삼각형 우주에서 두 가지 생명줄이 있다고 그랬어요. 하나는 분자 세상에서 무극까지 살아 있는 존재들이 각 차원에 존재하고 있어요. 무극까지 되어 있어요. 분자 세상의 우리가 살아 있잖아요. 원자 세계에도 원자 상태로 살아 있는 존재가 있다고요. 그게 한 줄로 무극까지 되어 있어요. 또 한 줄은 분자 세상 무극까지 전부 다 영체만 있어요. 이미 몸은 죽었어요. 그래서 죽은 영체예요.

원자 상태에서 죽으면 영이 왼쪽으로 와요. 그럼 무극까지도 거기서 죽으면 무극 자리 영의 위치로 간다고요. 그래서 우리가 말하는 외계인, 우주인들 전부 다 살아 있는 이쪽의 줄이 되어 있다고. 자기 차원에 따라서 그 위치에 있어요. 거기도 자기 이원념 때문에 자기 위의 층 그 마음가짐에 따라서 자기 차원이 있어. 자기 마음이 안 바뀌면 그 위의 층에 올라가고 싶어도 못 올라가요. 올라가도 못 견딘다고요. 마음이 안 바뀌면 다시 자기 자리로 돌아와요. 그럼 우리는 억지로 그들을 올려 줘요. 그런데 그들이 우리 빛으로 바뀌지 못하면 그 자리 가지도 못하고 견디지도 못해요.

우리는 일체 공간 다 갈 수 있어요. 가서 최고 존재만 찾아요. 우리는 이런 엄청난 존재라고. 그래서 거기도 생로병사 있잖아요. 분자 세상에서 무극까지 각 차원에서 생로병사 못 벗어나고 있잖아요. 그런데 수명은 높을수록 엄청 길어요. 무극의 존재는 이 우주가 안 바뀌면 자신도 살 수가 있다는 거예요. 그만큼 유지할 수 있다고. 그렇지만 이 우주가 없어지는 순간에 자신도 없어져요. 안 바뀌면 자신도 없어진다고요.

예를 들어서 초미립자 있는 이쪽에 있는 존재가 죽으면 맨 초미립자 같은 수준에 되어 있는 영으로 되어 있어요. 죽는다고. 이건 반드시 3단계 존재가 보고 증명돼야 내가 말할 수 있어요. 안 그러면 제가 영체변생명이라 그랬잖아요. 이건 이론이 아니에요. 일체의 영체, 죽어 있는 영체든 살아 있는 존재든 다 영체로 봐요. 무엇 때문에 그런가? 이원념 때문에. 죽은 영도 이원념 마음을 가지고 있잖아요. 살아 있어도 이원념 마음 가지고 있어. 나는 전체 살았든 죽었든 이 두 줄을 다 영체로 보고 있다고. 이것들은 생명이 아니라는 거예요. 3단계 들어가야 제 말이 정확한 줄 알아요. 그 단계 안 들어가 보면 이론으로 받아들여요.

### 다른 우주에서 온 존재

저는 여기에서 이 공부를 하시는 분들 모두 3단계에 들어가길 바라요. 그래서 먼저 3단계에서 우주 작업하시는 분들을 빨리 이끌어 나가면서 또 여러분들을 뒷받침해주고 도와주고 있어요. 여기 모인 존재 소중하게 보고 한명 한명 생명을 살리기 위해 최선을 다하고 있어요. 자꾸 이원념이 작동해서 누구누구는 나보다 못하는데 거기는 3단계 올려놓고 왜 나는 안 되나, 저보고 이원념 관점으로 하는 거 아닌가, 그런 생각은 절대로 하지 마세요. 나는 전부 다 평등하게 보고 있어요. 우리 모두 빨리 변하기 위해서 먼저 앞선 존재가 앞으로 나가라는 거예요.

우리가 전부 2단계에 머물러서 방향을 못 잡고 다 같이 변할 때까지 기다리면 또 서로 헷갈려해요. 그래서 저도 진짜 모두가 3단계에 빨리 들어가기를 바라고 있어요. 누가 3단계에 들어갔나 찾으려 하지 말고 자기만 보세요. 남 볼 시간에 자기만 보면 빨리 변한다고요.

우리 3단계 존재도 최선을 다해서 도와주고 있어요. 우리가 하는 개인 작업이 아니라고 했잖아요. 우리는 우주 작업을 하고 있어요. 우리는 개인 수련이 아니에요. 그래서 여러분 마음 놓으시고 이원념이 떠오르면 무조건 삭제하고 일원심만 지키세요. 그러면 누구나 그 자리에 올 수 있어요.

지금부터 다가오는 존재는 거의 다 열린 존재가 다가온다고. 곳곳에 숨어 있던 게 이제 나타나요. 우리의 차원이 그 차원에 올라와 있기 때문이에요. 제일 적어도 몇백 년, 몇십 년 수련한 열린 존재가 온다고요. 그래서 그런 존재가 자꾸 모이면 안 열린 존재도 도움을 받아요. 다 도움을 받는다고요. 저도 온갖 방법으로 빨리빨리 다 같이 변하는 것이 목적이지 저 사람은 좋고 밉고 저는 미운 개념 없다고 했잖아요. 인간 관점으로 저를 보지 마세요.

2,000년에 한국에 와서 그랬어요. 나의 이 모습은 가짜다. 이 우주와 아무 상관이 없는 다른 우주의 존재라고 수없이 말해도 아무도 안 믿어요. 3단계에 들어온 존재는 믿어요. 보이니까 거짓말 안 하는 거 이해한다고요. 3단계에 들어오면 마음먹은 대로 이루어져요.

우리는 체력변심력이라고 했잖아요. 이제까지는 손발 움직이면서 이 세상 살았어요. 얼마나 힘들었어요? 전부 다 물질로 봤기 때문이에요. 생명이라고 보면 전부 다 생명과 대화하면 생명과 하나가 될 수 있어요. 일체 생명이라고 보면 전부 다 긍정 마음이 있고 부정 마음이 있어요. 그럼 네 긍정 마음하고 내 일원심하고 통하잖아요. 전부 다 온 우주의 생명하고 다 하나 된다고요. 그럼 내 힘이 개인 힘이에요, 우주 힘이에요? 우리는 우주 힘이잖아요. 그래서 우리가 일체조공을 할 수 있다는 거예요. 우리는 우주를 움직이잖아요. 별도 마음대로 움직여. 그래서 일체조공 안 되는 게 없어요. 되는 게 있고 안 되는 게 있다, 그것은 이원념 아니에요?

우리는 무조건 다 돼. 안 되는 게 없어요. 마음 못 먹어서 안 돼. 끝까지 안 가서 못 이뤄져요. 자기 원래 관점은 철저히 버리고 우주 관점에서 보세요. 내가 우주 존재라고 생각하세요. 그러면 모든 게 바뀌어요.

## 우주인과의 대화

한국 사람들이 제일 숭배하는 환웅과 대화해서 카페에 올렸잖아요. 나중에 예수와도 대화할 거고 석가하고도 할 거예요. 대화한 내용 올리면 믿든 안 믿든 종교는 이제 끝났다고요. 2020년 이후에는 각종 종교, 수련은 자동으로 없어져요. 그러면 뭐 배워요? 일원심을 배워요. 그때 살아 있는 존재는 무조건 일원심 지켜요.

2020년 이후에 새 세상이 열려요. 천국이 와요. 극락이 와요. 제발 힘들어도 5~6년만 견뎌보세요. 이루어지나 안 이루어지나. 누가 일으키고 있어요? 우리가 일으키고 있다고요. 각 존재가 일원심만 지키면 이미 우주와 통해요. 이미 내가 우주 존재가 돼 버려요. 그럼 무한대로 힘이 생겨요. 우리 3단계 존재들이 말해요. 이건 진짜 무서운 일이고 너무 엄청난 일이에요.

우리는 여기에서 우주도 당겨올 수 있어요. 좀 낮은 차원에는 별이라고. 나는 어느 별에 있다. 조금 더 세밀한 공간에 들어가면 우주라고 그래. 나는 무슨 우주다. 그 우주를 여기에서 당겨올 수 있어요. 그 우주의 최고 존재를 당겨 오면 그 우주도 같이 당겨져 온다고요. 자기가 창조한 세상이라도. 지금 어떤 열려 있는 존재가 보니까 진짜 우주도 여기에 와 있대요. 우주는 여기에서 뭉치고 있어요.

나는 다른 존재 입을 빌려 가지고 말해요. 그럼 별 당기는 것과 먼지 덩어리 당기는 것이 같아요. 같지 않아요? 우리는 우주를 바꾸고 있다고요. 어차피 큰 소리칠 거면 계속 큰소리쳐요.

우리는 무생학이잖아요. 세상 지식을 쌓기 위해서 공부할 필요 없어요. 우리는 모든 능력을 다 갖추고 있는데 무엇 하러 공부해요? 우주선 안 타도 마음대로 갈 수 있어요. 어디든 가고 싶다고 하면 갈 수 있다고요. 신화 이야기 같지만, 꼭 이루어져요.

지금 시공우주에서 열린 존재들 중에 수련해서 평생 열심히 한 존재, 겨우 한 분이 달에 갔다 왔어요. 아직 태양계도 못 벗어났어요. 우리는 분자 세상에서 무극까지 각 차원에 있는 우주 공간 다 뚫고 들어갈 수 있어요. 처음에는 우리가 지구에서 왔다고 하면 우주인들이 다 깔보고 무시해요. 그러나 우리가 모든 방법 보여 주면 놀래요. 진짜 이런 지구인 본 적 있나 물으니 없대요. 3단계 존재들이 나 대신으로 증명하니까 이제 내가 수월해졌어요. 3단계 존재들이 엄청난 우주 작업을 시작하고 있어요. 기대하시고 우리 다 같이 무시공에 가자고요.

'일체가 나다'는
온 우주를 통틀어
가장 완벽한 최후의 경지이다

疾风怒火海涛险
先知早预料
分布逆道行
墓已已创造
时空消尽长梦醒
新人新宇宙

제9장

# 분자몸을 녹이는 무시공생명수(水)

偶觀懸壁九重氷
豈有花瘋俏
俏非為爭春
唯速恆密報
待到花香彌漫時
沒在其中笑

花落佳家討彭祖
余慾行宇宙
反客變為主
先千年知道
自在逍遙觀龍騰
誰人悟甚妙

梅心

# 분자몸을 녹이는 무시공생명수 탄생

이것은 빛물이다, 무시공생명수다. 처음에는 몸이 못 견딜까 봐 조금씩 시험 삼아 마시라고 했어요. 어떤 분은 반응이 있고 어떤 분은 반응이 없어. 뭐 때문인가? 우리 몸이 너무 두껍게 쌓인 존재는 느낌이 없어요. 온 우주에서 지구인이 가장 두껍게 쌓인 존재들이에요. 100억조 광년의 과학자가 뭐라고 했어요? 지구인은 큰 암석 안에서 사는 존재라고. 개구리 알이 올챙이가 되기 전 상태와 같다고 해요. 그건 투명하죠. 인간은 돌멩이 안에 쌓여서 완전히 어두운 세상에 있어요.

### 무시공생명수

오늘은 먼저 물에 대해서 말씀드릴게요. 올 4월에 우리가 무시공생명수를 창조했다고 보면 돼요. 제가 생각했어요. 직선빛을 충전하는 것처럼 어느 물질에다가 저장할 수 있나? 한 번 충전하면 영원히 사용할 수 있어요. 다른 별나라의 승용선, 비행선, 우주선은 지구처럼 휘발유를 자꾸 주입해 운전하지 않아요. 다른 별에서는 그런 게 없어요. 한 번 충전하면 영원히 사용할 수 있어. 그래서 우리하고는 사고방식이 다르고 과학도 너무너무 발달했어요. 그래서 물을 이것은 빛물이다, 무시공생명수다. 처음에는 몸이 못 견딜까 봐 조금씩 시험 삼아 마시라고 했어요. 어떤 분은 반응이 있고 어떤 분은 반응이 없어. 뭐 때문인가? 우리 몸이 너무 두껍게 쌓인 존재는 느낌이 없어요. 온 우주에서 지구인이 가장 두껍게 쌓인 존재들이에요. 100억조 광년의 과학자가 뭐라고 했어요? 지구인은 큰 암석 안에서 사는 존재라고. 개구리 알이 올챙이가 되기 전 상태와 같다고 해요. 그건 투명하죠.

우리는 돌멩이 안에 쌓여서 완전히 어두운 세상에 있어요. 지구도 어둡고 우리 자체도 어두워요. 그래서 온갖 방법으로 깨어나 물질 몸을 빨리 벗어나야 한다는 거예요. 죽어서 벗어나는 게 아니고 죽어도 못 벗어나요. 첫째 조건이 반드시 일원심 지켜야 벗어날 수 있어요. 살아서 벗어나려면 우리 분자 이 몸뚱이 때문에 방법이 없어요. 인간은 지구에서 겨우 100년 살잖아요. 보통 방법으로 하면 100년을 해도 못 녹여요. 그래서 우리가 온갖 방법을 다 썼어요. 그중에 생명수. 그럼 뭣 때문에 물을 이용했나? 전에 과학자가 그랬잖아요. 물은 답을 알고 있다는 거예요. 우리 마음먹는 대로 물에 저장된다고 해요. 이건 이미 증명됐고 전 인류가 인정하고 있잖아요. 그래서 물을 선택했어요.

인간의 이원념도 물에 주입되면 상대 긍정 마음. 먹어도 긍정적으로 변하잖아요. 그럼 우리는 절대 일원심, 절대 긍정 마음을 주입하면 변해요, 안 변해요? 우리 물도 직선 빛으로 변해요. 우리 공부하는 분들 다 그러잖아요. 다른 사람들은 먹으면 몸이 찌릿하고 통한다는데 나는 왜 아무 느낌 없나? 그런 존재가 일단 뒤집어지면 누구보다 더 고통스러워요. 그렇지만 세밀한 공간에서는 이미 느낌이 오고 변하고 있어요. 그러니까 느낌이 빠른 분도 있고 늦는 분도 있어요. 분자몸은 언제라도 녹으니까요.

물에 대해서 우리가 오늘부터 바꿨어요. 어떻게 바꿨나? 사람들은 자꾸만 촉감을 느끼려 해요. 이 물이 다른 물하고 비슷하기도 하고 조금 다르다면 다른 거 같고. 이런 의심하고 있어요. 그러니 효과가 남보다 못하잖아요. 그래서 촉감을 바꿨어요. 여러분이 물 마실 때도 향기가 나게 하고, 표면으로 보면 물질 세상의 물이지만, 마시면 완전히 에너지 상태로 변하도록 하고. 마시면 촉감도 엄청 부드러워서 순간에 세포에 퍼지고 스며들도록. 이렇게 오늘부터 새로 더 강화했어요.

또 이 분자몸을 녹이기 위해서 온갖 방법을 다 쓰고 있어요. 물을 통해, 책을 통해, 비결을 통해. 비결은 전부 빛이라 그랬잖아요. 글자로 보이지만 그 자체가 생명이에요. 그 안에 다 저장돼 있어요. 그리고 비결을 글자로 표현을 안 한 건 우리 마크로 표현했어요. 실제로 우리는 병 치료하는 개념이 없어요. 실험해도 돼요. 내가 만일 무슨 병이 있으면 비결 계속하세요. 비결이 알아서 병 치료해요. 그런데 우리는 이런 걸 안 밝혀요. 이미 병 치료하는 개념은 뛰어넘었기 때문에. 그렇지만 자동으로 병이 나아요. 이 자리에 오면 비교하여 남은 낫고, 나는 안 낫나? 의심하잖아요.

### 부정 마음은 무조건 일체근단

여기에 대해 말씀드릴게요. 우리는 무슨 일이 일어난다고 하면 100% 이뤄진다고 믿었어요? 혹시나 이거 안 되면 어떡하나? 의심하는 마음 있잖아요? 100% 다 있어요. 그럼 한번 생각해 보세요. 내가 좋은 직장을 찾아야 돼. 나는 이 공부하니까 꼭 찾았다. 무조건 찾았다 해놓고 만약 못 찾으면 어떡하나? 하면서 뒤에 꼭 의심이 뒷받침하고 있잖아요. 그게 뭐예요? 일체근단 못 했다는 거예요.

내 긍정 마음이 80% 되어 있더라도 무슨 일 하는 그 순간에 의심하는 마음이 조금 생겼어. 나로서는 조금이지만 본질을 보면 80% 이상이 부정이에요. 빙산을 겉으로 보면 10분의 2, 3 정도만 나타나고, 나머지는 물밑에 있어 안 보이잖아요. 우리도 그래요. 순간에 이원념이 잠깐 떠올랐어. 일원심을 80% 이상 지키는 거 같아. 그렇지만 1% 떠올린 그 자체 뒤에는 80% 이상의 부정 마음이 뒷받침하고 있어요. 뭐 때문에? 지구인은 부정 마음이 주도로 되어 있기 때문이에요. 지구인 평균 부정 마음이 제일 적어도 50~60% 이상, 심지어 80~90% 이상으로 되어 있어요. 극소수 큰 사업을 하는 분이나 큰 책임 있는 존재는 긍정 마음이 상대적으로 60% 이상, 70~80% 좌우. 그래서 사업이 그만큼 이뤄질 수 있는 거예요. 근데 사람들은 문제에 부딪히면 부정 마음이 떠올라요. 이거 되겠나? 의심하면서 안 된다고 생각하기 때문에, 벽담으로 막아 놓고는 또 노력해요. 그럼 절대로 안 이뤄져요.

이런 사례도 있어요. 대학을 졸업했으니 좋은 직장 찾아야겠다. 무시공 공부를 하니까 일원심으로 꼭 찾아낸다. 그렇지만 어떤 현상이 있어요? 속으로 이거 찾아내겠나? 자기도 모르게 뒤에서 조종하고 있잖아요. 그럼 그 힘이 강해요? 내가 찾아낸다, 좋은 직장 찾았다는 그 힘이 강해요? 처음의 좋은 직장 찾았다는 마음은 겨우 표면으로 가지고 있고, 세포 안에는 70~80% 안 된다는 그런 마음이 주도로 되어 있잖아요. 그리고 안 되면 뭐라고 그래요? 나도 일원심 지키면서 좋은 직장 찾는데 왜 안 되나? 그건 흔들리는 마음 때문이에요. 그래서 흔들리지 말고 끊임없이 무조건 좋은 직장 찾았다 하세요. 조금이라도 부정 마음 떠오르면 무조건 차단하세요. 일체근단 하라고 했잖아요. 계속 잘라 버려요.

내가 긍정 마음을 먹는 순간 누구하고 통해요? 무시공우주와 통해요. 무시공은 무한대로 큰 힘이 있어요. 무시공우주가 뒷받침하고 있어요. 그럼 100% 이뤄져요, 안 이뤄져요? 안 이뤄지는 것은 내가 배운 것이 효과 없는 게 아니라 마음 자세가 아직 안 됐다는 거예요. 이걸 꼭 명심하세요.

어떤 분은 처음에는 잘 안 됐지만 무조건 이뤄진다고 의심하지 않고 다른 더 좋은 직장이 기다리고 있다고 생각해요. 이거 절대 긍정이죠? 진짜 좋은 직장 찾았어요. 그래서 내 마음에 따라서 결과가 달라져요. 이걸 꼭 명심하세요. 뭐 때문에? 일원심 지키면 일체 일이 다 풀려요. 안 풀리는 건 뒤에 꼭 부정 마음이 뒷받침하고 있어요. 절대로 못 속여요. 다른 사람은 속여도 나는 절대 못 속여요. 내가 이런 거 다 겪어 왔기 때문에.

우리 진짜 100% 안 흔들리고 끝까지 지킬 수 있어요? 끝까지 지키면 안 이뤄지는 게 이상해요. 의심하지 않고 했는데 안 이뤄지면 나를 찾아오세요. 그래서 마음과 물질이 하나고 마음과 에너지가 하나라는 원리가 여기에 있어요. 내가 부정 마음이 있으면 부정 물질을 끌고 와서 나쁜 일이 이뤄지게 해요. 그걸 내가 만들었잖아요. 내가 긍정 마음을 먹으면 긍정 마음을 먹은 대로 이뤄져요. 이걸 꼭 명심하세요. 많은 사람이 거기서 마음이 많이 흔들려요. 아직 기초는 부정 마음으로 가득 채워 살다가, 이제 일원심 긍정 마음 배운 지는 얼마 안 돼. 그럼 어느 힘이 더 강해요? 내가 열심히 비공선지 외워도 마른땅에 소나기 올 때처럼 안에는 땅땅 굳어 있고 표면에만 줄줄 흐르고, 아직 세포 안에 저장되지도 스며들지도 않았잖아요. 자기를 속이고 있잖아요. 보슬비 오는 것처럼 끊임없이 스며들어 세포가 깨어날 때까지 계속 비공선지를 외우세요. 내가 일상화, 생활화될 때까지.

### 두꺼운 분자몸을 녹이면 우주선을 탈 수 있다

그래서 우리 분자몸을 녹이기 위해서 온갖 방법을 다 썼어요. 생명수와 비결 외우기, 체험하기, 심지어 우주선, 비행선, 승용선도 다 깔아놨지. 뭐가 안 되겠어요? 그리고 우리가 우주선 타려고 해도 우주인들이 왜 못 타게 하나? 우리 몸이 너무 두꺼워서 그거 타면 망가진다고 해요. 그래서 무서워서 우리를 못 태워요.

그리고 지구에서 납치당했다는 존재들 다 조사했어요. 그들은 전부 다 자기 별에서 왔어요. 영혼으로 와서 태어난 존재. 거기서 훈련받고 태어났지만 막히고 기억을 상실했기 때문에 납치당했다고 생각해요. 전부 파보면 그 별에서 온 존재예요. 진짜 지구인은 한 사람도 탄 사람이 없어. 타면 죽어요. 이건 여기까지만 밝힐게요.

금성하고 태양은 태양계에서 1위예요. 과학이든 각 방면이든. 금성 과학자에게 물어봤어요. 금성하고 지구하고 비교해 봐라. 너희는 우리보다 얼마큼 더 세밀한가? 3배나 더 세밀하대요. 화성은 우리보다 2배 더 세밀하고. 인간도 이와 같아요. 우리 몸 껍질 두꺼운 게 금성인보다 3배나 더 두꺼워요. 그러니까 우리가 3배를 녹여야 금성 사람처럼 된다고. 금성 사람은 우리 눈에는 안 보이지만, 안 보인다고 없어요?

지금 우리 여기 한국에도 태양계 12개 별 존재가 다 와 있어요. 진짜 우주선, 승용선, 비행선 타고 왔어요. 그건 우리 눈에 안 보여요. 나중에 우리가 열리고 몸이 바뀌고 그 수준이 돼야 소통이 되고, 대화도 되고, 만날 수 있어요. 지금 다 막혀 있어서 안 보이지만 그들은 우리를 다 환하게 보고 있어요.

지금 태양계에서 전쟁 제일 많이 한 곳이 화성이에요. 화성은 20억 년 전에 핵전쟁을 했어요. 그리고 10억 년 전에도 또 한 번 하고. 이번에 마지막으로 2만 년 전에 하고. 이렇게 세 번이나 핵전쟁을 했어요. 그래서 물어봤어요. 지구에서 원자핵 폭발하는 거하고 무슨 차이가 있나? 우리와 많은 차이가 있어요. 원자핵이 아니고 미립자, 초미립자 사이에 무기를 사용했대요. 그러니 다 녹아 버리잖아요. 뭐 때문에 화성이 빨간색이냐면 세 번이나 원자핵을 폭발시켜서 완전히 멸망됐대요.

그래서 내가 그랬어요. 그럼 너희 전쟁 안 하나? 지금은 전쟁 안 하겠대요. 하면 이제 저희 갈 데가 없대요. 그럼 지금 화성에 얼마큼 사람이 살고 있나? 20억이라고. 20억 다 어디서 살아? 땅속에 산다고 해요. 표면은 아직 오염이 돼 있어 못 나온다고. 2만 년 전에 마지막 핵전쟁을 했는데 지금도 오염돼 있어요. 그만큼 핵무기가 강하다는 거예요. 우리보다 세밀한 공간에 있으니까 무기도 세밀한 공간의 무기를 쓰고 있다고.

어떤 별은 300억 이상 인구가 사는 큰 별인데 핵전쟁을 해서 사람들 다 멸망했어요. 그래서 다른 별에서 온 존재들만 살아요. 자기들보다 더 높은 차원에 있는 존재들. 우주에서도 각 차원에 따라서 무기도 다 다르다는 거예요. 지구인은 제일 밑바닥에서 원자핵을 개발했어. 그럼 뭐 때문에 우리가 차원을 말하는가? 뭐 때문에 금성을 얘기해요? 지금 여기 있는 존재들 금성인하고 지구인하고 비교하면 금성인이 우리보다 3배나 더 얇은 몸을 가지고 있어요. 우리가 금성인보다 3배나 더 두껍게 쌓여 있어요. 그래서 우리 비행선 타려고 하면 절대로 못 타게 해요. 사고 날까 봐.

### 살아도 죽어도 이원념은 모두 영체다

우리는 수련이 필요 없어요. 도 닦고 기도하고 다 쓸데없어요. 헛고생한다고. 우리가 찾아봤어요. 석가모니도 찾아봤어요. 죽어서 갔잖아요. 죽어서 어디가 있는 줄 알아? 죽은 영이 사는 곳에 있다고. 거기서 아직 수련해. 아직 가부좌하고 그런다고. 한쪽은 완전히 영의 세상. 지구에서 수련 안 했으면 죽어서 낮은 차원에 영으로 살아 있고. 조금 수련했다면 조금 높은 차원에 있어요. 그래도 죽잖아요. 완전히 영혼만 있는 곳이야.

한쪽에는 살아 있는 생명, 살아 있는 존재가 우리 지구인부터 무극까지 있어요. 우리가 다 실험했어요. 엉터리로 말하는 게 아니에요. 죽어 있는 외계인 영혼하고 대화했어요. 살아 있을 때는 비행선도 타고 다녔는데 죽은 다음에 비행선 탈 수 있느냐고 했더니 탈 수 있대요. 그럼 운전해 보라고 하니 못 한다고 해요. 왜 못 하나? 힘이 없다고. 증명됐잖아요. 이쪽에는 살아서 운전하고 있잖아요. 진짜 살아 있는 세상이라고. 단지 우리보다 과학이 발전돼 있다는 거예요. 더 세밀한 공간에 존재하고 있어요. 그래서 이걸 잘 구별해야 돼요.

근데 우리 종합적으로는 무극 이하는 전부 영체라고 했잖아요. 살아 있든 죽어 있든 이원념 때문에 전부 다 영체라고. 좀 부드럽게 말한다면 살아 있는 쪽은 미완수 방향으로 흘러가는 생명체다. 완수되지 않은 생명이다. 맞죠? 하지만 본질을 말한다면 죽어 있는 영이든, 살아 있는 영이든 이원념 때문에 영체라 결론 내렸어요. 좀 억울하지만. 무시공생명하고 시공의 존재와는 차이와 구별을 밝혀야 하잖아요.

# 우주 창조자 '곡뱅'

이 시공우주 최초 뿌리는 누군가? '곡뱅'. 원래 우주가 폭발하는 걸 '빅뱅'이라고 하잖아요. 그 존재는 '곡뱅'이래요. 네가 이 시공우주를 창조할 때 어떻게 창조했나? 자기는 원래 다른 우주에 있다가 자기 생각에 이 우주 한번 창조해 보자, 하고는 이 우주를 창조했다고 해요. 완벽한지 물으니 완벽하지 않다고, 계속 유지 못 하고 빨려 들어가고 있다고 해요. 원래 상태로 빨려 들어가고 있다고. 자기도 빨려 들어간다고 해요.

## 불완전한 시공우주

그리고 또 하나 좋은 소식 알릴 건 뭐냐면 우리 이 우주 12명이 창조했다고 했잖아요. 그중 한 명이 대한민국 우주를 창조했고. 11명은 각자 자기 이름 지어서 다른 우주를 창조했어요. 그래서 이 우주는 12명이 창조했어요. 그럼 요즘 무슨 생각을 했느냐면 최초에 꼭 한 명이 시작했을 거라는. 그 존재 나타나라고 했어요.

이 우주 최초 뿌리 누군가? '곡뱅'. 원래 우주가 폭발하는 걸 '빅뱅'이라고 하잖아요. 그 존재는 '곡뱅'이래요. 나타났어요. 네가 이 우주 창조할 때 어떻게 창조했나? 자기는 원래 다른 우주에 있다가 자기 생각에 이 우주 한번 창조해 보자, 하고는 이 우주를 창조했다고. 완벽한지 물으니 완벽하지 않다고. 계속 유지 못 하고 빨려 들어가고 있다고 해요. 원래 상태로 빨려 들어가고 있다고. 자기도 빨려 들어간다고 해요. 안 들어갈 수가 없다고. 언제 이 우주가 다 빨려 들어가 끝나나 했더니 20년. 온 우주가 빨려 들어가는 시간이 20년이래요. 그럼 너는 언제 들어가나 했더니 마지막에 들어간다고. 지금 빨려 들어가는 건 느껴지는데 어디로 빨려 들어가는지는 몰라. 자꾸 빨려 들어가는 느낌이 있대.

그래서 내가 지구를 보라고 했어요. 지구가 제일 밑바닥이잖아요. 보고는 놀라요. 제일 밑바닥으로 빨려 들어오고 있어. 그러니 마지막에 빨려 들어오는 게 맞잖아요. 우리 여기서 빨아들이니 여기가 중심이고 자기가 변두리가 됐잖아요. 원래는 우리가 변두리고 자기가 중심이었다고. 이거 말 돼요, 안 돼요? 신화 얘기처럼 들으세요.

제가 수없이 말했죠. 2030년 전에는 지구가 변화해서 지상의 극락 세계가 온다. 맞죠? 30년에 지구에서 시작한다. 그럼 이후에 2050년에는 온 우주 작업이 끝난다. 오늘 첫 번째로 공개해요. 근데 이 사람이 그렇게 말하고 있더라고요. 아직 실천은 안 됐으니까 신화 얘기처럼 들으세요. 그 한 사람만 말하는 게 아니에요. 수많은 고급 존재와 대화하면서 계속 확인하고 있어요.

### 무극의 최고 존재도 대전에서 무시공 공부한다

그리고 2000년부터 이 공부 밝히는 순간에 지구가 분리되고 있어요. 에너지 지구와 물질 지구가 분리되고 있다는 거예요. 분리되면 이 공부를 하는 존재는 새로운 에너지 지구로 들어올 수 있어요. 공부하지 않는 존재는 어디에 머물러 있어요? 물질 껍질에 머물고 있잖아요. 그럼 껍질은 계속 있어요? 우리 몸처럼 바뀌어서 없어진다고.

녹아서 없어져요. 그럼 거기 의지하고 사는 존재가 살 수 있을까요? 그건 각자 답이 다 있을 거예요. 그래서 내가 물질 세상 벗어나라고 15~16년 동안 계속 두드렸어. 그런데 못 알아들어요.

내가 100억 조 광년 과학자와 '곡뱅'에게 물어봤어요. 물질 지구가 에너지 지구로 바뀔 때 시간이 얼마나 걸리나 했더니 2년. 내가 말한 거와 비슷하잖아요. 지금이 2017년이고 내가 2020년 전후에 지구에 엄청난 변화가 일어난다고 했잖아요.

그럼 껍질 부분을 어떻게 녹아 없애요? 조용하게 녹아요? 인간이 말하는 지진이 일어나고 태풍이 불고 온갖 재앙이 와서 껍질 깨지고 망가지고 있잖아요. 계란 껍데기처럼. 계란 안에 있던 병아리가 나올 때 껍데기가 안 부서져요? 부서지잖아요. 같은 원리에요. 내가 강의하면서 수없이 암시했어. 곧 없어진다 해도 아직 물질에 빠져 헤매고 있어요.

옛날에 내가 하도 답답해서 이런 예를 들었어요. 고목나무에 이파리 따 먹고 과일 따 먹고 사는 존재들 있잖아요. 또 어떤 미생물은 나무 안에 파고들어가서 살고. 우리도 원래 이파리나 가지를 쳐서는 살 수 있었어요. 지금은 내가 뿌리를 잘랐다고 했잖아요. 뿌리를 자르면 무슨 현상이 일어나요? 잠시는 아주 싱싱하죠. 시간이 어느 정도 흘러가면 그 나무가 시들고 썩잖아요. 그 나무에 계속 의지하고 전부라 생각했던 존재는 살 수 있어요? 우리는 미리 알려줘. 그 나무는 이미 뿌리가 끊어졌다고. 빨리빨리 대피할 방법을 쓰라고. 그래도 안 믿어. 내가 그랬잖아요. 내가 이 세상 오면서 음양 뿌리 이미 잘랐다고. 다 신화 얘기처럼 들었지만 확실히 다가오고 있잖아요.

내가 서울에 있을 때 어떤 존재가 나한테 물어봤어요. 이 우주는 누가 창조했느냐고. 내가 주객 나눈다고 하면 다른 존재가 창조했다고 해. 왜? 자기가 창조했다 하고 싶어서. 내가 당신이 창조해라. 그리고 아니면 도로 거두라고. 그럼 나에게는 책임이 없어. 우리가 주객 안 나누고 하나로 했다면 그건 내가 창조했다. 내가 창조해 보니 아니야. 그럼 거두러 왔다. 말 되잖아요. 그럼 우리는 무시공에서는 하나야. 주객이 없잖아요. 무시공 입장에서는 내가 창조했다. 내가 창조해 놓고 보니 아니야. 그럼 거두러 왔다. 말 돼요, 안 돼요? '곡뱅'과 같은 말을 하고 있잖아요. 자기가 창조하러 왔다고. 그러니 이상하지 않다고. 지금 거둬야 한다고. 자기가 안 거둬도 빨려 온다는 거야. 자기도 이제 힘이 없어졌다고 해요.

그럼 이제 시공의 전체 뿌리 다 찾았어요. 무극의 최고 존재까지 끄집어냈어요. 그 존재에게 그랬어요. 지금 당신 자리 계속 지키고 있을 거야? 하니, 그럴 수가 없대요. 안 된다고. 무조건 여기 동참해야 한다고. 어떤 반박도 안 해요. 그래서 대전에 와서 공부하라고 했어요. 뭐 때문에 대전에 오라고 했나? 네가 대전에 와서 지구인들이 수억 년 전에 와서 어떻게 헤매고 짓밟히고 억울하게 온갖 고통당했는지 직접 느껴보라고. 네가 높은 곳에 있어서 우리가 여기서 얼마나 고통스럽게 살았는지 알지도 못한다고. 그럼 네가 어떻게 해야 하는지 깨달을 거라고. 맞죠? 우리 이런 존재예요.

작년 상반기만 해도 우리는 다른 우주의 존재다. 지구에 껍질 덮어쓰고 왔을 뿐 우리는 지구인 아니라고 해도 다 안 믿어. 껍질 보니 지구인이라며 멸시하고 깔보고 했어요. 그래서 우리 힘으로 5억조

10억조까지 만들어 놨어요. 자연스레 끌려오잖아요. 내가 그랬어요. 꼭 10억조만 인정한다. 우리 우기는 재간이 있잖아요. 끝까지 우겨. 지금 이제 방법이 없어요. 없애려니 없앨 수도 없지. 방해 놓으려 해도 방해할 수도 없지. 방해할수록 우리가 더 일어나니까. 그래서 자기도 살려면 여기 와야 한대요. 원래 자리 가고 싶다는 거야. 그럼 오라고. 대전 와서 비공선지 외우라고. 우리에게 무슨 곤란이 오면 최선을 다해 도와달라고. 그럼 이런 존재는 최선으로 할 거예요, 안 할 거예요? 자기가 직접 와서 느껴야 지구인이 얼마나 힘들었다는 걸 알 수 있잖아요.

### 거칠게 창조된 지구에서 우주를 창조하다

그리고 화성. 도대체 이 별은 누가 창조했나? 창조한 존재 나타나라고 하니 5명 나타났어요. 화성은 80억 년 전에 창조했어요. 그럼 어디 존재가 왔나? 5억조 광년의 존재 5명이 와서 창조했어. 은하계 몇 군데나 창조했대요. 우리 지구는 너희가 창조한 거 아니냐 했더니 지구는 누가 창조했는지 모른대요. 그럼 그 5명이 각자 자기 특징대로 한 명은 땅, 한 명은 동물, 식물 창조했고, 한 명은 물 창조했고, 한 명은 에너지 창조했고. 하여튼 5개 분야 창조했대요.

그럼 너희가 화성 창조할 때 생명이 있었나? 없었대요. 저희는 동물, 식물만 창조했다고. 그럼 화성의 사람은 어디서 왔나? 은하계 다른 별에서 왔다고. 거기까지만 알아요. 이거 뭐 때문에 밝히는가? 이 안에 다른 뜻이 조금 있으니까.

그럼 지구는 누가 창조했나? 나타나라고 하니 또 5명이 나타나. 지구 창조한 존재는 50억조 광년에서 왔어요. 지구를 너희가 창조한 지 얼마나 됐나? 거의 50억 년 됐다고 해요. 너희는 뭘 창조했나? 지구 창조할 때 물하고 땅 창조했고. 또 동물, 바다, 물고기 창조했고. 또 하나는 식물 창조했고, 또 하나는 에너지 창조했고. 다섯 명이 각자 창조했어요. 지구인은 진짜 생명을 창조했어. 그래서 토종 지구인 말이 맞죠? 나 엉터리로 말 안 했어요.

지구인은 50억조 광년에서 생명 창조하는 존재가 지구 생명 창조했어. 지구만 창조했나? 자기는 은하계 생명 창조도 자기가 책임졌다고 해요. 은하계 전체 생명은 자기가 창조했다고. 그중에 직접 지구에 와서 토종 지구인을 창조했다고. 지금 찾으니까 당당하지를 못해요. 여기서 우주 작업을 하는 소문 듣고 너무 거칠게 창조해서 죄송하다는 거야. 아주 잘했다고 했어요. 그 당시에는 그렇게 할 수밖에 없었잖아요. 당신 때문이라 하면 그 존재도 괴롭잖아요. 우리는 일체 좋은 현상. 그럼 마음이 놓여요, 안 놓여요? 어떻든 간에 우리를 창조해 줬잖아요. 그래서 우리가 지구에서 우주를 창조하잖아요. 힘들었지만. 그래서 창조론이 맞는다는 거야. 시공에서는 진화론이 맞고, 무시공에서는 창조론이 맞는다고 내가 수없이 말했어요. 지금 이렇게 들으니까 재미있죠? 신화 얘기처럼 들으세요.

### 무시공 훈련센터에 와 있는 존재들

외계인들도 진심으로 우리를 도와주고 있어요. 그래서 우리는 그저 힘들게 앞장서서 나갔을 뿐이지, 따라오고 체험하고 적응하면 좋은 세상이 올 거예요. 지금 지구인만 싸움하고 무기 발명하고 그러는데 나중에 그거 다 없어져요. 수많은 별이 그걸 다 겪었어요. 심지어 지금 화성은 완전히 망가져서 표면에 살 수 없잖아요. 그런데 땅속에, 바다도 있고, 강도 있고, 식물도 심고, 아주 잘 살고 있어요.

20억 년 전에 이미 가봉공화국에 원자핵 발전소 있었다고 과학자가 탐구했잖아요. 그거 화성인이 했어요. 20억 년 전에 이미 원자핵을 사용하고 있었어요. 그러니까 우리보다 과학이 얼마큼 발달했다는 걸 알 수 있죠. 내가 물어봤어. 지구처럼 전봇대 있느냐 하니 없다고. 그때는 머리카락만큼 가는 걸 땅속에 묻어서 전기를 사용했대요. 용량이 지구의 용량보다 더 높다고. 20억 년 전에 과학이 그만큼 발전했어. 그러니까 지구가 얼마나 낙후해요. 지금도 시간이 빨라지고 있고 만물이 세밀한 공간에 변하고 있다는 걸 느낄 수 있어요. 옛날에는 물리학, 화학, 다 쪼갰잖아요. 지금은 통합되고 하나로 뭉친대요. 컴퓨터 하나로도 다 연결된다 해요.

지금 과학자도 깨어나고 있어요. 우리가 일종무종일로 간다고 했잖아요. 계속 쪼개 내려가는 게 아니고. 100년 전에 과학이 이만큼 발전했어요? 갑자기 과학이 100년 안에 급속도로 발전하고 있잖아요. 지구에 외계인이 와서 과학에 관여하고 있어요. 우리가 광음파 원리를 사용한 금성에서 마그너라고 하는 장비를 우리가 쓰면 안 되느냐 하니 가지고 와도 우리가 쓸 줄 모른다고 해요. 원시사회 석기시대에 현대 과학을 쓰는 것처럼 우리가 적응을 못 한다는 거야. 쓸 줄 모른다고. 그럼 우리는 깨어나잖아요. 지구인은 못 써도 우리는 쓸 수 있다. 그럼 나중에 그런 장비 갖고 오면 우리는 할 거라고. 나는 안 죽고 살았잖아요.

지금 100단계까지 올렸어요. 계속 올릴 거야. 그러니까 우리는 이런 존재예요. 이건 역사상에 없는 일이잖아요. 지금 들으니까 기운이 나죠? 처음에는 아무리 높은 차원 말해도 못 알아들으니 맞춤형으로 알아듣는 만큼만 했어요. 이제는 2단계 들어와서 차원을 조금 올려놨어요. 따라오면 따라오고 못 따라오면 할 수 없고. 그래서 우리 무시공 훈련센터를 충분히 활용하세요. 100억조 광년부터 고급 존재가 여기 와 있고, 그리고 뿌리인 '곡뱅'도 '빅뱅' 일으키려 하다가 할 수 없이 여기 와 있어요. 이 공부 안 하면 저도 없어지니까.

내가 그랬잖아요. **무극의 존재도 종이 한 장 차이다. 이 공부를 안 받아들이면 무극의 존재도 없어진다고.** 거짓말 안 했죠? 이제 하나하나 내가 말한 거 증명되고 있어요. 원래 혼자 아무리 말해도 누구도 안 믿고 해석하려 해도 할 수가 없었어요. 이제는 여러분도 알아듣고, 3단계 존재가 나타나서 같이 하니까, 내가 거짓말 하나도 안 했죠? 못 알아들으니까 내가 사기꾼이야. 이제 사기꾼이라는 단어도 곧 사라질 거야. 모든 게 이뤄지니까요. 고맙습니다.

# 관점을 바꾸면 우주가 달라진다

"술은 답을 알고 있다." 이걸 변형했어요. 술에다 무엇을 주입하나, 이 술 내가 마시면 술술 풀린다. 이 술 내가 마시면 세포가 즐거워한다. 그럼 이거 긍정이에요, 부정이에요? 그럼 이 술이 내 몸에 들어가면 좋은 역할을 할까요, 나쁜 역할을 할까요? 저는 그 방식으로 나를 깨우치고 변화시켰어요.

### 술은 답을 알고 있다

많은 수련 단체가 물에 기가 들어갔다느니 물을 빛물로 만들었다느니 해서 많은 장사를 하고 그런 사례가 있죠. 한국도 있다고 생각해요. 중국에서도 기공사들이 물을 변화시켜 병 치료도 하고 했죠. 또 여기에는 기가 있어서 자기의 기가 들어갔다고 하는 이런 사례들이 많아요. 이게 가능한가? 가능해요. 과학자가 이미 증명했잖아요. "물은 답을 알고 있다." 물에다가 무엇을 주입하면 물은 순간에 그 정보를 받아들여요.

그래서 저는 그걸 변형시켜서 "술은 답을 알고 있다." 중국의 한의사 중에는 사람의 병을 치료할 때 술로 치료하는 방법을 쓰는 분도 있어요. 그리고 우리 여기서는 "술은 답을 알고 있다." 이걸 변형했어요. 술에다 무엇을 주입하나, 이 술 내가 마시면 술술 풀린다. 이 술 내가 마시면 세포가 즐거워한다. 그럼 이거 긍정이에요, 부정이에요?

그럼 이 술이 내 몸에 들어가면 좋은 역할을 할까요, 나쁜 역할을 할까요? 저는 그 방식으로 나를 깨우치고 변화시켰어요.

나는 원래 술 마시면 흐트러지고 온갖 부정 소문이 많았어요. 우리 친형제도 절대로 술 마시지 말라고 했어요. 술 안 마실 때는 괜찮은데 술만 마시면 완전 개판이고 온 동네에 소문이 났어요. 나는 괜찮은데 형제들이 낯을 들고 못 다니겠대요. 너희 오빠가 뭐 어쩌고저쩌고 하여튼 좋은 소문이 없었어요. 그것도 누가 만들었나? 내가 만들었어요. 술 마시고 흐트러지면 안 된다, 술 마시고 망신하면 안 된다, 자꾸 그런 걸 주입해놓고 마시니까 망신당해요, 안 당해요? 망신당하면 안 된다는 개념이 도로 술에 주입되었어요.

조심한다는 게 더 조심이 안 되고, 그렇게 마시니까 괴로워요. 그리고 술을 끊어야겠다고 생각했어요. 제가 하루에 두 갑씩 피운 담배는 겨우 끊었지만 이 술은 오늘까지 못 끊었어요. 그래서 못 끊겠으면 관점을 바꿔야겠다. 술 마시면 술 취해서 망신한다는 그런 관점을 "술 마시면 술술 풀린다, 술 마시면 세포가 즐거워한다." 남이 뭐라 하든 끊임없이 관점을 바꾸고 왔어요. 그러니 지금은 남이 뭐라 비웃든 나는 진짜 행복해요. 술 마시면 세포가 진짜 춤을 춰요. 또 세포를 즐겁게 하려고 노래도 불러요. 제가 노래할 줄은 모르지만 한국 사람보다 노래를 더 많이 알걸요.

### 무시공생명은 투명인간이다

생명수(生命水) 저 물도 3단계라 했어요. 처음에는 빛물이라 했고, 2

단계는 생명수, 지금 3단계는 무시공생명수라고 했어요. 저는 모든 게 3단계라 했잖아요. 빛물도 몇 년 전부터 다 실험했어요. 그러면 이게 진짜 효과가 있나 없나? 저 혼자 체험하는 것이 아니라 무슨 변화가 이루어지는지 여러분 체험하면서 다 느끼고 있어요. 처음에는 빛물이라고 해서 마시면, 세포는 덜 반응해요. 그것도 아직 물질로 빛으로 보이니까요. 그런데 2단계는 생명수로 바꿨더니 반응이 오기 시작해요. 특별히 3단계는 무시공생명수라고 변화시켰어요. 그래서 물 마시는 것처럼 엉터리로 마시면 우리 몸이 감당을 못 해요. 무시공생명수는 깨끗하고 그 안에는 잡생각이 없고 단순해요. 그리고 물은 투명하죠?

이 공부를 하는 존재들은 나중에 20~30년 후에는 몸이 투명해져서 투명인간이 돼요. 지금은 투명하지 않으니까 인간 눈으로 서로 다 보여요. 15년 이후에 보세요. 인간이 투명인간이 되어 같이 있어도 못 봐요. 무슨 얘기인가 하면 외계인, 우주인이 여기 있어도 우리는 못 봐요. 그럼 예를 들어 농담으로 한국 사람들은 한민족의 조상이라는 환웅을 엄청 숭배하잖아요. 그런데 환웅이 내 곁에 있다면 보여요? 안 믿죠? 그게 무슨 뜻이에요? 우리보다 더 미세한 공간에 있는 존재는 몸이 투명하고, 이미 에너지 상태의 몸으로 되어 있어요. 우리는 아직 분자 상태로 되어 있는 몸이고. 그래서 우리는 그들을 못 보지만, 그들은 우리를 환하게 보고 있어요. 그래서 엊저녁에 실험해 봤어요. 열려 있는 어떤 분이 와서 체험했어요. 체험하면서 물에 대해 물어봤어요. 저 물이 어떤 상태인가? 물으니 생명이라고 말했어요. 이것이 정답이에요. 이 공부를 하시는 분들에게 무조건 일체를 생명으로 보라고 했죠. 보통 사람들은 물 또는 물질이라고 하지만 그분은 열리고 나니까 생명으로 또 빛으로 보인다는 거예요. 계속 대화해 봐라. 도대체 무슨 생명인가? 하니 "무시공생명이다."라고 했어요. 누가 시키지도 않았는데 처음 만난 분이 이렇게 말했어요.

그래서 일체를 생명으로 보면 생명으로 보이고, 물질로 보면 물질로 보이고, 에너지로 보면 에너지로 보여요. 인간의 씨앗, 자기 관점이 섞였기 때문에요. 그래서 무시공생명수는 완벽하고 또 아주 순수해요.

## 일원의 직선 빛물

이 세상 물, 자연물은 이분법으로 되어 있는 물이죠? 그럼 물 안에도 이분법으로 되어 있는 생명도 있고, 일원심으로 되어 있는 생명도 있어요. 그 물 안에서 이분법 물을 삭제시켜요. 그럼 물 자체가 일분법 물로 되었죠. 그게 초창기의 빛물이에요. 물질 관점에서 봐도 이원물을 분리해 삭제시킨 거예요. 이원물이 뭐예요? 어두운 물, 이원물질은 어둡고 차갑고 독소예요. 사람도 같잖아요. 우리 공부를 하신 분은 일원심, 밝은 게 주도로 되어 있고, 어두운 게 약해요. 그래서 자꾸 체험하고 비공선지 외우면 어두운 게 차츰 빠져나가 없어져요. 이 공부 안 하시는 분은 이원념이 주도로 되어 있어요. 어두운 게 주도로 되어 있고 밝은 게 엄청 약하게 있어요.

물도 두 가지로 되어 있어요. 하나는 어두운 이원물, 하나는 밝은 일원물. 그래서 첫 단계는 이원물을 분리시켜 삭제시키고 일원물은 챙겨요. 그럼 빛물 됐어요, 안 됐어요? 그래서 1단계 마시면 빛물 마셨다고 해요. 그럼 이 빛물하고 인간이 말하는 도통해서 깨달은 존재가 만들었다는 그 빛물하고 같아요? 무엇 때문에 안 같아요? 일원의 직선 빛이라고 했잖아요. 그럼 일원물도 직선의 그런 특징을 가지고 있는 물질이라고 보면 돼요. 그렇지만 물질이 아니에요. 이미 일원 입장으로 들어오면 생명으로 되어 있어요. 우리는 못 알아보니까 일원물로 변했다, 빛으로 변했다, 직선 빛으로 변했다고 해요. 인간의 파장과 근본 원리가 다르다는 거예요. 예민하고 민감한 분은 이미 반응이 왔어요. 너무 많이 막힌 분은 아무런 반응이 없고 또 진짜 빛이냐, 의심하는 순간에 그걸 막아서 효력이 안 난다고요. 그러나 일원심이 주도로 되어 있는 분은 빛물 마시고 느껴요. 2단계에는 "물질로 보지 말고 생명으로 보라." 한 단계 올라왔죠. 물도 생명이라고 하면 생명으로 바뀌어요. 그럼 빛나는 생명이 내 몸으로 들어가면 도움이 되죠. 세포가 깨어나요. 여기서 체험하고 비공선지 외우고 그것으로도 변하지만 힘들다고요. 이렇게 만들어진 물이 내 몸에 들어오면 빠른 속도로 변해요. 그래서 2단계 물만 마셔도 어떤 분은 못 견딜 정도로 반응이 와요. 이 물 마시고 갑자기 이원 물질이 몸에서 빠져나가니까 세포가 못 견뎌 해요.

 무시공생명수는 생명이다. 지금은 3단계 물인 무시공생명수로 되었어요. 아직 완전히 무시공생명 몸이 안 되었는데 내 몸에 들어와서 작동하면 견뎌내요, 못 견뎌내요? 몸이 아직 이원 물질이 작동하고 주가 되어 있는데, 갑자기 이게 들어와서 쫓아내면 우리 몸이 편할 거예요, 힘들 거예요? 힘들 거라고.

그래서 이 물은 절대로 공부 안 하신 분에게 마시라고 하지 마세요. 만약 마시고 부작용 생기고 탈 나고 문제 생기면 책임 안 져요. 미리 이걸 밝혀요. 정 마시게 하고 싶으면 집안 식구들 조금씩 마시라고 하세요. 처음에는 반응이 안 오더라도 가다가 어느 순간에 반응이 온다고. 그래서 조심스럽게 마시세요. 우리 공부를 하신 분도 뭘 모르고 마시면 감당을 못 한다고. 안 믿으면 그렇게 해 보세요. 탈 난 다음에 저 찾아와서 안 밝혀서 그렇다고 탓하지 말고. 저는 미리 다 알리거든요.

꼭 생명으로 보세요. 생명도 무시공생명이니 너무 깨끗하고 완벽해요. 그게 내 몸으로 들어오면 내 몸을 정화시키는 속도가 엄청 빨라요. 그래서 3단계 물 마실 때는 조심스럽게 조금씩 적당하게 양을 늘리면서 마시세요. 일단 작동하면 감당을 못 해요. 3단계 존재인 어떤 분이 처음에 빛물을 자기도 마시고, 아들딸에게도 마시라 했는데 전부 배 아파서 난리가 났던 거예요. 1단계 물로 그랬어요. 이 공부를 해서 일원심 지키는 존재도 이 물을 마시면 반응이 오는데, 이 공부를 안 한 분이 이 물 마시면 그 사람한테는 재앙이에요. 완전히 뒤집히니까요. 그래서 이 물도 공부한 사람한테만 팔아요. 그리고 나중에 소문나면 집안 식구, 친척, 친구들에게 팔며 꼭 조금씩 마시라고 알려주세요. 여기에 엄청난 우주 힘이 들어가 있어요. 거짓말 아니에요. 이건 이 지구에도 없을 뿐만 아니라 이 우주에서도 없는 제품이라고 보면 돼요. 꼭 믿으세요.

**무시공생명수는 생명을 깨우는 촉매제이며 생명이다**

3단계 열린 존재는 다 보여요. 3단계 무시공생명수는 어떻게 만들었나? 꼭 우리 3단계 존재만 만들 수 있고, 3단계 존재로 들어왔다 해도 다 못 만들어요. 특수하게 개별적으로 만드는 방법을 밝히고 하라고 했어요. 조심스레 마시세요. 그리고 꼭 믿으세요. 이 물은 내 생명을 깨우치고 빨리 변화시키는 촉매제예요. 체험하며 몸을 바꾸려고 힘을 쓰고, 또 이 물 마시면 몸을 녹이는 속도에 가속도가 붙어요. 어떤 분은 이 물로 장사하는 것이 아닌가 생각하면 그렇게 생각하세요. 내가 이 지구에 장사하러 왔어요? 무슨 방법으로 생명을 빨리 깨어나게 하고 세밀한 공간으로 들어가게 하자는 거예요.

우리는 시공의 어느 차원의 존재가 되는 목적이 아니고, 우리는 직선 빛으로 무시공 존재의 몸이 되려고 하잖아요. 지금 잠시 분자몸을 가지고 있지만, 일단 이 분자몸만 녹으면 순간에 무극까지 올라가요. 무극에서는 바로 무극 밖으로 나간다고. 그래서 우리는 시작은 힘들지만 어느 차원의 존재보다도 빠른 속도로 바뀌어요. 지금 지구를 보면 진짜 직선 빛으로 블랙홀로 돌고 있어서 사방팔방 우주가 빨려오고 있어요. 여기 존재들이 일원심을 지키는 순간에 온 우주의 일체가 바뀌고 있어요. 우리는 지금 계속 작업을 하고 있고 구체적으로 못 밝혀요. 좋은 것은 이제 극락세계가 오고, 2030년에 남아 있는 존재는 새로운 세상에 들어갈 수 있어요. 그 세상은 영원히 전쟁이 없고 영원히 생로병사가 없는 세상이에요. 그러면 우리가 얼마큼 행운이에요? 지금 70억 인구가 제멋대로 하고 아무것도 모르는데 우리는 알고 있으니, 나만 살 게 아니라 주변 사람들 깨우라고요. 내가 정신 차리고 친구 한 명, 친척 한 명 더 살릴 걸, 하고 후회하지 말고요. 때가 오면 이미 늦어요.

**우주여행, 우주 작업**

2015년 2단계로 들어오면서부터 이제는 "평지에서 그대로 가는 게 아니라 비행기 이륙할 때처럼 평지를 달리다가 공중에 뜬다." 한국말로 끌어올린다. 분자 세상에서는 평지에서 움직이지만, 이제는 분자 세상에서 무극까지 끌어올리려고 해요.

한국 사람들이 계속 환웅, 환웅을 찾아서 도대체 어떤 존재인가, 근래 불러서 물어봤어요. 한국 사람들이 그렇게도 찾던 환웅인가? 맞대요. 천부경 네가 가지고 왔나? 그렇대. 네가 만들었나? 아니래요. 이건 자기 있는 별에 전해 내려오는 우주 높은 존재의 예언인데 그걸 가지고 와서 밝혔대요. "일시무시일, 모든 게 하나에서부터 시작해서 쪼개내려 왔다. 일종무종일, 모든 걸 하나로 뭉쳐 끝을 본다. 끝에는 하나가 되고 그 하나는 영원하다." 내가 해석한 게 맞나? 물으니 완전히 맞대요. 그리고 나보고 거두러 왔나? 해서 거두러 왔다고 말했어요. 어떻게 한민족을 알고 있나? 한민족이 매일 자신을 부르니 모를 수가 없다는 거예요. 제가 2000년도 한국 와서 말하기를 "일시무시일, 모든 게 쪼개내려 와서 이 삼각형 우주를 창조했다. 일종무종일, 우리는 원래대로 거둬 무시공으로 올라간다. 쪼갠 것이 하나가 되고 그 하나는 끝이 없는 무시공 자리다." 우리는 그 작업을 하러 왔고, 다 내가 예언해 놨다고 말했어요. 대단하죠? 9천 년 전에 오늘날 일어날 일을 예언했어요. 환웅도 이때를 뼈아프게 기다려 왔어요.

　3단계는 뭐예요? 3단계 존재가 무시공 존재이고, 먼저 이끌어 나가는 존재예요. 먼저 깨어나서 내 뜻을 알아듣고 따라오는 존재가 먼저 나서야 되잖아요. 산에 길이 없을 때 한 사람이라도 먼저 나가면 길이 생기고, 그럼 다른 사람이 따라가잖아요. 그래서 지금 3단계 존재 사람은 적지만 엄청난 작업을 하고 있어요. 뒤에 따라오는 존재들 쉽게 가게 하기 위해서. 그래서 다 3단계 존재가 되기를 바라고 최선으로 하는 거예요. 그게 마무리하는 작업이에요.

　반드시 3단계 위치에 들어가야 영원히 살 수 있고, 우주여행을 하고 우주 작업을 할 수 있어요. 내가 2030년 이후에 하려고 했는데 지금 들어온 3단계 존재에게 너무 놀랐어요. 15년 후에 우주 작업 들어가려고 생각했는데 지금 3단계 들어온 존재가 이미 우주 작업을 하고 있어요. 15년 미리 앞당겨서 실천하고 있어요. 정말 한국 사람 대단해요. 조그만 나라에서 정말 이런 존재들이 준비되어 있어요. 15년 동안 헛고생 안 한 거 같아요.

　어느 우주의 고급 존재도 우리가 나타나 우리 빛만 조금만 올려도 놀라서 줄어들어 버려요. 처음에는 저들이 빛을 강하게 보여 줘요. 우리가 그 빛을 줄여 삭제시키면 순간 쪼그라들어요. 우리는 온갖 방법으로 다 상대방을 조공할 수 있어요. 인간 생각으로는 상상도 못 해요. 그래서 3단계 존재가 말하기를 아, 이거 진짜 무서운 일이다. 인간 세상에서는 손발 움직여야 사니 살기 엄청 힘든데, 3단계 들어가면 마음으로 움직여 우주를 창조할 수 있고 마음으로 우주를 없앨 수 있으니까.

분자 세상에서는 우리가 다 져 줘요. 그래 네가 최고다! 무감각 시공에서 우리는 절대로 뒤로 안 물러서요. 우리가 당당하면 그쪽에서 쭈그러들어요. 나중을 위해 우리 다 기록해 놓으라고 했어요. 기록해 놓은 것들을 보면, 과학자도 상상을 못 하는 일이 실제로 일어나고 있어요. 우리가 지금은 힘들지만 지상 천국도 여기에서 이루어져요. 대한민국에서 시작해요.

**살아서 세밀한 공간에 간다**

우리는 살아서 세밀한 공간에 간다고 그랬잖아요. 무엇 때문인가? 우리는 직선빛으로 되어 있는 생명이기 때문에. 그러면 일체 파장으로 되어 있는 생명하고 아무 상관 없어. 그것들이 무슨 빛으로 나를 해코지한다고 해도 나하고는 상관이 없어요. 저들은 나를 죽이려 해도 못 죽여. 도로 죽이려 한다고 해도 살리는 거라. 얼마나 좋은 현상이에요? 나를 도와주면 더 좋고. 한마음 한뜻이니까. 나를 해코지하려면 내 껍질을 벗겨가.

그래서 내가 그전에 그랬잖아요. 줄당기기. 이원념은 서로 줄을 당기잖아요. 끊어지면 서로 팅겨서 뒤로 넘어져요. 줄을 놔주라고. 남이 나를 미워하면 놔줘. 같이 미워하지 말고. 그래서 나만 보라는 거에요. 밖을 보려면 전부 다 좋은 현상만 봐. 그래야 내가 안 팅긴다고. 내가 안 끌려가. 이런 기법 어디 가서 찾을래요? 나를 해코지해도 나를 도와주고, 나를 도와주면 더 좋아지고. 세상에 이런 일이 어디 있어요?

진짜 일원심 원리를 알면 이 세상에서 누구한테도 해를 당할 수가 없어. 도움되면 됐지. 그래서 일체 좋은 현상이라 그러잖아요. 저도 우리가 빨리 변하기 위해서 오만 작업을 다 해놨어요.

하나는 우리가 비행선을 못 타니까 온 우주의 비행선 한국에 모이라고 그랬어요. 특별히 대전에 쫙 깔아놨어. 그러면 그 빛이 우리한테 영향 줘요? 안 줘요? 그러니까 여기에 모이라고 하는데 왜 안 모여? 집에서 자기 혼자 할 수 있대. 천년만년 혼자 하세요. 이렇게 좋은 일, 이것은 역사상에 없고 시작이면서 마지막이라고 경고했어. 알려줘도 몰라. 안 알려주면 더 몰라. 외계인은 안 알려주면 모르고, 알려주면 알아. 진짜 우리 지구인하고 외계인의 차이점은 이거에요. 지구인들은 알려줘도 몰라, 안 알려주면 더 몰라. 외계인은 안 알려주면 몰라. 알려주면 알아.

내 안에 두 가지 '나'가 있다.
시공의 나. 무시공의 나.
나는 무시공의 나만 인정한다.
시공의 나는 삭제한다.

疾風怒火海濤隆
先知早預料
分布逆道行
墓已己創造
时空消盡長夢醒
新人新宇宙

제10장

# 무감각 시공의 비밀 우주 작업

偶觀懸壁九重冰
還有花痴俏
俏非為爭春
唯速恆宓報
待到花香弥漫时
没在其中笑

花落佶家討彭祖
念怒行宇宙
反客变为主
先千年知道
自在逍遥觀龍腾
谁人悟甚妙

梅心

# 일체가 나다

나는 일체 안에 있다. 일체가 내 안에 있다. 그래서 일체가 나다. 그거 공식처럼 기억하세요. 일체 안에 내가 있는데 왜 나하고 상관없어요? 내가 움직이는 순간에 온 우주가 움직이고 있는데요. 우리는 간이 작아요. 마음을 열어 놓고 나하고 상관없어도 나하고 끼워 맞춰 봐요. 실감이 오고 현실로 나타나요. 이게 수련해서 되는 게 아니라고요. 나를 믿으세요. 나는 무시공 존재고 일체 안에 내가 있으니까 나하고 상관있다고요. 내가 절대 긍정 마음먹는 순간에 온 우주로 퍼져나가요.

### 금성 과학자 도넬과 몸 실험, 우주선을 타려면?

한 달 전에 금성의 과학자 도넬하고 대화해 봤어요. 지구인하고 금성인하고 분자몸이 너희는 우리보다 얼마나 세밀하고 우리는 너희보다 얼마나 두껍냐 물어보니 금성인보다 지구인이 3배가 더 두껍대요. 금성인은 지구인보다 3배 더 세밀하다고 생각하면 돼요. 그래서 우리 몸뚱이는 너무 거친 세상에 쌓여 있다고요. 우리는 서로 다 보이잖아요. 그런데 금성인은 우리가 못 봐요. 무엇 때문인가? 세밀한 공간에 있기 때문이에요. 물 보세요. 물도 만약 눈으로 보는 물은 물리학으로 수십 개 한 알씩 되어 있는 분자물이 하나로 종합돼서 분자 단위가 됐어요. 그게 모여서 물로 보여요. 그러면 그 물도 쪼개서 만약 분자 물 한 알을 보면 분자 물이에요. 그럼 우리 눈으로 볼 수 있나요? 못 본다고요.

분자 물 하나도 아직 분자 세상 물질이에요. 아직 원자 세상도 못 들어갔어요. 그래서 금성인하고 우리하고 같은 분자몸이지만 우리보다 조금 세밀해요. 2030년 이후에 이 공부를 하시는 분은 살아서 투명인간이 된다. 제가 그런 강의를 한 적도 있을 거예요. 뭐 때문에 투명한가? 우리 몸이 세밀한 공간의 몸으로 변했으니까 지금 인간 눈으로 우리를 못 본다는 거예요. 제가 2030년에 투명인간 된다고 먼저 생각하고 있었어요. 다른 분은 포기 안 하고 끊임없이 따라오고 체험하고 적응하면, 그대로 이어져 나갈 수 있다는 거예요. 근데 이게 환상인가? 현실인가? 이게 이미 증명되고 있어요.

### 허치슨 효과와 세밀한 우주인들이 책임감도 강하다

근래에 허치슨 효과에 대한 동영상을 봤어요. 보통 온도에서 금속이 녹는다는 그 원리를 찾다 보니까 금성의 자기 스승이라는 게 기계예요. 기계 이름이 마그너예요. 그걸 통해서 이 과학자를 알게 됐어요. 그래서 믿으면 진짜고, 아니면 신화 이야기라 생각하고 들으세요. 그래서 오늘 너무 고마워서 금성의 과학자 '도넬'하고, 그 금성의 우리가 내세운 여자 통치자 '수피마'를 6억조 광년에 올려놨어요. 그럼 우리 도와주겠죠. 먼저 올려주고 조건을 내걸었어요. 처음엔 '우릴 많이 도와줘서 고맙다' 그래놓고 '우리가 승용선 타려 하니까 너희 금성에서 승용선 하나 선물하면 안 되나? 못 주면 우리가 사겠다'고 하니까 우리 지구 근처에 금성의 승용선 많대요. 해 주겠대요.

말만 들어도 재밌잖아요. 그래서 희망이 보인다는 거예요. 그래서 이런 날이 다가올 거예요. 제가 지금 1.4잖아요. 지구에서 움직이는 승용선은 탈 수 있다는 거예요. 짧은 시간에 꼭 0으로 가야 해요. 금성인 몸으로 되면 비행선도 탈 수 있어요. 비행선은 별 간 움직일 수 있는 교통수단으로, 만일 태양계에서 지구로 오든 태양계에서 은하계 어느 별에 가든 비행선은 그 속도가 너무 빠르잖아요. 빛의 속도보다 더 빨라요. 분자몸으로 타면 진짜 폭발하는 게 맞아요. 직접 경험해 보니까, 머리 폭발 안 한 게 다행이라고요. 그들도 그것을 조심히 했나 봐요.

그런데 어제까지만 해도 몸이 너무 안 풀려요. 다 안 풀려서 녹는 느낌이에요. 오늘 아침부터 엄청 쏟아져 내려가고 있어요. 괴롭고 힘들지만 풀리기 때문에 시원해요. 껍질 벗겨지는 느낌이에요. 그래서 모든 것을 제가 앞서서 한다고요. 이 일은 제가 앞장섰으니까 끝장을 본다고요. 저를 믿으면 따라오고 체험하고 적응하세요.

전번에 그랬잖아요. 마그너 장비 제가 성공했으면 저희한테 선물로 달라고 했어요. 마음과 몸이 준비되면 마그너로 해 보게요. 한명 한 명 깨어나게. 왜냐면 내가 앞장서서 해도 아무 문제가 없었잖아요. 죽을까 봐 걱정되면 뒤로 물러서면 되고, 되는 존재만 하나하나 깨울 거예요. 제가 승용선도 타보고 문제가 없다면 한 사람씩 실험하면 되잖아요. 한번 타 보고 나와도 되잖아요. 우리 승용선 졸업했으면 비행선 타 봐요. 승용선도 선물로 준다 했잖아요. 실제 저희 주변에 승용선 정말 많이 준비됐어요. 다만 우리 몸과 마음이 준비가 안 됐어요.

우주에도 질서가 있어요. 사고 칠까 봐 절대 엉터리로 안 해요. 법

률이 지구보다 강해요. 우리가 생명 내걸고 해도 그렇게 하더라고요. 심지어 다른 별의 어떤 존재는 우리 일 때문에 오려고 해도 지키는 게 너무 많대요. 지구에서도 지키고 다른 별에서도 다 지킨대요. 은하계 최고 군사사령관 아스타보고 지구 지키라고 했잖아요. 무시공 훈련센터를 보호하라고 하니까 최선으로 하고 있어요. 원래 은하계만 관리했는데, 5억조 이하 너희들이 관리해라, 우리 일 때문에 여기 오는 존재는 도와주라고 하니 지켜줘요. 그래서 고맙다고 했어요.

### 여기가 마지막 정거장!

그럼 뭐 때문에 물질 세상을 곧 벗어나야 하나? 물질 세상은 선악 가르고, 고저 가르고, 빈부 갈라서 얼마나 극과 극이에요? 빨리 안 벗어나고 그 상태에서 살래요? 지구까지 없어져요. 그런 조건이 없어져 버려요. 우리가 지구가 분리되고 있다고 그랬는데 미국의 최면가를 통해서 증명됐어요. 히틀러는 지구가 분리된다고 안 하고 '동방에서 실험장이 된다, 모든 것이 두 갈래로 나눠진다, 태양도 새로운 태양이 탄생한다, 거기는 태양이 분리된다'고 말했어요, 그럼 우리는 태양만 분리해요? 우리는 온 우주를 분리시키고 있잖아요. 시공우주와 무시공우주가 분리되고 있어요. 무시공우주 여기서 창조하고 시작하고 있잖아요. 누가 시작했나요? 여러분이 시작하고 있잖아요.

80억조 이상한테 물어봤어요. 지금 지구 봐라. 물질 지구가 에너지 지구로 바뀌는 데 시간이 얼마나 걸릴까? 제일 적어도 금성 수준으로 바뀌는 데 2년 걸린대요. 제가 그랬죠. 2020년 좌우로 새로운 세상 천국이 열린다. 지상 천국이 온다 말했어요. 제가 말한 것하고 외계인 우주인이 말한 것하고 일치하고 있어요. 그래서 일체를 생명으로 봐라. 돈도 생명이다. 마이너스 부정 마음을 가지고 있으면 독소 때문에 안 가요. 돈도 깨끗하고 긍정 마음인 곳을 편안해해요.

요사이 말했어요. 말하는 방법을 조금 바꿨어요. 돈도 자주 친구들 만나서 이야기한다고요. 어떤 돈은 누구 손에 들어가니까 꽁꽁 묶어 놓고 녹슬어서 곰팡이 슬고 무좀한테 물려서 망가지고 그랬다고요. 근데 인간은 모르잖아요. 또 어떤 돈은 누구한테 가니까 진짜 필요할 때 쓰면 수많은 친구들 데리고 와서 도와줄 건데 우물쭈물 쓸까 말까 너무 답답해서 못 견디겠대요. 속이 너무 좁아서 도와주고 싶어도 도와줄 방법이 없다는 거예요.

또 어떤 돈이 나서서 내가 만난 존재는 진짜 시원하다고요. 나를 완전히 놓아줘 자유를 느낀대요. 마음대로 윤곽으로 가두지 않고 대자유로 쓴대요. 이런 친구한테 영원히 있고 싶대요. 그러면 돈도 묶어 놓고 감겨야 행복해요, 자유로운 게 행복해요? 실제 인간도 그렇잖아요. 내가 어느 회사에 갔다가 노예처럼 직원을 시키고 조금만 잘못하면 뭐라 하고 윤곽 가둬 놓고 속박하면 자유롭고 행복하게 생각해요? 불만 불평이고 튀어 나가려고 생각해요. 그렇게 생각해 보세요.

### 나는 일체 안에 있다. 일체가 나다

긴장 상태가 풀리는 것 같아요. 내 몸도 조금 긴장 상태에서 이완 상태로 변화가 와요. 그럼 거기서 시작하세요. 하다 보면 돼요. 하다 보니까 어떤 분은 우연히 좋은 일이 생겼어요. 우연으로 놓쳐 버리면 힘이 약해져요. 나 때문이라고 끼워 맞춰요. 서로 통하고, 마음이 넓어져요. 비 온 것도 나 때문에 비 왔다. 나랑 아무 상관없어도 끼워 맞춰요. 오늘 바람 부는 날이 추웠다가 갑자기 따뜻해졌어도, 나 때문에 좋은 거라고 끼워 맞추면 좋은 일이 이뤄져요. 우리 그런 거 할 줄 몰라요. 십몇 년 알려줘도 몰라요. 외계인은 몇 번 알려주면 바로 알아요.

나는 일체 안에 있다. 일체가 내 안에 있다. 그래서 일체가 나다. 그거 공식처럼 기억하세요. 일체 안에 내가 있는데 왜 나하고 상관없어요? 내가 움직이는 순간에 온 우주가 움직이고 있는데요. 우리는 간이 작아요. 마음을 열어 놓고 나하고 상관없어도 나하고 끼워 맞춰 봐요. 실감이 오고 현실로 나타나요. 이게 수련해서 되는 게 아니라고요. 나를 믿으세요.

나는 무시공 존재고 일체 안에 내가 있으니까 나하고 상관있다고요. 내가 절대 긍정 마음을 먹는 순간에 온 우주로 퍼져 나가요. 내가 발견했든 안 했든 퍼져 나가요. 이건 억지라도 억지로 하세요. 고집부리세요. 우리 고집이 너무 약해요. 나는 무한대로 고집부려요. 우리는 무시공에서 절대적인 독재예요. 무시공을 하면서 누구하고 상의해야 해요? 이게 맞나 틀리나 그 순간 이분법에 걸려요. 무시공 존재는 무조건 독재예요. 누구에게 민주화 물어본 적 없어요. 외계인이랑도 한 번도 상의 안 해요. 무조건 우리 그렇게 당당하게 좀 살아 봐요.

나는 이 세상 와서 부러졌으면 부러졌지 굽어서 잘못해서 빈 적 한 번도 없어요. 당당하게 일원심 자리에서 내가 하는 일 다 맞다 생각하고 잘못된 건 하나도 없어요. 나는 부족해요, 잘못됐어요, 영원히 몰라요, 그러면 너는 영원히 몰라요. 그럼 영원히 배워야 돼. 내가 누구보고 배우라고 그랬어요? 내가 하는 일은 무조건 맞다 그러고, 지나간 일은 무조건 잘했다, 하세요. 지나간 거 잘못된 거 누가 지적하면, 그래 그건 잘못됐어, 그건 뜯어고쳐야 돼, 하면 아무리 뜯어고쳐도 이분법에 걸린다고. 도로 시공에 걸려서 영원히 못 벗어나요.

무조건 내가 한 건 잘했다. 일체근단, 일원심이 절대 긍정이에요. 일체 좋은 현상 있죠? 일원심은 향심력이 있어요. 빨려 들어온다고 했어요. 좋은 게 빨려 들어오잖아요. 절대 긍정 마음으로 일원심 지키면 좋은 일이 자꾸 생겨요. 나쁜 게 빠져나가요. 그럼 내가 이원념, 부정 마음 지키면 좋은 게 빠져나가고 나쁜 게 들어와요. 이렇게 간단한 원리예요. 그런데 인간은 그걸 모르고 부정 마음 가지고 부정 마음 챙기는 순간에 나쁜 게 들어와요. 들어오면 괴롭고 괴로운 순간에 더 괴로운 일이 생기고…. 얼마나 바보짓을 하고 있어요? 새로 사고방식 좀 바꿔 보세요. 일원심 지키는 순간에 꼭 좋은 일이 생겨요. 나쁜 게 빠져나가요. 부정 마음을 먹는 순간에 좋은 게 빠져나가고, 나쁜 게 들어와요. 이런 간단한 원리를 사용할 줄 몰라요. 그래서 저는 숫자 개념 없어요. 지구인만 살리려고 지구에서 시작하는 거 아니에요.

오늘은 금성인 '도넬' 과학자도 고마워서 열어 줬어요. 승용선도 탈 수 있다 하고, 승용선도 선물한다 하니 기대되잖아요. 5억조 갖다 놓고 열어 줬어요. 바위 속에 있는 게 열 수도 있고, 5억조도 올려놓을 수 있고. 자기는 은하계도 못 벗어나는데. 그래서 열어 주니까 새로 지구 보고 새로 열어 보니까 너무너무 밝고 놀랐어요. 지금 금성의 과학자들이 이렇게 같이 하면서도 몰라요. 진짜 온 우주가 빨려 들어오고 있고 진짜 직선 빛이 온 우주에 펼쳐 나가고 있다는 거예요. 그래서 바로 5억조에 올려놓으면 최선으로 해요. 탈 수 있는 승용선은 많대요. 대한민국 서울에도 승용차처럼 포장해서 다니고 있어요. 그런데 인간은 몰라요. 저는 많이 파 봤어요. 그래서 저희가 선물해 준다니까 희망이 보여요, 안 보여요?

# 분자몸만 벗겨지면 우주선도 필요 없다

그래서 지금 14군데에서 동시에 내 몸에 작업을 하고 있어요. 이 일은 무조건 이루어지고 무조건 성공해요. 지구인은 아직까지 외계인이 있나 없나, 우주선이 진짜니 가짜니 계속 탐구하고 있는데, 우리는 이미 연락해서 작업하고 있잖아요. 이제 빛몸 변하는 존재까지 찾아가지고 내가 그랬어요. 너희 말대로 이뤄졌으면 너희 수련은 끝났다. 우리는 너를 중요한 위치에서 사용할 것이다. 하니까 기대가 된대요. 우리는 누구한테도 기대를 줘요. 지구인이 안 믿어. 자꾸 사기당할까 봐. 외계인은 진짜 잘 믿어요.

### 티베트 밀교 스님 '아장베로'와 그의 스승 '로만'의 홍화현상

또 한 가지 말씀드릴 게 뭐냐 하면 우리 몸 빨리 녹여야 되는데 아직 마음에 안 차. 대만 동영상에서 또 무얼 봤느냐면, 티베트의 '아장베로'라는 스님이 티베트에서 밀교 믿어요. 옛날 중국에서 밀교 믿는 사람은 죽을 때 되면 홍화현상이 있다는 거예요. 빛으로 이 세상을 떠난대. 죽어서 빛이 되어 떠난대. 높은 차원에서 수련하는 분은 완전히 빛으로 되어 있고 빛으로 죽었다는 뜻이지. 또 어떤 사람은 몸이 농축되어 버려요. 이만한 존재가 줄어들어서 조그맣게 농축되는 사람이 있고, 또 어떤 분은 빛으로 변하면서 사람으로 안 보이는 현상. 그래서 다 죽었다고 생각했어요. 죽는 현상이라고 생각했어요.

그런데 희한하게 우리 분자몸 빨리 녹이려고 간절히 하니까 그 정보가 왔어. 2006년도에 아장베로가 홍콩에 자기 불교 선전한다고 갔어요. 가면서 주변 사람한테 뭐라고 했느냐면 내 제자가 어느 회사의 회장인데 곧 통보해라. 이제 곧 떠난다고. 온 다음에 자기 의자에 앉아서 이쪽에 뭘 들고 있느냐면 부처 그거 들고 있었어. 모습도 처음에는 뚱뚱해. 키도 나보다 더 크고. 그러고 있으면서 사진을 세 번 찍었어. 첫 번째 사진은 모습 그대로 보이는데 두 번째 찍으니까 희미하게 보여. 세 번째는 완전히 빛으로 되어 버렸어. 부처 그것만 있고 사람 본인은 안 나타나. 없어졌어.

그래서 내 생각에 이건 분명히 안 죽었다. 한번 대화해 봐야 되겠다. 그래서 찾았어요. "너 죽었어, 안 죽었어?" 하니까 안 죽었대. 지금 어디 가 있느냐고 하니까 티베트의 절간에 가 있대. 여기서는 빛으로 죽은 척해 놓고 제자에게 나는 떠난다 해 놓고, 몰래 빛으로 해서 티베트 절간에 가 있더라고. 그런데 왜 이 방법 쓰나? 자기들이 비밀로 한다는 거라. 그럼 너 순간이동 능력 있나? 그러니까 있대. 그럼 네가 티베트에서 중국 흑룡강 하얼빈으로 가려면 얼마나 걸리냐고 하니까, 한 두 시간 정도. 두 시간 걸려도 중간에 몇 번 쉬어야 된대. 한 번에 못 가고.

그래도 대단하지 않아요? 티베트에서 흑룡강까지 몇천 리, 몇천 킬로 되는데 거기를 2시간에 도착할 수 있다고. 우리 KTX보다 몇 배나 더 빨라. 그래서 너희 스승이 누군가? 너 몇 년 수련했나, 나이 얼마냐 하니, 63세고 50년이나 수련했대. 그럼 그 빛으로 변하는 능력 언제 나타났느냐고 하니까 20년 전에. 그래 30년 수련해 가지고 그 능력이 이제 나타났어. 빛으로 변하는 능력. 그런데 그거 공개 안 하고 비밀로 지킨다고.

네 스승이 누구냐, 그 원조를 찾았어요. 원조 이름이 로만. 그래서 로만 찾아서 네가 빛으로 변하는 홍화현상 할 줄 아느냐고 물어보니까, 할 줄 안대. 자기가 원조래. 자기가 2만 년 전에 티베트 와서 수련하다가 자기가 깨우쳤대. 이 홍화현상 방법을 가르치고 제자를 키워놓고 떠났대. 그래서 지금 어디 있느냐고 물으니까 35광년에 있대. 그래서 거기서 끝났느냐고 물으니까 안 끝났대. 계속 높은 차원으로 올라가기 위해 수련하는 중이라고 그래서 네가 내 몸을 빛몸으로 만들려면 얼마나 시간 걸리나. 한 3시간이면 되느냐고 물으니까 욕심이 너무 많대. 너희는 욕심을 버려야 된다고 하지만 나는 욕심 많아야 해. 온 우주 재산 끌어오는 그런 욕심을 가지고 있다. 내 몸 빨리 변화시킬 수 있느냐고 물으니까 변화시킬 수 있대. 그러면 얼마나 시간 걸리느냐 물으니까 3개월 걸린대. 3개월이면 빛몸으로 변화시킬 수 있대. 그럼 너 최선을 다해 봐. 그다음에 또 제자 아장베로. 너는 내 몸 언제까지 변화시킬 수 있나 물으니 6개월 걸린대. 그럼 너희들 다 합해.

그래서 지금 14군데에서 동시에 내 몸에 작업을 하고 있어요. 이 일은 무조건 이루어지고 무조건 성공해요. 지구인은 아직까지 외계인이 있나 없나, 우주선이 진짜니 가짜니 계속 탐구하고 있는데, 우리는 이미 연락해서 작업하고 있잖아요. 이제 빛몸 변하는 존재까지 찾아가지고 내가 그랬어요. 너희 말대로 이뤄졌으면 너희 수련은 끝났다. 우리는 너를 중요한 위치에서 사용할 거다, 하니까 기대가 된대. 우리는 누구한테도 기대를 줘요. 지구인이 안 믿어. 자꾸 사기당할까 봐. 외계인은 진짜 잘 믿어요. 생명 내걸고 모든 것을 내 몸에 실험한다.

## 일체의 부정 관점이 없다

오늘 대화하다 그랬어요. 무시공 안병식 앞에는 사전이 있는데, 그 사전 안에는 안 된다는 단어가 없다. 나의 사전 안에는 안 된다는 단어가 없고 위험하다는 단어도 없고 나쁘다는 단어도 없어. 일체 부정 관점의 단어는 하나도 없다고 그랬어. 전부 다 절대 긍정. 절대 된다는 것. 생로병사 그런 단어도 없어. 그런데 내가 쓰는 사전은 지구에 없어. 맞죠? 그러면 우리도 다 그런 사전을 손에 쥐고 있으라고. 그러면 그 사전이 뭐예요? 비공선지, 그 안에 다 포함되어 있어요. 맞죠? 절대적으로 긍정 마음. 절대적으로 일원심 지키면 일체가 다 이루어져요.

사람은 이분법 마음이 있으면 해본 적 없어 못 해. 해본 적 없으면 되도록 만들면 되지, 왜 자꾸 있는 그대로 살아가려고 그래요? 조금 부딪히면 도망가려고 하고. 앞에서 헤매면서 하면 안 돼? 죽으면 죽고 살면 살고. 움직이지도 않고 미리 무조건 안 된다고 하니 될 일이 어디 있어요? 부딪치고 깨어지고 부서져도 내 생명 붙어 있는 순간에 해 보라고. 하면 이루어져요. 그럼 우주 작업 누가 해 봤어요? 부딪치며 말 안 들으면 아무리 높은 존재도 삭제해 버려요. 그렇게 헤매다 보니까 지금 열리고 있잖아요.

# 이 공부 하는 사람은 죽고 싶어도 못 죽는다

나는 시공을 한 번도 인정한 적이 없어요. 나는 시작부터 끝까지 무시공에 있었어요. 지금도 무시공에서 말하고 있다고요. 그런데 인간은 시공에서 듣고 있어. 무슨 소리인지 알아요? 나만 있어. 일체 안에 내가 있다. 일체 안에 내가 있다는 것은 주객을 나눴어. 만약 내가 시공에 들어왔다면 일체 안에 내가 있어. 그럼 일체 안에 나만 인정해. 그 객관 인정해요, 안 해요? 나는 인정한 적이 없어요. 그래서 '일체 안에 나만 있다'의 나만 인정해요. 그게 따져 보면 무시공에서 문제를 보는 거라고요.

우리는 수련이 아니라고 했어요. 이원념에서 일원심으로 바꾸면 우린 이미 새로운 인간이다. 새로운 우주 존재, 얼마나 간단해요? 일원심 지키는 게 그리 힘들어요? 내가 모델이 되어 일원심 그대로 유지하고 있잖아요. 서울과 부산에 있을 때, 어떤 분이 카톡으로 전화로 나 죽인다고 해서 죽이라 그랬어요. 기다리고 있다고. 그런 일도 있었어요.

아세요? 이 분자몸 아무리 죽이려 해도 아무렇지도 않아요. 진짜 나는 보이지도 않아요. 죽이려고 해도 못 죽여요. 무엇 때문인가? 나는 다른 우주에 있는 존재인데, 이 우주하고 무슨 상관인가. 우리 다 그런 마음으로 가지고 있자고. 일체 좋은 현상. 일체가 나다. 그러니까 관점하고 입장하고 엄청 차이가 있어요.

'일체 나다'고 하면 너도 나고 나도 나다. 그러니 시공에서 나쁜 놈도 다 좋아야 된다, 그게 아니에요. 우리 무시공에서는 무시공 안에는 나밖에 없어. 일원심 존재밖에 없어. 거기서 나쁜 게 보여요, 안 보여요? 잘못된 거 보여요, 안 보여요? 완전 무시공에서는 완전 무시공으로 되어 있는 그런 존재만 거기 있어. 거기서 문제를 보라는 거. 무슨 소리인지 알아요? 내가 일체동일 그게 여기 분자 세상 시공에서 일체동일이 아니고, 내가 말하는 일체동일은 무시공에서 무시공 입장에서 문제 보는 걸 밝히는 거예요. 그런데 우리는 시공으로 그걸 끄집어 와 가지고 여기서 일체동일을 하려고 그래. 그럼 영원히 동일이 안 된다고. 여기 있는 이원념하고 어떻게 동일이 돼요? 영체하고 생명하고 어떻게 동일이 돼요? 자기한테 사기 치고 있잖아요.

나는 시공 한 번도 인정한 적 없어요. 나는 시작부터 끝까지 무시공에 있었어요. 지금도 무시공에서 말하고 있다고요. 그런데 인간은 시공에서 듣고 있어. 무슨 소리인지 알아요? 나만 있어. 이런 말 그때 말했죠. 일체 안에 내가 있다. 그럼 일체 안에 내가 있다는 거는 주객을 나눴어. 만약 내가 시공에 들어왔다면 일체 안에 내가 있어. 그럼 일체 안에 나만 인정해. 그 객관 인정해요, 안 해요? 인정한 적이 없어요. 그래서 '일체 안에 나만 있다'의 나만 인정해요. 그게 따져 보면 무시공에서 문제를 보는 거라고요. 시공에도 무시공이 있다는 거예요, 그럼 나는 무시공만 인정했지. 시공의 일체를 인정 안 했어요. 그 한마디죠. 일체 안에 내가 있다.

그리고 또 하나의 말. 일체가 내 안에 있다. 그러면 일체가 내 안에 있어. 예를 들어가지고 일체 안에 내가 있어. 이 안에 내가 있으면 나만 인정했지 밖에 이거를 인정했어요? 인정 안 했잖아. 나만 인정하고 나만 지키라고 그랬잖아요. 나만 보라고 그랬잖아요. 왜 남을 봐? 그렇지만 일체 안에 내가 있어. 일체 안에 다 내가 있어요. 그럼 그 일체 안에 내가 일체 다 나 맞아요, 아니에요? 그리고 또 일체가 내 안에 있다. 그러면 밖에 또 내 안에 있어요, 없어요? 안에도 나라는 존재 있고, 밖에도 나라는 존재 있으면 이 우주에 나밖에 없어. 그래서 일체가 나다. 말 돼요, 안 돼요?

이거는 시공에서 말하는 게 아니에요. 무시공 관점에서 문제를 보고 있다고. 해석하기 위해서 인간이 시공에서 내 말을 느끼려고 하니까 자꾸 오류가 돼. 오차가 있어. 그래서 그걸 해석하기 위해서 내가 말을 자꾸 바꿔서 말해요. 내가 천번 만번 바꿔도 그 원뿌리는 하나도 안 움직였어. 나는 무시공 존재니까. 무시공 입장에서 문제를 보라는 거예요. 그걸 밝히는 거예요. 알았어요? 일체 안에 내가 있다, 저 사람도 나야, 저 사람은 나쁘다, 그런데 그것도 나야. 나는 한 번도 그런 소리 한 적 없어요. 나는 일원심만 인정한다 했어요.

그래서 이걸 또 강조해요. 이것도 수없이 강의하며 강조해도 자기 입장을 안 바꾼다고. 입장 바꾸고 관점 바꾸면 결과가 다르다고 그랬잖아요. 저는 무시공에서 계속 말하는데 사람들은 계속 시공에서 들어. 그래서 내내 힘들어. 통하지 않는다고. 대화는 되었어. 그런데 소통이 안 되었다고. 맞죠? 다 내 말귀 알아들었어. 내 말 듣는 건 간단해. 실제로 말은 알아들었어. 그런데 그 안의 내막은 안 통했다고, 나는 무시공에서 인간 말을 빌려서 말하는데, 인간은 자기 입장에서 인간 관점으로 받아들여. 그러니까 내 뜻을 알 수가 없다고. 그래서 15년 동안 계속 했던 말 또 해도 못 알아듣잖아. 그런데 요새는 좀 알아듣네. 특별히 지구에 온 걸 환영한다는 프랭카드 보니까 진짜 나를 좀 알아봤구나 싶어. 맞죠?

나는 무조건 이야기했어요. 나는 생긴 거 인간이야. 맞죠? 그러면 내 관점하고 본인 관점하고 같아요, 같지 않아요? 무엇이 똑같아요? 일원심. 나의 일원심은 원래 본질이고 내 본능이라고 해도 돼. 그게 나라고. 그런데 인간은 일원심 처음부터 알았어요?


**마음의 탯줄까지 잘라라**

이 지구에서 하나도 없다고 감히 결론 내려. 이제 공부해서 깨어나. 일원심이 이거고, 이원념이 저거라는 거, 이제 겨우 분리되고 있어. 분리되다 또 어디로 끌려 가. 그 연뿌리처럼 잘라도 진이 끈적끈적하게 아직 달려 있어. 우리도 딱 그렇다고. 이원념을 일체 자르라고 일체근단 하라 해도 연뿌리는 끊어졌어. 겉으로는 끊어진 것처럼 보여. 그런데 아직도 달려 있어서 자기를 괴롭게 하고 있다고. 일원심을 지키고 있었다고 생각했는데, 다시 또 이원념으로 자기도 모르게 끌려가 있다고. 그 진까지 끊으라고. 무슨 뜻인지 알아요? 이원념이 너무 끈질겨. 온갖 방법으로 이원념이 우리를 오염시키고 있다고. 그걸 벗어나는 게 실제로는 쉬운 일이 아니에요.

사람마다 태어났을 때 탯줄 다 끊죠. 늙고 죽어갈 때까지 탯줄 달고 다니는 사람 한 사람도 못 봤어. 맞죠? 그런데 한 가지 탯줄은 끝까지 달려 있다고. 마음의 탯줄. 그건 눈에 안 보여. 그거까지 잘라야 진짜 독립할 수 있어. 무슨 뜻인가? 엄마 배 속에서 태어날 때 탯줄은 끊었어. 그러나 마음의 탯줄은 아직까지 엄마에게 의지하고, 아빠에게 의지해야 되고 엄마, 아빠 없으면 죽을 것 같아. 사람은 눈에 보이는 것만 인정해. 안 보이는 건 절대로 인정 안 해. 그러니까 우리 지구인들은 막힐 수밖에 없어요. 오늘까지 누가 이 탯줄 끊으려고 생각했어요? 생각조차 못해. 그래서 내가 일체근단. 모든 탯줄 무조건 다 끊어야 내가 살아. 끊어야 자유로운 걸 느낄 수가 있어요.

# 비공선지는 생명 자체

비공선지도 글자가 아니고 생명 자체라고 해도 자꾸 글자로 보이잖아요. 그래서 무엇 때문에 끊임없이 비공선지를 외우라 그래요? 외워야 내 안의 세포가 깨어나요. 어떤 분은 이걸 주문이라고 생각해요. 특별히 각종 종교 믿은 분 무슨 수련 단체에서 훈련받은 분은 이건 주문이네, 하고 외우면 벽담으로 되어 있어요. 그럼 내 세포를 깨우는 데 늦어요. 그래서 비결은 주문이 아니고 글 자체가 생명이에요. 글자로 보였을 뿐이에요. 일체를 생명으로 보면 비공선지가 생명이에요.

## 비공선지는 글자가 아니고 생명이다

무시공생명수를 마신 체험담을 잘 들었어요. 여기에 하나 말씀드리면 인간은 계속 생명과 물질을 갈라서 봐요. 우리 3단계 무시공생명수를 물로 만들었어요.

인간은 습관 때문에 이건 물이다. 내 세포에 수억 겁 내려오면서 물질로 보는 습관이 저장돼 있어요. 그래서 말로는 생명수라고 하면서 실제로 마시면서 세포는 어떻게 받아들여요? 이것은 물이라고 받아들여요. 그럼 무슨 현상이 일어나요? 내 마음에 벽담이 있으니까 물 효과가 상대적으로 약해요. 그래서 코드가 안 맞고 아직 소통이 안 됐어요. 물은 진짜 생명으로 돼 있어요. 우리 자신의 이원념 때문에 수억 수천만 년 내려오면서 물질 관점으로 갈라놓기 때문에 벽담이 있어요. 그럼 이 생명이 내 몸에 들어와도 100% 효과를 못 일으켜요. 그래서 세포를 깨워야 해요. 일체를 생명으로 보면 기적이 일어나요. 놀라운 효과가 일어나요.

그럼 지금 어떻게 하면 효과가 일어나나? 우리 이미 무시공생명수로 세포에 입력했잖아요. 그래서 마실 때도 일부러 무시공생명이다. 이 생명이 내 안에 들어오면 아직 완벽하지 않은 생명이 같이 동일이 되면서 힘이 강해져요. 그럼 내 안의 이원념 물질하고 이원념 관점이 빠져나가요. 그래서 우주하고 통하고 무시공생명하고 완전히 하나가 돼 있어요. 정말 깨끗해요. 이 물은 이미 이원 에너지를 삭제해서 완전 일원심으로 되어 있는 무시공생명이에요. 물이 아니에요.

비공선지도 글자가 아니고 생명 자체라고 해도 자꾸 글자로 보이잖아요. 그래서 무엇 때문에 끊임없이 비공선지를 외우라 그래요? 외워야 내 안의 세포가 깨어나요. 어떤 분은 이걸 주문이라고 생각해요. 특별히 각종 종교 믿은 분 무슨 수련 단체에서 훈련받은 분은 이건 주문이네, 하고 외우면 벽담으로 되어 있어요. 그럼 내 세포를 깨우는 데 늦어요. 그래서 비결은 주문이 아니고 글 자체가 생명이에요. 글자로 보였을 뿐이에요. 일체를 생명으로 보면 비공선지가 생명이에요.

인간이 철저하게 잘못된 사고방식은 물질과 생명을 갈라놓았기 때문에 자기를 고립시켜 놨어요. 무한대로 우주의 능력을 갖추고 있는데 자신이 막아 놨다는 거예요.

그래서 모든 것을 생명으로 보라. 모든 것을 생명으로 보면 두 가지 마음이 있어요. 시공 일체 생명에는 긍정 마음과 부정 마음이 있어요. 그럼 부정 마음은 어떻게 해야 돼요? 삭제해야 하고 인정 안 해야 해요. 일원심은 절대 긍정 마음. 일체 생명의 상대 긍정 마음하고 일원심 절대 긍정 마음하고 통해요, 안 통해요? 그럼 통하는 순간에 우주 끄트머리부터 일체 생명이 나하고 하나가 됐잖아요. 그럼 일체 조공을 할 수 있어요.

내가 움직이면 우주가 움직이고, 내가 심력 쓰면 온 우주가 바뀐다 하면 바뀌죠? 바로 그거예요. 일체를 생명으로 보라는 목적이 여기 있고, 고립된 나를 완전 무시공과 하나가 되는 원리를 밝히고 있어요. 물방울 하나를 이 자리에서 보면 너무 연약해요. 햇볕을 쪼이면 순간에 증발해 버려요. 그럼 물방울 하나를 바다에 던져 놓으면 그 물방울이 바다와 하나 됐죠? 그때는 상상도 못 하는 힘이 생겼잖아요. 물방울 하나 힘이 강해요, 바다 힘이 강해요? 아무리 태양이 뜨거워도 바다는 마르지 않고 그대로 있잖아요.

그래서 인간은 이원념 때문에 전체 우주 생명에서 벗어나 고립되고 분리됐어요. 그럼 지금 이 공부를 해서 고립된 자기를 우주 생명에 던지라는 거예요. 그래서 생명을 먼저 인정하고 일체를 생명으로 봐야 해요. 그 뜻이 뭔가 하면 나를 물방울 입장에서 보지 말고 바다의 입장에서 보라는 거예요. 바다가 나고 물방울이 바다와 합쳐지면 무한대의 힘을 발휘해요.

이렇게 간단하게 예를 드는 목적은 나라는 생명을 무한대로 우주 전체의 생명으로 던져 놓으라는 거예요. 그럼 우주의 힘이 바로 나의 힘이에요. 내가 바로 우주예요. 그래서 무시공생명은 우주를 지배하고 우주를 좌지우지하고 일체를 조공할 수 있다는 거예요. 그래서 비공선지를 하나하나 계속 실천하면서 느끼면 세포가 깨어나고 무한대의 비밀이 다 드러나요. 일체 조공한다고 생각하고 오늘 어디를 갔는데, 마음먹은 대로 어떤 일이 이루어졌다고 해서 그걸 조공이라고 생각하면 아직 먼지 덩어리처럼 작은 입장에서 자기를 보고 있다는 거예요. 우리는 온 우주를 지배할 수 있어요. 개인 입장에서 문제를 보는 게 아니에요.

그래서 무시공생명수에서 그 '수' 자를 빼세요. 무시공생명으로 보세요. '수' 자가 들어가면 물질로 보여요. 처음에는 모르니까 이건 무시공생명수다. 그러나 마시면서 '수'라는 단어가 있으니까 세포는 무엇을 생각해요? '이건 물질이다'라고 생각해요. 속은 아직 그대로 받아들이고 있어요. 그래서 끊임없이 '수' 자를 빼고 '이건 무시공생명이다'라고 입력시키세요. 그럼 새로운 정보가 들어가요. 이건 물이 아니고 생명이기 때문에. 무시공생명은 직선 빛 그 자체예요. 그게 내 몸에 들어가면 나의 거친 몸이 순간 직선 빛에 관통해요.

우리가 직선 빛이라고 하는 건 인간이 말하는 레이저 빛보다 몇천 몇만 배 강해요. 일체 물질을 다 뚫고 들어갈 수 있고 일체 생명 속에 다 존재할 수 있어요. 그럼 무한대로 힘이 있어요. 멀리 쏜다고 없어지는 게 아니고 여기서 출발할 때 힘이 강하니까 끄트머리까지 밑도 끝도 없이 계속 발사해요. 영원히 사라지지 않는 엄청 무서운 빛이에요.

그래서 3단계 물을 마실 때 생명수라고 하지 말고, 너는 무시공생명이고 나는 너한테 도움받고 하나 된다고 끊임없이 계속하면 세포가 깨어나요. 그럼 무서운 효과가 이뤄져요. 생명을 깨우치는 제일 좋은 방법이고 제일 빠른 방법이에요.

### 대전 센터에서 공부하는 도인들

지구에 다시 와서 무슨 작업을 해야 해요? 지구에서 수만 년 수련하면서 동굴에서 수련하고 헤매고 도통하려고 하는 이런 존재가 너무 많아요. 지금 요사이 3단계 존재가 어디까지 파고들어 갔어요? 4만 년까지 사는 존재 상상도 못 하죠? 환웅이 9천 년 전에 왔어요. 그럼 이런 존재는 3~4만 년 동안 동굴에서 도통하려고 헤매고 있어요.

우리가 물어봤어요. 너는 영원히 산다는 거 보장할 수 있느냐 물으니까 못 한대요. 지금 4만 년 살던 존재도 죽는대요. 뭐 때문에 죽어요? 그만큼 열심히 도 닦고 했는데도 이원념 때문에 다 죽는다는 거예요. 이원념 안 벗어나면 절대로 영원한 길을 못 가요. 그래서 이원변일원 생사변영항 의식혁명이죠. 바로 그 뜻이에요.

4만 년 살았던 인도 사람이 천 년 전에 죽었는데 그 영하고 대화했어요. 중국의 구화산에 왔어요. 그럼 뭐 때문에 왔느냐 하니까 귀인 찾으러 왔대요. 귀인 찾았는지 물으니까 바로 우리라고 해요. 그럼 우리가 너희 찾을 줄 알고 있었느냐 물으니까 알고 있었대요. 그래 그럼 죽어도 괜찮아. 수만 년 동안 도 닦았으니까 무슨 능력 있지 않느냐? 인간 세상에서 몸을 빌리든 환생하든 인간들에게 보이게 해달라. 그리고 네가 아는 살아 있는 제자 밝히라 해서 중국에 있는 존재 한국에 있는 존재 찾았어요.

한국에는 90살로 살아 있는 도 닦는 존재를 파고들어가 봤어요. 4만 년 된 존재를 통해서 계룡산에서 2만 2천 살로 사는 도인이 있어요. 그 도인 이름이 '오도지'예요. 지금 우리 공부하는 데 여기 올 수 있느냐고 물으니까 빛이 강해서 무서워했지만, 훈련시켜서 오게 했어요. 그렇지 않으면 생전에 이런 빛 본 적도 없고 녹을까 봐 근처에 못 온다고요.

이런 존재도 있고, 하나 밝힐 것은 어떤 동영상 보면 관심이 있을 거예요. 큰 트럭이 작은 차 밀고 곧 부딪치려 하는데 한 사람이 구해 줬어요. 그걸 알게 돼서 3단계 존재보고 파고들어가 보라 했고 이걸 밝힐게요. 지금 이 자리에 왔거든요. 원래 동영상에서는 인간 모습으로 나타났던 거예요. 이 사람이 대만에 있고 올해 750살 정도 된 여자예요. 여기 오라고 했어요. 이런 사람은 아직 분자몸을 완전히 안 벗어났어요.

우리하고 분자몸 벗어난 상대하고 중간 다리 역할을 할 수 있어요. 그래서 이런 존재를 많이 모이게 해야 해요. 우리는 아직 못 벗어났는데 그런 분은 이 몸을 곧 벗어날락말락 할 정도로 되어 있어요. 나타나고 싶으면 나타날 수 있고, 없어지고 싶으면 없어질 수 있어요. 몸을 숨기는 기술이 있다는 거예요. 그만큼 수련했기 때문이에요. 수련을 많이 한 존재는 살아서 억지로 수련해서 녹았어요. 그럼 이 몸으로 나타나기 힘들다는 거예요.

그래서 우리는 여기서 무슨 결정을 했나? 영으로 온 존재는 잠시 뒤로 미뤄, 반드시 육체를 가지고 있는 존재를 먼저 살려 놓고 이미 죽어서 영으로 된 존재를 2단계로 해서 살리는 방법과 부활하는 것을 알려줄 것을 알려줄 거예요.

우리는 가장 가까운 도인들, 계룡산에 7백 몇 살 된 존재가 지금 산에서 약초 캐고 있어요. 여기 오는 데 3시간 걸리는데 올까 말까 고민해서 오라 명령했어요. 그런데 너무 느려요. 빛이 너무 세밀하고 생전에 본 적이 없고 블랙홀 현상이 일어나고 그 빛이 온 지구 온 우주를 변화시킨다는 것까지 다 알고 있어요. 수많은 우주 공간에 수많은 비행체 수많은 고급 존재가 있고 그것까지 보는 존재가 있고 더 높은 차원에는 빛만 보인데요. 어디 있는지 모르겠대요. 많이 열린 존재는 고급 존재도 볼 수 있다는 거예요. 각 차원에 따라서 보이는 게 달라요.

그래서 이 빛이 너무 무섭다는 거예요. 생전 못 본 빛이니까, 이원념이 녹는 빛이니까, 이원념 입장에서 수련했으니까 당연히 무섭죠. 녹아 없어지니까요. 무섭고 두려워했지만 우리가 보호하고 빛을 올려주고 오게 했어요. 이렇게 해서 차츰차츰 오게 만들어 여기 3단계 존재하고 한데 어울리면 변화 속도가 더 빠르잖아요. 이런 존재는 순간 이동을 할 수 있어요. 우리는 아직 분자 껍질이 두꺼워서 못하잖아요. 그 사람은 수많은 고통을 겪으면서 분자몸 녹였잖아요.

그 사람과 우리가 다른 점이 뭐예요? 달걀처럼 껍질은 변했지만 안은 안 변해요. 그래서 끝까지 못 변해요. 겨우 껍질은 녹았어요. 그래서 생사를 못 벗어난다고요. 우리는 본질인 무시공에서 변해요. 무극에서 밑으로 변해요. 그럼 세밀한 공간 무감각 시공에서 우리는 껍질만 안 변했어요. 껍질은 자기들보다 못하지만 속은 완벽하게 변해 놨어요. 우리는 이미 병아리가 다 되어 있어요. 껍질만 깨고 나오면 돼요. 저들은 껍질은 벗겨졌지만 안은 노란 체 흰 체 아직 안 변했어요. 변하려고 하고 있어요. 달걀이 1주일 정도 되면 핏줄이 보이잖아요. 안에 흰 체 노란 체는 아직 안 변했다고요.

제가 이렇게 말하면 이들은 듣기 싫을 거예요. 그렇지만 있는 그대로 말해요. 너희는 지구에서 제일 낮은 존재고 헛고생했다고. 우리는 동굴에서 수련 안 하지만 순간순간 이해해요. 저들은 특별히 계룡산. 우리가 불러서 안 보여 줬으면 지금도 몰라요. 불러서 보여 주니까 놀래요. 그래서 우리가 도인을 빨리 불러서 밝히고 깨워야 해요.

지금 계룡산만 해도 이런 도인이 몇 백 명 된대요. 도인 중에서 우리가 삭제한 존재가 있어요. 얼마 전 지리산에 머물며 도인 한 사람 보고 너 어디 있나 이 자리 올 수 있나? 했더니 자기는 산 너머에 있대요. 우리에게 오라고 하니까 몇 시간 걸리지만 온다고 해서 기다렸어요. 영만 오고, 몸은 안 움직였어요. 그래서 계속 너 그렇게 하면 삭제한다, 우리를 그렇게 깔보지 말라, 우리는 너를 살리려 하지 너를 해코지하는 게 아니다, 반드시 협조해야 한다고 그랬어요.

처음에는 용서해 달라 그리고, 두 번 약속했는데 두 번 다 안 지켰어요. 그래서 너희 사부 스승이 누군가? 스승을 불러왔어요. 스승은 800살 먹었어요. 그래서 우리가 약속했으면 지켜야지 하니까 사부도 마찬가지로 못 와요. 계속 영만 와요. 지금 수많은 수련 영혼이 있어야 하잖아요. 육체는 놔두고 영혼만 빠져나와 다녀요. 그걸 도통했다고 생각해요. 실제 몸뚱이로 와야 된다고 했지만 안 왔어요. 너희 약속 안 지키면 삭제해 버린다고 하고 삭제해 버렸어요. 2만 2천 년 된 도인한테 물어봤어요. 이 소문 알고 있느냐 물으니 안대요. 이것도 지구에서 도인 세상에서 우리 말 안 듣는 존재 삭제해 놔야 정신을 차려요. 그래야 이 자리에 모여요. 안 모이려 해도 안 모일 수가 없어요.

우주에서도 우리를 삭제하려고 하는 존재를 삭제 안 하면 우리를 깔보고 여기 절대로 안 와요. 그래서 지금 대전에 모여들고 있잖아요. 그래서 도인도 한국, 중국, 인도, 일본 도인까지 알고 있지만, 중국 한국 위주로 먼저 불러요. 많은 정보가 들어왔어요. 끝까지 버티면 할 수 없이 삭제해요. 계속 이원념 지키고 영체 입장으로 보고 몇 번 말 안 들으면 삭제해요. 우리가 삭제 안 해도 어차피 자동으로 없어져 버려요. 처음에는 우리가 하는 걸 안 믿으니까 어쩔 수 없이 처벌해야 깨어나요.

그래서 지금까지 제가 그랬잖아요. 이다음 세상은 도인 세상이 온다고. 전부 다 심력을 써서 사는 세상이 온다고. 체력변심력, 그거 엉터리로 말한 게 아니에요. 새로운 세상은 우리 마음먹은 대로 이뤄져요. 손발 움직이는 세상은 끝났다고. 물질 세상 끝났어요. 그래서 여기 도인들도 우리가 어디까지 데려왔어요? 5천억 광년에 올려놨어요. 혼자 올라가면 죽었다 깨어나도 못 올라가요. 지구 밖으로도 못 가요. 지금 어떤 도인은 겨우 화성에 갔다 왔고 달에 갔다 왔대요. 태양계도 못 벗어나요. 우리는 5천억 광년이 제일 밑바닥이에요. 다 5천억 광년 이상에 올려놨어요. 곧 1조에 올려요. 저들은 상상도 못해요. 5천억 광년에 가도 못 견뎌서 우리가 빛으로 올려줘야 해요.

그럼 우리 이번에 2만 2천년 산 존재를 어디까지 구경시켰어요? 1조 광년까지 구경시켰어요. 100% 우릴 믿고 따라오면 할 수 있어요. 제가 2천 년부터 계속 15년 동안 말해도 믿지 않잖아요. 도인들도 마찬가지예요. 도인이라고 다 믿는 게 아니에요. 똑같이 의심하고 도망가고 잘못됐다고 그래요. 그래서 제가 그랬어요. 외계인 몇천 몇만 년 사는 존재도 영생 못 하는데 너희는 겨우 몇만 년 수련한 걸 대단하다고 생각해. 거기에 비하면 아무것도 못 해요. 우리는 그저 지구에서 시작하니까 너희들 수고했다고 동참해서 하자고 할 뿐이지 우리가 자기들 믿고 공부하는 거예요? 그들이 없어도 우리는 할 수 있잖아요. 그래서 그들이 도 닦고 힘들어했던 거, 개인 수련 이제 끝났고 나하고 같이 하자는 거예요. 같이 좋은 세상 가자는 거예요. 그런데 한쪽으로는 믿으면서 한쪽으로는 의심해요. 그게 영이 아직 작동해서 그래요.

그래서 여기서 3단계 존재가 끊임없이 작업해야 해요. 그저 100명 중에서 한 명만 동참하면 엄청난 변화가 이뤄질 거예요. 우주 작업 시작이고 지구 작업을 하려면 도인 부르고 이 센터에 지구인 모여들게 확장해야 하잖아요. 그런 도인들이 와서 자기 할 일이 있어요. 저들은 우리보다 조금 초능력이 있잖아요. 여기서 만일 중국 어디 간다 하면 순간 도착해요. 우리는 분자몸 껍질 때문에 아직 안 되잖아요. 앞에 나타날 수도 있고 여기 있어도 안 보일 수 있어요. 그럼 그런 사람들이 와서 동참하면 저들도 살길이 생기고 우리도 도움받고 좋잖아요. 좋은 일인데 왜 자꾸 두려워서 그래요? 그래도 끝까지 방해하면 삭제한다고 미리 경고해요. 그리고 이거 안 믿으면 신화 이야기로 들으세요.

부록

# 용어 해설

---
### 무시공생명 비결, 공식, 선언, 지침
---

**비 · 공 · 선 · 지**
○ 무시공생명 비결
○ 무시공생명 공식
○ 무시공생명 탄생 선언
○ 무시공생명 행동지침


○ **무시공생명 비결(無時空生命 秘訣)**

　무시공생명 비결 20가지는 60조 세포를 깨우는 생명 그 자체이다. 수천, 수억겁, 조상 대대로 유전되어 물려받은 가르고 쪼개고 분열하는 이원념의 영체가 작동하는 마음을 절대긍정 일원심의 마음으로 바꾸게 하는 역할을 한다.

　비,공,선,지를 끊임없이 외우면 60조 세포가 일원심의 세포로 살아나고 시공우주의 파장에서 벗어나 인간의 영원한 숙원인 생로병사에서 벗어날 수 있다.

　**무(無)는 없다는 뜻이 아니고 합(合)한다는 뜻이다.**

비결에서 '無' 자를 빼면 가르고 쪼개고 분별하는 이분법 이원념이 된다. '無' 자를 붙이면 모든 것을 합하여 무시공생명의 일원심이 된다.

- 공간(空間: 天)

    무시공 마크에서 파란색을 의미하는 부분이다.
    무주객(無主客) 무선악(無善惡) 무빈부(無貧富) 무고저(無高低) 무음양(無陰陽).
    무시공생명은 시간과 공간을 초월하는 무시공 우주를 지향한다.
    우주의 빅뱅 이래 계속 우주는 팽창하면서 공간이 넓어지고 곧 그것은 공간이 사라진다는 것을 의미한다.
    우주의 흐름이 쪼개고 가르고 나누는 일시무시일의 흐름이었다면, 지금의 우주는 끝없이 합(合)하는 일종무종일의 흐름으로 바뀌었다. 즉 위에서 쪼개면서 아래로 내려오던 우주흐름이 밑에서 합하여 위로 올라가는 흐름으로 우주가 바뀌었다.
    무주객 일체동일 속에 대상과 조건이 사라지고 무고저, 무선악 속에는 인간의 고정관념과 윤곽과 틀을 깨는 우주의 비밀이 담겨있으며 무음양 속에는 무극을 통과하는 열쇠가 있다.

- 시간(時間: 地)

    무시공 마크에서 녹색을 의미하는 부분이다.
    무생사(無生死) 무이합(無離合) 무래거(無來去) 무시말(無始末) 무쟁인(無爭忍)
    2,000년 전, 아르헨티나에서 발견된 예언서 중 『사지서』에서는 시간에 대한 예언을 했다. 시간은 곧 영원히 없어진다.
    미국의 어느 과학자가 우주에서 지구의 시간에 대한 연구를 진행하면서 몇 번 시간의 윤회가 있었고, 마지막 윤회의 시기가 1945년이 기점이며 그 후 76년 이후에는 시간이 영(0)으로 돌아간다고 계산을 했다. 그 시기가 2012년 12월 21일로 파장으로 된 시간이 영(0)으로 돌아가고 시간이 멈춘다.
    무시공생명은 시간과 공간을 초월한 공부다. 공간이 줄어들고 시간이 멈춘다는 것은 지금의 시공우주가 사라진다는 것을 의미한다.
    무생사 무이합 무래거 무시말 무쟁인 - 생과 사에서 벗어나고 오고 감도 없고 시작과 끝도 없는 영원한 무시공 우주에는 지상천국 지상극락의 세계가 펼쳐진다.

- 오관(五官: 人)

  무시공 마크에서 노란색을 의미하는 부분이다.
  무건병(無健病) 무미추(無美醜) 무향취(無香臭) 무호괴(無好壞) 무순역(無順逆)
  인간은 오관을 통하여 보고 느끼는 순간 좋고 나쁘고, 아름답고 추하고, 맛있고 안 맛있고, 달고 쓰고, 아프고 안 아프고 등 판단하는 순간 그것을 세포에게 입력을 시킨다. 오관으로 느끼는 모든 것은 가르고 쪼개는 시공우주의 관점이다. 이 시공우주의 물질세계는 음양의 뿌리가 잘린 허상의 세계이다. 시공우주의 생명은 허상인 영체에 불과하다. 무시공생명은 실상의 생명이며 영체변생명(靈體變生命)이 되었다.

- 의식(意識: 心)

  무시공 마크에서 빨간색을 의미하는 부분이다.
  무신심(無身心) 무생학(無生學) 무지우(無智愚) 무정욕(無情慾) 무신의(無信疑)
  의식혁명을 통하여 인간의 관점을 회복해야 한다. 이원변일원, 생사변영항. 의식혁명이 일어나면 생로병사에서 영원히 벗어나고 윤회도 없고 생사도 없는 영원한 존재가 된다. 그래서 우리는 새 생명을 찾았다.


○ **무시공생명 공식(無時空 生命 公式)**

무시공생명 공식은 사람이 원래 무시공 존재임을 인정하고, 지키고, 누리는 무시공 행동 원리입니다. 무시공생명으로서 무시공 자리를 확고히 지킬 수 있는 무시공의 법칙이요, 절대긍정 일원심의 원리입니다.

- 일체근단(一切根斷) - 일체 음양의 뿌리는 끊어졌다.

  태초 무극의 존재가 원래 하나인 우주를 음과 양으로 나누는 순간 이 시공우주(빅뱅)가 생겨났다. 무음양-음과 양을 합함으로써 시공우주의 뿌리가 잘렸다. 지구를 비롯한 시공우주는 허상의 세계가 되었다.

- **일체동일**(-切同-) - 일체가 동일하다.

 "일체가 나다"는 온 우주를 통틀어 최고의 경지이다. 무시공은 만상만물을 생명 관점으로 본다. 무시공생명 자리는 너와 내가 없는 동일체이다.

- **일체도지**(-切都知) - 일체 다 알고 있다.

 세포 속에 우주의 정보가 다 있다. 원래 인간은 윤곽과 틀이 없는 완전한 존재였다. 이원념의 물질이 쌓인 분자몸이 막혀 윤곽 속에 갇히게 되었다. 비결을 세포에 입력시키면 세포가 일원심의 세포로 살아나 우주의 지혜를 알게 된다.

- **일체도대**(-切都對) - 일체가 다 맞다.

 이것은 맞고 저것은 틀리다고 하는 것은 이분법, 이원념이다. 무시공 관점은 맞다고 하는 사람의 입장으로 보면 맞고, 틀린 사람 입장에 들어가면 그것도 맞다. 그래서 전부 다 맞다는 것이다. 차원이 다른 입장에서 말하는 것뿐 그 차원에서는 다 맞다.

- **일체도호**(-切都好) - 일체가 좋은 현상이다.

 무시공생명은 부정의 영체가 완전히 삭제된 절대긍정의 자리다. 무시공생명 자리는 전부 다 좋은 것만 보이고 전부 다 아름다운 것만 보인다.

- **일체항광**(-切恒光) - 일체 파장이 없는 직선빛이다.

 무시공의 직선 빛은 일체 물질을 다 뚫고 들어갈 수 있고, 일체를 다 변화시킬 수 있다. 무한대로 큰 힘이다. 그래서 직선빛은 생명의 힘이다.

- **일체아위**(-切我爲) - 일체를 내가 했다.

 일체 나 때문에 좋은 일이 생긴다. 인간의 입장에서 오는 재앙이나 온갖 현상들은 무시공하고는 상관이 없다. 내가 만들어 놓고 내가 당하지 말자는 것은 우리가 깨어나서 무시공의 생명자리를 잘 지키는 것이다.

- **일체조공**(-切操控) - 일체를 내가 창조한다.

 마음과 물질이 하나다. 마음과 에너지가 하나다. 그러면 마음먹은 대로 창조할 수 있다. 내가 우주의 중심이고 내가 있어서 우주가 존재한다.

○ **무시공생명 탄생 선언**(無時空生命 誕生 宣言)

2012년 12월 21일 지구에서는 종말론으로 세상이 어수선할 때 무시공생명은 '무시공생명 탄생선언'을 선포했다.

이것은 새로운 인간세상, 새로운 인간이 동방에서 탄생한다는 것을 무시공에서 선포한 것이다. 무시공 선생님께서 2000년 4월에 대한민국에 첫발을 내디디신 이후 이 선언을 비밀로 하시다가 우주에서 이제는 무시공을 감히 막을 수 없는 시대로 접어들면서 이 무시공생명 탄생선언을 내놓으셨다.

- **생명혁명**(노예변주인奴隷變主人, 영체변생명靈體變生命)

인간의 시공생명(영체)이 무시공생명으로 변한다는 것이다. 인간은 지금까지 영체를 자기 생명으로 알고 살았다.
나의 진짜 생명은 일원법, 일원심으로 된 것이 진정한 내 생명이다. 이분법으로 되어 있는 영체는 가짜라는 것을 밝힌다. 이분법의 생명은 진짜 생명이 아니다. 인간은 지금까지 가짜 생명을 자기 생명이라고 여기면서 살아왔다. 무시공생명 공부는 내 안에서 생명혁명을 불러일으키는 것이다.

- **물질혁명**(체력변심력體力變心力, 분리변동일分離變同一)

지금까지 인간은 육체로 노동을 해 가지고 자기 생활을 유지해 왔는데, 이제부터는 심력으로 살 수 있다는 것을 밝히는 것이다. 이제까지는 음양을 분리하고 옳고 그르고 따지는 분자세상의 거친 세상에서 살다가 일체동일 일체가 하나인 세밀한 공간으로 접어들었다.
이런 마음으로 일체를 움직일 수 있는 시대를 만들었다.
이것은 바로 내가 창조주이고 내가 전지전능한 존재라는 것을 밝히는 것이고 알리는 것이다. 이것이 바로 물질혁명이다. 행동, 생활혁명이 일어났다는 것이다. 인간은 행동, 손발 움직이는 방법으로 살았다면 이제는 무시공심력으로 무시공 마음으로 살 수 있는 방법이 나왔다. 이것을 실천하면 우리의 삶이 바뀐다.

- **우주혁명**(홍관변미관宏觀變微觀, 행우변항우行宇變恒宇)

  우주가 바뀌고 있다. 우주혁명, 우주개벽이 일어났다. 이것이 바로 천지개벽이 일어났다는 것을 암시했다. 인간이 말하는 천지개벽하고 무시공생명이 말하는 우주개벽과의 차이는, 천지개벽은 한계가 있는 시공우주 안에서 윤곽과 틀에 갇힌 시공 관점으로 보는 것이다.

  우주개벽은 시공우주에서 무시공우주, 무시공생명으로 변한다는 것을 밝히는 것이다. 거친 세상에서 미세한 공간으로 변하는 천부경의 일시무시일(一時無始一), 하나가 쪼개져 내려오는 우주에서 일종무종일(一終無終一), 합하여 하나로 위로 올라가는 우주의 방향으로 가고 있다는 것이다. 이것이 바로 우주혁명이다.

- **신앙혁명**(다로변일도多路變一道, 의존변자성依存變自醒)

  새로운 일원법, 일원심의 세상이 온다는 것을 암시했다.

  인간이 이분법에서 못 벗어났다는 것을 알아차리는 순간에 자연적으로 각종 종교가 하나가 되어버린다. 분석해 보면 지금 지구에 분포되어 있는 각종 종교들은 다 의지하는 마음에서 출발한다. 밖으로 찾고 밖에서 믿으려고 한다.

  자기 안에 모든 것이 다 있는데 밖에서 찾고 믿을 필요가 없다는 것이다.

  자기만 깨우치면 되는데 자기생명(무시공 일원심)만 찾았으면 끝이다.

  그래서 신앙혁명이 일어난다는 것이다.

  의지하면서 사는 게 신앙이다. 여기서 벗어나면 신앙혁명이 일어나는 것이고 이제는 일체의 지금까지 해온 각종 신앙, 각종 수련은 끝났다는 것을 선포한 것이다.

- **의식혁명**(이원변일원二元變一元, 생사변영항生死變永恒)

  새로운 일원법,일원심의 절대긍정 무시공생명의 세상이 온다는 것을 선포한 것이다. 원래는 이분법으로 맞고 틀리고, 옳고 그르고, 높고 낮고, 이렇게 가르는 사고방식으로 살아온 세상에서, 계속되는 일체의 불행 전쟁에서 벗어나, 완전히 일원법 사고방식으로 변하면 절대행복, 절대긍정, 절대건강의 세상이 된다.

  사고방식을 바꾸는 사람은 무엇이 변하는 가하면 생사를 벗어나고 영원한 세상을 맞이 할 수 있다는 것이다.(생사변영항)

○ 무생공 생명 행동지침(無時空 生命 行動指針)

- 무시공심력

무시공에서는 마음먹는 순간 마음먹은 대로 이루어진다. 마음과 물질이 하나고, 물질과 에너지가 하나이기 때문이다. 무시공에서 이루어진 심력은 분자세상에 나타나기까지는 이원념의 두꺼운 껍질의 차원에 따라 순간 나타날 수도 있고 시간이 걸릴 수도 있다. 시공우주에서 벗어난 존재들의 무시공생명의 발현인 것이다.

- 무시공체험

인간은 수억 수천 년 동안 세포에 입력된 윤곽과 틀 등 고정관념으로 전지전능한 세포에게 이원물질을 쌓아 이 우주에서 고립된 생활을 하게 되었다. 체험은 특히 오관을 통하여 머리에 입력된 이원물질을 녹여 다리의 통로로 배출시키고 새로운 무시공의 향심력으로 직선빛을 당겨 분자몸을 녹이고 에너지 몸으로 변화시키는 것이다.

- 무시공심식

무시공 직선빛을 통하여 분자몸이 에너지 몸으로 바뀌면 무시공의 대자유를 누릴 수 있다. 이때에는 에너지 몸을 가지고 우주를 여행할 수 있게 된다. 먹는다는 행위를 통한 영양분의 섭취가 아니라 무시공의 세포가 온 우주 공간에 스미어 있는 고급 영양분을 자동으로 섭취하여 에너지를 보충하게 된다. 이원물질의 음식을 섭취하지 않아도 살 수 있는 무시공 우주의 영양분 섭취 방법이다.

- 무시공성욕

이것은 아직 공개되지 않은 무시공의 우주 비밀이다. 2020년 이후에 공개될 것이다.

- **무시공오관**

  인간이 천차만별이라는 것은 천 가지, 만 가지 생각을 가지고 있다는 것이다. 이것은 천 가지, 만 가지 맞는 것이 있고 틀린 것이 있다는 것으로 쪼개고 나누고 판단하고 맞고 틀리고의 기준이 되는 것으로 이분법의 최고봉이다.

  무시공생명의 관점은 각 차원의 입장에서 보면 그 차원에서는 다 맞다. 틀린 게 하나도 없다. 그래서 만상만물 일체가 좋은 것이고 만상만물 일체가 아름다운 것밖에 없다.

## 1, 2, 3단계 무시공우주도(無時空宇宙圖)

○ **1단계 무시공 우주도**

　무시공생명을 공부하는 사람들의 우주관은 실로 간단명료합니다. 우주가 아무리 광대무변하고 불가사의한 것 같지만, 시공 우주와 무시공 우주로 명확히 구분할 수 있습니다. 두 우주 안에서 우리가 살고 있습니다. 두 우주는 따로 분리되어 있는 것이 아니고 나의 존재-의식-마음과 공존합니다. 나의 의식이 일원심(+)이면 무시공에 머물고, 나의 의식이 이원념(-)이면 시공에 속합니다.

- **시공우주**

　감각시공과 무감각시공을 통칭하여 말한다. 시공 우주의 근본은 부정(마이너스(-)마음)이다. 따라서 나누고 쪼개고 분열하는 이원념에 뿌리를 두고 있다. 아무리 긍정의 마음을 가져도 부정의 파장이 남아 있는 상대적인 긍정의 우주로 허상의 세계이다. 현재 우주를 말한다.

- **무시공우주**

　무감각 무시공으로 새로운 우주이며 생명우주이다. 전지전능의 자리이다.
　무시공 우주의 근본은 긍정(합(+)하는 마음)이다. 인간의 유전자로 남아 있는 부정을 무시공생명 비결로 빼버리면 절대긍정만 남게 된다. 이것이 일원심의 생명우주이며 실상의 세계이다. 무시공우주는 일체가 동일하며 무시공생명의 일원심의 직선빛이 일체의 파장을 녹인 무파장의 우주이다.

- **감각시공**

　오관으로 느끼며 인식할 수 있는 분자세상을 말한다. 지구를 기점으로 약 5천억 광년에 이른다. 그중에서도 인간이 살고 있는 지구가 가장 낙후된 문명을 가지고 살아간다. 태양계 은하계 광대한 오관으로 관측되지 않는 우주가 여기에 해당된다. 이원물질이 쌓인 세상이므로 기감, 에너지 등을 느낄 수 있다

- 무감각시공

인간이 죽음을 맞이했을 때 영혼이 가는 사후세계로 원자 미립자 초립자에서 무극까지 세밀한 공간의 에너지로 형성된 영적세계이다. 오관(눈·귀·코·입·피부)으로 인식할 수 없는 세밀한 이원(二元) 에너지 우주. 세밀한 우주는 육체 오관의 감각으로 느낄 수 없습니다.

- 세밀한 공간

분자세상을 벗어난 원자세상부터 미립자, 초미립자, 퀵크, 힉스, 음양무극까지의 공간을 일컫는다. 무감각 시공의 우주이며 기, 에너지의 느낌이 없는 세계이다. 소위 인간이 분자몸을 벗어나면 영혼이 머무는 공간이다.

- 무극(無極: zero point)

무시공우주와 시공우주의 분기점이다. 이 자리에서 부정(-)마음을 가지면 시공의 무극에, 합(+)하는 마음을 가지면 무시공의 무극에 머물게 되고 계속 합하는 마음을 유지하면 무시공우주로 진입하게 된다. 합(+)하는 마음을 계속 유지하는 방법은 무시공생명비결을 끊임없이 외우는 것이다.

- 시공 생명과 무시공생명의 차이점

|   | 시공 우주 | 무시공 우주 |
|---|---|---|
| 1 | 감각 시공: 물질 우주(오관 인식)<br>무감각 시공: 영적 세계, 다차원 우주<br>일시무시일: 분리 분열 | 무감각 무시공: 전지전능(오관 초월)<br>영원하고 완벽한 생명 일원우주<br>일종무종일: 합일동일 |
| 2 | 이원 물질: 음양 물질(이원념의 물질)<br>시공 파장빛: 소멸하는 음양 이원 빛<br>천지부: 남존여비(양의 시대) | 일원 물질: 일원심의 물질<br>무시공 직선빛: 영원한 생명 일원빛<br>지천태: 남녀평등(음의 시대) |
| 3 | 이원론, 이분법, 이원념으로 존재<br>마이너스 마음(-)이 지배적, 허상우주<br>생장소멸, 생로병사, 일체불행<br>- 시공생명(영체) | 일원법, 일원심으로 존재<br>무한 플러스(+) 마음의 생명실상 우주<br>영원한 생명, 일체행복<br>- 무시공 생명 |

○ 2단계 무시공우주도(無時空宇宙圖) 파장빛 우주와 직선빛 우주 그림

제일 밑바닥의 분자세상에서는 파장이 가장 길다. 위로 올라갈수록 파장이 약해지고 무극의 교차점에서는 파장이 끝난다. 무극을 지나 위로 올라가면 직선빛이다. 파장이 없는 것이 무극의 교차점, 그것이 시간이 사라지는 시점이다. 지금 인간들은 시간이 없는 세상에 들어오고 있다.

- 일시무시일(一始無始一)

모든 것이 하나에서 시작해 쪼개고 쪼개 내려와 지금 이 세상이 되었다.
분리의 시대허상의 세계이다. 현재 우주를 말한다.

- 일종무종일(一終無終一)

일종무종일, 모든 만물만상을 하나로 묶어 합해서 하나의 위치로 가고 그 하나는 영원한 하나의 자리. 천부경은 무시공생명의 하는 일을 예언한 것이다.
합일의 시대

- 파장빛

시공우주는 파장에 의해서 오관으로 전달된다. 그 본질은 음과 양, 즉 나누고 쪼개고 분열시키는 속성이다. 그 속에는 부정의 파장이 있다. 파장 때문에 만물만상의 모든 것이 생장소멸을 겪게 된다. 인간은 이 파장의 영향 아래 있기 때문에 생로병사에서 벗어날 수가 없다. 인간이 이 파장에서 벗어나면 생로병사에서 벗어나고 영원한 생명을 얻을 수 있다.

- 직선빛

무시공의 직선빛은 소멸되지 않는 끝없는 빛이다. 무한대의 영원한 빛이다. 음과 양을 합하는 일원심으로 무시공의 직선빛을 만들고 있다. 이 빛은 일체시공의 파장빛을 초월하고 우주의 어떤 곳도 뚫고 들어갈 수 있다. 심지어 100억조 광년의 무극의 최고 존재도 이 직선빛에 의하여 무시공 공부를 하고 있다.

- 천지부(天地否)

주역의 64괘 중 하나로 양이 음의 위에 있다. 양의 시대를 표현했다.
원래 하나였던 무극에서 음과 양으로 쪼개는 순간 시공우주가 시작되면서 남존여비의 시대가 열린 것이다. 양이 음을 지배하는 즉 남자가 여자를 지배하는 시공우주를 예언한 것이다.

- 지천태(地天泰)

주역 64괘 중 하나로서 음이 양의 위에 있다. 음의 시대를 표현했다.
무극에서 쪼개져 내려오던 우주가 합하는 시대로 바뀌면서 음의 시대가 열린다는 무시공생명의 도래를 예언한 것이다. 남존여비의 시대에서 남녀평등의 시대로 변한다.

○ 3단계 무시공우주도(無時空宇宙圖)

- 외계인

지구에서 5천억까지는 외계인이고 물질우주이며 별이라고 한다.

- 반우주인

5천억부터 5억조 광년까지는 별과 우주가 혼합된 우주이다. 우주라고 하는 존재도 있고 별이라고 하는 존재도 있다. 이 우주는 물질도 있고 에너지도 섞여 있는 반물질 세상과 반물질 우주이다.

- 우주인

5억조 광년부터 100억조까지는 완전히 에너지 상태의 에너지 우주이다. 에너지 상태로 사는 존재를 우주인이라고 한다.

이렇게 우주도 3단계로 분류하는 데 더 정확히 말하면

5천억 이하는 외계인이고, 5천억에서 5억조까지는 반우주인, 5억조 이상은 우주인으로 이 우주가 형성되어 있다.

- 승용선

  자기별 안에서 각 별에서 움직이는 것으로 지구에서 움직이고, 금성 그 안에서 움직이는 것은 승용선이다.

- 비행선

  별간 움직이는 것은 비행선.

- 우주선

  완전히 에너지 상태의 우주공간에서 움직이는 것은 우주선이다.

5억조 광년부터 100억조 광년 사이는 어마어마하게 큰 우주공간이다.

그 우주공간에서도 수많은 우주 층차가 있다.

- 실상이나 불완전한 생명(영체)

  우주도의 오른쪽은 분자세상에서 무극까지 살아있는 존재들이다
  이들은 힘이 있고 과학도 발달됐고 능력도 있다. 그러나 이들도 무감각 시공의 시공우주에 속하는 존재들이므로 영체에 불과하다. 인간들보다 수명이 길지만 이들도 생로병사에서 벗어날 수가 없다. 각 차원에서 수평으로 윤회를 한다.

- 영혼, 영체들의 세상(영체)

  우주도의 왼쪽은 죽어 있는 영들의 세상이다.
  이들은 아무런 힘도 없고 능력도 없고, 그저 의식만 가지고 살아 있는 영체들이다.

- 시공우주의 윤회

  오른쪽 무극 위치에서 무극의 존재가 죽으면 왼쪽의 무극의 위치로 그 영이 온다. 80억조에서 죽어도 그 영은 80억조 광년의 왼쪽 영들의 세계로 온다. 그렇지만 왼쪽의 영혼과 영들은 힘이 없다. 왼쪽의 세상은 허상의 세상이다.
  각 차원에서 수평으로 윤회를 하면서 산다.

- 지구에 머물다 간 인간들의 위치

  보통의 인간으로 살다가 죽은 영체들은 물론이거니와 인간의 의식을 상승시키고 간 성인들 석가모니, 예수, 람타, 강증산 등 지구에 다녀간 인간들은 모두 왼쪽 허상의 세계인 영혼, 영체들의 공간에 머물고 있다. 그래서 여기는 자신이 무엇인가 할 수 있는 힘도 없고 능력도 없으니까 다시 윤회를 하는 것이다.

- 무시공생명의 위치

  우주도의 오른쪽 살아 있는 존재들의 무감각 시공에 무시공의 다리(통로)를 만들어 놓았다. 무시공은 맞춤식으로 어느 위치를 막론하고 들어갈 수가 있다. 무시공은 일원심만 지키면 우주공간의 일체에 다 들어갈 수 있고 다 통과할 수 있다. 비결 중에 무생학의 의미는 우리는 수련을 할 필요도 없고 공부를 할 필요도 없다. 우리는 무시공생명의 일원심의 원리를 알았기 때문에 실행하고 행하면 된다. 인간은 아무리 공부를 해도 80억조 광년의 경지에 들어갈 수가 없다.

## 무시공의 용어

- 세포(細胞)

  무시공공부는 60조 세포를 깨우는 공부다. 세포 안에 모든 우주 정보가 다 있다. 인간의 고정관념과 윤곽과 틀 속에서 두꺼운 껍질에 쌓여 있어 세포의 역할을 못하고 있다. 비공선지를 끊임없이 외우고 실천하면 일원심의 무시공세포로 깨어나 대자유를 얻는다.

- 플러스(+)마음

  합하는 마음, 60조 세포가 제일 좋아하는 마음이다. 세포에게 플러스(+)마음을 항상 입력시켜라. 방법은 비, 공, 선, 지를 외우고 실천하는 것이다. 무시공의 일원심 절대긍정의 마음이다.

- 마이너스(-)마음

  분리하고, 쪼개고 가르는 마음, 일체 부정마음, 시기, 질투, 두려움 등을 일컫는다. 이것은 시공우주의 이원념 관점이다. 인간의 부정마음이 많을수록 재앙이 많다.

- 분자세상(물질세상)

  시공 우주 안의 가장 거친 밑바닥 물질 세상으로서 감각시공이다.

- 감각시공(感覺時空) = 물질세상

  인간이 살고 있는 세상이다. 오관으로 보고, 듣고, 느낄 수 있다. 시공 우주에서 가장 거친 밑바닥 선악 물질 세상이다. 시공 우주의 가장 껍질 부분이다. 기, 에너지 등 오관의 느낌이 있다.

- 무감각시공(無感覺 時空)

  인간의 죽음 이후 사후세계로 쉽게 표현 할 수 있지만, 두 가지 통로가 있다. 무시공우주도에서 오른쪽은 우주선을 타고 지구 등에 왔다, 갔다 하는 의식과 능력이 있고 과학도 발달된 우주가 있는 반면, 왼쪽 공간은 몸을 가지고 살다가 죽은 이후에 영혼이나 영이 머무는 자리로 이들은 의식만 있을 뿐 힘이나 능력이 없다. 그러나 두 공간에 사는 존재들은 이원념의 파장의 영향을 받으므로 모두 영체에 불과하다.

- **무감각 무시공(無感覺 無時空) = 무시공 우주**

무시공생명의 새로운 우주를 말한다. 시간과 공간을 초월한 무극 너머 일원(一元)에너지로 된 영원한 실상 우주이다. 무시공 우주는 영원한 생명이 일체행복을 누리는 직선 빛의 세계이다.

- **일원(一元) 에너지**

일원심의 무시공 무파장 직선 빛 에너지. 우주공간의 긍정에너지

- **이원(二元) 에너지**

시공우주의 파장의 영향을 받는 에너지로 생로병사에 영향을 미친다.

- **일원물질**

우주공간의 긍정에너지 즉 일원에너지가 무시공생명의 직선빛과 공명이 일어나면서 물질로 나타나게 된다. 만상만물에는 긍정의 마음과 부정의 마음이 있지만 무시공생명은 일체 긍정만 인정하고 일체 좋은 것만 본다.

- **이원물질**

우주공간의 부정의 에너지가 분자세상에 물질로 쌓인 것이다. 파장의 영향을 받으며 독소에 의해 생장소멸을 하게 된다. 이원물질의 근본은 부정이다.

- **분자몸**

인간의 몸은 두꺼운 이원물질로 싸여 있다. 세밀한 공간의 존재들이 열린 눈으로 보면 돌덩어리 속에 갇혀 있는 모습이라고 한다. 시공우주의 근본인 부정의 마음(-)이 많기 때문이다. 무시공생명은 이 분자몸을 녹여 에너지 몸으로 만드는 우주작업을 하고 있다. 절대긍정 일원심을 지키면 가능하다.

- 관점 회복(觀點回復)

  시공우주의 관점을 무시공생명 관점으로 바꾸는 것이다. 시공우주의 관점은 가르고 쪼개고 분열하는 부정의 관점이고, 무시공생명의 관점은 모든 것을 생명으로 보고, 일체를 나로 보며, 만물만상을 무주객 일체동일로 보는 것이다.

- 시공 생명(時空 生命) = 영체(靈體)

  이분법 사고방식 이원념으로 사는 제한적인 생명이다. 시공생명은 무극 음양 차원을 포함한 시공 우주 안의 불완전한 일체생명을 말한다.

- 무시공생명(無時空 生命)

  일원법 일원심 사고방식으로 존재하는 영원 무한한 절대생명이다. 무시공생명은 빛의 원조인 직선빛이요, 물질의 창조주이다. 무한한 우주 자체이다. 절대 하나의 우주 본질이요, 우주 생명이다.

- 무시공 용광로

  일원심의 직선 빛이 모이고, 무시공생명력이 강하게 작용하는 곳이 무시공 용광로이다. 세포 깊숙이 숨어 있는 이원념을 녹여서 무시공생명이 발현하도록 돕는다. 대전의 무시공생명훈련센터가 무시공의 용광로이다.

- 절대긍정(絶對肯定)

  시공우주의 긍정은 상대적인 긍정이다. 절대긍정은 부정이 없는 긍정을 말한다. 물질은 긍정과 부정의 파장을 가지고 있다. 상대긍정은 파장의 영향을 받을 수밖에 없다. 절대긍정을 위해서는 부정을 빼야 하는데 그 방법은 비공선지를 외우고 실천하는 것이다.

- 향심력(向心力)

  무시공의 절대긍정 일원심을 지키면 블랙홀이 작동되면서 시공우주의 모든 일원심을 빨아들인다. 직선빛도 빨려들어 오면서 블랙홀의 핵심을 만든다.

- 무시공 통로(無時空 通路)

    분자세상에서 무극까지 기존의 세밀한 공간의 존재들을 관점회복 시켜 무시공의 뜻을 함께하기에는 너무나 두꺼운 이원념의 파장벽에 싸여 있다. 심지어 토종지구인들을 깔보고 멸시하면서 무시공의 일에 비협조적인 태도를 보인다.

    그래서 무시공은 분자세상에서 무극까지 또 다른 다리를 놓아 각 차원에 무시공 생명을 올려놓았다. 이들이 분자몸을 가지고 있는 무시공생명들을 도우면 급속도로 에너지 몸으로 변하게 된다.

- 열린다는 개념

    시공우주에서 열렸다는 것은 무극 이하 이원념의 파장 안에서 영의 작동에 의하여 부분적인 세밀한 공간을 보게 되는 것이다. 파장 안에서는 한계가 있으므로 부분을 전체로 착각하여 비밀인 척하면서 고저를 만들고, 다 아는 척 남을 가르치려는 교만한 마음을 가지게 되는 것이다.

    무시공의 열린다는 것은 절대긍정 일원심을 유지하면서 일체를 생명으로 보고 만상만물의 일체 속에 내가 있기 때문에 대화가 가능하고 일원심은 직선빛이기 때문에 시공우주의 어떤 파장도 뚫고 들어갈 수가 있다. 그래서 무시공의 일원심 앞에서는 온 우주의 모든 것이 투명하게 드러난다.

- 윤회(輪回)

    상하 수직 윤회와 각 층차의 좌우 수평 윤회가 있다.

    상하 수직 윤회는 낮은 차원 즉 지구에 살다 간 존재들이 자신의 부족함을 채우고 차원상승을 목적으로 윤회를 반복하는 것이다.

    각 층차의 좌우 수평 윤회는 높은 차원의 존재들의 방식으로 주로 에너지 우주에 사는 우주인들과 외계인들의 윤회방식이다.

- 승용선(乘用船)

    각 별(지구, 금성, 화성 등)에서 운행하는 교통수단이다. 지구에서 운행하는 교통수단 중 승용차에 해당한다. 지구에도 지구를 방문한 외계인들이 승용선을 이용하고 있다. 평소에는 승용차로 다니다가. 하늘을 날기도 하고 물속으로 다니기도 한다. 지구부터 5천억 광년 사이에서 운행된다.

- 비행선(飛行船)

반물질, 반 에너지 우주에서 별과 별 사이를 운행하는 반우주인들의 교통수단이다. 5천억 광년에서 5억조 광년 사이에서 운행된다.

- 우주선(宇宙船)

5억조 광년에서 100억조 광년 사이의 완전한 에너지 상태의 우주에서 우주인들이 타고 다니는 교통수단이다. 온 우주를 다닐 수 있다.

- 마그너

금성의 과학자 '도넬'이 광음파(光音波)의 원리를 이용하여 만든 만능 기계.
생명을 제외한 이 우주의 모든 물건을 만들어내는 기계로 우주선의 재료를 쉽게 만들 수 있고, 단단한 철물 구조물을 쉽게 녹일 수 있고 굳게도 하며, 그것을 이용하여 자유롭게 모든 것을 만들 수 있다. 무시공생명의 분자몸을 녹이는 데 도움을 주고 있다.

- 광음파(光音波)

빛과 소리와 파장 세 가지를 종합해서 마그너를 작동시키는 원리이다.
공기, 압력, 속도, 그리고 음파나 전자파를 이용한다. 지구에서는 음파와 압력만 쓰고 빛은 아직 사용하지 못하고 있다.

- 어무성처천지복(於無聲處天地覆)

겉으로는 아무 소리도 들리지 않지만 세밀한 우주 공간에서 하늘과 땅이 뒤집어지고 있다. 인간은 계속 표면만 보고 있기 때문에 아무런 변화를 느끼지 못한다. 그러나 보이지 않는 세밀한 공간의 깊은 곳에서는 엄청난 변화가 이루지고 있다. 개벽이 일어나고 있다. 인간은 표면에 살고 있으므로, 우주의 변화가 표면에 나타날 때는 이미 끝난 것이다.

- 아동우주동(我動宇宙動)

내가 움직이면 우주가 움직인다.
미세한 공간, 즉 무감각 시공에는 에너지 상태로 되어 있다. 에너지 상태는 우리가 여기서 마음먹는 순간에 그 에너지 상태로 되어 있는 우주는 순간에 바뀐다. 에너지 세상이 물질 세상보다 힘이 강하고 이 물질 세상은 에너지 상태에서 왔다. 그 에너지를 조절하는 것은 바로 무시공생명이다. 지금 우리 몸은 미세한 공간에서 에너지 상태로 엄청난 변화가 이루어지고 있다.

- 100마리 원숭이 효과

일본의 어느 섬에서 한 원숭이가 고구마를 물에 씻어 먹자 동료 원숭이들도 따라했는데, 아주 먼 거리의 다른 섬의 원숭이들도 물에 씻어 먹는 생태를 보였다 한다. 시공의 파장에 의한 공진현상이다.

- 나비효과

나비의 작은 날갯짓이 지구 반대편에 태풍을 일으킬 수 있다는 이론이다. 여기서는 무시공에서의 작은 움직임이 전 우주에 영향을 미친다는 무시공 효과를 말한다.

- 봉황효과

음의 시대, 여자세상을 맞이하여 여자가 주도적인 역할을 하는 시대(지천태)가 왔다. 여자의 한이 풀린 후 남녀평등 지상천국이 온다. 여자 봉황의 무시공 심력효과 블랙홀 현상을 말한다.

- 블랙홀 효과

여기서는 무시공생명 블랙홀을 말한다. 생명이 우주의 창조주이다.
무시공에서 향심력으로 시공우주의 일체를 빨아들여 원래의 무시공 우주로 원상회복, 정화하는 역할을 한다.

- 100억 조 광년

일조가 100억 개가 있다는 무시공의 언어다. 지구에서 무극까지의 거리이다.
무극의 자리를 나타내면 시공우주에서 최고의 빛을 가지고 있다. 그러나 그 빛 또한 파장의 빛이다. 이 무극을 넘어 계속 합(合)해야만 무시공생명의 직선빛을 얻을 수 있다.

- 대전이 우주 중심지 지구의 중심지(변두리가 된 무극)

무시공생명이 탄생하기 전에는 무극이 이 시공우주에서 도를 닦으면서 추구하였던 중심지였다. 모든 시공우주의 음과 양을 합(合)하면서 이 우주의 뿌리를 잘라버린 일체근단의 무시공 존재가 지구에서 이 무시공의 뜻을 펼치면서 지구가 온 우주의 중심지가 되면서 무극은 이 우주의 변두리가 되었다. 그래서 100억 조 광년의 무극 존재도 대전의 센터에서 무시공공부를 하고 있다.